U0062240

英国史

从尤利乌斯·恺撒入侵到 1688 年革命

第四卷

〔英〕休谟 著

石小竹 译

商务印书馆
The Commercial Press
创于1897

David Hume

THE HISTORY OF ENGLAND

From the Invasion of Julius Caesar to The Revolution in 1688

VOLUME IV

Based on the Edition of 1778, with the Author's Last Corrections and Improvements

London, T. Cadell, 1778

本书根据伦敦T.卡德尔出版社1778年作者最终修改版本翻译

休　谟

(David Hume, 1711—1776)

目　录

第三十八章　伊丽莎白女王（一）

女王广受爱戴—重归新教信仰—议会召开—英法缔和—两女王之间的嫌隙—苏格兰局势—苏格兰宗教改革—苏格兰内战—女王插手苏格兰事务—苏格兰局面暂定—法兰西事务—玛丽抵达苏格兰—苏格兰改革派观念偏执—伊丽莎白治国有方

旧主崩逝，新君即位，众所周知新女王的宗教信仰与前朝旧制完全相悖，而国人的观念亦是严重分裂——在这种状况下，通常很难指望举国同庆新朝奠立。然而，由于民众对国家治理现状深度不满，对未来忧虑重重，竟致全体抛开神学争议，欢呼雀跃拥戴伊丽莎白接掌权杖。当年伊丽莎白在王姊威压之下，一举一动如履薄冰，人们深知她随时可能大祸临头，无不同情她的处境、牵挂她的安危，从而深深爱怜这位公主。玛丽女王临终前几日，议会召开，时任御前大臣的约克大主教希斯（Heathe）向议会通报女王行将不支的消息，只带来片刻静穆，继而上下两院欢声雷动："上帝保佑伊丽莎白女王！伊丽莎白女王万岁！国运长久！"普通百姓受党争私见影响较少，对新女王即位表现出更普遍也更为由衷的喜悦。本朝以吉祥开端，昭示着一派兴旺荣耀的前景，韶运弘贯

4

始终。①

　　伊丽莎白公主在哈特菲尔德(Hatfield)接到王姊驾崩的讯息，几天后，她启驾前往伦敦，在万众簇拥下入城，现场人头攒动，人们争相向女王表达最热忱的爱戴。她举步迈进伦敦塔，抚今追昔，不禁感慨万端：几年前，自己以囚徒身份被解至此地，饱受政敌充满偏执的恶意欺凌，何曾想到今日的荣耀！她跪倒在地感谢上主，她说，是那位全能的主宰解救她脱离嗜血的迫害者之手，如此奇妙大能的作为，绝不亚于昔时祂从狮子坑中解救但以理的神迹。②这个虔诚感恩的举动似乎是她最后一次忆起昔时苦难和伤痛，此后便绝口不提。女王以真正值得称道的审慎和宽弘，将当初所受冒犯统统付诸遗忘，即使对昔日穷凶极恶的迫害者也一样和煦相待。从前负责监管她的哈里・本尼菲尔德爵士(Sir Harry Bennifield)对她十分苛刻，但本朝自始至终，此人从未感到来自女王的半点怨恚。③然而女王并非不加分辨地滥施恩慈。众主教集体觐见之时，女王向他们一一领首致意，唯对邦纳(Bonner)扭头不理：这样一个双手沾满鲜血之徒，凡有人性者理当对其深恶痛绝。④

　　伊丽莎白女王登基伊始，专心打理国内事务，几天后才照会　5
各国宫廷，通报王姊驾崩、她本人继位的消息。科巴姆勋爵(Lord Cobham)奉命出使腓力此时驻跸的尼德兰，特地以女王名义向那

---

　　① Burnet, vol.ii.p.373. [为体现作品原貌，作者以脚注形式标注的引文出处皆原样保留，置于卷末的注释亦按原格式译出。——译者]

　　② 参见《圣经・旧约》但以理书第6章。——译者

　　③ Burnet, vol.ii.p.374.

　　④ Ibid.Heylin, p.102.

位君主致意，感谢他昔日的关照保护，冀望这份友谊长存。腓力对
这一天的到来早有预见，他还抱着一份指望，想通过伊丽莎白实现
他在玛丽身上未竟的抱负——统治英格兰。于是，他当即指示驻
伦敦大使费里亚公爵（duke of Feria）代他向女王求婚，同时为此向
罗马教廷申请特许状。但伊丽莎白很快做出决定，拒绝腓力的求
婚。她看到，当日玛丽女王与西班牙联姻激起举国强烈反对，而她
本人今日享有如此之高的民望，在很大程度上是因为她使这一国
免于沦为外邦臣属。她意识到，自己若与腓力联姻，性质上同父王
娶阿拉贡的凯瑟琳毫无二致。事实上，她若嫁给腓力无异于宣告
自己的身份不合法，没有资格继承英国王位。尽管西班牙君主威
势夺人，足可压制所有觊觎者，帮她保住王位，但她内心自有一股
伟丈夫气概，不屑于接受如此不确定的统治权——倘若完全仰仗
他人扶持，必得事事遵从对方意愿。[1] 不过，女王虽然顾及上述种
种因素，彻底将腓力排除在考虑人选之外，她的推托之辞却颇为亲
切圆滑，以致后者依然抱着成功的希望，遣使赴罗马向教宗催索特
许状。

　　另一方面，伊丽莎白于王姊去世之际致信英国驻罗马大使爱
德华·卡尔内爵士（Sir Edward Carne），命其向教宗通报自己即将
继位的消息。但是鲁莽的保禄四世率性而为，打破了年轻公主的
通盘精心部署。他正告卡尔内，英格兰是罗马教廷名下封邑，伊丽
莎白不经教宗允准，擅取女王称号和权柄，实属大不敬。他说，伊
丽莎白身为私生女，根本无权继承英格兰王位，他也不能撤销前

---

[1]　Camden in Kennet, p.370.Burnet, vol.ii.p.375.

两任教宗克雷芒七世和保禄三世对亨利婚姻所作的裁决。教宗还表示,若论严格执法,他本当驳回伊丽莎白的一切请求,以惩其侵犯教廷权利的罪行,不过他愿本着慈父之心网开一面,给她留一个求得宽赦的机会:只要她宣布放弃对王位的主张,完全服从教宗的旨意,就将体会到与圣座无上尊荣相称的无上恩慈。①伊丽莎白接到以上答复,对那位老教宗的性格不禁愕然,她下旨召回驻罗马大使,以更坚定的态度继续推进内心早已定准的方略。

女王不想惊动天主教一党,因此保留了王姊御前的十一位枢密大臣,但为了制衡其权力,她又下旨新增八位公认为倾向新教的枢密阁僚,计有北安普顿侯爵、贝德福德伯爵、托马斯·帕里爵士(Sir Thomas Parry)、爱德华·罗杰斯爵士(Sir Edward Rogers)、安布罗斯·凯夫爵士(Sir Ambrose Cave)、弗朗西斯·诺尔斯爵士(Sir Francis Knolles)、尼古拉斯·培根爵士(Sir Nicholas Bacon,同时被封为掌玺大臣)、威廉·塞西尔爵士(Sir William Cecil,同时被封为国务大臣)。②女王经常与这些枢密大臣,尤其是塞西尔爵士详细商谈如何在王国中重新确立新教信仰,又当如何具体落实这一宏图。塞西尔禀告女王,自她父王一朝以来,此国民心已大半倾向于改革,尽管在她王姊的淫威下被迫宣告忠于古老信仰,但前朝酷吏的暴虐却使他们对天主教越发离心离德。所幸当今君主的利益与民意恰恰相符,但她的王位继承权与罗马教宗的权威却无法兼立。他指出:此前两任教宗严正宣告她

重归
新教信仰

---

① Father Paul, lib 5.

② Strype's Ann. vol. i. p. 5.

母后的婚姻不合法，如若撤销这一裁决，必将给罗马圣座的权威造成致命伤害；即便教廷允准她保留王位，她也只能做个仰赖他人、根基不稳的君主。当前伊丽莎白所面临的态势本身便可抵消所有危险——而仔细考察之下，这些危险实际上并不足虑：罗马教廷发出的咒诅和谩骂目前并无军事实力的支撑，与其说是一种威胁，倒更像是笑柄，无论在此世或彼世都无甚影响力。尽管亨利或腓力可能出于偏见或野心去实施教廷对她的绝罚令，但这两位君主在利益上势同水火，根本不可能合作完成一项事业。如果其中一个与她为敌，必定促使另一个向她示好。此外，他们若煽动忠于天主教的英国臣民起来造反，别忘了他们本国也有大量新教徒，寻求报复易如反掌。塞西尔指出，只要假以时日，即便目前看似虔信天主教的那部分英国臣民也大多会随从新君的宗教信仰。国人近来历经鼎革翻覆，已经习以为常，以致无力辨别教义的真伪是非；亨利八世因利乘便，将个人权威抬至无以复加的高度，驯化臣民已然得手，后辈君主不难循其先例，引领这一国继续沿熟悉的旧辙前行。女王不妨在政府、军队、教会和大学中大力任用新教徒，自可轻而易举地巩固自己的权威，同时确立新教的统治地位，一举两得。①

　　伊丽莎白女王的教养和利益所在都令她倾向于改革，在支持哪个阵营的问题上，她的态度很快便趋于明朗。不过，尽管决心已下，她还是拿定主意稳步渐进，不鼓励本派激进分子立即猛烈冲击现行宗教，以免重蹈玛丽的覆辙。②但她认为有必要显明自己的心

---

① Burnet, vol.ii.p.377. Camden, p.370.
② Burnet, vol.ii.p.378. Camden, p.371.

迹，让此前饱受残害而心气低迷的新教徒得到鼓舞。她立即下旨召回所有流亡者，释放凡因宗教信仰系狱的囚犯。一个幽默段子讲道：有位伦斯福德(Rainsford)先生启禀女王，他要代表另外几位囚徒马太、马可、路加和约翰①向女王请求自由，女王欣然答曰。朕理当首先询问几位当事者本人的意见，看他们是否愿意接受伦斯福德先生为之请求的权利。②

伊丽莎白还进一步行使权力，推出一系列有利于宗教改革的措施，但并未超出那个时代的王权范围。她发现很多新教传道人出于对前朝宗教逼迫的愤怒，跳出来激烈攻击古老宗教的迷信，而天主教徒也针锋相对，出言之狂热刻毒较前者绝不稍逊。于是女王发布公告，任何人无特别执照一律不准讲道。③在特别执照发放过程中，女王对本派系的一些布道者确实有所照顾，但也注意选择该群体中最冷静、温和的一部分人士。她还下旨暂缓实施一批要求在教会礼拜中使用英语诵读连祷文、主祷文、信经和福音书的法令。她发布诏令：所有教堂均须遵行女王陛下私人小教堂的礼拜仪规，继而又降旨不得在御前过度渲染圣餐饼的玄妙。这一维新举动看似琐细，实则意味深长。④

女王既亮明态度，与人们先前的猜测并无二致，各位主教由此笃定地预见到一场宗教鼎革即将到来。他们一致拒绝主持女王的加冕礼，最后，大臣们好不容易才说服卡莱尔主教出面主持大典。

------

① 以上分别为《圣经》四卷福音书作者的名字。——译者
② Heylin, p. 103.
③ Heylin, p. 104. Strype, vol. i. p. 41.
④ Camden, p. 371. Heylin, p. 104. Strype, vol. i. p. 54. Stowe, p. 635.

加冕当天，女王在盛大仪仗队列引导下、在臣民欢呼声中穿过伦敦城，一个扮演"真理"的男孩从凯旋门上方降下，将一本《圣经》敬献给她。女王以无比和蔼的态度接过《圣经》，紧贴在胸口，大声对众人说：这一天伦敦人进献各样昂贵的礼物以示忠忱，其中顶数这一样礼物最珍贵、最合朕心。[1]伊丽莎白就是用这等天真的做作，于不知不觉中赢得了臣民的心。她的言语坦率，在所有公众场合露面时，仪态高雅、和蔼可亲，她满面春风地置身于人群之中，充分与民同乐，亦不失君主的尊贵（她天然深谙保持身份的秘诀），从而大得民心，她的任何前任或继任都无法与之相提并论。女人们看到，自己的同性如此审慎而又坚定地驾驭大英帝国，自是欢欣鼓舞。这位年轻公主登基时芳龄不过二十五岁，拥有无与伦比的优雅，行事作风含蓄巧妙，尽管称不上女性美的典范，却以端庄赢得无数人的爱慕，又因其服务博得公众爱戴；她的权威自是由最严密的法律和宗教纽带维系得稳固，而表面看来却似乎完全出自人民的选择和意愿。

　　像伊丽莎白这种性格的君主，不太可能无谓或粗暴地行权以致冒犯臣民；女王虽然抛出了鼓励新教徒的暗示，却迟迟没有动手全面推进宗教改革，直到新一届议会召开。在议员推选过程中，天主教一党遭遇完败，事实上他们似乎并未做出任何像样的抵抗。[2]

议会召开

---

　　① 　Burnet, vol.ii.p.380. Strype, vol.i.p.29.

　　② 　尽管国人大多倾向于新教，但是可以看到，在议会选举中仍然或多或少地存在来自权力的粗暴干预，至少以我们今天的观念看来是如此。朝廷在每个自治市镇指定五位候选人，在每个郡指定三位候选人，然后由郡长凭其职权从上述候选人当中选出本郡的议员。参见《克拉林顿伯爵收集的国家公文》(state papers collected by Edward earl of Clarendon), 第92页。

新议会上下两院对女王的每一条愿望无不乐于满足。本届议会在开幕式上一致宣告："根据神的话语、根据王国普通法和制定法，依照亨利八世在位第三十五年确定的王位继承序列，伊丽莎白女王为王室正统嫡裔，是且理应是合法、无可置疑、真正的英国王位继承人。"[①] 这部承认法案的内容很可能出于女王本人或其驾前大臣的授意，女王在议会上的发言尽显其宽宏温和的气度。她没有步玛丽后尘，宣告自己母亲的婚姻合法性，或者明令撤销将自己贬为私生女的旧法案。她深知这种举动必定令人回想起她的父王，以及已故的王姊玛丽的出身。世人都知道，亨利与安妮·博林离婚只是他一贯狂暴任性所导致的结果。她不屑于将自己的王位继承资格建筑在任何一部议会法案基础之上——这个机构既往做出过太多反复无常、奴颜婢膝、有失公正的决议，致使其权威沦丧。因此，女王满足于公众普遍认可这一看似无可置疑的事实，并不急于通过议会投票和质询程序予以强化。她登上王位，既凭着王室后嗣的继承权，又有议会法案保驾护航，她似乎从不着意区分这两方面的资格。[②]

　　议会收到的第一份议案意在试探他们在宗教方面的倾向性，其内容是：请求解散近来兴办的修道院，将缴纳给教会的什一税和初年圣俸捐归还女王。该议案在议会未遇阻力，下一个议案顺势被推上台面：要求确认女王在教俗两界的至尊地位，尽管议案中授予女王的尊号是英格兰教会"女主"而非"元首"，但它所赋予女

---

① 1 Eliz. cap. 3.

② Camden, p. 372. Heylin, p. 107, 108.

王的广泛权力并不逊于其父王和兄弟在后一称号下所享的权力。对此,列席上议院的全体主教无不极力反对,由于他们比世俗议员们学识更渊博,故得以在辩论中占得上风;但是就数量而论,议会两院中表示支持的声音却占明显优势。该法案授权君主全权管理宗教事务,无须征求议会乃至全国教牧代表会议的同意,可以打击任何异端、确立或废除任何教会法规、更改任何一条戒律,也可以设立或废除任何一种宗教仪典。① 在裁定异端方面,对君权的限制(如果称得上限制的话)只有一条:不得宽纵根据《圣经》权威被判定为异端的教义、被前四届大公会议或任何一届高扬《圣经》权威性的大公会议判定为异端的教义,以及今后被议会和全国教牧代表会议判定为异端的教义。为施行以上权威,该法案中的一个条款授权女王陛下任命她认为适当的人选(无论平信徒或神职人员)以钦命专员身份管理宗教事务,后来的"宗教事务高等法院"正是基于这一条款而成立的,该机构被授予巨大的自由裁量权(即使称不上"任意处置权"也差不太多)完全超乎宪法规定的明确界限。事实上,该机构的诉讼程序仅见容于绝对君主制,却完全符合作为其依据的法案的精神:该法案不仅将此前教宗所主张的一应权力统统归于国王,更把前者只在口头僭得、但没有英国教会配合就从来无法充分行使的权力也一并奉于女王脚前。

　　凡拒绝宣誓承认王权至尊者,一律被剥夺出任公职的资格;任何人否认王权至尊或是企图剥夺女王的这一特权,初犯没收全部

---

　　①　1 Eliz.cap.1.最末一项权力在《礼拜仪式统一法》当中得到重新确认。1 Eliz. cap.2.

动产,再犯按侵犯王权罪论处,第三次将按叛国罪处置。以上惩处虽则严厉,但与亨利八世和爱德华六世时代针对同样情况的严刑峻法相比,仍然要温和许多。

本届议会通过法案,确认爱德华一朝所有宗教立法的有效性。[①]主教任命权归于王座,无须经过牧师会选举。法案授权女王在任何教区主教职位出缺期间取得该教区一切属世收入,并且从属于王室的"圣俸转交俗人"收益中划拨一份"等同薪俸"授予主教当选人[②]。这种所谓的"等同薪俸"通常远低于正常价值,可见女王尽管深具宗教关怀,却仍然效法前代改革派的先例,动手掠夺教会的收入。

议会立法规定,所有主教及领取圣俸者不得转让教会收益,教产对外租期不得超过二十一年或三代人。这项法律似乎旨在保护教产,但是鉴于其中留有一条有利于王室的除外条款,导致违法现象仍然相当普遍。伊丽莎白一朝的通例是,廷臣勾结主教或其他神职人员订立假合同,名义上把教会土地转让给女王,再由女王转到约定的收受者名下。[③]这种掠夺教产的手段延传甚久,直到詹姆斯一世登基之初才得以禁绝。此时神职阶层备受打压,暴露于形形色色的侵凌之下,俗人大肆掠夺教产,直到教会一贫如洗、劫掠行为得不偿失,由此招来的恶名已无法与收益相抵为止。

本届议会上,新教神学家和天主教神学家在掌玺大臣培根爵士主持下进行了一场严肃的公开辩论。结果一如既往,维护君主

---

① 1 Eliz.cap.2.

② 指已经宣布,但尚未祝圣或就任的主教。——译者

③ Strype, vol.1.p.79.

宗教信仰的一方被裁定大获全胜。天主教卫道士们被当众斥为冥顽不化，甚至被罚入狱。[1]新教一党在这次胜利鼓舞下，大胆迈出最后也是最重要的一步：他们提交了一份议案，[2]要求取缔弥撒，恢复爱德华六世时代的礼拜仪规。该议案在议会获批的同时，另一项立法随之出台，对不遵守法定礼拜仪规者以及不去教会、不参加圣礼者予以惩处。就这样，没有任何暴力、也未激起任何骚乱和喧嚣，王国的整个宗教体制在一届议会上彻底改头换面，此事发生在一朝初立之际，出自一位年轻女性的意志——而她的王位继承资格在很多人心目中是大可质疑的。以我们这个时代男性的视角看来，这似乎令人称奇，然而在当时，国人最初知悉伊丽莎白登基的消息，就普遍预料到了这种结果。

下议院还对女王做出了一项牺牲，比通过任何信仰条款难度更大——他们投票批准授予女王一项补助金，具体额度为：按地产价值每镑征税四先令，按动产价值每镑征税八便士，外加一项十五分之二税。[3]下议院在任何情况下都未曾偏离对女主的最高敬重和恭顺。就连在本届议会闭幕词中公然催促女王择定夫婿人选之时，他们也认定以女王陛下的性别和年龄而言，该话题不至于令她过于反感。议会致辞出言恭谨，但被女王一口回绝。她正告议长大人，鉴于该请求仅为笼统的婚姻建议，而非自认有权指示女王选择夫婿，故而她不会被触怒，只将其视为议会忠忱爱主的一个表现。不过，任何进一步干预将有悖于他们的人臣身份；她作为一国

---

[1] Ibid.p.95.

[2] 1 Eliz.cap.2.

[3] 参见本卷卷末注释［A］。

独立君主亦不再加以理会。当年她于位卑之时，虽面临重重危险，却始终拒绝她视作妨碍的婚约，而今身负一个伟大王国的重任，她越发坚定了这种认识，理当倾尽一生致力于信仰事业、为臣民谋福祉。作为女王，英格兰就是她的夫君，谨以此戒为记，永志不渝——言及此处，她向众人展示指上金戒，这是她在加冕礼上郑重接受的许身王国的记号——故而凡大英子民皆为她的儿女。她母仪天下，终日劬劳，哺育操持这样一个大家庭，安能自谓膝下空空、徒耗生命？无论何时她若有意改变此种状况，亦当以臣民福祉为先；纵使一世不婚，童贞而终老，她也坚信只要仰赖上主神圣眷顾，兼以众臣辅佐之力与自身运筹帷幄之功，必能排除一切争议，为英格兰立定继任明君，后者步武女王爱民如子之懿德，或更胜于女王亲生子嗣一等。至于自己身后之事，她不求万古流芳，只愿墓碑上刻字一行："童贞女王伊丽莎白长眠于此。"[1]

　　本届议会通过的[2]各项宗教法规于议会闭幕后即刻付诸实施，未曾遇到来自任何方面的阻力。各种宗教仪式重新采用英语，宣誓承认王权至尊的要求也延伸到神职阶层。由于上个季节疫病流行，全英主教数目此时已减少到十四名，除兰德菲(Landaffe)主教之外，这些人统统因拒不服从上命遭到降职惩处。低阶神职人员则相对顺服，在全英格兰近一万个教区当中，只有八十位教区牧师和代理牧师、五十位受俸牧师、十五位学院院长、十二位会吏总

---

　　②　Camden认为，新朝初立的首届议会未判处一人褫夺私权，反而恢复了一些人的公权，颇为值得称道，反映了女王陛下宽仁(至少可谓审慎)的施政作风。而这一点之所以引人瞩目，也足以说明前朝为政之苛暴。

和十二位教长甘愿为了宗教信条牺牲自身生计。那些身在高位的神职者迫于众目睽睽，似乎主要是出于荣誉而选择持守旧的教义。但总体说来，前朝玛丽女王治下遭受逼迫的新教人士似乎远比这些人立场更坚贞，也更多地本着良心行事。改革派信仰重在精神，更接近于某种形而上学体系，相比之下，天主教信仰在其发展历程中逐渐顺应人的感性，严命信众遵守各种礼仪，目前已经深入到生活的方方面面，在国人头脑中扎根更深；然而在宗教改革之初，新教人士的热忱和博学却是对手无法抗衡的。天主教人士仍然愚昧怠惰地持守古老信仰，或者毋宁说是奉行那套沿袭已久的传统做法。但改革派不得不在各种场合为自身信仰声辩，因观念新异、常受逼迫而热情高涨，他们坚贞持守自己的信条，为了捍卫这些思辨性的抽象原则不惜牺牲财产乃至身家性命。[1]

　　英国国教中保留的仪式仪典与旧的天主教仪式有一定相似之处，有利于促进天主教徒与国教和解；而女王一方面禁止法定宗教仪规之外的其他崇拜方式，同时又删去新仪式中凡有可能触怒天主教信众的内容，[2]因此，即使虔信天主教的信徒也能不费踌躇地前来参加国教礼拜仪式。倘若伊丽莎白以满足自身喜好为主导，那么英国国教信仰的外在形式（此乃民众参与的主要方面）恐怕会进一步融合新旧。她在审美趣味上偏好庄严堂皇，在一切方面莫不做出此种姿态，因而倾向于天主教仪式的华丽排场；她放弃圣像、禁止向圣徒祈求以及为死人祷告的做法，仅仅是依从所在阵营

---

[1]　Camden, p.376. Heylin, p.115. Strype, vol.i.p.73, 略有改动。
[2]　Heylin, p.111.

的成见而已。①一些外邦君侯出面斡旋，为天主教信众请求在几个特定城镇独立聚会的特权，但被女王回绝。女王指出，姑息迁就不同宗教信仰显然会带来扰乱邦国安宁的危险。②

英法缔和　　女王和议会一面致力于确立国教，一面继续和谈，英、法、西三国使臣先后于塞坎姆(Cercamp)和康布雷城堡见面磋商；伊丽莎白在和谈中依然态度审慎，却未能像在国内事务上一样取得成功。腓力竭力谋求加来重归英国，一方面是荣誉所系，希望以此作为一种弥偿，因为当初英国完全是因他之故才卷入战争；另一方面，从利益考虑，他也希望借此阻隔法国人的兵锋，使之远离自己所辖低地诸国的边境。他还抱着迎娶英国女王的希望，因此一直迁延，不肯与法王亨利单独媾和；甚至在英国宗教改革令这一指望彻底落空后，腓力的使臣还向伊丽莎白女王委婉暗示，提出一个看来不失体面又合理的建议：尽管西班牙与法国之间的议和条款都已谈妥，但腓力似乎仍愿将这场战争继续打下去，直到伊丽莎白女王在和谈桌上获得满意结果为止——只要她保证在今后六年内继续与西班牙结盟，共抗法王亨利。③但伊丽莎白与众臣商议之后，明智地回绝了腓力的建议。她明白王国财政捉襟见肘，此前三朝，她的父王、兄弟和姐姐都欠下巨额债务，政务体系紊乱，臣民们各属不同阵营，敌意如炽；她坚信，唯有在若干年内保持和平稳定，方能使王国恢复昌盛，从而让她在外交谈判桌上尊严满满、底气十足。她深谙加来在亨利心目中的价值，也看出在当前形势下英国

---

① 　Burnet, vol. ii p. 376, 397. Camden, p. 371.

② 　Camden, p. 378. Strype, vol. i. p. 150, 370.

③ 　Forbes's Full View, vol. i. p. 59.

16 绝不可能通过条约收复失地，故而宁可咬牙承受损失，也不愿执着要求加来以致无可避免地深度依附于西班牙。于是她授命三位英国使臣艾芬汉姆勋爵（lord Effingham）、伊利主教和沃顿博士（Dr Wotton）结束谈判，以任何合理条件与亨利缔定和约。亨利提出，愿与英王室联姻，将法兰西王储的长女许配给伊丽莎白未来的长子，届时奉还加来，作为公主的嫁妆。[①]然而女王深知这样一个条约落在世人眼中，推诿痕迹太过分明，遂坚持要求更为公正（至少表面看来更合情合理）的条款。双方最终约期八年，亨利应于这一期限届满前归还加来，倘若不能守约，亨利应向英方支付五十万克朗赔款，英国女王继续保有对加来的主权；条约规定，亨利须找到七八位外国商人（非法国人）为这笔款项作保，在找到保人之前，亨利须向英方提供五名人质；条约还规定，倘若伊丽莎白在此期间破坏与法兰西或苏格兰之间的和平，就要放弃对加来的一切主权，倘若亨利对伊丽莎白开战，则当立即归还加来。[②]明眼人一看便知，这些条款无非是为放弃加来推出的粉饰之词，但是国人能够体谅女王不得已的苦衷，甚至称赞她的审慎，不作无谓挣扎，明智接受这种无可避免的结局。与法兰西缔定和约之后，英国与苏格兰也顺理成章地恢复和平。

　　腓力和亨利两位君主结束了敌对状态，各自归还在战争中夺取的对方领土。腓力迎娶了法兰西长公主伊丽莎白（这位公主之前曾与腓力之子唐·卡洛斯（Don Carlos）订有婚约）。萨伏依公

---

① Forbes, vol.i.p.54.

② Forbes, p.68. Rymer, tom.xv p.505.

爵娶亨利之妹玛格丽特公主，收回他在萨伏依和皮埃蒙特的全部领地，只有少数几个市镇还留在法国人手里。如此，欧洲似乎大体上恢复了和平。

两女王之间的嫌隙

　　英法两国虽已握手言和，但不久之后，一个性质极其严重的衅端又悄然浮出水面，且于日后造成了影响至为深远的后果。先王亨利八世先后娶阿拉贡的凯瑟琳和安妮·博林，这两次婚姻互不相容，似乎绝无可能并称合法有效。两相比较之下，伊丽莎白的出身又不似王姊玛丽的出身那样经得起推敲：亨利的第一次婚姻获得了当时英格兰教俗两界所有权威的认可，无论新教徒还是天主教徒均自然而然地认定，缔婚双方既是发乎真诚，那么此次婚姻所出子女理应被视为合法后嗣。但是亨利后来离婚再娶，虽经英国议会和全国教牧代表会议这两个权力机构核准，却完全违逆罗马圣座的旨意，导致一部分矢忠于天主教、不知变通者将这桩婚姻视为非法，从而完全否认伊丽莎白女王的合法继位权。按血统而论，英国王位的下一顺位继承人是彼时已嫁给法国王储的苏格兰女王。这位女主背倚强大势力，加上貌似合理的继承资格，从而成为伊丽莎白的劲敌。法兰西国王曾经秘密向罗马教廷游说，希望教宗降旨对伊丽莎白处以绝罚。在这件事上，女王承蒙腓力从中斡旋，成功阻止了亨利的企图（腓力出手相助，实乃出于利益考量而非友情或慷慨侠义）。然而法兰西宫廷并未因这次挫折而灰心：吉斯公爵及其兄弟们认为，倘若外甥女继登上苏格兰王位之后再取得英格兰王位，必能大大增强他们对法兰西王室的影响力，遂大力撺掇法王亨利不要无视玛丽对英格兰王位的继承权。在他们的游说之下，亨利授命儿子儿媳公然僭用英格兰国王的纹章和尊号，并将此纹章图案并入他们府上所有车马、家具和仆从号服所饰的纹章上。当英国大使对此表示抗议，只收获了一派搪塞之辞：法方称苏格兰女王本是英格兰王室后裔，她有资格袭用英王室纹章，这种情况早有众多王室的先例可循。然而，事实上即便有此先例，也从无不经事先许可擅自袭用王室纹章的情形，而且，所袭用的纹章图案必须有所改动，以明显区别于原纹章。伊丽莎白心头雪亮：在她王姊玛丽当朝期间，苏格兰女主的觊觎企图并未得到支持，偏偏自己登基后出现这种问题，足以说明法兰西国王用心险恶，后者今后但凡有机会便会质疑她出身的合法性和王位继承资格。伊丽莎白警觉到危险，从此对苏格兰女主满心忌恨，并且下定决心，尽一切可能阻止亨利实现其图谋。后来，法王亨利为庆祝御妹与萨伏依公爵成婚，在巴黎召开比武大会，不料在打斗中意外身亡，但这一事件并未改变伊丽莎白女王的态度。当她获悉法兰西新主弗朗西斯二世（Francis II）仍在肆无忌惮地僭用英格兰国王的尊号，便开始将法王夫妇视作不共戴天之敌。此时苏格兰国内局势恰好为她提供了可乘之机，既可报复此前受到的伤害，又能保障她自身的安全。

　　比顿枢机大主教被刺于圣安德鲁斯，苏格兰天主教阵营顿失主将，这位大主教生前一向以其严峻、勇气和能力令改革派闻风丧胆，自他死后，制裁异端的法令在实践中便日渐废弛。摄政太后任用的臣僚班底作风审慎温和，她自己也不愿为了部分教会人士的偏执或利益而牺牲邦国的世俗利益，她觉得，较妥当的办法是顺时应势，她既无力彻底压制新教教义，不如默许其滋长。当她闻知爱德华六世驾崩、玛丽登上英格兰王位的消息时，一度心生期冀：希望苏格兰改革派丧失来自强邻的支助后，失去成功的指望，斗志逐

苏格兰局势

渐消沉，国人能够慢慢重拾祖先的信仰。然而世俗政策的一般准则极少能支配宗教的发展进程和鼎革，事态的最终走向令摄政太后大失所望。在玛丽政府的苛酷威压之下，大批英格兰改革派传道者流亡苏格兰，在此获得更多保护，也得到政府更温和的对待。他们在苏格兰大力播散改革派神学信条。这些人的真实经历令全体国人对天主教偏执势力的残暴充满合情合理的畏惧，也让新教信众看清，一旦任由对手掌握不受制约的权力，自身必将落得怎样的下场。

如果统治集团获取权力和财富的方式相对温和节制，它或许 19 能放心地宽容对待不同的宗派，统治集团越是能借助包容和自由软化革新者的热忱，就越能稳保法定制度赋予它的种种利益。然而，像罗马教廷这样已然借助迷信取得了至高无上的地位，那么于它而言宗教迫害更多地是出于策略上的必要，而非掌权者偏执的结果。教廷唯有倚靠严刑峻法，才能击退改革派的进攻——这些人加入改革阵营的动机芜杂，并不仅仅出于宗教热忱，更有各种公私利益的促动。尽管此类过度发达的机构或许能依靠暴力手段长期维持自身统治，但终有一日，它们的残暴只能激起新兴宗派的满腔愤怒，促使他们突破一切理性和节制的边界。这时节，苏格兰显然正在日益迫近这个危机。如果只考虑由此导致的种种事件，任何人都会倾向于不偏不倚地责备对立双方；但若扩展视野，反思当时的局势，则能注意到人类事务必然的发展走向，看出人性固有法则在其中发挥的作用。

苏格兰
宗教改革

一批苏格兰改革派领袖，如阿盖尔伯爵（earl of Argyle）与其子洛恩勋爵（lord Lorne）、莫顿伯爵（earls of Morton）、格兰卡恩伯爵（Glencarne）、邓恩的厄斯金（Erskine of Dun）等人意识到自身面临的险境，亦是出于广传教义的热忱，暗地联络结成同盟，自称"上帝的圣会"，以示与官方教会（他们称之为"撒旦的教会"）截然对立。该同盟的宗旨如下："吾等察觉到魔鬼撒旦利用其党徒即当代的敌基督者在世间猖狂作祟，企图颠覆和摧毁基督的福音和教会，故此吾等责无旁贷，自当为我主基督的事业努力奋斗，至死不渝，坚信基督必胜。吾等向全能主上帝与祂的教会立下承诺：吾等靠着神的恩典，誓将不遗余力、坚持不懈，以自身的全部能力、资源乃至生命维护、光大和确立神的至圣话语与神的教会；吾等必当尽一切所能任用忠实的传道人，向神的子民真实而纯正地传讲基督的福音和圣礼。吾等必当尽忠竭力、甘冒生命危险去维护、喂养和捍卫基督的教会与其中的每一位成员，抵挡撒旦和一切邪恶势力企图残害、搅扰基督教会的行径。吾等虔心联于上帝的圣言与圣会，发誓弃绝撒旦的教会并其一切可憎的迷信与偶像崇拜，公开宣布与之势不两立。吾等于神前盟此信誓，签字为凭，会众共鉴。爱丁堡，1557年12月3日。"①

　　假使这份热血盟约的签署者仅仅满足于为新兴观念争取宽容，无论其主张与罗马教会的政策何等水火不容，都会备受世人赞赏，因为他们向着危害世俗社会的威权机构所倚仗的苛酷法律发出了勇敢挑战。但是显而易见，他们在这条路上走得太远，而且他们的行动也立即将其内心驱动力显露无余。他们以上帝的圣会自居，凭着自以为正当拥有的权柄下达命令，要求王国所有教区教

---

① Keith, p.66. Knox, p.101.

堂的祷告仪式一律采用世俗通用语言；[1]要求信众在私宅中讲道释经，直到上帝以大能感动执政者允许神的忠仆公开讲道为止。[2]在历史上，此类同盟组织通常是发动叛乱的先驱，而他们激烈攻击官方教会的举动事实上已然启动了叛乱的开端。

在该同盟主动或被动地公开身份之前，官方教会掌权者对不断进展的改革势头又惊又怕，试图借助暴力手段夺回失去的权威，结果反而进一步激发了对手的热忱以及改革派势力的增长。时任大主教汉密尔顿（Hamilton）下令逮捕品行无可指摘的新教牧师沃尔特·密尔（Walter Mill），在圣安特鲁斯开庭审判，以异端罪判处其火刑。国人普遍憎恶这一野蛮行径，以致主教们费了很长一段时间才说服某人出任此案的世俗法官，宣布对密尔的判决；行刑日期确定之后，圣安德鲁斯全城店铺纷纷关门，不肯出售绳子将密尔缚上火刑柱，最后大主教只得亲自提供了这一装备。密尔以超人的勇气承受酷刑，尽管此种表现对于殉道者来说已成寻常，但这样的场面在公众心目中永远显得匪夷所思、充满震撼。人们在密尔的受刑处垒石为塔，以此表达对教会掌权者的厌憎，教会高层刚刚下令拆除此塔，群众又出于自发的热忱重新将其垒起。[3]宗教激情和民意叠加形成一股汹涌的合力，试图用严酷刑罚来对抗它终归是徒劳的：这是天主教势力在苏格兰最后一次施暴，此后便再也无力逞凶。

时隔不久的一场风波再次使民意展露无遗，令教会高层足以

---

①　当时苏格兰改革派所用的是英国爱德华国王钦定祷文。Forbes, p.155.

②　Keith, p.66. Knox, p.101.

③　Knox, p.122.

从中窥见自己来日的下场。圣吉尔斯(St. Giles)是爱丁堡的守护圣徒，在一年一度的圣吉尔斯节上，信众通常要抬着他的圣像上街游行。新教徒为了阻止该庆祝仪式，设法在节日前夕偷走了教堂里的圣像，不无得意地想象着那群拜偶像者该会何等惊讶和失望。然而神职人员匆匆打造了一个新圣像（人们将它戏称为“小圣吉尔斯”），抬着它走过大街小巷，爱丁堡全城及周边地区的教士们全都赶来参加游行。起初因摄政太后在场观看游行，群众表现克制，没有诉诸暴力举动；等到太后一走，他们立刻扑向圣像，把它掀翻在泥坑里，拆成碎片。教士和僧侣们惊惶失措，扔下他们崇拜的偶像四散奔逃，成了民众口口相传的笑谈。

“圣会”受此鼓舞，立刻进一步行动起来，公开征募信徒加入联盟。时逢英格兰玛丽女王驾崩、伊丽莎白女王继位，越发助长了他们成功的指望。他们大胆呈请摄政太后改革教会，剟除官方教
22 牧邪恶、可耻、令人憎恶的生活方式。[①]他们拟就一份请愿书，准备提交到国会，其中开门见山地声明他们与可憎的偶像崇拜和天主教会令人无法容忍的弊端誓不两立，继而提出两项要求：第一，惩治异端的法律应由世俗治安法官独立执法；第二，对异端罪的裁定应以《圣经》作为唯一的衡量标尺。[②]他们甚至向全国宗教大会请愿，坚称应以世俗通用语言诵读祈祷文，选任主教须征求所在教区士绅同意，选任牧师应征求所在教区居民同意。[③]摄政太后小心翼翼地调停各派势力，她希望为女婿法兰西王储争取到与女儿并

① Knox, p.121.

② Ibid.p.123.

③ Keith, p.78, 81, 82.

治此邦的王冠，出于这个动机以及其他一些原因，她不愿跟任何一方彻底翻脸。

　　苏格兰国会签约批准法国王储对苏格兰的并治权后，太后接到法兰西方面的指令（很可能出于她那几位强横兄弟的授意），要求她祭出严厉手段镇压改革派，采取立场鲜明的重大举措重振王室权威。[①]太后下旨，传唤几位新教首脑赴斯特灵接受枢密院质询。改革派教义的追随者们为了保护和支持他们的领袖，向斯特灵发动声势浩大的进军。据说太后害怕引发暴动，向国人许下诺言，[②]保证绝不伤害这些牧者，这才解散了群众。然而，朝廷不久便宣布：这些牧者拒绝到庭接受质询，因此犯有叛逆罪。朝廷此举激起极大民愤，民众决心拿起武器反抗摄政太后的权威，也将反对官方教会的斗争进一步推向极端。

　　值此关键时刻，约翰·诺克斯自日内瓦归来——他被放逐期间，在日内瓦生活长达数年，与加尔文多有交游，汲取了该教派最极端的狂热精神，而他固有的暴烈天性越发加剧了这种倾向。诺克斯应改革派领袖之邀返回苏格兰，在目前举国民意鼎沸的形势下，他在珀斯（Perth）登坛讲道，以一贯的慷慨激昂痛斥罗马教廷的偶像崇拜和其他种种丑恶行径，鼓动听众竭尽全部热情颠覆教廷统治。他的布道刚一结束，有个教士很没脑子地打开存放圣像和圣髑的仓库，为接下来的弥撒做预备。狂热的听众此刻正是摩拳擦掌找不到发泄之处，一看这些物件立即怒不可遏，仿佛以前没

5月11日

23

---

① Melvil's Memoirs, p. 24 Jeb, vol. ii p. 446.
② 参见本卷卷末注释[B]。

见过它们似的。他们狂怒地对那教士发动攻击，将圣像砸成碎片，撕毁图画，推翻祭坛，打破圣髑罐、把骨灰扬得满地，把他们所谓"偶像崇拜的器物"统统砸烂，一件不留。然后，暴民们继续前进，一路队伍不断壮大、情绪越发狂暴，他们攻击灰衣修道院和黑衣修道院，[①]顷刻就将它们劫掠一空。加尔都西会修道院也遭遇同样命运。暴民们抢劫和驱逐僧侣之后犹嫌不足，又向曾经容纳一切万恶行径的建筑物泄愤，于是，一座座修道院转眼间只剩了断壁残垣。不久，法夫郡的库珀也发生了同样的暴乱。[②]

摄政太后被暴乱激怒，召集兵马准备严惩叛乱分子。她麾下现有大约两千法军和少量苏格兰军，还有一批拥戴她的贵族前来支援。太后的部队抵近法夫十英里处扎下营盘。就连阿盖尔伯爵和女王的私生兄长、圣安德鲁斯修道院副院长詹姆斯·斯图亚特勋爵(lord James Stuart)也在太后营中，他们虽与改革派关系密切，但或许因为不满民众的暴行，或者希望运用自身影响力和权威居间斡旋，所以此番也随驾前来。另一方面，"上帝的圣会"则在筹备防御，他们有格兰卡恩伯爵率领的西部援军，又得到许多贵族士绅支持，人多势众，更在强大的精神动员下斗志昂扬，令人望而生畏。他们致信摄政太后，明确地暗示道，他们如果被天主教会这头残暴的野兽逼入绝境，就会向国外势力求助。他们自称：在不为神所厌弃的一切事上，他们都是太后陛下的忠实臣民，与此同时，他们又是耶稣基督圣会的虔诚信徒。[③]他们又向追随太后的贵族

---

① 灰衣修道院为方济各会修道院，黑衣修道院为多明我会修道院。——译者
② Spotswood, p.121. Knox, p.127.
③ Knox, p.129.

们发声申辩，坚称他们过去的暴力行为有神的话语作为合理依据，是神命令祂敬虔的圣民消灭偶像崇拜及其一切印记。尽管所有世俗权威均为神授，但是权柄本身却截然不同于行使权力的人。[①]他们奉劝众位贵族大人用心想一想，那些害人的教皇主义者冠之以"宗教"之名、以火和剑捍卫的可憎之物，究竟是不是耶稣基督的真正教义。他们谴责那些加入太后阵营的旧盟友，正告后者："他们既已被神斥为叛徒，那么自当同样被逐出圣会，不得参与神以大能在他们当中创立的圣礼。这圣会的执事所享的权柄，正如基督亲口授予十二使徒的权柄一样：'凡你在地上所捆绑的，在天上也要捆绑；凡你在地上所释放的，在天上也要释放。'"[②]我们从中可以看出，这些新圣徒的自命不凡绝不亚于旧阵营的教会领袖。无怪乎他们对后者如此愤怒，视之为竞逐权力的劲敌。在整篇宣言的最后，附有一篇对官方教会的檄文，题为"耶稣基督在苏格兰的圣会致敌基督者、害人的高位神职者及其在苏格兰的神棍走狗们"。这篇檄文的基调与标题恰恰相符。他们对官方教会掌权者说，"鉴于尔等滥施暴虐，不仅妄图在肉体上毁灭我们，更欲禁锢我们的灵魂为魔鬼所役，臣服于偶像崇拜，因此，我们凭着神所赐予的全部力量和权能，对尔等施行公义的报复和惩罚：是的，我们将对尔等发动战争，正如神命以色列人对迦南人发动的战争一样，也就是说，除非尔等弃绝偶像崇拜、不再残酷逼迫神的儿女，否则我方永不言和。奉永恒上帝和神子耶稣基督之名——我们一直传讲祂

---

① Knox, p.131.

② Ibid.p.133.

的真理、传扬祂的福音，正确遵行祂的圣礼——我们在此将我方意图明示尔等，只要有神相助，我们定当竭尽全力抵挡尔等的偶像崇拜。是为警告，勿谓言之不预，尔等切莫自欺欺人。"[①] 长期以来，苏格兰王国饱受伪善侈谈、假仁假义和宗教狂热的困扰，尽管目前世俗政权的宽容使这一痼疾有所缓解，但是从以上凶险的征候可以看出，此症仍然随时随地都会剧烈发作。

摄政太后看到叛军顽固而又狂热，遂打消决战之念，接受阿盖尔伯爵和圣安德鲁斯修道院副院长的劝告，与他们议和。太后承诺对叛乱者既往不咎，并保证不留法军驻守，珀斯就此降顺，恭迎太后入城。城中转眼流言蜂起，纷传太后言而无信。传说一些居民因最近参与暴乱而遭到骚扰，又说有一支领取法国饷银的苏格兰兵被部署在城内。太后在城中屯兵，尽管理由十分充分，却遭到"圣会"一方大声疾呼的指责。[②] 据称太后为辩白上述措施的合理性，宣称为君者不应过分受制于自身承诺，又说依照她的本意，只要能找到借口，她将不无乐意地剥夺所有这些人的生命和财产。[③] 不过，这种话绝不可能出自那位审慎而正直的女主之口。相反，种种证据表明，这一切暴力行为均非她所乐见，在这件事上，她受着法国宫廷的操控，而且，她时常觉得，这些事务倘由她一人做主，她完全可以轻松化解所有争端，无需诉诸武力。[④]

"圣会"会众被炽烈的宗教热忱催动，又因上述种种失望而激

---

① Keith, p. 85, 86, 87. Knox, p. 134.

② Knox, p. 139.

③ Ibid. Spotswood, p. 123.

④ 参见本卷卷末注释［C］。

愤，很快又不安分起来。他们甚至在离开珀斯之前，还没有任何借口抱怨太后背约失信之时，就已签订了一份新盟约，其中除了承诺共同防御之外，还指着上帝之名立下誓言，务必竭尽全力毁灭一切有辱上帝圣名之物。阿盖尔伯爵和圣安德鲁斯修道院副院长也在立约者之列。[①]这两位贵族领袖早就有心背弃摄政太后、公开转投盟友阵营，现在无需等待更好的借口，只作相信关于太后背信的抱怨，无论这怨言何等可疑，或者毋宁说干脆是一派谎言。"圣会" [26]如虎添翼、大受鼓舞，完完全全被诺克斯的激情所煽动，在科瑞尔(Crail)、安斯特鲁特(Anstruther)和法夫郡的其他一些地方重新揭竿而起，洗劫教堂和修道院，与他们先前在珀斯和库珀所做的如出一辙。摄政太后挥师平乱，但是发现对方实力大增，只好满足于缔约休战几日，改道前往洛锡安(Lothians)。改革派包围并攻占了珀斯，由此进军斯特灵，照例大肆掳掠破坏一番，继而势如破竹，向爱丁堡挺进。爱丁堡居民早就暗中同情"圣会"，对官方教会和修道院心怀不满，大开城门欢迎他们。摄政太后率少许余部退守邓巴(Dunbar)，在那里加固工事，苦待法国援军的到来。

与此同时，太后授命党羽向民众阐明公开叛乱的危险后果。她极力劝说国人，詹姆斯·斯图亚特勋爵打着宗教信仰的幌子，实则暗藏不轨之心，阴谋窃国。结果叛乱分子纷纷脱离圣会阵营，许多人是被太后说服，但更多的则是因为叛军此时粮饷不继、陷入困境。太后一见敌方实力大大削弱，便大胆挥师进军爱丁堡，意图一举克敌。后来，在一直忠实追随她的夏泰勒公爵(duke of

① Keith, p.89. Knox, p.138.

Chatelrault）斡旋之下，太后接受叛军有条件投降，她在受降条约中同意给予圣会会众宗教宽容，后者则承诺不再劫掠破坏教堂。不久之后，叛军全部撤出爱丁堡，他们在撤退前公布了双方议定的各项条款，却刻意只公开那些于己有利的内容，并且瞒天过海，在议定文本中增加了一条：凡偶像已被拆毁之处，一律不得再立。①

　　人心分裂，在这种情况下缔结的协议注定是短命的。两个阵营都在竭尽所能加强己方实力，为接下来似乎无可避免的决裂做准备。摄政太后已从法兰西获得一千援军，开始加固利思（Leith）城防。"圣会"方面花言巧语地拉拢夏特勒公爵，后者本来早就有意投向"圣会"，此时因为儿子艾伦伯爵自法国归来，促使他最终下定了决心——艾伦伯爵在法期间，法王亨利和吉斯公爵出于猜忌、偏执，几番加害，他历尽险境才得脱身。不久，拉布罗思（La Brosse）率领更多法国援军抵达苏格兰，亚眠（Amiens）主教和索邦（Sorbonne）神学院的三位博士也随后而至。这几位神学家可谓有备而来，要用三段论、权威经典和丰富的学术论据与苏格兰新教布道家们对阵，他们不无理由地认为，在法国枪炮的影响下，这些理论武器定然威力大增，令此邦国民信服。②

　　法兰西军事总长蒙特莫伦西（Montmorency）当初曾经反对王储迎娶苏格兰小女王，他早有预言说，与苏格兰结成姻亲，势必瓦解两国的古老联盟。苏格兰人担心受制于外邦，很快就会与法国反目成仇，两邦不复成为由利益和良好意愿维系的盟友。尽管当

---

① 参见本卷卷末注释［D］。
② Spotswood, p.134. Thuan, lib. xxiv. c. 10.

前事态似乎完全证实了那位老帅的审慎想法不无道理，但是如今主掌法兰西政局的激进派阁僚认为，或许可以将苏格兰国内暴乱看作一个有利事件，因为它为法国提供了借口出兵镇压叛乱，从而彻底征服该国，[①]并以此为基地筹备入侵英格兰，将玛丽扶上英国王位。"圣会"首脑对上述前景深深了然于心，对自身的危险处境也绝非视而不见，他们认识到，惟有全力以赴争取胜利才能安然自保。亨利二世突然驾崩的消息传来，令他们备受鼓舞。他们凭着自据的权威通过一项法令，剥夺太后的摄政权，命令法军全数撤出苏格兰王国，又集结人马要将该法令付诸实施。他们再次占领爱丁堡，但发现自己无法长期据守该城。"圣会"军是一群仓促集结的乌合之众，没有军饷维持，但凡遇到丝毫挫折、甚至只要胜利来得稍迟，就会一触即溃。这样的队伍根本无力抵挡久经沙场的法军。此外，法军还得到部分苏格兰贵族的支持，其中尤以博斯韦尔伯爵（earl of Bothwel）最引人瞩目。此时又有消息传来，太后的兄弟埃尔伯夫侯爵（marquis of Elbeuf）正在德意志招兵买马准备赴苏格兰平叛，"圣会"首脑认为形势危殆，他们此时向英格兰求助应属情有可原。再者，这时节宗教同情和民族自由的考量已经盖过了对英王国的宿怨，所以这个举动可以说既是出于意愿，也同样是基于利益选择。[②]于是，"圣会"密遣梅特兰·里丁顿（Maitland of Lidington）和罗伯特·梅尔维尔（Robert Melvil）赴英，向伊丽莎白女王乞援。

28

---

① Forbes, vol.1.p.139. Thuan, lib.xxiv.c.13.

② 参见本卷卷末注释［E］。

伊丽莎白驾前睿智的枢密大臣们并未多费思量，很快便同意了这个请求，因为这与他们主上的谋划和利益完全相符。塞西尔(Cecil)特别向女王力陈，苏格兰与法兰西都是英格兰的宿敌，这两国归于一主的前景，乃历代英王眼中之大患。她的父王及先朝护国公萨默塞特都曾使尽解数，无论在战场还是谈判桌上，极力阻止这种情况发生。塞西尔指出，玛丽对英国王位的觊觎使英格兰当前形势更加危险，女王务必对此给以最大限度的警觉，严加提防：众所周知，目前掌政法兰西的吉斯家族富于才干和野心，不无非分图谋，他们自己也并不掩饰想把外甥女扶上英国王位的打算。他们自以为胜券在握，以致失慎地过早摘下了假面具；英国驻法大使思罗格莫顿(Throgmorton)从巴黎送回的每封情报都无可辩驳地证实了他们的险恶用心。[①] 他们只待全面征服苏格兰，令英国人失去现有的地利和海军实力优势，便要设法颠覆伊丽莎白女王的统治。塞西尔说，英国国内的天主教狂热分子对现政权不满，推崇玛丽的合法继位资格，他们会给对手增添强大助力，干扰政府的每一项御敌方略。为今之计，只有抓紧眼下时机，利用苏格兰新教徒的宗教热忱，遏制敌人的图谋；此种举措乃是基于如此明显的必要性，纯粹以自保为目的，其正义性无可置疑。他又说，尽管支持苏格兰异见分子必定引发耗资巨大的对法战争，但是如能把这股祸水引向欧陆，英国面临的威胁将会大大降低；现在花费这笔小钱，等于为将来省下大钱。此外，法国国内的不满情绪日益增长，西班

---

① Forbes, vol.i.p.134, 136, 149, 150, 159, 165, 181, 194, 229, 231, 235–241, 253.

牙的腓力也会与英国站在一起——后者尽管偏执而又虚伪，但他
绝对不能容忍法国人彻底征服英伦。这些因素足可保障女王地位
稳固，抵挡吉斯家族危险的野心和敌意。①

　　以伊丽莎白一贯的审慎和节俭，要想说服她发动战争绝非易
事，②尽管如此，上述强有力的理由最终打动了她。她开始筹备向
节节落败的苏格兰"圣会"组织提供武力和资金支持。她装备了
一支由十三艘战船组成的舰队，交由温特(Winter)指挥，命其开进
福思湾(Frith of Forth)待命。女王钦命年轻的诺福克公爵为北方
诸郡镇守使，又在贝里克集结了八千人马，由中部和东部边区民防
长官格雷勋爵(lord Gray)率领。法兰西宫廷嗅到危险，遂向女王
提出，只要她不插手苏格兰事务，法方愿立即奉还加来。对此，女
王斩钉截铁地回答，她决不会拿整个王国的国土安全与区区一个
小渔村相提并论。③她不理会法国人的提议，继续紧锣密鼓地备战。
她与苏格兰"圣会"组织签订共同防御条约，条约有效期设定为苏
格兰女王与法王弗朗西斯婚姻存续期间及此后一年。她承诺，不
到法军完全撤出苏格兰，这份援助不会终止。④一切既已准备周
详，又从苏格兰方面接受了六名人质作为履约保障，女王降旨，命　　*30*
海陆两军同时出兵。

　　伊丽莎白的舰队出现在福思湾，正在法夫郡大肆劫掠破坏的
法军顿时张皇失措，他们只得绕道斯特灵，迂回至利思，在那里

---

① Forbes, vol. i. p. 387. Jebb, vol. i. p. 448. Keith, append. 24.

② Forbes, vol. i. p. 454, 460.

③ Spotswood, p. 146.

④ Knox, p. 217. Haynes's State Papers, vol. i. p. 153. Rymer, tom. xv. p. 569.

做好防御准备。英军会同赶来增援的五千苏格兰人，[1] 在利思城前扎下营盘。双方初期有过两次小规模冲突，第一次英方占据优势，第二次法方获胜。接着，英国人发动攻城战，因行动仓促、指挥不利，此番进攻被打退，英方伤亡甚众；尽管如此，守城一方在压力下陷入严重困境。这时发生了两个事件，令后者的处境雪上加霜：埃尔伯夫侯爵招募的大军在海上遭遇暴风雨，船队被吹得七零八落；[2] 大约与此同时，苏格兰摄政太后在爱丁堡城堡中溘然长逝——这位女性拥有其家族成员身上熠熠生辉的一切才能，若论品德和谦逊则要远远胜过他们一筹。法军见己方粮秣不继，难以久持，又见英军不断获得有生力量的增援，只得宣布有条件投降。法方派出瓦朗斯主教(bishop of Valence)和兰丹伯爵(count Randan)作为全权代表，在爱丁堡与伊丽莎白派出的使节塞西尔和沃顿博士签订了一项条约。条约规定：法军应立即撤出苏格兰。法兰西国王与王后今后不得使用英王室纹章，不得僭用英格兰女王之头衔，还应进一步弥偿他们过去在这方面对伊丽莎白造成的损害，双方应遣使就此问题举行会谈，如无法达成协议，应请西班牙国王居间仲裁。除了以上涉及英国的条款之外，法方在苏格兰事务上也做出一些让步，具体包括：苏格兰全国大赦，对既往罪行一概不咎；非本国人士一律不得在苏格兰出任官职；苏格兰国会应提出一份二十四人名单，由苏格兰女王从中选取七位、由国会选取五位，共十二人，他们将于女王离国期间主持国内全部政务；不经

7月5日

苏格兰
局面暂定

31

------

[1]　Haynes, vol.1.p.256, 259.
[2]　Haynes, vol.1.p.223.

国会许可,玛丽女王不得对外媾和或宣战。[1]为加快这一重要条约的履行,伊丽莎白特地派出船只,将滞留苏格兰的法军运送回国。

　　本朝初立的第一宗外交事务,向整个欧洲显示了伊丽莎白女王及其臣僚的天才和能力。女王敏锐觉察到遥遥在望的危险,立即采取有力措施加以防范。她审时度势,充分利用己方的一切有利条件,迅速做出决断,面对法国宫廷的任何提议、磋商和抗议都不为所动。她定下策略就执行到底,不达目的绝不收兵,同时把敌人赖以毁灭她的势力转化成己方最坚定的支持者和安全保障。在苏格兰反政府分子处境最艰难的时候,她都不曾趁机提出任何不合理条件,从而与他们建立了完全的信任;她利用感激、利益和信仰等种种纽带,全方位强化双方的联盟,现在他们对伊丽莎白的亲敬,甚至已经盖过了本国君主在他们心中残存的影响力。伊丽莎白女王这番灵巧而坚定的举措在国内外赢得了普遍尊重,她的威望已经超过其姊玛丽女王,尽管后者在位时拥有西班牙王室的鼎力支持。[2]

　　苏格兰改革派随后采取的措施越发巩固了他们与英国的联盟。如今整个王国都在他们支配下,他们撇开一切虚文,毫无顾忌地贯彻落实自己的目标。《爱丁堡条约》规定,应不日召集苏格兰国会或全国大会。"圣会"首脑们不等苏格兰女王批准该条约,自认为有权不经君主授命,立即召集国会。改革派向国会提交一份请愿书,他们在其中不满足于确立自身信条的合法地位,还要求

---

① Rymer, vol. xv, p. 593. Keith, p. 137. Spotswood, p. 147. Knox, p. 229.
② Forbes, vol. 1. p. 354, 372. Jebb, vol. ii. p. 452.

惩治被他们呼作"罗马娼妓的附庸"的天主教分子。他们声称，官方教会的这群乌合之众当中（这是他们的原话）没有一个合法的牧者，尽数都是盗贼和凶手，都是逆贼、屈膝于世俗权力的叛徒，因此，这些家伙不配在改革后的联邦中占据一席之地。[①]国会似乎被同样的愤怒和迫害精神所驱动。他们批准了符合新教义的信仰告白，继而通过一项反对弥撒的立法，不仅禁止在所有教堂中举行弥撒，还规定任何人不得在任何地方主持或参加弥撒，对初犯者罚没财产并处以体罚（由本地治安官酌定），再犯则驱逐出境，第三次处死。[②]国会还投票通过法案，废除教宗在苏格兰的管辖权，确立长老制，起初只给特定的神职人员（他们称之为"监事"）留下一点点莫须有的权力。旧教会体系的神职人员也来参加国会，他们申诉自身财产受到严重侵犯，但国会对此不予理会，直到这些长老们厌倦了没有结果的列席，最后一一离去。随后，国会便宣召他们出席，但没有人出现，于是国会投票表决，宣布所有神职人员已完全满意，再无抱怨的理由。

圣约翰骑士团团长詹姆士·桑迪兰爵士(Sir James Sandilands)奉命前往法兰西，请玛丽女王核准上述几项法案，受到极其冷淡的对待。女王不承认本届国会的合法性，因其未经君主同意而召集。她拒绝批准这些法案。然而新教徒们并不在乎女王的拒绝。他们立即将这些法案付诸实施。他们宣布废除弥撒，按立自己的教牧人员，在各地疯狂破坏修道院甚至教堂，他们认为这些地方均已

①　Knox, p. 237, 238.

②　Ibid p. 254.

被偶像崇拜所玷污。他们把神职人员的财产视作合法战利品，不
经任何手续就将绝大部分教会收入占为己有。新按立的教牧们享
有极高权威，足以煽动国人发动战争和暴乱，却无法约束他们的掠
夺。在狂热和贪欲的共同作用下，教宗在这个国家的权威受到无
可治愈的重创。新教阵营的贵族士绅们意识到此等罪行绝无可恕，
因而愈发紧密团结在一起，他们素知吉斯家族暴虐跋扈的性情，担
心刚到手的财产难保，感到惟有投靠在英格兰的羽翼之下方能安
全。于是乎他们派遣莫顿、格兰卡恩和里丁顿三人赴英觐见伊丽
莎白女王，衷心感谢她过去的一切帮助，并向她陈述了继续这样做
的必要性。

法兰西
事务　　　　从伊丽莎白女王的角度，同样有理由与苏格兰新教徒保持联
盟。她不久便发现，吉斯家族虽在上一回合中遇挫，却仍未死心，
试图继续挑战她的继位权、颠覆她的统治。弗朗西斯和玛丽的御
前班子对吉斯家族言听计从，拒绝批准《爱丁堡条约》，完全无意
就他们对伊丽莎白的致命侮辱即公开僭用英女王尊衔和纹章一事
给出任何令她满意的回复。伊丽莎白明白这种觊觎所伴随的危险，
因此，她不无欣慰地听闻法国政府陷入激烈的派系之争，以及吉斯
公爵的所作所为在朝中招致的反对。那位野心勃勃的公爵有四位
亲兄弟鼎力相助，已经把持了全部王权——这四人分别位居洛林
枢机主教、奥马尔公爵、埃尔伯夫侯爵以及圣约翰骑士团大团长之
职，每个人的野心都不下于吉斯公爵本人。吉斯公爵就各方面素
质而言都堪称人中之杰，既能以威服众，又有引人爱戴的人格魅
力，他的攫取和贪觊看起来全无止境。长期以来在朝中与之形成
制衡的军事总长蒙特莫伦西此时已经彻底失势；宗室血亲纳瓦拉

国王^①及其兄长孔代亲王（prince of Condé）被罢黜官职、失宠于国王；皇太后凯瑟琳·德·美第奇（Catherine de Medicis）则发现自己的影响力日见衰退。年轻的弗朗西斯国王体弱多病、向无主见，完全受王后支配，而后者根本不懂得法律，一味取悦于她的几位舅父。因此，国人已不指望有朝一日能够摆脱野心勃勃的吉斯家族控制，重获自由。最先激发法兰西人勇气的，乃是此际蔓延欧洲的神学大论战，促使他们公开挑战吉斯家族的无限威权。

34　　这场神学论战始自德意志北部，继而传入瑞士（这两国当时都还是文盲国家），很早便渗透到法国境内，由于国人对朝廷和罗马教会普遍不满，加上狂热的时代精神的推动，各省暗中改信新教的人数不断增加。亨利二世效法其父弗朗西斯一世，对改革派采取打压政策。这位君主虽说沉迷于享乐和社交，却独具一股难以遏制的激情和偏执，是他的父王所没有的。一批新教隽杰受到极严厉的惩处。一方的残暴无所不用其极，另一方则以坚忍奉陪到底，仿佛形成了一场荣誉攸关的较量。亨利二世驾崩，宗教迫害暂时告一段落。民众敬佩新教宣教士们坚贞不屈的品格，此时都愿意倾耳聆听他们宣扬的教义和论点。然而洛林枢机主教和他那几个手握司法大权的兄弟认定支持官方教会乃己方利益之所在，当他们再度启用严刑峻法迫害新教徒时，势必推动对他们心怀不满的王公贵族倒向另一方，选择保护新教。纳瓦拉国王性情温和但较为软弱，孔代亲王则拥有诸多卓越品质，这对兄弟此前已经公开宣

---

① 安托万·波旁（Antoine de Bourbon），法国旺多姆公爵、纳瓦拉女王胡安娜三世（Jeanne d'Albret）之夫，享纳瓦拉国王尊衔。——译者

布支持新教徒,新教阵营在他们的庇护下获得了新的生机。科利尼将军(Coligni)与其弟安德洛(Andelot)也抛开顾忌,公开认信新教。这位将军为人正直,据信他对新教的信仰是发自真心。科利尼作战英勇、指挥有方,无论在沙场或谈判桌上都练达有能,深受国人景仰,他的归信给改革阵营增添了好名声。反对派筹划在昂布瓦斯(Amboise)抓捕国王(伊丽莎白对此或有与闻),[①] 事败后,法兰西国内到处充满分裂苗头,事态迅速恶化,两个阵营加紧走向公开决裂。由于国内派系斗争激烈,吉斯家族不得不收束在苏格兰的行动,这也是伊丽莎白出战告捷的主要原因之一。但吉斯家族誓不放弃他们在法兰西的统治权柄,决不屈服于对手的暴力。他们抓住机会逮捕了纳瓦拉国王和孔代亲王,将前者关进监狱,又操纵法庭判处后者死刑。就在他们推动判决执行的过程中,弗朗西斯二世国王突然驾崩,挽救了那位高贵的囚徒,吉斯公爵的青云之路也就此断绝。太后受命于幼主查理九世成年之前摄理国政;纳瓦拉国王被任命为中将,掌握王国军权;对孔代亲王的判决被撤销;军事总长蒙特莫伦西奉召回朝。吉斯家族虽说仍旧位高权重,但是他们的权力却受到了有效制衡。

　　伊丽莎白仍将苏格兰女王视作危险的对手,她决心利用当前事态狠狠打击这个劲敌。她看到,自己已经摆脱了苏格兰与法兰西合并的危险,以及弗朗西斯这样一位强国君主对英格兰王位的觊觎,但她同时也考虑到,英国天主教徒数量庞大,他们普遍拥护

公元
1561年
12月4日

35

---

① Forbes, vol.i.p.214.值此前后,思罗格莫顿不愿将了解到的重大机密付诸信函,便找借口获准离任,返回伦敦。

玛丽的继位权，如今看到玛丽继承王位非但不再危及王国的自由，反而有利于促进英格兰与苏格兰合为一家，他们必定越发狂热地拥戴玛丽上位。于是，伊丽莎白指示机警能干的驻法大使思罗格莫顿重新向苏格兰女王提交申请，要求她核准《爱丁堡条约》。不过，尽管玛丽在丧夫后已经停止使用英格兰女王的纹章和尊衔，她却依然拒绝在这一重大事项上满足伊丽莎白的心愿；并且，她接受几位野心家舅父的唆使，拒绝正式宣布放弃对英国王位的主张。

　　法兰西王太后将弗朗西斯生前自己遭受的一切屈辱都归咎于玛丽，这时节处心积虑地采取种种报复手段，对她以牙还牙；苏格兰女王在法兰西处境逼仄，开始考虑返回祖国。苏格兰国会此前指派詹姆斯爵士作为代表，赴法恭请女王归国，他自是大力支持玛丽的这个想法。于是，玛丽通过迪奥塞尔（D'Oisel）向伊丽莎白请求安全通行证，以备万一需要假道英格兰回国。[①]但她收到的答复是，在她满足伊丽莎白的要求核准《爱丁堡条约》之前，休要指望一个被她如此严重伤害的人对她开恩施惠。拒绝激起了玛丽的愤慨，当思罗格莫顿旧话重提，请她满足自己主上的要求，并陈述这一要求多么合情合理，玛丽遂毫不掩饰地将一腔怒火向他兜头倾泄。她屏退左右，方对思罗格莫顿开口道："朕不知道自己会表现得多么软弱，或者在女性的弱点驱使下不堪到何等地步，无论如何，朕决计不把自己的虚弱展现在众目睽睽之下，就像贵主当着朕的使臣迪奥塞尔所做的那样。最令朕恼火的是，自己竟然这么糊

---

① Goodall, vol.i.p.175.

涂，如此切切地请求一种对自己无足轻重的恩惠。只要上帝允许，没有她的通行证朕也能回到自己的祖国，当年朕来法时，任凭她弟弟爱德华国王百般阻挠拦截，朕还是来了。朕并不缺少朋友，他们足有能力和意愿帮朕回家，像当初带朕来这儿一样。但朕更想试验一下贵主的友谊，而不是寻求任何其他人的帮助。朕常听你说，朕与贵主之间保持良好往来，将大大有益于双方王国的安全和福祉。她若深信此理，又怎会断然拒绝朕这不足挂齿的请求？不过，或许她更看重朕那班悖逆的臣民，不在乎朕——而朕是他们的女王、与她平起平坐的君主、她的近亲，又是她王国无可置疑的继承人。除了友谊之外，朕对她毫无所求，朕既不麻烦她，也未插手她的内政。朕并非不晓得，如今英格兰国内有许多不满分子，他们可不是现政权的朋友。她惯于指责朕不谙世事，对此朕坦然承认，而这一缺憾终会被岁月治愈；尽管如此，朕现在年纪已经够大，懂得以诚挚殷勤回报亲人朋友，也不鼓励旁人向朕说贵主的坏话，那样做不符合朕作为女王和她至亲的身份。关于通行证一事，朕还要说，朕和她一样贵为女王，也并非没有朋友，或许朕也拥有和她同样伟大的灵魂。所以，在朕看来我们彼此理当平等相待。关于她的要求，待朕咨询了国会的意见，自会给她一个合理的答复；为尽快处理好此事，朕更急于踏上归途。但是贵主似乎有意拦阻朕的行程，如此看来，她要么不想让朕满足她的要求，要么根本不想解决问题，好跟朕无休止地斗下去。她时常责备朕幼稚，朕若不听国会的意见，擅自处置一件关系如此重大的事务，岂不真的太幼稚、太欠考虑了吗？朕待她一向不乏善意，但她却不肯相信，或是视而不见。朕只有衷心祈愿，但愿我们彼此的情感也能像血缘一样亲密,因为那的确将是一种最宝贵的联盟。"①

　　这番话说得咄咄逼人,尽管其中点缀了若干客套辞句,却完全不适于调和这两位敌对女王之间的关系,也无法疗愈既有的猜忌。伊丽莎白装备了一支舰队,名为追辑海盗,实则可能有意阻截苏格兰女王。玛丽在加来登船启航,在雾中与英国舰队错身而过,安全抵达利斯港。随驾行列中有她的三位舅父奥马尔公爵、埃尔伯夫侯爵以及圣约翰骑士团大团长,还有达姆维尔侯爵(marquess of Damville)及多位法兰西廷臣。此番居止处境的改变对女王来说完全称不上惬意。她自幼在法兰西被教养长大,享有万人之上的尊贵,自然深深恋眷那个国度,她情不自禁地怀念那片土地上的莺朋燕友——法兰西人素以仁厚博爱、尊重和爱戴君上而举世闻名;此外,念及前路处境殊异,也令她久久低徊。据说,在加来登船后,她目不转睛地眺望法兰西海岸,片刻不曾移开目光,直到夜幕降临,隔断了她的视线。她命人在露天铺设卧榻,并吩咐船员,凌晨时倘若法兰西海岸依然在望,无论如何要唤醒她,让她最后看一眼那个她衷心挚爱的国家。是夜海上风平浪静,船只行进缓慢,让玛丽有机会再次眺望法兰西海岸。她从卧榻上坐起身,目光久久凝伫在那片远影之上,口中反复说道:"永别了,法兰西,永别了,今生今世再难相见。"②不过,初抵苏格兰时,情况并不像她之前有理由担心的那么糟,即使无法令她欣喜,至少能让她感到放心和安全。法国船队一出现在利斯港外,翘首期盼已久的各等级民众便

8 月 19 日
玛丽抵达
苏格兰

38

---

①　Caballa, p.374. Spotswood, p.177.

②　Keith, p.179. Jebb.vol.ii.p.483.

蜂拥赶到岸边,迫不及待地想要观瞧并且热烈欢迎他们年轻的女主。有些人是为了尽责,有些人是出于利益,也有些人单单是好奇;所有人都一股脑地向她表忠心,想方设法抢在女王秉政之初博取她的信任。玛丽此时芳龄十九,正是韶华初绽,美丽可爱,又兼言语温煦、彬彬有礼,加上一种与生俱来的优雅气质,更令人仰慕。她将那套虚与委蛇却风雅迷人的宫廷仪文运用得无比娴熟,但进一步了解之下,她又展露出更令人看好的性格特点。人们由她那温柔随和的态度可以揣度她的仁慈,又从她对音乐、修辞和诗歌等一切高雅艺术的品味中看到她出色的洞察力。①苏格兰人失去自己的君主已经太久,甚至一度对此失去了指望,因此,玛丽的到来似乎令举国上下心满意足,整个苏格兰宫廷一派喜气洋洋拥戴女主,毫无异样的迹象。

玛丽最初的施政举措,印证了看好她的人士做出的一切乐观预期。她遵照在法期间迪奥赛尔、亚眠主教和她几位舅父的忠告,对改革派领袖给予十足的信任,这些人对苏格兰民众拥有巨大影响力,她发现,只有他们才有能力支撑她的统治。她的私生兄长詹姆斯勋爵成为御前第一权贵,不久获封穆雷伯爵(earl of Murray),聪敏过人的国务大臣里丁顿位列其次,同样大得女王信任。依靠着这些得力膀臂,她勉力试图在这个被党派纷争和私人恩怨割裂的国家里奠立秩序和公平;在一段时间里,这个性情狂暴、反复易变,不谙法律和服从为何物的民族似已安然服在她温和而审慎的

---

① Buchan, lib.xvii.c.9. Spotswood, p.178, 179. Keith, p.180. Thuan, lib.XXIX. C.2.

统治之下。

39　　然而，却有一宗祸因将这一切充满希望的表象轰然击破，夺走了国人对玛丽的普遍爱戴——以她那端庄得体的风度和明智的施政，原本极有希望赢得国人的心。问题就在于，她仍然是个天主教徒。尽管她返国伊始就发布公告，禁止国人随从旧的天主教信仰，但是新教领袖及其追随者根本无法跟一个被如此可憎之罪沾染的人和解，对她未来的一举一动永远无法放下疑忌。她费尽周折才获得许可在自己的私人小教堂中举行弥撒：当时玛丽被逼无奈，下了最后通牒，宣称再不获批她就立即动身返回法国，这才达到目的，否则那班新教狂热分子连这点小小的宽容不都肯给她。他们的口号是，"我们能够容忍在这片国土上重新树立偶像吗？"教牧们在讲台上宣称，一场弥撒比登陆入侵的四千武装部队更可怕。①法夫郡的林赛勋爵（Lord Lindesey）公然叫嚷："让拜偶像者去死！"这就是他们的典型用语。一个在弥撒仪式上掌烛的堂教司事在王宫院里遭到攻击和侮辱，若不是詹姆斯勋爵和几位有影响的首脑人物出面调停，群众难以遏抑的愤怒就可能当场引发最危险的骚乱。②各地教堂里通常的祷告内容是：求神带领女王的心回转，教她不再刚硬抗拒神和神的真理；或者，如果祂的神圣意愿并非如此，那就求神加力量给众选民的心和手，让他们能够坚定顽强地抵抗所有暴君的肆虐。③不仅如此，更有人公开提出质疑：这位

---

①　Knox, p. 287.

②　Ibid. p. 284, 285, 287. Spotswood, p. 179.

③　Keith, p. 179.

拜偶像的女王是否有资格执掌任何权柄,即使在世俗事务方面? [1]

　　无助的女王时刻面临侮辱,她以仁慈和忍耐承受着这一切。她归国后不久,在爱丁堡城堡举办宴会,在这个场合,人们安排了一个环节:让一名六岁男童从城堡屋顶凌空而降,向女王献上一部《圣经》、一本圣诗集和一把城堡的钥匙。他们惟恐身为天主教徒的女王不领会其中的侮辱含意,又在所有装饰图案中表现天火烧死可拉、大坍和亚比兰一党的场面,[2] 以及上帝对拜偶像之罪的其他惩罚。[3] 爱丁堡市议会以真理在手的姿态,自作主张发布一份公告,声称"要把敌基督者教皇手下邪恶的狐群狗党——包括牧师、僧侣、修士以及所有通奸者和淫乱者——统统逐出本市"。[4] 由于枢密院下令将该市治安法官停职,以惩罚他们的无礼行径,当时的一批激进史家[5] 便据此推断,女王出于物伤其类的同情心,将通奸者和淫乱者纳入自己的保护之下。后来,这些治安法官很有可能官复原职,他们的公告也得到朝廷确认。[6]

　　不过,与来自神职人员和传道人的折辱相比,普通民众的无礼行径根本不值一提。他们以羞辱这位和蔼可亲的女王为荣,甚至当面为之。全国宗教大会拟就一份告女王书,开篇正告说,她举行的弥撒礼乃是淫邪的事奉、一切不虔的源泉,是这个国度中繁茂滋生的万恶之源;他们表示,希望她从此迷途知返,抛弃谬见归向真

40

---

[1]　Ibid.p.202.

[2]　见《圣经·旧约》民数记第16章。——译者

[3]　Ibid.p.189.

[4]　Ibid.p.192.

[5]　Knox, p.292. Buchan, lib.xvii.c.20. Haynes, vol.i.p.372.

[6]　Keith, p.202.

理，公开弃绝旧信仰——他们言之凿凿地向女王保证，她所信奉的只是虚空可憎之物。他们声称，现政权倒行逆施令人发指，倘不速速悔改，神必烈怒将这国的首与尾一同击打——惩治其悖逆的君主和有罪的子民。他们还要求严惩通奸者和淫乱者。最后，他们为自己要求更多权力和财富。①

　　这一切针对女王的侮辱，背后的主谋就是约翰·诺克斯。此人在教会乃至王国世俗政务中享有不受制约的权威，对君上一贯傲慢无礼，盛气凌人。他对女王的惯用指称是耶洗别；②尽管女王不惜迁尊降贵，无比和蔼地对待他，力图博取他的好感，但是她的种种示好在他的铁石心肠面前毫无效力。女王承诺，只要诺克斯想要见驾，随时可以通行无阻；她甚至向他提出，如果发现她在任何事上有什么过失，尽可私下责备，但请不要在讲坛上对全体国人谤渎她。然而诺克斯直白地告诉她，他身负重任，以神的话语牧养众人，如果她愿意走进教堂，可以在那里聆听福音真理；但他并不负责逐一为个别人服务，也没有那个闲空。③他向同党们灌输的政治原则充满煽动性，像他的神学原则一样充满愤怒和偏执。尽管他曾屈尊向女王表示自己会降服于她，如同保罗当年降服于暴君尼禄一般，④然而这份忠顺的义务他并未持守多久。他告诉她，"撒母耳不惧怕杀死亚甲，就是扫罗饶他性命的那个肥胖虚弱的亚玛

---

① Knox, p.311, 312.
② 《圣经》中古以色列国王亚哈的王后，为人阴险毒辣、把持朝政，以异教崇拜和迫害先知闻名。——译者
③ Knox, p.310.
④ Ibid. p.288.

力王；以利亚也当着亚哈王的面杀光耶洗别的假先知和巴力的众祭司，"他又补充道，"非尼哈虽不是以色列百姓的官长，但他无惧于挺身击杀行淫的心利和哥斯比。由此可见，陛下，凡是上帝的律法所谴责的罪行，您的大法官以外的其他人亦有权按律惩治。"[1]当初玛丽君临英格兰期间，诺克斯写过一本书反对女主当政，书名叫作《反对女性荒谬统治的第一声号角》（*The first blast of the trumpet against the monstrous regimen of women*）。自负如他，自是不肯收回书中的原则，甚至拒绝为此道歉。他的一举一动则明白显示，他认为女性中的任何一员都不配享有忠诚，也同样不值得彬彬有礼的对待。

由于这些人的所作所为，玛丽的一生充满苦涩和悲伤。这个粗野的使徒在他编写的史书[2]中毫无顾忌地告诉我们，有一次玛丽因为遭受他严厉对待而失去自制，当着他的面泪下如雨。可是，他那颗心远远不能被青春美丽所打动，王室尊严被作践到如此地步，他仍是不依不饶地粗鲁斥责她。他叙述这件事时，分明流露出一股骄傲和自我欣赏的意味。[3]教会讲坛被专司用来抨击宫廷的诸般罪恶，其中常被挂在嘴边的几大罪状包括：荒宴、华服、跳舞和舞会，以及那些场合必定少不了的淫行。[4]当时贵族仕女们衬裙上的某些小装饰品惹得这群道学先生激愤不已，他们断言，这等虚荣定 42

---

① Ibid. p. 326.
② 《苏格兰宗教改革史》（*History of the Reformation in Scotland*）。——译者
③ Knox, p. 332, 333.
④ Ibid. p. 322.

会招致上帝的报复，不光是这些蠢女人、整个王国都要遭受祸殃。[①]

　　玛丽的年龄、生活环境和教养令她养成自由自在、活泼欢快的性情，但在改革派不近情理的刻板约束下，她的一切娱乐活动都受到限制。她发现自己每时每刻都有理由懊悔离开法兰西，那里的风尚曾给年少的她打下人生的最初印记。[②]她的两位舅父奥马尔公爵和圣约翰骑士团大团长不久便带着其他法兰西贵族离她而去；埃尔伯夫侯爵多留了一段时间，但他一走，就只剩下她跟自己的臣民日日为伴了。这些人不懂得交谈的乐趣，对艺术和礼仪一无所知，此外，除了一贯的粗鲁无文，他们还染上了一种阴郁的宗教狂热，这就使他们完全无法接纳人文进步。虽说玛丽并未尝试恢复古老信仰，但她的天主教徒身份便足以招人诟病。尽管她的行为迄今无可指摘，风度举止甜美而迷人，但她的活泼欢快、轻松自在却被说成放荡虚荣的表象。这位女主后来屡屡犯错，那些行动看似与她的性格主调相去甚远，或可部分地归因于她所遭遇的这种苛刻而荒谬的对待。

　　埃尔伯夫侯爵临去前有过一段惊险际遇，事情虽小，说起来却足以使玛丽在法兰西的朋友们感到她的处境不妙。这位爵爷与博斯韦尔伯爵连同一干年轻廷臣在纵酒宴乐之后，跑去拜访坊间有名的浮浪女艾莉森·克雷格（Alison Craig），不料吃了闭门羹，他们便捣破人家的门窗，闯进去胡乱翻腾，要把那女人搜出来。此时正值全国宗教大会召开期间，牧首们立即将此案纳入自身管辖权

---

① Ibid.p.330.

② Ibid.p.294.

下。全国宗教大会联合若干贵族，向女王呈上表章，其序言措辞之强硬令人印象深刻："女王陛下的忠顺臣民、耶稣基督神圣福音的信仰者，秉承公义审判之精神，上书女王陛下及其隐秘高参"云云。[43] 表章大意为，出于对神的敬畏、对女王陛下尽忠之责任，又鉴于神对每个纵容公然犯罪的城市或邦国发出的可怕威胁，他们不得不挺身发声，要求严惩发生在国人之间的罪行，以免干犯神的义怒，降灾于整个王国。这罪行是如此令人发指，他们感到自己倘因世俗的畏怯或奴性的卑顺而默然纵容，或用遗忘将其埋葬，便与共犯无异。鉴于他们有义务服从女王陛下的行政司法权，故亦有权反过来要求陛下对以上暴行严惩不贷——他们再次指出，如此穷凶极恶的大罪必给整个王国招来天罚。他们坚称，面对犯下如此令人发指罪行的暴徒，女王有责任撇开一切私人情感，速速将他们绳之以法，并施以最严厉的惩罚。女王亲切有礼地接受了这份语气蛮横的表章，不过她或许认为，无非是打破妓院的窗户而已，不值得如此义正词严，因此只回复道，念她舅父身为外宾，其同伴年轻莽撞，此事宜从长计议。但她会下旨约束侯爵及所有其他人，使臣民从此不再有抱怨的理由。女王轻描淡写地放过此事，惹动朝野极大不满，并被视为其私德放荡不检的证据。[①] 不可不提的是，引发这场轩然大波的艾莉森·克雷格常来常往的恩客便是艾伦伯爵，此事尽人皆称，就因为艾伦伯爵热忱拥护改革，人们便听任他陷于这等大罪，并不皱一下眉头。[②]

---

① Knox, p. 302, 303, 304. Keith, p. 509.

② Knox, Ibid.

　　一伙爱丁堡平民趁女王不在闯进她的私人小教堂恣意破坏，其中两人被起诉，准备交由法庭审判。诺克斯为此撰写通函，发送给一批最热心的党徒，敦促他们于审判期间进城保护主内弟兄。他在信中写道，渎神的教皇党人滥用圣体、念诵弥撒，在崇拜偶像的过程中，神父们没有忽略任何仪式，就连可憎的召唤圣水环节也谨守如仪，那是自最蒙昧的黑暗时代一直沿袭下来的。这样暴力抗法的举动几乎与叛逆无异，诺克斯因此被枢密院传唤。此人的勇气毫不亚于其狂傲。他无所顾忌地告诉女王，那些煽动她迫害圣民的恶毒的教皇党人乃是魔鬼之子，他们必听从他们的父，即从起初便是杀人和说谎的那个家伙。结果，此事以诺克斯被宣布完全无罪而告终。[1]时任英国驻苏格兰大使托马斯·伦道夫爵士（Sir Thomas Randolph）有理由在写给塞西尔的信中如此评论苏格兰人：“我要称颂神的奇妙智慧，祂没有赐给这个桀骜不驯、反复无常而又笨拙的民族更多实力和财富，否则就无人能羁勒他们了。”[2]

　　笔者不吝笔墨记述这些事件，似乎超出了本书主题所必需的限度，但即便是细枝末节，但凡能反映时代风貌，常常比战争与和平的宏大叙事更富于教益和趣味，后一种事务的情节在所有时代、在全世界各个国家几乎都是大同小异。

　　当时苏格兰的改革派教牧如此恶形恶状，有个十分自然的原因，就是他们已经穷到一贫如洗的地步。贵族士绅们当初将在寺教士的财产劫夺一空，没给修士修女们提供任何赡养。隶属天主

---

① Knox, p. 336, 342.

② Keith, p. 202.

教会的在俗教士尽管完全丧失了宗教司法管辖权，但仍持有领地属世收入的一部分；他们要么改变身份成为平信徒，把领地转为私人产业，要么把领地廉价让与贵族，后者就这样成功地掠夺教产而自肥。迄至此时，新教传道人主要靠信徒的自愿奉赠维生，而在一个宗教信仰四分五裂的穷国，教会自然生计困乏、岌岌可危。他们曾多次提请官方立法解决教牧生计问题，然而，尽管他们的宗教热忱和怪想几乎支配着王国内的每件事务，但此事的难点在于：这个 要求与他们沉迷于其中的狂热精神格格不入，一直以来，他们大张旗鼓攻击罗马天主教会注重敛财的原则和做法，如今却明显有碍于他们自己敛财。不过，全国宗教大会还是投票通过了一项决议，[①] 规定将教会的所有收益划成二十一份，其中十四份归原来的圣俸享有者，剩下的七份中，三份拨给王室，如果这部分钱财能够满足公共开支所需，余下的份额便用于供养改革派教牧。该机构授权女王负责征收上述七份收益，并且规定，今后女王应向教牧人员支付被认为足以维持生活的费用。由于王室需用紧张、众廷臣贪婪克扣，以及玛丽对新教神职人员的反感，致使教牧们所得微薄又不稳定。他们发现，自己论家底、论手头宽裕程度都比不上绅士乃至中等阶层，因此只能另寻其他途径来支撑自身权威。他们造作出一派炽烈的宗教热忱和阴沉压抑的行为方式，以及一套通俗亲切而又富于神秘感的伪善行话；尽管后世君侯们出手大方，改善了牧者的生活水平，从而在一定程度上纠正了他们的坏习惯，但我们必须承认，苏格兰长老会虽在别的方面有诸多优点，上述问题却源于

45

---

① 　Knox, p.296. Keith, p.210.

其天生禀赋，颇不容易祛除。

苏格兰女王手上无寸兵可用，又兼财源匮缺，四顾尽是结党作乱的贵族、偏执的民众和狂悖的神职人员，她很快便发觉，要想保持太平，跟伊丽莎白维持亲善关系是唯一的法子[1]——后者借助向来悉心经营的关系和施惠活动，已经在苏格兰各等级人士当中赢得了无上威望。玛丽抵达苏格兰后不久，便派遣国务大臣里丁顿前往伦敦，向伊丽莎白女王致意，表达敦睦相交的良好愿望。里丁顿受玛丽女王与苏格兰贵族之托，向伊丽莎白女王提出：为巩固双方的友好关系，伊丽莎白女王应通过议会立法或颁布王室公告（因为在时人眼中这两者无甚区别），立玛丽为英格兰王位继承人。这个要求简直不合情理之至，选择的时机也极不恰当。伊丽莎白女王回复道，玛丽早就展现了迫不及待谋夺王位的觊觎之心，她曾随心所欲、毫无顾忌地公开僭用英格兰女王的头衔，声称对英格兰王位和王国拥有优先继承权。尽管她和她夫君法兰西国王的大使们已经签约同意放弃觊觎，并承诺对此严重冒犯提供补偿，但她却一味陶醉于这种假想的权利主张，多番拒绝英方的诚意恳请，甚至不顾劝阻冒险渡海，也不肯批准上述公平合理的条约。她在各地的党羽们至今仍在坚持主张她的所谓权利，妄图诋毁伊丽莎白女王的合法婚生女身份。现实情况如此：觊觎者明目张胆，并未公开宣布放弃其权利主张，只是暂时悬置，等待更合适的时机发难，伊丽莎白女王若于此际宣布玛丽为继承人，为图谋大位者助力，无乃最令人震惊的轻率之举。若论巩固友谊，人能想到的最糟的办法

---

[1]　Jebb, vol.ii.p.456.

就是发布立储声明：世上君王对自己的继承人向无好感，哪怕亲生子女亦概莫能外，当亲缘关系较远、双方已然因故生隙并且衅端未止时（就她们两人而言这都是玛丽的过错），情况就更糟。伊丽莎白称，出于胞族之情，她愿意相信玛丽既往的种种不妥皆因受人支配、唆使所致，但玛丽现在仍不放弃觊觎主张，只能是出乎她本人的执念，证明她依然抱有危害自己的图谋。伊丽莎白指出，人们总是不满现在、企望美好未来，总认为自己功高赏薄，希望从继位君主那里获得更优厚的待遇，此乃人之天性所致；她若是让国人看到她立玛丽为储，授予对手足够权柄来危害自己的和平与安全，那么她就不配充当一国之君。伊丽莎白表示，她深知民性反复无常，也[47]了解当前宗教信仰严重分裂的情形，她并非不晓得，当初指望在王姊玛丽治下获得好处的那批人也同样认为玛丽的继位资格优于她，而她本人已下定决心，无论何人提出何种权利主张，自己有生之年永远是英格兰之主；待她身后，究竟从法律和血统来看谁的继承权最优，自可任由他人评说。伊丽莎白表示，她希望苏格兰女王的权利主张届时被证明有理有据，但考虑到自己曾经蒙受的伤害，如能承诺不做出任何举动削弱或取消其继位资格，便可算得足够宽容了。即便玛丽的王位继承权确实占优（这一点自己从未确查过），能压倒所有竞争对手，鉴于她无权无势、孤立无援的现状，她只要提出任何微弱的权利主张、哪怕引起半点嫌疑，都必定陷同党于万劫不复。[①]

　　伊丽莎白女王的观点审慎而明智，她绝无可能偏离上述立场。

---

　　①　Buchanan, lib. XVII. c. 14-17. Camden, p. 385. Spotswood, p. 180, 181.

不过，为了更好地澄清此事，伊丽莎白主动对《爱丁堡条约》的措辞加以解释，以免玛丽怀疑该条约排除了她的继位权。[①]她以这种形式再次邀请玛丽核准《爱丁堡条约》。事情最后交涉到这个地步：玛丽同意放弃当前对英格兰王位的一切权利主张，只要伊丽莎白同意立她为储君。[②]但是伊丽莎白生性猜忌，她绝不会同意立储以增加任何觊觎者的利益和权势，更遑论向对立面的另一位女王让步——后者目前拥有貌似高度可信的继位资格，尽管可能在口头上加以放弃，但一逢机会就可以轻易重提。然而，玛丽的提议表面看来十分公平合理，伊丽莎白意识到，思维肤浅的人大有可能认为道理全在对手一边，于是她便选择装聋作哑，不再提起此事。尽管两位女王彼此对峙，谁都不肯后退一步，但她们都做足了全套表面功夫，显得十分和睦友爱。

48

　　伊丽莎白女王明眼看出，即便她不加干预，苏格兰人桀骜不驯的民性已尽够玛丽烦恼了。于是，她暂且不去安定或扰乱邻邦，专心打理本国政务，为自己的臣民谋福祉，此举无疑更有益处并且值得称道。她设法偿还王室欠下的巨额债务，并取得一定进展；她着手调整前几朝大幅贬值的铸币币值；她从德意志等国进口大量武器以充实武库，并敦促国内贵族士绅效法跟进；她将制造火药和黄铜大炮的技艺引进国内；她在苏格兰边境一带加强边防，并经常性地巡视全国民兵武装；她批准谷物自由出口，以鼓励农业发展；她采取措施促进商贸和航海；她致力打造强大的皇家海军，也鼓励商

伊丽莎白
治国有方

---

① Ibid.p.181.

② Haynes, vol.i.p.377.

人们发展自己的船队,使王国航运业蓬勃增长,从而恰如其分地被誉为海军光荣的恢复者、北海女王。[1] 天生的节俭性情并未妨碍她成就这些伟业,反而使她在实施中更有把握、也更具成效。她的一举一动令全世界都看到,决策明智、协调有方的项目,在积极有力而坚持不懈的推进之下所能收获的美好果效。

不难想象,这样一位气运非凡、美名远播的伟大女王必定吸引众多求婚者,凡有一丝成功希望的人都想争取一下。尽管她几度公开表示独身的意愿,但几乎没有人相信她会坚守到底。皇帝的次子查理大公爵(archduke Charles)[2] 和帕拉丁选帝侯之子卡西米(Casimir)都向她伸出橄榄枝,后者因公开归信改革派教义,因而自认为更有资格被接受。瑞典国王埃瑞克(Eric)和霍尔斯坦因公爵阿道夫(Adolph, duke of Holstein)也抱着同样的指望加入追求者行列;此外,苏格兰国会还推荐了本国王位继承人艾伦伯爵,认为他与女王堪称良配。甚至女王陛下驾前的一些臣子,虽未公开表露心迹,也暗自抱着成功的期许:阿伦德尔伯爵虽说年事已高,但出身于古老的高贵门庭,家资万贯,以此自诩有望入选雀屏。另一位追求者是威廉·皮克林爵士(Sir William Pickering),他因个人才能出众而备受推崇。不过,成功希望最大的乃是已故诺森伯兰公爵的幼子罗伯特·达得利勋爵(lord Robert Dudley),此君生得一表人才,擅辞令、会逢迎,在某种程度上已得到女王的公开垂青,在一切事务上对女王影响力极大。他的表现越是不配这份格

---

① Camden, p. 388. Strype, vol. i. p. 230, 336, 337.

② Haynes, vol. i. p. 233.

外荣宠，就越有可能说明女王或许对他怀有某种强烈感情，以致蒙蔽了她那双明察秋毫的眼睛。因此，国人久已预料他将力压众多君侯，博得女王欢心。不过，对待以上所有追求者，女王很会拿捏分寸，在温和拒绝的同时又不失鼓励。她大约认为，只要给他们留有希望，就能更好地把他们拴在自己的利益战车上。另外，这种策略难免混杂着女性卖弄风情的成分，尽管她已打定主意不与任何男人分享权力，但还是很享受来自四面八方的倾慕、求婚和爱的表白，她那价值连城的身份，自会吸引众多企望人生中大彩的人。

纵观伊丽莎白的行为和性格，最出奇的一点是，她虽然决心不生养王嗣，可是她不仅非常讨厌确立任何人为储君，而且似乎定意在她所能掌控的范围内不让任何有望继位者诞育嗣子或继承人。如果亨利八世遗嘱中关于苏格兰太后玛格丽特的后嗣不得继位的一条被视为合法有效，那么英格兰王位的继承权就顺次归于萨福克家族名下，该家族的继承人现为简·格雷女士之妹凯瑟琳·格雷女士（lady Catharine Gray）。凯瑟琳·格雷女士曾经嫁给彭布罗克伯爵之子赫伯特勋爵（lord Herbert），但已离婚，又秘密嫁给前朝护国公之子赫特福德伯爵（earl of Hertford）。两人成婚后不久，伯爵便动身赴法，格雷女士随即出现孕兆，此事大大触怒了伊丽莎白，下令将她关进伦敦塔，同时急召赫特福德回国，为其行为失检承担罪责。伯爵毫不犹豫地一口承认了这桩婚姻，他们的结合尽管未得女王批准，但双方门当户对、情投意合。他也因此获罪被投入伦敦塔。伊丽莎白的苛刻还不止于此。她又钦命专员调查此事，由于赫特福特无法在限期内提供证婚人，他们的婚姻遂被宣布为不合法，二人的后嗣亦被宣布为私生子。这对夫妇持续被拘押，但他们买通看守得以私会，结果又得一子。女王再次被激怒，她授意星室法院判处赫特福德一万五千镑罚款，并下旨此后对其严加看守。赫特福德在困厄中足足熬了九年，直到他妻子去世后，伊丽莎白这才疑惧尽消，下旨还他自由。① 若要刨根溯源解释女王如此苛刻之极的行为，要么须归因于某种挥之不去的猜忌，惟恐有继位权的人因为生育后嗣而占得人心，要么是出于她内心潜藏的一份刻毒——这种特质与她的一切伟大品质一样，是组成其性格的固有因子之一——她为了满足自己的野心和统治欲而放弃了爱情和生儿育女的天伦之乐，而这份刻毒则令她嫉妒、仇视别人享受这份乐趣。

　　大约与此同时，王室中还发生了另一些事件，相比之下，女王对这些事件的处理更值得称道。前克拉伦斯公爵的后裔、已故枢机主教波尔的侄子阿瑟·波尔(Arthur Pole)与其兄弟，以及他们的妹夫安东尼·福蒂斯丘(Anthony Fortescue)带领一伙人试图逃往法兰西，向吉斯公爵请求援兵，再率兵返回威尔士，在那里拥立玛丽为英格兰女王，由阿瑟·波尔自任克拉伦斯公爵。阴谋败露后，这一干人等被送上法庭。他们对所控罪行供认不讳，但一口咬定无意在女王生前实施该计划，只想以此作为必要的预防措施，以防女王不幸崩殂，因为曾有专门预测军国大事的占星术士言之凿凿地声称，此事一年之内必会发生。法庭对这批人做出有罪裁定，但女王开恩赦免了他们。②

51

---

① Haynes, vol. i. p. 369, 378, 396. Camden, p. 389. Heylin, p. 154.
② Strype, vol. I. p. 333. Heylin, p. 154.

第三十九章　伊丽莎白女王(二)

欧洲局势—法兰西内战—勒阿弗尔被交与英国—议会召开—丢掉勒阿弗尔—苏格兰事务—苏格兰女王下嫁达恩莱勋爵—合谋铲除新教徒—里奇奥被害—议会召开—达恩莱遇害—苏格兰女王下嫁博斯韦尔—苏格兰国内动乱—玛丽被囚—玛丽逃奔英格兰—约克会议与汉普顿宫会议

法兰西宗教战争肇端以来,绵延近四十年,把个好端端的繁荣国度变得满目疮痍。这时期的欧洲,形成了西班牙和英国两强对峙的局面。两国君主间的敌意不久便公开爆发,由政治领域扩展到个人关系,日趋恶化。

公元
1562年
欧洲局势

西班牙的腓力二世尽管政治视野欠宽广,但天生勤勉、机智过人,谋事审慎异常,在一切行动上均表现出非凡的远见。他永远头脑冷静,仿佛不为激情所动,而且既无领军之才,也不好战;因此,无论本国臣民或是邻邦都有理由期待其统治将有利于邦国,带来公正、幸福和安宁。然而,此人却深受偏见的影响,其程度丝毫不亚于激情对其他君主的影响。驱动着他的偏执和专制精神,加上他驾前朝臣一贯奸诈不轨,在本国臣民中间引发强烈骚动,而他则以无比残暴的手段予以应对,将整个欧洲投入血火。

　　《康布雷和约》签订后，腓力在尼德兰逗留了一段时间，处理该国事务，继而启程返回西班牙。鉴于西班牙人性格庄敬、恭顺主君，较之佛兰德斯人的自来熟作风和骨子里的自由天性更得腓力之心，所以人们预料他未来会定居马德里，假手西班牙朝臣和枢密院来治理名下的广袤国土。腓力的船队在海上遭遇暴风，千辛万苦才平安抵达；船一进港，他便双膝跪倒，感谢上帝拯救他的性命，并发誓余生必完全致力于铲除异端的事业。①接下来，他不折不扣地践行了这一誓言。他发现新教教义已经渗透到西班牙境内，遂不遗余力地荼害那些传讲新教、甚或仅仅被怀疑追随新教信条的人，其残暴程度甚至刷新了天主教神父和宗教裁判所向来的底线。他将康斯坦丁·彭斯（Constantine Ponce）投入监狱——后者曾是他父王查理皇帝的忏悔神父，在查理的隐修岁月里一直陪伴在其身旁，那位伟大君主离世时，就死在他的臂弯里。这位神父瘐死牢中之后，他仍不甘休，下令审判死者，定为异端，对其塑像处以火刑。他甚至考虑过，是否针对父王生前的行为采取同样严厉措施，因为据怀疑，查理皇帝在其最后的年月中曾经倾向于路德派信条。出于维护正统的执着热忱，他毫不留情地打击异端分子，无论男女老幼，也不拘什么身份，决不放过一个。他常常亲临法场，铁板着面孔，观看最野蛮的行刑过程。他发布严旨，在西班牙、意大利、西印度群岛和尼德兰迫害异端。他基于世俗施政准则和宗教信条确立起自身不可动摇的专制统治，继而毫不隐讳地向全体臣民表明：他们要么彻底顺服，要么选择顽强抗争，此外再无别的道路可

54

---

　　①　Thuanus, lib. xxiii, cap. 14.

以逃脱或躲避他的无情铁拳。

两派信徒彼此视若寇仇，在此态势下，世俗当权者发现，将激怒的双方纳入同一套法律治理体系即或不是不可能，也困难之极；因此，他往往在貌似正确的审慎原则引导下，自然而然地倒向一方而向另一方宣战，用火与剑消灭那些偏执盲信者，这些人由于憎恶他的宗教信仰，进而反对他执政掌权，再进一步发展到仇视他本人。就算任何一位君主拥有如此远见，看出只要假以时日，相互宽容的态度将能化解宗教偏见的怒火，他将此原则付诸实践之路仍将举步维艰；并且，他可能认为重病须下猛药，来不及等待宽容这剂良药发挥缓慢而确切的果效。腓力虽是个大大的伪君子，且极度自私，但他自身似乎也受着偏见的控制，他凡事都经过深思熟虑，因而可以轻易将天性的满足粉饰为智慧，同时发现这套治国体系在内政外交两方面都给自己带来莫大好处。他自居天主教阵营领袖的地位，成功地将古老信仰的热诚拥护者转化成西班牙霸业的支持者，借助宗教的强大吸引力，在各个地方诱使臣民背离对本国君主应尽的忠忱，转而投向他自己。

伊丽莎白则相反，她被事态的发展、走向和与此走向一致的选择推向另一极，她的地位被高举，成为全欧洲无数正在遭受逼迫的新教徒的荣耀、安全堡垒和支持力量。她的性情比腓力温和，因此不无愉快地发现，己方教派的信条不要求她像腓力那样在国内极度苛酷地施政；在外交上，伊丽莎白将自保奉为唯一宗旨，她在一切对外协商中，与各个地方挣扎在欺凌压迫下的人们结成利益同盟，共同防卫，保护自己免遭劫难和毁灭。贤能之君幸运地投入令人称道的事业，这一次，时运恰好与施政方针和天性同路而行。

法王亨利二世及其继任者弗朗西斯二世在世时，这两种宗教信条的力量尽管没有被居于优势地位的利益考量完全压倒，但也或多或少地受到抑制；再者，腓力因害怕英法结盟，便竭力与伊丽莎白维持良好的关系。然而，即便在此期间，他仍谢绝了伊丽莎白所授的嘉德勋位，也不肯采取行动支持勃艮第家族与英格兰的古老联盟。[1] 他还装备船只帮助法国运兵到苏格兰，更竭力阻挠急于回国参加反政府活动的艾伦伯爵。伊丽莎白睿智的谋臣们一直认定，此人的友谊空洞且不可靠。[2] 但是，此后不久弗朗西斯二世驾崩，腓力关于玛丽有可能登上英国王位的忧惧一旦解除，他对伊丽莎白的敌意便开始公开显露；在每一次谈判和交涉中，西班牙和英国的利益总是针锋相对。

法兰西和西班牙并峙于欧陆，彼此势均力敌，自然互相争竞。英格兰凭其实力和位置，势必要在两强之间维持平衡，以保障自身的尊严和安宁。因此，任何事件倘若过度打压其中一方，使另一方势力的增长失去制约，都被视作有悖于英国利益。然而在那个时代，神学论争如此深刻地影响着各国的大政方针，以致腓力发现，支持法兰西现政权和官方宗教信仰于己有利，而伊丽莎白则出于利益考量选择保护异议分子和改革派。

法兰西摄政太后凯瑟琳在儿子弗朗西斯驾崩后重掌大权，她拟定的统治方略可谓手腕高超，但缺乏明智判断：她试图用胡格诺派（hugonots）来制衡天主教势力，用孔代亲王制衡吉斯公爵，她努

法兰西
内战

---

① Digges's Complete Ambassador, p.369. Haynes, p.585. Strype, vol.iv.No 246.
② Haynes, vol.i.p.280, 281, 283, 284.

力让自己对双方都必不可少，基于这种被迫的服从确立自己的统
治地位。①然而，平衡之道用在国与国之间可以收获和平，但若用
在国内则常常成为孕育派系纷争的温床。如果在常见的相互伤害
之上再伴以宗教敌意，那就绝无可能在如此微妙的环境中维持稳
固的和谐关系。法兰西军事总长蒙特莫伦西出于对古老信仰的热
忱，与吉斯公爵站在一起；纳瓦拉国王则因反复无常的性情和对兄
长高才的嫉妒，选择加入同一阵营。天主教派系阵容强大，令凯瑟
琳太后不安，便更多地靠近孔代和胡格诺派，后者高兴地抓住这个
机会，依靠太后的支持和保护发展壮大己方势力。②朝廷颁布法令，
对新教徒给以宽容，但是吉斯公爵出于利益偏狭，打着宗教热忱的
幌子，以暴力打破了和局。短暂的表面安宁之后，两党争斗再起。
孔代、科利尼和安德洛召集本派支持者，拉起一支武装；吉斯和蒙
特莫伦西则将国王控制在自己手上，迫使太后站在他们一边。太
后征集了十四支部队，在法兰西各地投入行动。③每个省份、每个
城市、每户家庭都被充满愤怒和敌意的内斗撕裂。父子相争、兄弟
睽异，妇女们也因宗教狂热牺牲了本性中的仁爱柔顺，以凶暴和英
勇的表现显扬在人前。④凡在胡格诺派掌权的地方，偶像尽被摧
毁、圣坛遭劫、教堂被破坏、修道院被付之一炬；而在天主教部队
占领地带，胜利者焚烧《圣经》、恢复婴儿洗礼、逼迫已婚者按教规
重新举行婚礼。无论哪一方获胜，都同样伴随着劫掠、破坏和流血。

---

① Davila, lib.ii.
② Ibid.iii.
③ Father Paul, lib.vii.
④ Ibid.

巴黎议会作为维护法律和正义的机构，非但不运用自身权威平息
这些致命的争斗，反而颁布法令，把剑交在愤怒的民众手上，授权
天主教徒可在任何地方屠杀胡格诺派信徒。[①] 值此时期，人类已经 57
或多或少地接受了一点启蒙；而在这个以优雅风度闻名的国家里，
长久以来沸腾在人们血管中的宗教狂热病似已发展到了充满苦毒
暴虐的终末恶病质阶段。

　　腓力眼见胡格诺派在法国发展壮大，心存警觉，惟恐新教信
仰传播蔓延到低地诸省，遂与吉斯公爵秘密联手，共同致力于维
护古老信仰、打击异端。这时，他派遣六千人马前来增援天主教一
派，又带来一笔援款。孔代亲王见己方势弱，难以抵挡如此强大的
联盟，只得在王室首肯之下，派夏特尔子爵（Vidame of Chartres）
和布里格莫（Brieguemaut）二人前往伦敦，恳请伊丽莎白的帮助和
庇护。当时诺曼底省大部分处于胡格诺派控制下，孔代提出，可
将勒阿弗尔交给英国，条件是：请女王派三千部队驻防该地，再派
三千人马保卫迪耶普（Dieppe）和鲁昂，并为孔代提供十万克朗援
助款。[②]

勒阿弗尔
被交与
英国

　　从伊丽莎白的角度，除了支持新教这一根本性的总体利益之
外，还有另一重动机驱使她接受该提议。《康布雷和约》签订后，
她有充分的理由预判，法兰西永远不可能心甘情愿地履行和约条
款，将加来归还英国。后续发生的诸多事件也倾向于坐实她的怀
疑——法国政府斥巨资在当地构筑防御要塞，并签发长期地契，大

9月20日

----

① Ibid. Haynes, p. 391.
② Forbes, vol. ii, p. 48.

批民众被鼓励在那里建房定居，他们得到保证说，加来永远不会回归英国。[①]基于上述情况，女王明智地得出结论：勒阿弗尔扼塞纳河口之要冲，战略地位较加来更为重要，如能占据该地，不难迫使法国人履约，收复加来这块国人视若珍宝的旧有领土，重绽王室荣光。

58

　　在绝大多数法国人心目中，孔代亲王与伊丽莎白签下的这份条约可憎致极。人们自然地将吉斯公爵和孔代亲王加以对比：前者最终将英人逐出法国，封堵住这些危险之敌进入法兰西的所有通路；后者则玩弄卖国的政治权术，把直入帝国腹心的门户再次拱手让给敌人。孔代亲王大有理由为这一举动感到懊悔，因为他并未从中收获期望的利益。条约签订后，爱德华·皮奥宁爵士统率三千英军立即占据了勒阿弗尔和迪耶普，但是发现迪耶普城根本无法防守，旋即放弃该地。[②]鲁昂城早已被纳瓦拉国王和蒙特莫伦西率领的天主教军队团团围住，皮奥宁派出的小股援军好不容易才进入该城。尽管这支英军表现十分英勇，[③]纳瓦拉国王又在围城期间身负致命伤，但天主教军队依然一次次发动攻击，最终奇袭得手，将守军将士统统杀光。不久，已故诺森伯兰公爵的长子沃里克伯爵再率三千英军渡海抵达勒阿弗尔，接掌将印。

　　人们预计，法兰西天主教大军攻破鲁昂后，必定当即乘胜进击，包围尚未作好防御准备的勒阿弗尔。不过，由于法国内战局面混乱，很快将他们的注意力吸引到另一方向。在伊丽莎白女王的

---

① Forbes, p.54, 257.

② Ibid. vol. li. p.199.

③ Ibid. p.161.

斡旋下,安德洛在德意志成功招募了一支新教大军,此时已经抵达胡格诺派的大本营奥尔良城,孔代亲王和科利尼将军得到增援,遂有能力率部出征,要遏制天主教军队节节进逼的势头。他们先是剑指巴黎,过了一段时间转而向诺曼底进军,意图联络英军与他们协同作战,并指望伊丽莎白女王能以其热忱和活力提供更多援助,增强他们的实力。① 天主教大军以法兰西军事总长蒙特莫伦西为主帅、吉斯公爵为副帅,他们尾随对手,在德勒(Dreux)赶上后者,迫使其投入决战。战场上,两军表现都极其顽强。这场战役的奇特之处是:两军主帅孔代和蒙特莫伦西都成了对方的俘虏。此役表面上得胜的是吉斯公爵;但科利尼将军一生的命运虽然频频遇挫,却总能东山再起,而且比以前越发强大可畏:他收拾残部,把自身打不垮的勇气和坚毅精神灌注到每个将士心里,将全军紧紧凝聚在一起,连克诺曼底的许多重要城镇。伊丽莎白为了更好地支持他的事业,再次援助他十万克朗,并且主动提出,如果他能找到愿意贷款的商人,她可以居中作保再商借同样数目。②

　　为资助法国胡格诺派信徒,女王掏空了家底,她发现自己有必要召集议会来争取补助——这是她向来不情愿采取的办法。本届议会开幕前不久,女王患上天花,病势沉重,有一段时间已经到了性命难保的地步;在这种情况下,国人敏锐地意识到国运堪危:万一女王驾崩,而储位未定,届时该当如何?苏格兰女王的党羽和萨福克家族的追随者各拥一派,已然在国人间造成严重分裂;人

公元
1563年
1月12日
议会召开

---

① Forbes, p. 320. Davila, lib. iii.
② Forbes, vol. ii. p. 322, 347.

人都预见到，尽管目前有可能通过法律途径裁定争议，然而一旦大位空虚，谁可登基就只能用刀剑来决定了。因此，在本届议会开幕式上，下议会通过投票表决通过了一份呈文。呈文开篇历数了皇家统嗣中断或含混不清带来的诸多危险，继而回顾历史上约克与兰开斯特两大家族争位令先辈蒙受的苦痛，有鉴于此，他们恳请女王早定婚姻大事，勿令国人继续日夜悬心。他们保证，无论女王陛下择嫁何人，众臣民定当感恩接受，并且忠心事奉、尊敬和顺服他。或者，女王陛下若对婚姻心存顾虑，希望她至少能通过议会立法确定合法储君。他们指出，本朝储位空悬，国人不免忧心忡忡，此种情况自诺曼征服以来为历朝历代所未见。最后他们又以法国为例，称法兰西君统有定、次序井然，此乃彼邦国泰民安、深蒙福祉的一大主因。①

这个话题固然为国人津津乐道，却让女王感到颇不自在。她意识到，自己无论作何决定，都将困难丛生。宣布立苏格兰女王为储，后者的继承权即为完全合法，因为那位女王的血统继承权已获普遍承认，而亨利八世遗嘱中将苏格兰世系排除在外，主要是凭着议会的立法权威，只要伊丽莎白女王和议会制定新的立法，恢复苏格兰世系的继位资格，那么亨利八世遗嘱便立时完全丧失法律效力。但是伊丽莎白担心，这一宣告会鼓励暗中与她为敌的天主教徒。她意识到，在某种程度上，每个继承人选都是她的对手，何况现在就有资格与她争夺王位的人——而后者早已公开提出了上述危险的权利主张。她深知玛丽实力强大，拥有众多天主教君侯的

---

① Sir Simon D'Ewes's Journ.p.81.

支持、与吉斯家族关系亲密，更可倚恃苏格兰举国之力及其特殊地理位置成为她的肘腋之患。她担心玛丽的储位一旦得以确立，恐怕会借势重提对英格兰当前王位的主张，要知道迄今为止玛丽都不曾接受规劝，正式宣布放弃这份觊觎。另一方面，支持萨福克家族继位权的只有热忱的新教徒，即使议会的宣告有利于他们这一方，其效力能否令全体民众满意，也是很值得怀疑的。英格兰宪制中的共和成分直到此时尚未获得足够影响力，无法在继承权方面主导国人的认知。亨利八世的遗嘱虽然建立在议会所能赋予的最高权威的基础之上，但其合法性仍然存在争议，谁又能保证，将来不会有哪一部新的立法被议会赋予更高的法律效力？在近期频频发生的权力鼎革中，可以看出血统权利仍然凌驾于宗教偏见之上，此邦人民向来表现得宁可改变宗教信仰也不愿改变王位继承次序。甚至有许多新教徒宣布支持玛丽的继位主张，[①]如果女王直白而公开地反对玛丽继位，定会惹起举国民众极度反感；苏格兰女王也会觉得在众目睽睽之下受了伤害，从此与她公然为敌，纠集国内外的众多朋友和党羽，争夺英格兰当前王位，很快就能把事态推向极端，危及现政权。伊丽莎白女王再三掂量上述种种重大而紧迫的问题，最终决定继续以含糊其词的应对，让两党保持忌惮。她宁可让国人承受不虞事件的风险，也不愿权宜行事，亲手动摇自己的宝座——这样的权宜之计，哪怕在最好的情况下亦无法保障王国安全无虞。因此，她支吾搪塞地回复了下议院的呈文。本届议会闭幕时，下议院又借议长之口，请女王就此问题给出令人满意的答

61

①　Keith, p. 322.

复，但她无论如何都不肯更清楚地表明态度。她只告诉他们，现在
她的心思已不同于登基之初，尚未定意拒绝婚姻。她又补充道，立
储大计伴有诸多重大难题，出于对臣民负责的态度，她愿甘之如饴
地在这流泪谷中跋涉更久，直到为他们未来的安全奠定了坚实基
础，方能心满意足地告别人世。①

　　本届议会颁布的各项法令中，最引人注目的一部称作《女王
陛下统御舆内万邦万民王权保障法》(*Assurance of the queen's royal
power over all states and subjects within her dominions*)。②
该法令规定，凡以书面、口头或行动尊奉教宗权威者，触律两次即
以叛国罪论处。神职人员必须宣誓承认王权至尊，凡在大学或普
通法领域担任职务者，所有学校校长、法庭官员和议会成员，也必
须同样宣誓。拒绝两次即构成叛国罪。针对以上两类人员，初次
触律应被罚没家产、驱逐出境。这部严苛法令不适用于男爵及以
上等级，因为据信女王高度信任这些高门显贵，不会怀疑他们的忠
诚。蒙塔古勋爵对该法案提出异议，为天主教徒声辩：称他们既不
争论，也不传播自身教义，对女王恭顺有加，并不制造麻烦，不煽
动民众作乱。③不过，女王和议会之所以对天主教徒祭出如此严厉
手段，很可能是因为怀疑后者暗中图谋不轨，不过更有可能的是，
他们的这个解决办法也是错的。

　　在另外一点上，本届议会也同样表现出良好的意愿，但判断
力欠佳。他们通过一项法令，查禁荒诞不经的谶语，称此等妖言惯

---

①　Sir Simon D'Ewes's Journal, p.75.

②　5 Eliz c.1.

③　Strype, vol.1.p.260.

于惑众、煽动叛乱和动乱。[1]但他们同时又出台另一法令,大有可能助长诸如此类的迷信活动:该法令旨在禁除魔法、咒语和巫术,[2]但须知巫术和异端这两样罪行,通常是禁而不绝、愈剿愈盛,倘若对其视若无睹,它们反而会在现实中销声匿迹。议会批准授予女王一笔补助金和两项十五分之一税的征税权,随即宣告休会。全国教牧代表会议也投票批准授予女王一笔补助金,额度为每镑抽取六先令,时限三年。

正当英国各派冷静地以议会投票和辩论的方式相互角力,在海峡另一边,法兰西的党争则如火如荼,仇恨已漫过极顶,法兰西人不羁的热情在大人物的勃勃野心驱动下引燃残酷的战争,此时仍在那片国土上持续绵延。科利尼将军在诺曼底战果颇丰,攻克了不少王党占据的城镇。但他经常抱怨说,勒阿弗尔的英国驻军人数虽多,却始终按兵不动,不肯为打击共同的敌人出力。伊丽莎白女王曾在接管该城之际发布一纸声明,[3]假惺惺地声称,她是出于关注法兰西国王的利益才参与这一行动,并说她唯一的目的就是打击她的宿敌吉斯家族,后者先是挟持自家主君,再利用他的力量去毁灭他最出色、最忠心的臣民。她在这个紧要关头指示英军将士屯兵城内,不得出击,一方面原因是拘于前面的表态不便行动,另一方面也是她极度节俭的性格所致。[4]与此同时,吉斯公爵正在谋划给胡格诺派势力一记致命打击。他手下部队已经开始对

---

[1]　5 Eliz.c.15.

[2]　Ibid.c.16.

[3]　Forbes, vol.ii.

[4]　Ibid.p.276, 277.

奥尔良形成合围,该城总督为安德洛,法兰西军事总长也被关押在这里。吉斯公爵原本有希望赢得速胜,不料未及破城便遇刺身亡。刺客是青年绅士波尔托洛特(Poltrot),此人一腔热血,在科利尼将军和著名传教士贝扎(Beza)的鼓动下(此说并无任何实据),策划实施了这次谋杀。这位骁勇王公一死,天主教阵营痛失主将,尽管其弟洛林枢机主教勉力支撑吉斯家族的利益,但无论对于伊丽莎白还是法兰西新教阵营来说,他们已不再构成迫在眉睫的威胁。于是,因共同恐惧而结成的盟友关系自此变得淡薄,胡格诺派首领接受说服,开始考虑与王党单独媾和的条件。孔代和蒙特莫伦西几次会面议和,由于两人都急于摆脱战俘身份,因此很快达成协议。摄政太后总是倾向于追求激进的目标,但更愿意借助狡计和策略而非武力来达成目标,这种性格特点让她乐于接受任何合理的条件。尽管科利尼将军慧眼察觉宫廷的阴谋诡计并多次提出异议,但两个阵营还是最终缔定了和平协议。朝廷重新颁布了对新教徒的宗教宽容政策,附有一定的限制条件,并宣告大赦天下;孔代亲王恢复了昔日的地位和职权;至于来自德意志的新教援军,则在结清拖欠的军饷后被遣送离境。

64　　伊丽莎白和孔代亲王之间原本约定:[①]不经对方同意,不得单独与敌媾和。但此时法国新教阵营的领袖们将该条款完全置之脑后。他们在议和过程中唯一顾及女王利益的举动,就是取得王党的承诺:英方一旦归还勒阿弗尔,她应收的欠款和此前预付的援助款即由法兰西国王偿付;法方还应在条约期满后将加来归还英国。

---

① Forbes, vol.ii.p.79.

但是伊丽莎白不屑接受这样的条件,她认为,继续据有勒阿弗尔是实现自身抱负更好的保证,于是她指示沃里克积极备战,准备抵御法国联军的进攻。

沃里克伯爵麾下共有六千英国守军,外加七百工兵。自从进驻勒阿弗尔之初,他便千方百计地加强防御:[1]他将法国人统统逐出城外,继而动员全体将士拼死抗敌。攻城法军由蒙特莫伦西军事总长亲统,摄政太后和国王也亲临阵前,就连孔代亲王也加入王军,支持这次军事行动。唯有科利尼将军和安德洛兄弟俩仍然亲伊丽莎白,他们选择作壁上观,审慎地拒绝与昔日对手合力攻打自己的盟友。

从双方实力、军形和所处局面来看,人人料定此番围城必有几场激战。然而,与最初的料想相反,法方实际上不费吹灰之力轻取这一战略要地。一场瘟疫于不知不觉中降临英军大营,而将士疲惫、饮食恶劣(因为他们的粮草储备极度短缺[2]),更使疫症的杀伤力严重放大,有时一天病亡人数上百,最后尚有战斗力的只剩一千五百人。[3] 面对如此微弱的抵抗,法军的进攻成效卓著,他们在城墙上撕开了两个宽达六十英尺的缺口,预备发起总攻,其结果必然是全歼守军。[4] 沃里克之前一再向英国枢密院告急,大声疾呼要求提供援军和给养,但援助迟迟未到,值此关头他只能选择有条件投降,只要对方答应让守军自由撤出。投降协议墨迹未干,在

丢掉
勒阿弗尔
7月28日

---

① Forbes, vol. ii. p. 158.
② Ibid. p. 377, 498.
③ Ibid. p. 450, 458.
④ Ibid. p. 498.

海上因逆风耽搁多日的英国海军上将克林顿勋爵（lord Clinton）便带着三千援军遥遥出现于港外，但一切都晚了，勒阿弗尔已然落入敌手。祸不单行，被感染的守军将士将瘟疫带回了英格兰，疫情席卷全国，死亡惨重，伦敦城状况尤烈，一年之中就有两万多人丧生。①

在这一事件中，伊丽莎白并未表现出她平素的活力和远见，此时她很乐于达成和解。法国摄政太后也希望能腾出手来，为彻底铲除胡格洛派做准备，因此，她也欣然愿闻英方凡是合理的议和条件。②双方议定，法国可以赎回为归还加来作保而提供的人质，赎金总数为二十二万克朗；双方各自保留所有权利要求和主张。　　4月2日

英格兰与苏格兰之间仍然保持和平，伊丽莎白和玛丽之间甚至似乎建立起了诚挚的友谊。两位女王互表衷肠，每周信件往还，表面上亲亲热热、情同姐妹。伊丽莎白惩办了一个姓黑尔斯（Hales）的人，罪名是出书反对玛丽的继位资格；③据信掌玺大臣培根曾经鼓励黑尔斯这么做，因此受到女王冷遇，后来费尽周折才讨得女王欢心，恢复宠遇。④两位女王前一年夏天曾经约定在约克会晤，⑤为玛丽批准《爱丁堡条约》消除所有障碍，并考虑确立英格兰储君的妥恰方法。不过，伊丽莎白处心积虑地避免触及这个敏感话题，借口对法战争诸务繁忙，自己无法离开伦敦，将会晤推　　苏格兰事务

---

① 参见本卷卷末注释［F］。
② Davila，lib.3.
③ Keith，p.252.
④ Ibid.p.253.
⑤ Haynes，p.388.

迟到下一年。另外，伊丽莎白可能深知玛丽美貌出众、娴于辞令并　66
且多才多艺，故而不愿与之比肩以致在这些外在品质上相形见绌。
鉴于那位女主已经深得英国民众的尊重与爱戴，伊丽莎白自然不
想让她有机会招徕更多的党羽。

　　玛丽与吉斯家族关系密切，她自幼在几位舅父膝下被教养长
大，时时仰赖他们的保护，对他们感情深厚；而在伊丽莎白心目
中，吉斯家族是自己公开的死敌，她亦深谙他们危险的性情和野心
勃勃的图谋，这一切都使她对玛丽心存一份正当合理又无法克服
的疑忌。吉斯兄弟曾经多次为侄女提亲，推荐人选包括腓力之子
唐·卡洛斯、瑞典国王、纳瓦拉国王、查理大公爵、费拉拉公爵（duke
of Ferrara），以及波旁枢机主教（Cardinal of Bourbon）——最后这
位只是枢机执事，不难搞到一纸豁免令解除该职。不管是谁，只要
有助于他们巩固自身利益，或者让伊丽莎白如坐针毡，吉斯兄弟就
愿意把侄女嫁给他。[1]伊丽莎白一方也严加提防，积极阻挠这些计
划的实现。她特别担心玛丽借婚约与外国结成强大同盟，对英格
兰王位重生觊觎之念，在英王国防卫最薄弱的方向发动侵略。[2]她
认为查理大公最有希望娶到玛丽，所以千方百计从中作梗：除了亲
自谏阻玛丽接受这宗婚事，她还对大公略假颜色，若有若无地给他
一丝成功的指望，诱使他重新向自己提亲，放弃追求苏格兰女王。[3]
她常对苏格兰女王表示，倘若后者选择的夫婿是位英国贵族，那将
使她无比称心快意，她们彼此间一切猜忌的根源也将彻底消散，两

---

[1]　Forbes, vol. ii. p. 287. Strype, vol. i. p. 400.

[2]　Keith, p. 247, 284.

[3]　Melvil, p. 41.

个王国从此和衷共处，关系牢不可破。伊丽莎白提出，如果玛丽听从劝告，自己会认真考虑她的继位权问题，并公开立她为英格兰王储。[①] 如此笼而统之地劝了十二个月之后，伊丽莎白最终提出一个具体人选，就是已被封为莱斯特伯爵的罗伯特·达德利，希望玛丽能与之结成鸳盟。

　　莱斯特伯爵本是伊丽莎白驾前最得宠的权臣，此人风流倜傥，具备吸引女性的一切外在优点：相貌英俊、谈吐文雅，巧意殷勤，他凭着这些本事，居然将明察秋毫的伊丽莎白哄得团团转，以致对其人品上的重大缺陷——或者毋宁说是卑污丑陋的一面——视而不见。这位伯爵骄傲、张狂、自私自利又野心勃勃，一无荣誉感、二无慷慨情怀，更无仁爱之心。他一向深得伊丽莎白恩遇，蒙受无上的荣宠信任，却并未以相应的才干或勇气弥补上述缺点。女王不断公开对他施以青睐，自令他斗胆萌生觊觎，常思登堂入室乃至染指御榻；普遍认为他为给自己入赘王室铺平道路，残酷谋害了发妻——罗布萨特（Robesart）家族一个支系的女继承人。与玛丽结亲的提议令他大不自在，他总是把这归因于政敌塞西尔的阴谋，认为后者巧施诡计，好让玛丽怪罪他唐突冒犯而收回对他的友谊，更让伊丽莎白嫉妒他另有所爱而疏远他。[②] 伊丽莎白女王私心里从未认真想过落实这件婚事，但她暗自盼望苏格兰女王永远不嫁才好，因此推了一个她认为不可能被接受的人选，希望借此拖延时间，让其他联姻计划化为泡影。莱斯特伯爵是她心头所爱，实在难

---

①　Keith, p. 243, 249, 259, 265.

②　Camden, p. 396.

以割舍。当玛丽受到立储的诱惑，最终表现得似乎愿意听取伊丽莎白的建议时，后者便立时退缩，撤回了她向对手抛出的诱饵。[1]这种两面派的举动，加上她时常端着的那种居高临下的态度，引来玛丽一封勃然大怒的书信。两位女王之间假惺惺的亲热交往就此中止了一段时间。为弥补破口，苏格兰女王派詹姆斯·梅尔维尔爵士(Sir James Melvil)赴伦敦，这位爵士在其回忆录中为我们详细记录了他的斡旋活动。

　　梅尔维尔是位讨人喜欢的朝臣，谈吐风雅、娴于辞令。行前他得女主密授机宜，除了严肃的政务和邦国大事以外，他还要引入更有趣的话题，迎合伊丽莎白活泼明快的性情，于无形中渐渐赢得她的信任。梅尔维尔做得非常出色，令那位极富心机的女王完全放松了戒备，[2]从而得以一窥她心底的隐秘之处，其中充满轻浮愚蠢和争竞攀比，与其同性中最幼稚浅薄之辈毫无二致。他向她讲述自己的旅行，不忘提到各国淑女形形色色的衣裙，以及这些款式各自的优长，如何恰到好处地衬托出她们优美的身段姿容。女王说，每一国的服饰她都有。自此之后，她每天特意穿着不同的衣裳接见苏格兰大使：有时是英国式，有时是法国式，转天又换上意大利式。她垂问大使，哪种款式跟她最相配？他回答说，意大利式。他知道这个答案最合女王的心意，因为这种款式最能衬托她那头飘逸的秀发——他注意到，女王陛下的发色不是标准的金色而是金黄泛红，不过她自负地认为这是世上最美的颜色。女王问大使，

公元
1564年

---

[1]　Keith, p.269, 270. Appendix, p.158. Strype, vol.i.p.414.
[2]　Haynes, p.447.

一般公认什么颜色的头发最好看？她还追问，她跟苏格兰女王谁
的头发更美？她甚至要梅尔维尔回答，他觉得自己和苏格兰女王
谁更标致？这个问题实在棘手，梅尔维尔小心翼翼地答道，女王陛
下是英格兰最美的美人，而自己的主上是苏格兰美人之首。女王
接着问道，她们俩谁的身材更高些？他回答说，自己的主上高些。
"那她就太高了，"伊丽莎白应声说，"因为朕的身材不高不矮恰
到好处。"女王从梅尔维尔口中得知，他的主上时而以弹奏羽管键
琴自娱，而她自己也正好精于琴艺，于是她吩咐亨斯顿勋爵（Lord
Hunsdon）做出安排，仿佛无意中把大使引到某个房间，刚巧听到
她在弹琴。梅尔维尔装作被琴声陶醉，循声闯入了女王的房间。
伊丽莎白假作不悦，但还是特意问道，他觉得自己和玛丽谁的琴艺
更高超？[①]从她的总体行为判断，梅尔维尔认为自己回国后可以向
自己的女主断言，她没有理由从伊丽莎白身上期待真挚的友情，后
者的一切亲热表白毫无诚意。

　　就这样，在双方虚与委蛇、转弯抹角当中，时间不觉过了两
年，[②]苏格兰民众和玛丽驾前臣僚（大约还有她本人）都觉得时候已
到，女王的婚事该提上日程了。至于结婚对象，众望所归的人选
是伦诺克斯伯爵（earl of Lenox）之子达恩莱勋爵（lord Darnley）。
论血缘达恩莱是玛丽的堂弟，其母伦诺克斯伯爵夫人玛格丽
特·道格拉斯（lady Margaret Douglas）乃是昂古斯伯爵（earl of
Angus）之女、亨利八世的外甥女，而亨利八世与玛丽的祖母苏格

----

①　Melvil, p. 49, 50.

②　Keith, p. 264.

兰王后玛格丽特是亲姐弟。伦诺克斯伯爵因受汉密尔顿家族排挤，被逐出苏格兰，长期定居英伦，故达恩莱生在英格兰并在此接受教育。达恩莱现年二十岁，样貌俊秀、身材颀长，人们都希望他能很快博得苏格兰女王的青睐。若从父系血统而论，他与女王亦同属斯图亚特家族；二人联姻，就能确保苏格兰王位不落入外族之手。达恩莱也在英格兰王位继承序列中，排位仅次于玛丽。有些人以玛丽是外国人为由，企图排斥她的继位权，于是大力抬举达恩莱，希望让他越过玛丽。如果玛丽与达恩莱联姻而合并双方继承权，似乎意味着莫大利益。而达恩莱生为英国人，他所拥有的势力和关系不致引起伊丽莎白的疑忌，因此，人们希望那位戒心超强的女王不会觉得这桩婚事不可接受。

伊丽莎白对所有这些谋算心知肚明，[1]苏格兰女王拟嫁达恩莱，令她暗自松了一口气。[2]玛丽若是孤身终老最合她的如意算盘，但是眼见这个想法不可能实现，她只好退求其次，看到玛丽的选择既解除了她对苏格兰与外邦结盟的恐惧，又能让她心爱的莱斯特伯爵继续留在她身边，便觉知足了。为了给达恩莱入赘天家铺平 70 道路，伊丽莎白私下要求玛丽邀请伦诺克斯返回苏格兰，撤销对他的褫夺私权令，恢复其旧日荣衔和财产。[3]玛丽依言而行，但伊丽莎白为了维护她和汉密尔顿家族以及在苏格兰的其他党羽的交情，过后便公开谴责玛丽的这一举动。[4]伊丽莎白闻知达恩莱议婚

---

① Keith, p. 261.

② Ibid. p. 280, 282. Jebb, vol. ii. p. 46.

③ Keith, p. 255, 259, 272.

④ Melvil, p. 42.

进展迅速，为他大开方便之门，后者一提出申请，她便下旨允准其
随父前往苏格兰。可是一听说苏格兰女王被达恩莱的样貌人品迷
住，王家婚礼已万事俱备，她却当即声言反对这桩婚事。她派思罗
格莫顿前往苏格兰，以君臣大义之名命令达恩莱立即返回英格兰；
她将伦诺克斯伯爵夫人及其次子关进伦敦塔，严加看管；旋又下旨
抄没了伦诺克斯在英国的全部产业。女王的恼怒虽然没有一条说
得出口的理由，[①]但她又是威胁、又是抗议外加抱怨，俨然遭受了世 7月28日
界上最严重的伤害。

　　伊丽莎白治国策略虽以精明审慎著称，但一贯两面三刀、用足
手腕；而在与苏格兰女王的交往中，她的心机表现得格外明显，其
间掺杂的种种计较和小器嫉妒，是她绝不敢对世人明言的行为动
机，就算对驾前谋臣，甚至对她自己也不敢坦承。不过，除了妇道
人家的争风吃醋之外，她对苏格兰女王的婚事假装不满也包含着
当前局势下的某种利益考量。如此一来，她便有借口拒绝承认玛
丽对英格兰王位的继承权——在这一点上，她有十足的理由决心
永远不让后者称意。这样做也有利于另一个更不友好也更危险的
目的，即鼓励苏格兰贵族和教会人士中的不满情绪和反叛活动。[②]

　　对于一国臣民来说，被宗教信仰相异的君主统治实为莫大的
不幸；在这种情况下，君臣之间几乎永远不可能达成互信。迄今为
止，玛丽的行为几乎在所有方面都无可非议甚至值得称道，然而
在赢得人心方面，她却未获进展，本来凭她亲切宜人的风度和多

---

①　Keith, p. 274, 275.

②　Ibid. p. 290.

才多艺的造诣，博得万民爱戴应不在话下。可是由于她虔信天主教，特别是对几位舅父情感深厚，令国人时刻对她充满怀疑：众所周知，吉斯兄弟公然宣扬和推动宗教迫害计划，企图在整个欧洲斩草除根地消灭改革派信条的传播者。她一直拒绝签字批准将新教定为国教的国会立法，她试图部分地恢复天主教会主教的民事管辖权，[①] 她还曾致函特伦特大公会议 (council of Trent)，信中除了表白对天主教信仰的忠忱，更提到自己对英格兰王位的继承权，并称盼望有朝一日能携治下全部国土重归教会怀抱。[②] 反过来，新教徒中的狂热分子也没少肆意冒犯女王，令她对他们的信仰越发没有好感。国会立法规定，不得在任何地方念诵弥撒，初犯即为死罪——女王的私人小教堂除外。[③] 纵使这一小小的宽容，也是颇费周折才授予她的。全国宗教大会再次敦促女王改变宗教信仰，放弃弥撒这种渎神的偶像崇拜，与敌基督的罗马暴政一刀两断，皈依耶稣基督的真道。[④] 女王气恼地答复道，她还不能确定自己的信仰存在谬误，也不觉得弥撒礼是不虔敬的；再说，她若叛教改宗，势必得罪欧陆的所有盟友。他们回答，他们自己的信仰毫无疑问与耶稣基督的启示完全相符，承自十二使徒的真传，也是早期虔诚基督徒所笃信的；无论土耳其人、犹太人或天主教徒的信仰都比不上他们的信仰这样有根有基；在遍布全世界的一切林林总总的宗教信仰当中，唯独他们有幸享有真理；那些聆听弥撒——更准确地说

---

①　Spotswood, p.198.

②　Father Paul, lib. vii.

③　Keith, p.268.

④　Ibid. p.545. Knox, p.374.

是观看弥撒的人，就是容许和宣扬渎神内容，犯下了最可憎的拜偶像之罪；关于友情，他们指出：做万王之王的朋友，要比世上的一切友谊更可贵。①

苏格兰女王的婚事再度引燃了改革派的宗教热忱，因为坊间公认伦诺克斯家族持守天主教信仰。尽管达恩莱（现冠以"亨利国王"的尊衔）如今常去官方教会做礼拜，可是这种表面顺服根本无法博得改革派教牧的信任和尊敬，他们更乐于借此机会当面羞辱他。诺克斯更是毫无顾忌地在讲坛上正告达恩莱：上帝为了惩罚子民的罪愆和忘恩，常常把他们交给妇人和小孩子来统治。②受此鼓动的爱丁堡民众开始集会，联合起来反对政府。③但是，玛丽的权威所面临的最迫在眉睫的威胁，来自一部分大贵族中间流行的不满情绪。

夏泰勒公爵对于宿敌伦诺克斯家族回归并重新得势深感不快，他惟恐自己对苏格兰王位的继承权被对手削夺，因为伦诺克斯此前已经提起了这方面的主张。穆雷伯爵发现，自己在宫廷的信誉受伦诺克斯父子的利益挤占而大大缩水，他开始担心，他当初利用玛丽的慷慨争取到的几笔丰厚补助金会不会被撤销。阿盖尔、罗斯（Rothes）、格伦凯恩（Glencairne）等几位伯爵，以及博伊德（Boyde）、奥基尔特里（Ochiltry）、格伦治的柯卡尔迪（Kirkaldy of Grange）、皮塔罗（Pittarow）勋爵都抱着类似的动机。这些人都是宗教改革最热忱的推动者，他们此时极度反感地看到，一个新的小

72

苏格兰女王下嫁达恩莱勋爵

---

① Keith, p.550, 551.
② Ibid, p.546. Knox, p.381.
③ Knox, p.377.

集团独占女王的宠爱，包括博斯韦尔伯爵、阿索尔伯爵(Athole)、萨瑟兰伯爵(Sutherland)和亨特利伯爵(Huntley)。这些人不是对宗教论争漠不关心就是同情天主教一党。在别国宫廷中，不满情绪通常是阴谋、朋党和对立的源头，而在苏格兰，同样的不满情绪却时常引发暗杀事件或叛乱。除了前一类性质的相互攻讦指控之外(这些指控通常是非难辨)，[①] 心怀不满的贵族们一见女王的婚事已成定局，便开始串通谋反，要拿起武器推翻女王。他们在斯特灵集会，假装热忱捍卫信仰，实则订立攻守同盟，并向伊丽莎白请求援助和保护。[②] 伊丽莎白女王此前公开表示反对这桩婚事，随即密令伦道夫和思罗格莫顿两位大使代表她向苏格兰反政府人士承诺支持，甚至派人送去一万英镑，资助他们发动叛乱。[③]

　　玛丽一听说斯特灵集会和贵族们的动向，立即宣召他们入朝，解释自己的所作所为；女王又集结一支人马，以武力维持法度，迫使叛乱分子撤出低地，退入阿盖尔郡(Argyleshire)暂避锋芒。为了更有效地切断叛军的粮道，女王夫妇挥师进抵格拉斯哥，将敌人逐出巢穴。叛军继而出现在佩斯利(Paisley)一带，人数约有千骑；他们绕开王师，取道汉密尔顿挺进爱丁堡，未遇任何抵抗便进入该城。他们指望靠着诺克斯等教牧的强力煽动，在这里获得强大增援。他们击鼓招兵，期望合城壮丁积极入伍，捍卫神的荣耀，又有饷银可领。[④] 但是民心并不在叛乱者一边。玛丽女王受到国人尊

----

① 参见本卷卷末注释［G］。

② Keith, p. 293, 294, 300, 301.

③ Knox, p. 380. Keith, Append. p. 164. Anderson, vol. iii. p. 194.

④ Knox, p. 381.

敬和爱戴，她的婚姻也没有引起民众普遍反感。相反，叛乱贵族们的营私动机早为人所共知，他们假装为维护信仰大发热心，却连无知百姓也欺哄不了。[①]女王夫妇并辔走在大军前列，向爱丁堡挺进。叛军被迫退入南部地区，身后追兵数量已经增至一万八千。[②]走投无路之下，他们只有离开祖国，逃往英格兰避难。

　　伊丽莎白发现事态进展令她大失所望，认为最好跟苏格兰叛乱者撇清关系，遂在每个场合声明自己从来不曾鼓励叛乱分子，也从未许诺给予他们支持和援助。她甚至把自己的掩饰工夫和虚伪发展到一个新的高度。穆雷伯爵和夏泰勒公爵的密使基尔温宁修道院院长此时已经来到伦敦，女王暗中许诺为叛乱者提供保护，以此为条件诱使他们在法国和西班牙大使面前宣称女王从未资助他们发动叛乱。女王从他们口中诱骗出以上告白之后，即刻翻脸，把他们从御前赶走，骂他们是卑劣的叛徒，宣称他们可憎的叛乱为普天下的王公亲贵树立了恶劣榜样，并且语气坚定地正告他们：以前他们从未得到过她的任何鼓励，今后也同样休想从她这里获得半点支持和保护。[③]只有思罗格莫顿（此公的荣誉感不下于个人才干）顶住压力，不肯隐瞒自己在苏格兰贵族叛乱中扮演的角色，他太了解伊丽莎白平素的性情和行事为人，因此早有预防措施，在被迫参与这些行动之前，设法拿到了一纸枢密院授权令。[④]

　　流亡贵族们在伊丽莎白面前受到苛待，便转而乞请本国君主

①　Ibid. p. 380, 385.

②　Ibid. p. 388.

③　Melvil, p. 57. Knox, p. 388. Keith, p. 319. Crawford, p. 62, 63.

④　Melvil, p. 60.

开恩宽赦。经过一番恳求和真诚忏悔的表白，夏特勒公爵获得女王的宽恕，条件是他从此老老实实隐居法兰西。更让玛丽深恶痛绝的是忘恩负义的穆雷伯爵及其同党，她认定这场叛乱的罪责主要在于他们。不过，由于朋友们不断说情，她在英格兰的党羽中一些最明智者也认为，宽仁对待这些因热忱反对天主教而闻名的人物，极有利于增进她在英国的利益，于是乎她同意依从自己温和的天性，似乎已经决定让他们重享荣宠。[①]就在这个当口，新任法兰西大使兰布里叶(Rambouillet)抵达苏格兰，带来女王舅父洛林枢机主教的建议(她对这位舅父一向言听计从)，告诫她绝不能宽恕这些叛逆谋反的新教领袖。[②]

在法兰西及欧洲其他地区，两个信仰阵营的争斗非但未现疲态，反而因彼此间的暴力激惹越演越烈。正如科利尼所料，朝廷给予胡格诺派和平承诺，只是为了哄骗麻痹他们，实则暗地准备着对他们实行终极毁灭。摄政太后銮驾出巡，明里说是要走遍王国各省，纠正内战带来的一切弊端；她先在边境会见了洛林公爵和萨伏依公爵，又转赴巴约讷(Bayonne)，她的女儿西班牙王后携阿尔瓦公爵(duke of Alva)在那里迎候着她。两个锦绣宫廷会聚一处，表面看来只有娱乐、欢庆、爱和喜悦，别无其他。但在一张张笑脸背后，一个最血腥、最危害人类安宁、在任何时代任何国家都令人匪夷所思的大阴谋正在悄悄构织。腓力和凯瑟琳·德·美第奇携手合谋，要用火与剑将新教徒斩尽杀绝。阿尔瓦公爵出于凶残嗜

合谋铲除
新教徒

公元
1566年

---

① Ibid. p. 59, 60, 61, 62, 63. Keith, p. 322.

② Keith, p. 325. Melvil, p. 63.

血的本性，建议摄政太后立即屠杀所有胡格诺派领袖，以此行动揭开大清洗的序幕。[①]而那位太后虽然同样心如铁石，却不肯放过展现自己智谋和手腕的机会，她更乐于借助欺诈和蒙骗（她称之为"技巧"）将新教徒引入网罗，不到他们彻底失去抵抗力的那一刻，绝不拔剑。洛林枢机主教与阿尔瓦性情接近，是这个迫害改革派的残暴联盟的始作俑者之一。他希望扶植侄女苏格兰女王光大势力，令整个家族一荣俱荣，所以特意关照她配合欧陆天主教君侯的暴力行动。按照计划方案，他一手将这位女王从宽仁之路上拉回，促使她下定决心彻底消灭这批流亡贵族。[②]苏格兰女王在爱丁堡召集国会，准备对上述人等发布褫夺私权令；鉴于他们罪行昭彰且早已自认不讳，所以毫无疑问必被定罪。恰在此时，一个突发暴力事件打破了一切预期，令玛丽人生尽毁，也让这些流亡贵族逃脱了法律的严厉制裁。

76　苏格兰女王下嫁达恩莱勋爵从各方面看都如此自然、前景诱人，因此女王及其驾前众臣不无急切地定妥了婚事。最开始她醉心于美少年的翩翩风采，却忽略了他的内在品质，全不知他是个金玉其外、败絮其中的家伙。他性情横暴，却又犹疑善变；傲慢自负却又轻信，容易被谄媚小人哄得团团转；他毫无感恩之心，因为他自视甚高，觉得一切恩惠都受之无愧且嫌不足；他一味沉迷于各种低级趣味，却对真正的爱和柔情完全无动于衷。[③]新婚的苏格兰女王沉浸在浓情蜜意之中，欢欢喜喜地授予他极高的尊荣：赐他国王

① Davila, lib. iii.
② Melvil, p. 63. Keith Append. p. 176.
③ Keith, p. 287, 329. Append. p. 163.

的名号，在所有公共法案上让他与自己并列签名，还打算向国会争取立他为共治王。但时间一长，当她有暇回味他身上的弱点和毛病时，才开始意识到自己过度慷慨施恩的危险性，决定今后不可对他寄以全身心的信任，须得多一点保留。女王的审慎做法令达恩莱大光其火，但这种反应令她越发反感。于是，自觉被冷落的年轻国王遂将报复的矛头指向每一个他认为造成这种变化的罪魁祸首。

里奇奥
被害

　　当时女王身边有个大卫·里奇奥（David Rizzio），新近大得信任和宠爱。他是皮埃蒙特人，出身卑微，其父是音乐教师，他自己也是位乐师。他发现自己在本国难凭一技之长安身立命，便跟随萨伏依公爵为玛丽归国执政派出的朝贺使团来到苏格兰。他的耳力敏锐，嗓音也不错，女王觉得此人正好可以充实自己的私人小乐队，便在大使回国时把他留了下来。一段时间之后，女王派往法国送信的机要秘书办事不力，里奇奥便被提拔到这一职位上，从此有机会常伴在女王左右，逐渐赢得她的宠信。里奇奥为人机灵、干练晓事，抱负远大，远远超过自身的等级地位和所受教育。他既有幸获得接近女王的路径，便将命运的恩赐发挥到了极致：时隔不久，他在众人眼中便成了女王的主要心腹甚至亲信谋臣。女王事事都要垂询他的意见；不经他引荐，没有人能邀得君宠；众人汲汲营营，围着他送礼拍马，以求博取他的好感。里奇奥陡然得势，一时张狂无忌，加之贪得无厌地敛财，很快招来贵族和全体国人的忌恨。[①]先前达恩莱追求女王时，他曾经为之美言，两人似乎结成了牢固的

———————————

　　①　参见本卷卷末注释［H］。

友谊。但是后来女王心意转变，达恩莱的朋友们轻易说服他相信，怂恿女王变心的幕后黑手就是里奇奥，甚至在他心里煽起某种更危险的妒意。这个宠臣长相难看，但青春尚在；[①]说他与女王私通，虽然这个臆断本身即使谈不上荒谬，也极不合情理，但是在一个疑心的丈夫看来，女王轻率施予此人的无边恩宠实在找不到其他解释。神职人员崇尚清规戒律，看不得人性恣纵，更加剧了流言蜚语在民间传播的势头。人们普遍相信，里奇奥已被教宗收买，深深卷入反对新教徒的所有阴谋，因此，凡是不利于他和玛丽的谣言在新教狂热分子中间都大有市场。

里奇奥早与天主教集团形成利益勾连，公开与流亡贵族为敌，他卖力推行对流亡贵族的残酷迫害，后者为数众多的亲朋好友和家臣仆从都对他切齿痛恨。此外，据说朝廷正考虑废除女王未成年时颁赐的一些超规格封赏，就连一些占据教产的贵族也开始感到不安，担心手中的肥肉不保。[②]御前大臣莫顿伯爵也受到上述动机的影响，更要命的是，海外有传言称玛丽打算任命里奇奥为御前大臣，取代他的位置，把这一尊荣赐给那个身份低微的外国暴发户、一个对苏格兰法律和语言一窍不通的家伙。[③]女王对里奇奥的宠爱实在有欠审慎，以致这等无稽之谈都有人听信，结果大大加快了那宠臣的覆灭过程。莫顿曲意巴结，获得达恩莱的信任，他用尽一切手段挑唆煽动后者内心的不满和妒意。他向达恩莱进言：要

78

---

① 　Keith, p.282, 302. Crawford's Memoirs, p.5. Spotswood, p.193.

② 　Keith, p.326. Melvil, p.64.

③ 　Buchanan, lib.xvii, c.60. Crawford, p.6. Spotswood, p.194. Knox, p.393. Jebb, vol.i.p.456.

想摆脱痛苦的羞辱，只有一个方法，就是除掉那卑鄙的外国佬，这是他应得的下场，也正是全体国人切切企盼的。伦诺克斯伯爵夫人的私生兄弟乔治·道格拉斯(George Douglas)对此表示赞同；鲁思文(Ruthven)和林赛两位勋爵被问及时，也表示愿意出力；就连国王的父亲伦诺克斯伯爵也不反对这个计划。[①]不过，几位密谋者深知亨利·达恩莱心思轻浮易变，便要他签署了一纸文书，发誓肩负起这一使命，旨在荣耀神、推进宗教大业，并且承诺在他们刺杀里奇奥之后给予保护。[②]所有行动计划商议已毕，他们派出信使，联络正在边境一带盘桓的流亡贵族，以国王的名义邀请他们返回祖国。

3月9日　　这个计划本身已足够残暴，然而计划执行的具体情形更是令人发指。当时，已有六个月身孕的玛丽正在内宫用餐，同桌的有她的私生姐姐阿盖尔伯爵夫人，里奇奥也在座，在场的还有女王的几个仆人。国王通过一条密道走进房间，站在玛丽的座位后面；接着，鲁思文勋爵、乔治·道格拉斯和同伙们手持武器急步闯进来。女王见状骇然失色，质问他们为何擅闯内宫。他们答道，他们无意伤害女王，只是要让这个恶棍——边说边指向里奇奥——受到应有的惩罚。里奇奥见势不妙，奔到他的女主身后，拉住她的手腕，呼求保护。女王连声叫喊、发出威胁和恳求，竭力回护里奇奥。不耐烦的刺客们不顾她的干预，扑向猎物，将所有碍事的家什统统打翻，现场一片恐怖混乱。道格拉斯握住国王的匕首，狠狠捅进里奇

79

---

　　① Crawford, p.7.

　　② Goodall, vol.i.p.266. Crawford, p.7.

奥的身体。惊怖痛楚之下，里奇奥大声尖叫着，被另外几名刺客从玛丽身边强行拽开，推进前厅，在那里他被足足刺了五十六刀。[①]不幸的女王闻知宠臣的下场，当即擦干眼泪，说她不会再哭了，现在她一心只想复仇。的确，考虑到这些狂徒加给她的侮辱、试图给她名誉抹上的污点，以及对她生命的威胁（而她正有孕在身），如此多重的暴戾伤害，任是多么宽容、仁慈的人也无法予以宽赦。

　　凶手们知道玛丽的愤恨，遂将她监禁在宫中。国王出面将所有试图解救她的人打发走，声称并未发生任何不遵他命令行事的现象，他会小心维护女王的安全。两天后，穆雷等流亡贵族现身于宫廷，此时玛丽全心为最近遭受的暴戾伤害感到愤怒，反倒愿意跟他们和解，她甚至十分亲昵地会见了这位兄长。流亡贵族们获得了国会豁免令，恢复了荣衔和财产。杀害里奇奥的几位密谋者也向女王申请豁免，但她巧妙地使出"拖"字诀，哄骗他们说，自己一日不得自由、在看守下生活，她所签署的任何文件都不具法律效力。与此同时，她婉言解劝、温存爱抚，取得了丈夫的信任；不久，看守她的岗哨都撤了。她不失时机地趁夜携夫潜逃，跑到邓巴。当地许多臣民都热心为女王效劳。玛丽招募了一支大军，向爱丁堡挺进，密谋者无力抵挡，只得逃往英格兰，在那里陷入潦倒困顿。80不过，他们走通了博斯韦尔伯爵的门路，这位玛丽女王驾前新晋红人想招揽他们以扩充自己的势力，想方设法平了女王的怒气，他们不久得以自由返回故国。[②]

---

①　Melvil, p.64. Keith, p.330, 331. Crawford, p.9.

②　Melvil, p.75, 76. Keith, p.334. Knox, p.398.

唯独针对她的丈夫，苏格兰女王的复仇之心刻骨难消。以前她只觉得此人讨嫌，如今他已亵渎了夫妻间的一切恩情和责任，招来她最强烈的憎恨。她让他否认与刺客们有关联，拒不承认自己参与阴谋，甚至公开发表虚假声明，在全世界面前丢丑。[①]她以这样的方式令他自取其辱、遭受普遍轻蔑，再也得不到任何一派的信任，随后便怀着鄙视和愤怒把他一脚踢开。[②]她像是故意逃避他一样，突然退往阿洛厄(Alloa)，那是马尔伯爵(earl of Marre)的据点。当亨利·达恩莱尾随而至，她又突然返回爱丁堡。不管在哪里，她的一举一动都分明表现出对他的不满乃至憎恶。她鼓励身边廷臣给他冷眼；看到他车马简陋、仆从寥寥而被民众鄙视，她就觉得开心。尽管如此，达恩莱仍然获准住进爱丁堡城堡——玛丽选择

6月19日 的分娩地点。她在这里生下一个儿子。鉴于这个消息对于苏格兰和英格兰两国都关系重大，她立即派遣詹姆斯·梅尔维尔爵士去向伊丽莎白报喜。梅尔维尔告诉我们，他抵达伦敦当晚，伊丽莎白正在格林威治举行宫廷舞会，女王像平时在这种场合中一样，显得神采奕奕、轻快活泼。然而，一听说苏格兰女王生产的消息，她顿时变得郁郁不乐，陷入悲哀。她把头靠在手臂上，向几位侍从女官抱怨道：苏格兰女王在乳养一个漂亮儿子，而我呢，只是一截枯死的树干。不过，次日她接见苏格兰大使时，又戴上了从前的面具，满面春风地感谢他捷足报喜，并向她的妹子表示最诚挚的热情和友谊。[③]时隔不久，她派了贝德福德伯爵和王室贵戚、亨斯顿勋爵

① Goodall, vol. i. p. 280. Keith Append. p. 167.

② Melvil, p. 66, 67.

③ Ibid. p. 69, 70.

之子乔治·卡里（George Cary）正式出使苏格兰，出席小王子的洗礼仪式，又托他们给苏格兰女王带去许多华贵的贺礼。

　　玛丽喜得贵子，令她在英格兰的党羽劲头倍增。[①]就连对立党派都开始大声呼吁早定国本。此时，新一届议会经过六次休会后重启帷幕，这种意向在会上极其强烈地爆发出来。上议院此前一直小心避免触碰这一敏感话题，这次却率先提出该议题；下议院迅速跟进，由莫里诺（Molineux）提起讨论，并建议将立储问题和补助金挂钩，似乎意欲强迫女王听从议会的要求。[②]廷臣们极力回避辩论：拉尔夫·萨德勒爵士（Sir Ralph Sadler）对下议院声称，他亲耳听过女王肯定地表示，她决计为臣民的利益走入婚姻。国务大臣塞西尔和弗朗西斯·诺利斯爵士（Sir Francis Knollys）也说确有此事，王室直辖领地事务大臣安布罗斯·凯夫爵士和内廷审计官爱德华·罗杰斯爵士亦同样作证。[③]然而，尽人皆知伊丽莎白深具男子的气质和抱负，所以议员们对这条消息大多不以为然，认为这只是女王的一个花招，想借此收回她登基之初关于终生保持童贞女王身份的宣告。因此，廷臣们的策略收效不大，只是促使议会为体面起见，将女王的婚事与立储问题一并讨论。下议院辩论得热火朝天，甚至任命了一个委员会负责与上议院协商，这时，伊丽莎白派人捎来明确旨意：此事休得再议。塞西尔告诉他们：女王以王者之尊向议会保证，自己的结婚意愿确是发乎真诚。女王还说，确立储君将给她的人身安全带来莫大危险。她在王姊玛丽治

9月30日
议会召开

---

① Camden, p.397.

② D'Ewes, p.129.

③ Ibid.p.124.

下曾经亲眼目睹，人们对王位继承人何等趋之若鹜，他们会为追求 82
来日前程而忽视当下的责任，造成极其危险的后果。正因为如此，
她才决意推迟立储，待到更合适的时机再决定这个重要问题。①下
议院对这些理由并不满意，更不满意女王降旨命他们噤口不提此
事。一位颇有冲劲的议员保罗·温特沃思（Paul Wentworth）直言
发问，该禁令是否侵害了议会的自由和特权？②有些议员甚至大不
敬地断言，女王陛下不仅有责任尽有生之年为臣民谋福祉，更有义
务通过立储保障邦国未来的安全；她不肯这样做，看来不像此邦臣
民的亲生母亲，而是后娘——她似乎盼着英格兰的国运在自己安
享王者的荣耀和满足之后难以为继。除了怯懦的君王、暴君或胆
小怕事的女人，谁会害怕自己的继承人呢？他们指出，对于每一位
君主而言，人民的爱戴是其坚不可摧的堡垒，为君者尽可抛开一
切权谋伎俩，以勇气和宽广的胸怀全然倚恃这种光荣而可靠的保
障。③女王闻知这些辩论内容后，召见了下议院议长，在重申之前
的禁令后，又命他告知下议院，无论哪位议员倘若仍有不满，可以
到枢密院面陈其理由。④尽管女王屡下禁令，议员们却不愿受到羁
束，继续在这个问题上喋喋不休；鉴于这种情形，伊丽莎白觉得最
好撤销前令，准许议会自由辩论。⑤女王宽仁俯就，大大安抚了议
会成员的情绪，他们此后的态度便趋于冷静和缓。他们甚至投票

---

①　D'Ewes, p. 127, 128.
②　Ibid. p. 128.
③　Camden, p. 400.
④　D'Ewes, p. 128.
⑤　Ibid. p. 130.

公元
1567年
1月2日

授予女王一笔补贴，包括一项补助金和一项十五分之一税，共分三次支付，不带任何附加条件。女王不久便解散了本届议会，并在闭幕致辞中语带锋芒地指出，他们的议事过程中包含许多不可告人的虚伪伎俩，打着光明正大的幌子，表面上关心女王婚事和立储事宜，但包藏祸心者不在少数。不过，这些人的进攻却也令她有所收获：如今她看清了谁是真正的朋友，谁是真正的敌人。她又补充道："但你们以为朕不关心你们未来的安全吗？在国本问题上不负责任吗？要知道，朕最关切的问题莫过于此，因为知道自己可能天不假年。或者，你们是否认为，朕有意侵夺你们的自由？非也！朕从来不曾生出此念。朕意无非是要你们悬崖勒马而已。万事皆有定期。你们未来或许有福分得到一位比朕更睿智博学的君主，但朕向你们保证，这世上再无一位君主比朕更孜孜念念于你们的安全。因此，无论朕有生之年能否再次躬逢议会召开，无论今后是谁掌政，朕都要在此告诫尔等：要当心，切莫挑衅君主的耐心，如同你们对待朕那样。但是朕最后只想说：尽管朕收获了如许恶意，但你们当中的大多数人可以放心，尔等将带着自己主君的美好心意安然返乡（因为朕不愿跟大家怀恨作别）。"[1]

伊丽莎白还做出了一个更有尊严的举动。她先前接受了议会无附加条件的资助，但是普遍认为下议院向女王施惠，是为了换取她的合作，故此，女王认为宜在拒绝下议院要求的同时，主动退回他们的第三次拨款。女王表示：钱放在臣民的钱袋里，跟保存在王

---

① D'Ewes, p.116, 117.

室金库中一样令她满意。①

尽管女王暂时避开了来自议会的请愿矛头，但是苏格兰女王在英国的朋友群体每天都在壮大。除了天主教徒以外(他们中很多人一直心怀叛意，与玛丽保持联络，随时准备响应其号令起事②)，伊丽莎白的宫廷里也充斥着玛丽的公开党徒。诺福克公爵、莱斯特伯爵、彭布罗克伯爵、贝德福德伯爵、诺森伯兰伯爵、尼古拉斯·思罗格莫顿，以及英格兰的大多数重要人物似乎都认为有必要宣布立玛丽为王储，唯塞西尔一人除外。只有热忱的新教徒支持赫特福德伯爵夫人或其姑母坎伯兰伯爵夫人埃莉诺，而前者的婚姻似乎引人争议，已被宣布无效，以致本阵营内部人士都极其小心，不愿再卷入立储纷争。玛丽对新教徒态度非常温和，对待所有人都亲切和蔼，从而为自己赢得了普遍尊重。③公众乐于把她以前所有轻率鲁莽的行为归咎于她年轻欠缺历练。然而，接下来发生的一连串事件将这番貌似大有希望的前景击得粉碎：皆因她惊人的轻率，或者应该说是残暴的罪行，使她从幸运之巅猝然跌落，身败名裂。

84

达恩莱
遇害

博斯韦尔伯爵出身于苏格兰权贵家族，在军、政两方面虽无过人才干，却是所属党派中的翘楚，向来领导本党与穆雷伯爵争权、遏制硬核改革派。此人生活放荡，把丰厚的家产挥霍一空，还欠下巨额债务，几乎沦为乞丐。④除了孤注一掷的非常手段和行动之外，

---

① Camden, p.400.

② Haynes, p.446, 448.

③ Melvil, p.53, 61, 74.

④ Keith, p.240.

他似乎再无别的智谋。他曾不止一次被控策划暗杀穆雷伯爵——尽管各派之间经常相互栽赃，使得此类指控的可信度有所降低，但是其频度之高足以证明这种可憎的做法在苏格兰十分盛行，从这个角度看，关于他的流言大抵是无风不起浪。博斯韦尔近来邀得玛丽女王的宠爱和充分信任，女王的一切举措均由他出谋划策、充当后盾。传说二人行迹亲密。由于女王对丈夫的憎恨始终不断，或者毋宁说持续加剧，更给传言增添了依据。[①] 那位年轻的国王饱受女王和廷臣的白眼，绝望之下一度决定潜逃到法国和西班牙，连船只都备好了。[②] 另一方面，一些显贵观察到女王对丈夫深恶痛绝，提出关于离婚的权宜方案。据说玛丽的表态非常体面，称不能接受有损于她本人荣誉和小王子出身合法性的离婚方案。[③] 尽管如此，时人倾向于认为，正是因为难以找到符合玛丽要求的离婚方案，所以这件事此后便被搁置一旁。怀疑论者甚至传说：当时亨利·达恩莱被妻子无止无休的憎恶表现折磨得灰心丧气，遂离开宫廷避居格拉斯哥。他一到那里就病倒了，这病生得蹊跷，女王的敌人都说是一剂毒药造成的，而下毒者正是玛丽女王。

事态发展到这一步，旋又传来女王夫妇重归于好的消息，凡是对玛丽的人品及公共安宁抱有良好意愿者无不备感欣慰，也有些惊讶。玛丽特地前往格拉斯哥探望病中的丈夫，温柔备至地对待他，又将他带回爱丁堡，似乎定意从此以夫妻名分和睦相处。亨利·达恩莱本就对妻子俯首贴耳，此时面对突如其来的和解不疑

---

① Melvil, p.66, 77.

② Keith, p.345-348.

③ Camden, p.404. Goodall's Queen Mary, vol.ii.p.317.

有他，便把自己毫无保留地交在她手上，跟她回到爱丁堡。她住在荷里路德宫(Holy-rood-house)，但这里地势较低，另外宫中人来人往难免有噪音扰到病人，于是，他被安排到一处远离王宫的僻静住所，叫作"柯克-奥菲尔德"(Kirk of Field)。玛丽表现得温柔体贴，与他亲切地交谈，并在他楼下的房间住了几晚。但2月9日那天，她说自己要出席一个女仆的婚礼，得回王宫过夜。大约凌晨两点，一声巨响震动全城，人们从睡梦中惊起，更吃惊地发现那响声竟来自国王的住所——整座房子都被火药炸飞，国王的尸体在附近的野地里被找到，身上并无烧伤、挫伤或暴力伤害的痕迹。[①]

2月10日

毫无疑问，亨利是被谋杀的。很快，怀疑的矛头普遍指向博斯韦尔伯爵。[②]不过，眼见此人深得玛丽宠爱，又大权在握，所以无人敢于公开道出心底的想法。所有人都保持沉默，无声地震惊。然而，在深夜漆黑的街头，有声音大声宣告：博斯韦尔——甚至玛丽本人也包括在内——就是杀人犯。又有人偷偷张布匿名揭帖，指博斯韦尔为凶手，并表示，只要获得适当的安全保障，可以站出来公开指证他的罪行。而后宫廷发布公告，承诺向揭发元凶的人提供赏金和安全保障。接下来官府一味卖力查访传播谣言、诽谤博斯韦尔和女王的人，并不重视追查是谁策划和执行了对国王的暗杀。[③]

---

① 有人猜想亨利是在房子爆炸前被勒死的，但这个假定与凶手的供词有矛盾。我们也没有必要根据尸体状况确认上述说法。海上船只爆炸时，船员大难不死的例子并不少见。亨利当时若不是落在地上而是掉在水里，也许不致丧命。

② Melvil, p 78. Cabbala, p.136.

③ Anderson's Collections, vol.ii.p.38.vol.iv.p.167, 168. Spotswood, p.200. Keith, p.374.

伦诺克斯伯爵远离宫廷，在困顿和轻蔑中寂然索居。听闻儿子被害的消息，伯爵惊起，致信玛丽女王，要求速速将杀人凶手捉拿、法办。他指名控诉博斯韦尔伯爵、詹姆斯·鲍尔福爵士（Sir James Balfour）和吉尔伯特·鲍尔福（Gilbert Balfour）两兄弟、大卫·查尔默斯（David Chalmers），以及另外四名玛丽的内廷侍从。这几人的名字都曾出现在爱丁堡街头的匿名揭帖上。[1]玛丽非常字面化地接受了关于迅速执法的要求。她只为这一重要案件规定了十五天的调查期限，并向伦诺克斯寄发传票，要求他出庭证实对博斯韦尔的指控。[2]在此期间，博斯韦尔和其他被指控者全都悠哉游哉，享受着完全的自由。[3]博斯韦尔身边始终有武装护卫环绕，[4]他照常出席枢密院会议，[5]有段时间还随女王住在宫中。[6]伯爵似乎完全保持着他一贯的自信，跟女王依然行迹亲密。就连爱丁堡城堡这一战略要地，在此紧要关头仍旧交由他坐镇——副将则是他的爪牙詹姆斯·鲍尔福爵士，此人曾被公开指控为杀害国王的帮凶。[7]伦诺克斯伯爵准备出庭，行至斯特灵时，获悉了这一切情况，他念及自己身边随从寥寥，开始对敌人的强势、猖狂和卤莽产生了十分合理的畏惧。他上书玛丽，希望审判延期，并恳请她出于对自身荣誉的关切，在裁断如此重大的问题时给予更多宽暇和慎

[1] Keith, p.372. Anderson, vol.ii.p.3.
[2] Keith, p.373.
[3] Ibid.p.374, 375.
[4] Ibid.p.405.
[5] Anderson, vol.i, p.38, 40, 50, 52.
[6] Ibid.vol.ii, p.274.
[7] Spotswood, p.201.

思。[1]他的请求未获理睬。陪审团已匆匆择定，由凯思内斯伯爵（earl of Caithness）担任首席陪审员。尽管伦诺克斯预见到这一步，特命亲信随从坎宁汉（Cunningham）出庭，代表主人抗议凶手逃脱罪责，但陪审团依然按程序做出了判决。[2]在这场审判中，原告和证人均未到庭，陪审团顺势做出意料中的裁决：博斯韦尔在国王遇弑案中被宣告无罪。不过，陪审团担心他们的判决酿成举国哗然的大丑闻，未来可能给自己带来危险，故而在判决书中增添了一条异议声明，陈述这般举动不得已的理由。[3]值得注意的是，对博斯韦尔的起诉书中称其犯罪日期为2月9日，事实上亨利是在2月10日被害的。[4]这个错误过于明显，不太可能是粗心大意所致。坊间普遍认为，那个躲在玛丽身后的主谋虽已安排仓促开庭并辅以暴力和威权恐吓，还是不能完全放心，遂又制造了这个借口，以确保能为博斯韦尔开脱罪责。

4月12日

这宗离奇庭审结束两天后，苏格兰国会召开。尽管法庭做出的无罪判决非但未能减轻、反而大大坐实了公众对博斯韦尔的怀疑，但在国会开幕式上，女王却授予他高擎王室权杖的荣耀。[5]本届国会立法严厉制裁发揭帖散播诽谤言论者，却只字未提国王被弑案。[6]玛丽对博斯韦尔公然示宠，令所有人气慑。国会解散后紧接着发生的另一件事，更鲜明地体现了这种高压氛围对人心的影

88

---

[1]　Keith, p.375. Anderson, vol.i.p.52.

[2]　Keith, p.376. Anderson, vol.ii.p.106. Spotswood, p.201.

[3]　Spotswood, p.201. Anderson, vol.i.p.113.

[4]　Keith, p.375. Anderson, vol.ii.p.93. Spotswood, p.201.

[5]　Keith, p.78. Crawford, p.14.

[6]　Keith, p.380.

响。有一批人结成会社，签署宣言称：博斯韦尔已经合法审判裁定 4月24日
无罪，他本人也曾进一步提出，愿意通过个人决斗自证清白；有鉴
于此，今后倘有任何人污蔑伯爵杀害国王，本会成员当义不容辞地
全力维护伯爵名誉，打击造谣者。这承诺意味着，博斯韦尔并未绝
对保证自己清白无辜。宣言在上述承诺之后，又提到为巩固政权
计，女王有必要再婚，而他们举荐的结婚人选正是博斯韦尔。[①]当
时在场的所有显贵都在宣言上署了名。在一个党派纷争如此激烈
的国家里，所有人众口一词地抬举一位贵族，而此人除了穷凶极恶
的行径之外，并无半点过人之处——这只能说明，人人都确信（至
少已被完全说服）玛丽已下定决心走出这一步，否则事态绝不至
此。[②]另外，假如他们不是极度震惊、摸不透彼此的心思、被宫廷
当下的威权慑服，又畏惧那些完全不受荣誉和人道准则支配的家
伙进一步施暴，那么即使上面的动机亦不足以打动这群素日以顽
梗倔强著称的人。就算将上述一切因素都考虑在内，这份文件的
签署仍有理由被视作国家之耻。

　　博斯韦尔随后的举动同样鲁莽、胆大包天。玛丽赴斯特灵探
望儿子，博斯韦尔以边境剿匪的名义调集八百骑兵，在爱丁堡附近
89挟持归途中的女王，带往邓巴，公然宣称要强迫她服从自己的意
志。詹姆斯·梅尔维尔爵士当时也在随从之列，被一并裹挟而去；
据他讲，从未看到女王有半点不情愿或者被逼迫的迹象。他说，博
斯韦尔手下军官甚至告诉他，整个事件都是与她商量好的。[③]事实

---

① Keith, p.381.
② 参见本卷卷末注释［Ⅰ］。
③ Melvil, p.80.

上,以玛丽性格中众所周知的骨气和果敢,遇到这种情况,对于真正的暴力居然毫无反抗,无论如何都显得可疑或暧昧。一些贵族为了进一步试探真假,设法给女王捎去秘信,表示如果她确实受到暴力胁迫,他们愿意不遗余力地营救。女王回复说,她的确被强行带到邓巴,但自从到达此地,所受待遇颇佳,因此她愿意与博斯韦尔继续共处。[①] 从那以后,再没有人惦记营救她了,因为大家相信这完全是出于女王本人的许可和默认。

　　起初,人们把这种不同寻常的举动归因于玛丽对计划中婚姻所抱的耻辱感,认为她可能希望寻求某种借口来遮掩自己的不当行为。但是几天后,对博斯韦尔的一纸赦免状颁下,却加剧了公众的猜疑。这份文书赦免了博斯韦尔对女王的一切暴力行为,以及其他所有罪行。这一条款等于间接赦免了杀害国王的罪行。那么可以想见所谓强奸只是一个精心设计的假象,仅仅是为了提供一个借口,以便绕个弯子赦免那桩可耻到无法公开提及的弥天大罪。[②]

　　这一连串事件发生得如此迅疾,前一事件的震撼余波犹在,新的令人匪夷所思的事件又接踵而至。不过,女王和博斯韦尔在定意实施那可耻的计划时,他们面前还有一道看似难以逾越的阻碍。博斯韦尔虽已成功迫使贵族们联名举荐他成为女王的丈夫,并且强行劫持女王本人,欲将生米煮成熟饭,但此人实际上已为人夫——他在两年前结婚,女方出身名门、品格娴淑,是亨特利伯爵

₉₀

---

① Spotswood, p.202.

② Anderson, vol.iv.part ii.p.61.

之妹。然而，这二人被激情蒙蔽了双眼、沉迷于犯罪无法自拔，不久便抛开了一切体面的虚饰。博斯韦尔和他妻子开启了离婚诉讼：此案同时提交到两个不同的或者说截然对立的法庭进行裁断，一个是圣安德鲁斯大主教主持的天主教宗教法庭，另一个是新设的主教管区法庭（也叫代理主教法庭），奉行改革派原则。向两个法庭提出的离婚理由亦经过精心设计，分别与二者的主导原则相符。在大主教法庭上，起诉案由是近亲通婚，因为博斯韦尔与他现任妻子是第四代血亲；在代理主教法庭上，离婚理由是男方与人通奸。两个法庭上的起诉人也不一样：前者的起诉方是博斯韦尔，后者的起诉方是他妻子。两个法庭都极其匆促地经过开庭、控辩、调查、裁定这一系列程序，在四天内宣布了离婚判决。①

博斯韦尔成功离婚，接下来玛丽女王摆驾前往爱丁堡，在法院当庭证实自己已经完全恢复了自由。据认为如此安排乃是出于审慎，以防女王婚姻的合法性遭到质疑。继而，各教堂奉命发布女王与奥克尼公爵（博斯韦尔已获封奥克尼公爵）的结婚公告。爱丁堡的一位牧师克雷格（Craig）也接到这一指令。然而这位牧师不仅拒绝听命，还在布道中公开谴责这宗婚事，并且呼吁所有能接近女王的人规劝她不要投入如此不堪的婚姻。克雷格因口无遮拦被枢密院传唤，他表现出的勇敢足以令所有贵族为自己的怯懦卑顺蒙羞。他声称，根据教规，博斯韦尔伯爵犯有通奸罪，因此不能获准结婚；他与其前妻的离婚判决明显是串通舞弊的结果，因为庭审和裁断过程极其匆促，而后博斯韦尔又突然宣布要与女王结婚。如

① Anderson, vol. ii. p. 280.

此一来，坊间关于国王遇害案，以及女王自愿被劫持、强奸的所有流言势必统统得到坐实。克雷格直言告诫当时在场的博斯韦尔，不要在罪恶的路上越走越远。他又转向其他枢密大臣，要求他们调动对女王的一切影响力，千方百计把她从身败名裂的边缘拉回来。克雷格发出这样的警告之后仍不罢休，一有机会便在讲坛上将事情的全部真相告知民众，他忧心忡忡地预见到，女王可能不顾所有谏阻一意孤行，铸成致命错误。他表示，他已坦然无愧于自己的良心，但此刻仍要陈请天地一并见证，他无比厌恨这桩被全人类视为可耻可憎的婚姻。然而既已看出大人物们或逢迎、或缄默，都会同意此事，他只有恳请忠实的信众向全能的上帝热切祷告，愿主施恩，于冥冥中翻转这个违背一切法律、理性和良知的决定的结果，让教会和王国从中得益。这些言论严重冒犯了宫廷，克雷格再次受到枢密院传唤，要他为上述逾分的无礼行径承担责任。但他正告众位枢密大臣，他的职分在于传讲神的话语、良法和自然理性，无论用上述哪个准则来评判，女王的婚事都是不名誉、不光彩的，在全体世人眼中也必将如此。枢密院对区区一介普通牧师的英勇举动深感敬佩，未加追究或惩罚便放他离开了。[①]

　　尽管这一事件或能让博斯韦尔和苏格兰女王从情欲的迷梦中惊醒，令他们察觉民心所向，并且明白自己无力之与抗衡，但是他们却一味地顽冥不化，执意在自取灭亡的路上不断向前奔跑。不久，两人在奥克尼主教(bishop of Orkney)的主持下举行了婚礼，这位主教是新教徒，后来因这次丢脸的屈从行径被教会罢黜职位。

5月15日

92

---

　　　　① Spotswood, p. 203. Anderson, vol. ii. p. 280.

参加婚礼的贵族寥寥无几，他们大多出于羞耻或畏惧心理躲在自己家里。法国大使勒克罗克(Le Croc)是位年高德劭的绅士，他尽管在政治上依附于吉斯家族，却执意不肯接受说服出席婚礼，对这桩婚姻表示首肯。[①]伊丽莎白几次三番写来友好的信函并捎来口信，对玛丽进行劝阻。[②]法兰西宫廷也同样反对这桩婚事。玛丽虽在其他情况下对法国亲戚们的建议无不恭敬顺从，在这件事上却似铁了心一般，对他们的意见置若罔闻。

苏格兰女王下嫁博斯韦尔

消息传到海外，整个欧洲为之惊诧莫名，不单事件中的几位主角名誉扫地，更令举国蒙羞：在世人看来，他们的卑顺默从，甚至公开认可，无异于支持和鼓励这些可耻的行径。[③]侨居海外的苏格兰人到处遭受非议，以致不敢在公众场合露面。他们情辞恳切地敦促国内同胞，对犯下这般残忍罪行的凶徒务必严惩不贷，好解救他们摆脱为人鄙视的处境。苏格兰民众受到刺激（此时他们有了更多余暇反刍回味），从昏沉状态中醒转过来。坊间从一开始就有对玛丽不利的流言，[④]怀疑她是杀害国王的同谋，如今由后续发生的种种来看，这些怀疑竟似完全坐实了一般。到处都在传说，尽管迄今尚无直接和具体的证据证明女王有罪，但她后来举动的整个基调便足以引来嫌疑，不仅如此，更让人确信她是有罪的。人们说她当初突如其来地决定与丈夫和好（很久以来她一直对他心怀憎恶，而且有着充分的理由），带他返回宫廷（她曾以冷漠和苛刻

---

① Spotswood, p. 203. Melvil, p. 82.

② Keith, p. 392. Digges, p. 14.

③ Melvil, p. 82. Keith, p. 402. Anderson, vol. i. p. 128, 134.

④ Crawford, p. 11. Keith, Pref p. 9.

逼他远离宫廷），又为他另辟一处居所，实为居心叵测——以上桩桩件件虽说都是小事，但若与后来发生的事件联系起来想，推测结果对玛丽非常不利。人们说，国王被害之后，一般认为她身为未亡人至少要更加谨言慎行，并且应该亟盼惩治真凶，以便为自己洗清指责和嫌疑。任何对自己人格有一丝一毫在乎的女人，必不会允许被公开指控的杀夫凶手接近她，更不会让他在自己的枢密院里占据一席之地，还对其委以宠信和权柄。那份仅因原告缺席而做出的无罪判决根本无法令公众满意，尤其是，庭审如此仓促、导致原告无法出庭乃是有关方面蓄意安排的结果，而且女王与被告公开的亲密关系令所有人噤若寒蝉。女王在这种情况下嫁给这样一个人，此事本身提起来就让人背脊生寒。至于迫使贵族们签字同意婚事、继而配合演出强奸戏的手段，非但不能证明她的清白，反而欲盖弥彰地将她的罪行暴露于人前。当一位女性如此这般地感到于心有愧（这是理所当然的），却不思悔改，一味以一戳就穿的谎言遮掩，从这种有悖常理的举动可以看出其人荣誉感淡薄，这必定是最可耻的弥天大罪所造成的结果，又或许是导致那罪行的原因。居然嫁给这样一个男人——他在几天前刚刚不体面地与原配分手，而且，从最起码的角度讲，坊间公认此人在数月前刚刚谋害了她的丈夫——此举完全背离了最基本的行为准则，无法用轻率鲁莽的借口加以解释。丈夫尸骨未寒（哪怕他死得没有任何蹊跷），未亡人匆匆再嫁（哪怕这婚姻本身丝毫无可指摘），也难免遭到世人的严厉谴责；而当这位寡妇为追求一己逸乐置其他诸多重要考量于不顾，同样地为了满足欲望而完全忽视了荣誉和人性，则必定招致物议汹汹。玛丽并非不了解公众的普遍想法，知道他们认为她有罪，也知道自己的行迹处处经不起推敲。因此，如果她继续在这条激起世人正当愤慨的道路上一意孤行，就等于用行动证实了敌人的一切猜测和抹黑，毫不亚于白纸黑字的正式招供。一位国王于举世睽睽之下被谋害，唯博斯韦尔一人受到怀疑和指控；假如他是清白无辜的，那么无论在玛丽还是在公众面前，只有查出真凶并对其定罪方能为博斯韦尔洗脱罪名。然而官方并未进行追凶调查，尽管其间召开了一届国会。王室夫妇显然因负罪而缄默，民众则慑于暴力而暗然不语。能与这一切猜测或证据相抗的，唯有她先前一贯表现出的仁慈和良善似能让人消除怀疑，觉得她绝不至于做出如此残暴不仁之事。然而须知人的性情极其易变，犯下最可怕罪行的人未必是天性最坏、最具犯罪倾向者。一个女人，若在深渊边缘的关键时刻为一个放弃原则的男人牺牲了自身荣誉，从此之后大有可能继续受其蒙蔽操纵，犯下最严重的罪行，事实上她这时已然身不由己。不过还有一种可能性，或可减轻她的罪责，即博斯韦尔不正当地利用她对他的爱，独自犯下大罪，从未与女王商量。然而，她与博斯韦尔认识已久，如果两人之间没有某种程度的罪错在先，何来如此突然、如此狂热的爱情？这一点让人很难想象。事实上，她事后并未（出于羞耻心或审慎）收束己行，以致给自己招来最严厉的谴责和极大危险，由此看来，无论是责任感还是人性对她都没有太强的影响力。

当时苏格兰举国上下都如此认为，拥有极高权威的新教领袖们对玛丽久怀敌意，因此关于女王有罪的观点通过他们之口更广泛地传播开来，在民众心里打下尤为深刻的烙印。博斯韦尔还假称得到女王的同意，几度试图将小王子控制于掌中，引起国人最严重的关切。众多贵族首脑齐聚斯特灵(包括许多之前被迫签字支持博斯韦尔与女王成婚的贵族在内),他们立下盟约发誓保护小王子、惩治杀害国王的真凶。[1]该联盟由著名的天主教党人阿索尔伯爵(earl of Athole)首倡;阿盖尔伯爵、莫顿伯爵、马尔伯爵、格兰 95 卡恩伯爵,以及博伊德、林赛、霍姆、桑普勒、格伦治的柯卡尔迪、图里巴丁等诸勋爵,并国务大臣里丁顿都热忱地参与其中。穆雷伯爵预见到风暴将至,不想卷入危险的派系争斗,提前向玛丽申请并获准退隐于法兰西。

苏格兰
国内动乱　　霍姆勋爵率先起兵,他带领八百骑兵,出其不意地将女王和博斯韦尔包围在博斯韦克城堡(Borthwic)中。二人寻机突围逃往邓巴。与此同时,贵族联盟正在爱丁堡集结军队,为实现目标做好万全准备。倘若博斯韦尔足够小心谨慎,采取固守邓巴城堡的策略,假以时日对手必定因粮饷不继而逐渐瓦解。然而,他一听说贵族联盟陷入困境的消息,便鲁莽地领兵出战,向敌军进逼。两军在距 6月15日 离爱丁堡约六英里的卡伯里山(Carberry Hill)相遇。玛丽很快就看出,己方将士不支持她,不愿抛洒热血为她而战。[2]博斯韦尔夸夸其谈,却是色厉内荏;女王无可奈何之下,只得与柯卡尔迪·格伦治阵前谈判,在取得对手的宽大承诺后,将自己交在贵族联盟手上。女王被带往爱丁堡,一路受尽围观群众的折辱。他们斥骂她是罪犯、凶手,甚至举着一面绘有她丈夫被杀、幼子哀号画面的旗子,她的脸转向哪边,旗子就随之转向,始终举在她眼前。[3]厄

---

① Keith, p.394.
② Keith, p.402. Spotswood, p.207.
③ Melvil, p.83, 84.

运之下的玛丽悲苦不堪，唯有流泪哀叹。博斯韦尔趁她跟格伦治谈判时只身逃到邓巴，装备了几艘小船，扬帆驶向奥克尼群岛，在那里靠着海盗营生维持了一段时间。继而格伦治追踪而至，俘获了博斯韦尔的船只和几名仆从，这些人后来全盘供出杀害国王的具体情状，并受到应有的惩罚。[1]博斯韦尔独自乘小舟逃脱，又设法逃到丹麦，在那里，他被投入监牢，在狱中精神错乱，大约十年后凄凄惨惨地死去。此人一生行为卑劣，落得如此下场实属罪有应得。

　　苏格兰女王如今落在激愤的党派分子手中。这些为人臣者既追求来日的安全感，又要发泄当前的恨意，女王所受的待遇自然可想而知。据说，她的行为态度与现下处境极不相符，她发誓对博斯韦尔绝不变心，[2]甚至给他写了一封信(此信被贵族们截获)，在信中声言自己宁肯忍受任何艰难困苦，甚至可以放弃尊贵身份和王位，也不愿失去他的爱。[3]叛乱者们意识到，万一玛丽最终得势，他们自己处境堪危。因此，他们务必对她采取严厉措施。次日，他们便派卫队将她押往坐落于勒文湖(Lochlevin)中央的洛克勒文城堡。城堡的女主人是穆雷伯爵之母，她一直声称自己曾合法嫁给苏格兰先王，自然对玛丽心存仇隙，因此极尽苛戾地对待她。

　　关于苏格兰所发生的一切，伊丽莎白都得到了详尽的汇报，她似乎对那位落难女王深感同情。玛丽行为失检，落得身败名裂

（右侧旁注：玛丽被囚）

（左侧页码：96）

---

① Anderson, vol. ii. p. 165, 166, &c.

② Keith, p. 419.

③ Melvil, p. 84. 此信的真实性似乎值得怀疑：主要疑点在于，穆雷及其同伙向伊丽莎白女王的特使指控她时，对此信绝口未提。

的下场，此时伊丽莎白的恐惧和妒意已尽行消散，她开始省思世事无常、荣华易逝，以及鼓励桀骜不驯的臣下犯上作乱的危险。于是，她决意运用自身权威从中斡旋，解救不幸的堂妹脱离水火。她派遣尼古拉斯·思罗格莫顿爵士出使苏格兰，分别对玛丽和贵族联盟双方进行责备劝诫；她给予大使的指令，虽然掺杂着些许颐指气使，却充满她自来的明智判断，以及值此举世瞩目的紧要关头所需的慷慨气度。她授权思罗格莫顿以她的名义向玛丽宣布，后者近来的所作所为罪莫大焉，无论从任何角度都无可辩护，极大地触怒了伊丽莎白女王。女王虽对玛丽不无怜悯之情，但还是一度决意不插手她的事，不提供任何建议或帮助，任她自生自灭，如同对待一个名誉扫地、无可挽回的人一样。她十分确信，其他国家的君侯们，包括玛丽的至近亲属在内，都抱定了同样的决心。但是，以她个人而言，最近发生的事件触动了她的心，激起更温柔的怜悯，促使她采取一些有益于那位落难女王的自由和利益的措施。伊丽莎白女王决计不肯眼睁睁看着她被乱臣所欺，定会竭尽全力斡旋，甚至运用强硬手段，解救她脱离樊笼，并为她确立一个适当的地位，既符合她的尊贵身份，又可保障她臣民的安全。伊丽莎白女王诚恳劝告玛丽，除了为夫报仇之外，放弃其他一切复仇之念。鉴于女王本人也是死者的近亲，较玛丽的臣民更有资格出面干预此事，因此，她恳求玛丽，她若些微在意自己的荣誉和安全，切勿拒绝如此公正合理的要求。在玛丽恢复人身自由，惩治杀害其夫的凶手之后，接下来要考虑的一点就是尚在襁褓的小王子的安全。眼下看来，最妥当的办法莫过于将他送往英国接受教育。首先，脱离那个党争激烈、动荡不安的环境，可以保障小王子的安全；此外，不

难预见，苏格兰王子在英国接受教育，日后必定带来诸多有益的
结果。[1]

　　思罗格莫顿奉命对贵族联盟成员的训诫，其主旨完全符合伊
丽莎白对玛丽所怀的良好意愿。她授权这位大使正告苏格兰贵族：
无论玛丽的所作所为有何咎过，他们的任何以下犯上之举都绝非
正当，有违一切良秩善政。主君为政的疏失，臣下安有权柄直接插
手扭转——更遑论惩治主君！身为人臣，在任何情况下与主君至
高权威抗衡的唯一合法武器就是恳求、忠告和直陈利害。倘若这
些方法均不奏效，他们接下来便应祷告上苍，耐心等候全能的主宰
亲自动工，因为世间君王的心尽在神的掌握——祂若愿意，自会使
为君者改弦易辙，归向公义怜悯。女王如此劝诫，并非出于一己私
心，乃因这是天下一切有道之邦普遍接受的法则，也是文明社会赖
以存续所必须。她要求他们恢复玛丽女王的自由，并作出承诺：只
要他们做到这一点，她必协助他们调整政务、惩处杀害国王的凶
手，以及保障小王子生命和自由的一切适当举措。伊丽莎白女王
近段时间以来热心为苏格兰人效力，为他们提供保护、防范外邦僭
夺，假如他们确实将这些恩惠放在心上，必定对她的斡旋抱有信
心，并为自己迄今为止不曾向她求助而深感自责。[2]

　　除了上述训诫之词，伊丽莎白还委托思罗格莫顿给双方捎去
若干和解条款，作为安顿公共事务的方针。这些条款尽管包含着
对王权的重大制约，但是大体而言倾向于玛丽的利益，对她相当宽

---

[1]　Keith, p. 411, 412, & c.

[2]　Ibid. p. 414, 415, 429.

容。[1] 贵族联盟已拿定主意采取更严厉的措施，此时看出伊丽莎白对玛丽有所偏袒，并且意识到，玛丽得到那位强势女王的保护，必会更加壮胆。[2] 经过几番推诿拖延，他们最终拒绝了英国大使拜见玛丽。关于如何处置被囚的女王，苏格兰人有四种不同的方案：第一种方案是在极其严格的限制下恢复她的王权；第二种方案是迫使她逊位于小王子，然后将她逐出苏格兰，软禁于法国或英国，并取得所在国君主的保证，要她永不扰乱苏格兰现政权；第三种方案，开庭公审玛丽的罪行（她的敌人声称这些罪行证据确凿），判处她终身监禁；第四种方案更为严厉，要求在审判定罪之后，对她处以极刑。[3] 思罗格莫顿赞成最温和的方案，他力陈其主关于执行条款的承诺，又威胁苏格兰当权派如不接受会当即招来报复，[4] 并警告他们，不要以暴力引火上身，使公众的谴责归到自己身上（现在他们谴责的对象是女王）。尽管如此，他发现自己运气不佳，除了国务大臣里丁顿之外，没有一个贵族领袖肯听他的劝告。所有人都倾向于更严厉的措施。特别是神职人员，他们援引《旧约》中的严律（这些律条只有在特别启示下方显为正当），煽动国人反对他们不幸的女王。[5]

关于拟议中女王退位、幼主临朝阶段的摄政人选，有几位大贵族已经跃跃欲试。伦诺克斯伯爵以幼主祖父的身份，要求此项权

---

[1] Keith, p.416.

[2] Ibid. p.427.

[3] Ibid. p.420.

[4] Ibid. p.428.

[5] Ibid. p.422, 426.

力；此时身在法兰西的夏泰勒公爵则以第二顺位王位继承人的身份提出同样要求。不过，绝大多数贵族联盟成员支持穆雷伯爵，充分信任其能力，他还拥有新教神职人员和激进改革派的信任。一切协调完毕之后，他们派林赛勋爵和罗伯特·梅尔维尔爵士给玛丽女王带去三项条款：第一，女王应逊位于其子；第二，委任穆雷为苏格兰摄政；第三，任命摄政委员会于穆雷回国前执掌国务。苏格兰女王此时看不到获救的希望，且有充分理由担心性命不保，此外她相信，自己在囚禁状态下签署的任何文件一概不具法律效力，因此在流了许多眼泪之后，接受说服在三项条款下方签了字——她甚至不曾费神查看任何一项的内容。① 女王被迫逊位后，小王子诏告登基，号詹姆斯六世（James VI）。不久，在斯特灵举行了新 7月29日 王加冕礼，由莫顿伯爵代为宣读加冕誓词，其中并未忘记加上一条关于彻底铲除异端的承诺。在这次典礼上，一些注重民权的共和派主张得到认可；② 不久当局又铸造新币，币面用拉丁文镌有图拉真（Trajan）的名言"拥戴我，倘我配得拥戴"（*Pro me; si merear, in me*）。③ 思罗格莫顿接到女主吩咐，不得出席苏格兰新王加冕礼。④

　　新上任的摄政委员会并没有多少时间行使职权。穆雷伯爵未几自法兰西归来，走马上任。他谒见了被囚的女王，言语间更多地针对她昔日的所作所为，并不顾怜她现下的光景。这般严厉对待

① Melvil. p. 85. Spotswood, p. 211. Anderson, vol. iii. p. 19.

② Keith, p. 439, 440.

③ Ibid, p. 440. Append. p. 150.

④ Ibid. p. 430.

彻底打消了女王心中对他一丝尚存的亲情。[1]穆雷进而以更公开
的方式，打破了对女王的一切礼数。他召集国会，投票通过决议：
玛丽确系杀害亲夫的同谋；判处玛丽监禁；批准玛丽退位；承认玛
丽之子继位为王，由穆雷出任摄政。[2]摄政干练有能，他一出手，
国内即告绥服。他以贿赂手段令詹姆斯·鲍尔弗爵士交出爱丁堡
城堡，又迫使邓巴守军开城献降，随即将该要塞平毁。

　　尽管新政府看来诸事顺遂，所有人表面上都默从于穆雷的权
威，然而，暴力革命无论何等必要，却从来不可能不激起强烈不满
而风平浪静地取得成功。在这个国家，哪怕在最安定的局面下，
政权内部仍是派系林立，如今的新政府更是不可能不遇到波澜和
扰乱。只要博斯韦尔当权，国内大贵族几乎无人拥护玛丽，但是
那个人人憎恶的贵族一旦倒台，很多人的情感便发生了变化。夏
泰勒公爵争当摄政不成，对穆雷心存嫌隙，他门下的大批附庸也
都与其主同心。有少数贵族看到其他人在贵族联盟中占据了显
位，便分裂出来另结一党，与当权的一派作对。此外，一些反叛
贵族对玛丽仍有一丝残存的忠忱和爱戴，当他们看到她处处遭受
极度逼迫时，便自然倾向于同情她，群聚于她的权威之下寻求安
全。所有倾向于天主教信仰的人都被吸引到这个阵营中，就连原
来唾弃玛丽的罪行或责备她轻浮鲁莽的普通民众如今也转而同
情她的处境，惋惜如此多才多艺、地位尊贵的一位妙人，竟然身受
极端无情的苛待。[3]在上述种种动机的驱使下，许多贵族领袖都

12月15日

101

---

[1]　Melvil, p.87, Keith, p.445.

[2]　Anderson, vol.ii.p.206, & seq.

[3]　Buchanan, lib.xviii, c.53.

改变立场追随玛丽女王，他们密会于汉密尔顿，共商襄助女王的行动。

正当这些情绪在国人中间酝酿时，玛丽也在积极策划逃脱樊公元
1568年笼。她凭着魅力和爱抚手段迷住了洛克勒文领主之弟乔治·道格拉斯，好让他协助她逃跑。她甚至向那位年轻绅士灌输这样的幻想，指望将来她与博斯韦尔之间的婚约因暴力强娶被法庭宣布无效之后，自己可以成为她的下一任丈夫。她向摄政提出这个想法，但遭到回绝。然而道格拉斯一直不放弃营救女王的努力，由于他有很多机会进入城堡，终于获得成功。他把乔装改扮的女王带上5月2日一艘小船，亲自划桨把她送到岸边。女王匆匆潜往汉密尔顿。女王现身于该地的消息迅速传开，许多贵族率部赶到她的身边。由阿盖尔、亨特利、埃格灵顿（Eglington）、克劳福德（Crawford）、卡西里斯（Cassilis）、罗斯、蒙特罗斯（Montrose）、萨瑟兰、埃罗尔（Errol）等九位伯爵牵头，联合九位主教、九位勋爵及众多有名望的绅士共同订立盟约，发誓捍卫女王。① 几天之内，玛丽麾下已经麇集了六千人马。

伊丽莎白闻知玛丽成功脱逃，当即拿定主意，继续对她保持慷慨友善的态度。她之所以没在玛丽被囚期间对苏格兰摄政动武，主要是投鼠忌器，担心后者因此对玛丽采取更极端的手段。② 不过她向法兰西宫廷提出一个权宜方案，尽管不动刀兵，却同样颇具效力：她提出，英、法协力切断与苏格兰的贸易往来，直到蒙受伤害

102

---

① Kieth, p.475.

② Ibid. p.463. Cabala, p.141.

的玛丽女王获得公正对待为止。[1]这时节，她派莱顿（Leighton）前往苏格兰，告诉玛丽可以为她提供斡旋及军事援助。不过，她担心法国出兵苏格兰，因此希望玛丽将自己与臣属的争端全权交给她仲裁，不要引外国援军入境。[2]

　　但伊丽莎白没有时间充分施展能力帮助玛丽。苏格兰摄政迅速集结部队，尽管兵力上不占优势，仍然出兵与女王对阵。两军于格拉斯哥附近的朗赛得（Langside）交战，摄政获得完胜。虽说穆雷在胜局已定的情况下传令停止追杀，但女王的部队已完全溃不成军。那位不走运的女王仅带着几名随从自战场仓皇南逃，一路跑到英格兰边境。她在这里踌躇徘徊，思索下一步何去何从——她未来的幸与不幸大抵都押在这一步上。她发现自己在本国已无容身之处，而她实在不想如丧家犬一般返回法兰西，那个她曾经享有万丈荣光的地方；再说也没有船只能将她安全载往法国。伊丽莎白近期慷慨仁慈的举动给了她希望，或许这位女王能为她提供庇护甚至帮助。[3]鉴于当前国内敌人的威胁迫在眉睫，她只得放下其他一切顾虑，决定投奔英格兰避难。她在加洛韦（Galloway）登上一艘渔船，并于同日抵达距卡莱尔约三十英里的坎伯兰郡威尔金顿（Wirkington）；她一上岸即派信使赶赴伦敦，报告她抵英的消息，并希望获准前往拜见伊丽莎白，望其如从前表白的那样情深谊重，为她提供庇护。

　　值此关头，伊丽莎白发现自己必须就如何对待苏格兰女王的

5月15日

玛丽逃奔
英格兰

103

---

① Keith, p. 462.

② Keith, p. 473脚注。Anderson, vol. iv. p. 26.

③ Jebb's Collection, vol. i. p. 420.

方针做出决断：迄今为止，她一直顶住塞西尔的劝谏，弃用权术，以仁厚之心对待玛丽。[①] 此时，那位审慎的谋臣力促其主重新掂量这个关键节点上的一切利益考量。他向伊丽莎白女王进言：那批迫使玛丽退位、现在执掌苏格兰政权的贵族向来是亲英分子，他们出于宗教信仰和利益动机，必定继续依附于伊丽莎白。虽说穆雷和他的朋友们或许对当初流亡英伦期间所受的待遇不无怨言，然而他们一旦意识到伊丽莎白是唯一可以安心倚靠的盟友，这些小小龃龉自是不难忘却：要知道，他们自己的女主忠于天主教信仰，又与欧陆方面关系亲厚，这就使他们完全无计博得法兰西乃至西班牙的友谊。另一方面，玛丽即使在尚未与新教臣民彻底决裂之前，私下里仍对吉斯家族言听计从，而当她因自己行为失当导致众叛亲离，只能倚仗吉斯家族的势力和狂热天主教徒作为唯一的资源和安全保障，就会越发变本加厉地公然投靠他们。玛丽对英国王位的觊觎会令她成为他们手中一个危险的武器。她一旦有能力镇压本国的新教徒，就会纠集苏格兰、英格兰以及所有国家的天主教势力，联手反对英格兰的宗教信仰和政权。因此，塞西尔提醒伊丽莎白，执行帮助玛丽复位的计划务必慎而又慎，如果真的执行，一定要由英国独力完成，并且预先做好安排，充分保障苏格兰改革派和教改大业的安全。最重要的是，务必小心看守那位女王本人，防备她发现英方的友谊有所保留，失望之余骤然下决心逃到法国去，并试图凭借外国势力卷土重来，夺回失去的权柄。塞西尔指出，玛丽已是穷途末路、名誉扫地，她现在什么都干得出来。一旦

① Cabala, p.140.

发现自己被英国女王抛弃，她内心的愤恨与野心、偏执相互交融，将使她变成英国现政权最冷酷无情的劲敌。她一旦逃到海外，落入虎视眈眈的天主教阵营掌控中，对她而言英格兰就成了一个便利的攻击目标，并不比苏格兰更难攻取。她必会谋求戴上那顶她自认为与伊丽莎白享有同等继承权的王冠，视之为在本国成功复辟的唯一途径。值此紧要关头，保持中立于英国女王而言必然伴随着极大风险——不过表面声称保持中立倒也无妨。此外，无论英方打算帮助玛丽还是对她不利，扣留玛丽都是必须的。不错，慷慨仁慈确为伟大君主的合宜品质，但是这个高贵准则切不可有失审慎地滥用，一定要考虑到当前所处的微妙局势，女王所做的任何决策，均须以保障自身安全和臣民利益作为第一要务。虽说叛乱成功的事例绝非任何君主所乐见——尤其当它发生在邻国时，然而玛丽轻率鲁莽、罪孽深重，苏格兰臣民忍无可忍才起来造反，所以此事想必不至于被他国叛臣引为先例。伊丽莎白首先有必要以令人满意的正规途径弄清玛丽的罪行轻重，然后再决定给予她何等程度的保护。世间最光荣的事莫过于保护受欺压的无辜者，同理，最大的耻辱莫过于庇护高居王位的罪犯和凶手。凡是赞同或支持这等丑事的人都会因此沾染同样的污点。如果经过调查，证实苏格兰女王如同外界宣称并坚信的那样罪行重大而确凿，那么任何符合政策的惩处措施都将有理有据；反之，如果她被证明无罪，那么伊丽莎白女王的一切友善举动都将广受赞许，被传为美谈。

伊丽莎白对这些意见深以为然，决定对苏格兰女王采取表面仁厚、内里审慎的态度。她立即传旨，吩咐居住在那一带的诺福克 105

伯爵之妹斯克罗普夫人（lady Scrope）前去照料玛丽女王。不久，她又派官居边区民防长官的斯克罗普勋爵（lord Scrope）本人和副宫务大臣弗朗西斯·诺尔斯爵士（Sir Francis Knolles）前往迎迓。他们发现玛丽已经在卡莱尔城堡安顿下来。二人首先代表女王对玛丽近期的不幸遭遇表示同情，然后禀告她，目前无法满足她前往拜会伊丽莎白女王的请求。如今关于她谋杀亲夫的指控甚嚣尘上，有鉴于此，在她澄清罪责之前，伊丽莎白若对她公开示好，或对近亲被害表现得无动于衷，必定有碍王室声誉。[①] 出乎意料的打击顿时令玛丽潸然泪下，被逼入死角的她不得不发表声明，宣称愿意向王姊自证清白，把自己的案子呈与这位良友裁断。[②] 两天后，她又派赫雷斯勋爵（lord Herreis）赴伦敦，带去同样内容的信件。

　　玛丽虽不认罪，但必定会做出上述让步，这个结果早在伊丽莎白预料和期望之中。她即刻派米德尔莫（Midlemore）去见苏格兰摄政，要求他停止对玛丽一党的进一步迫害，并派代表赴伦敦，为自己犯上作乱的举动做出申辩。穆雷乍一接到这个严厉而骄横的命令必定惊得三魂出窍，然而他在国内强敌环伺、对外四顾无援，英国是唯一可以指靠的盟友，在此局面下，他宁可忍下这个冒犯，而不愿表示拒绝而触怒伊丽莎白。他还考虑到，尽管邻国女王迄今一直表现得偏袒玛丽，但是诸多政治动机显然促使她支持苏格兰在位国王。伊丽莎白一向明察秋毫，最终无疑能看出自己的利益所在，至少能够耐心而公正地聆听他的分诉。于是他回复道，他

---

①　Anderson, vol iv p. 54, 66, 82, 83, 86.

②　Ibid. p. 10, 55, 87.

将亲率使团赴英,将此事提交伊丽莎白公断。①

　　赫雷斯勋爵认为自家女主做出的让步过大。他极力主张,玛 106
丽将本国君臣之争提请外国君主裁断,必定有损君威。他提出,英
格兰要么提供现时的援助,要么允许玛丽女王自由过境赴法。在
英国枢密院,英方用之前的协议向他施压,他改口表示同意,但不
出几天又反悔了。有关方面颇费了一番气力才让他勉强认定这一
方案。②从以上反反复复的表现,可以明显看出他不愿接受英格兰
宫廷的安排。

　　苏格兰女王同样抵触拟议中的审判。伊丽莎白用尽手腕、赔
尽小心,她才没有撕毁最初的协议。伊丽莎白一直表白,她不希望
在没有玛丽同意和认可的情况下插手此事,而且她只是以朋友身
份来聆听她的声辩。伊丽莎白表示,她坚信玛丽能够轻而易举驳
倒敌人的一切诽谤;即使她的声辩不足以完全服人,伊丽莎白亦决
心站在她这一边,为她争取合理的和解条件。这绝不是传唤玛丽
女王出庭接受叛臣的指控,恰恰相反,乃是要审判后者犯上作乱的
行径。③苏格兰女王被这些貌似合情合理的表白所诱,同意派出代
表,在伊丽莎白钦命的委员会面前自证清白。

　　值此期间,在卡莱尔随侍玛丽的斯克罗普勋爵和弗朗西斯·诺
尔斯爵士有暇切近观察玛丽的性格,并向伊丽莎白汇报。这位女
王并没有被厄运压垮,仍然目标坚定、活跃积极,一心一意地争取
胜利。她决心不惜承受一切艰难困苦、竭尽一切努力,绝不放弃

---

① Anderson, p. 13—16.

② Ibid. p. 16—20.

③ Ibid, p. 11, 12, 13, 109, 110.

自己的事业，不屈服于占尽强势的敌人。玛丽天生一副好口才，善
于巧言令色邀取人心，仪态温煦可亲，如今凡是接近她的人都已相
信她是清白无辜的。她已明确宣布，自己绝不甘心落入迫害者复
仇的掌中，要向全欧洲的朋友，乃至异教徒和蛮族恳求帮助。由此
不难看出，她若得到机会充分施展其魅力、勇气和感召力，将使英
国面临莫大的危险。①出于这种考虑，英格兰宫廷借口保卫她的安
全，实质上已将她扣为囚徒，并且决意提高警觉严加看管。考虑到
卡莱尔紧靠边境，逃跑的机会着实太多，于是英方安排她迁居到博
尔顿（Bolton），这是斯克罗普在约克郡的一处领地。玛丽女王与
苏格兰臣民之间的争讼被视作与伊丽莎白的安全和利益攸关的大
事，受到前所未有的重视。

　　英国宫廷为此专门任命仲裁委员会，成员包括诺福克公爵、
萨塞克斯伯爵、拉尔夫·萨德勒爵士，并指定约克城作为审议地
点。苏格兰女王指定罗斯主教莱斯利（Lesley, bishop of Ross）、
赫雷斯勋爵、莱文斯通勋爵（Lord Levingstone）、博伊德勋爵和另
外三人代表她出席。苏格兰国王暨苏格兰王国派出的代表团由
摄政穆雷、莫顿伯爵、奥克尼主教、林赛勋爵和邓弗姆林修道院
（Dunfermling）院长组成，国务大臣里丁顿及著名诗人、历史学者
乔治·布坎南（George Buchanan）等人受命担任他们的助手。

　　这是伊丽莎白荣光万丈的时刻：多少个世纪以来，这个邻国一
直对英格兰敌意如炽、充满猜忌，如今却甘愿接受伊丽莎白女王的
仲裁，解决国内党争。同样，那个长期以来令她寝食难安的危险对

107

10 月 4 日
约克会议
与汉普顿
宫会议

---

① Anderson, vol iv. p. 54, 71, 72, 74, 78, 92.

手如今把前途和名誉尽行托付于她手，对她来说也是难能可贵的天赐好运。近段时间以来，她在一些事情上似对玛丽不无袒护，而她的主要利益却促使她支持玛丽的敌人。她频频公开表白自己的立场不偏不倚；通过各种运作，迄今她已成功做到让苏格兰与会两方同时指责她的钦命专员偏袒对立面。[1]从她对仲裁委员会的指示来看，她似乎对此事并无成算，但是她很清楚，无论最终结果如何，自己必能从中大大得利。如果玛丽真被铁证定罪，她便可借此一举摧毁那位女王的名誉，并且名正言顺地将其永远囚禁在英格兰。如果那些证据站不住脚，则须考虑扶她重登王位，但要设置严格的限制条款，使伊丽莎白永远居于苏格兰各派一切争端的仲裁者地位，实质上成为那个王国的绝对主宰。[2]

　　玛丽的钦使们在提交对苏格兰反叛分子的起诉状之前，先呈上一份声明书，声称他们此番出庭绝不影响本国君主独立自主之王权，亦不标志苏格兰王国从属于英国。英方仲裁委员会接受了这份声明，但保留英格兰方面的权利主张。接着，玛丽女王的钦使宣读女王的起诉状，其中详述了自她与博斯韦尔结婚以来所受的种种伤害。她说，她的臣子以救驾为名拿起武器攻击她，当她把自己交在他们手上，他们便将她严密囚禁在洛克勒文城堡，将她那尚在褓褓的幼子扶上宝座；在她逃出囹圄之后，他们再度拿起武器向她进攻；他们拒绝了她提出的一切和解条件，与王师对阵，迫使她为保生命安全流亡英格兰寻求庇护。[3]穆雷伯爵在答辩中简略概

---

① Anderson, vol.iv.part 2.p.40.

② Ibid.14, 15, &c. Goodall, vol.ii.p.110.

③ Anderson, vol.iv.part 2.p.52. Goodall, vol.ii.p.128. Haynes, p.478.

述了近期发生的事件，他历数道：众所周知，是博斯韦尔伯爵杀害了已故国王；就在犯下此项罪行后不久，他又将女王劫往邓巴，女王完全受他左右，以致同意嫁给他；于是他设法离弃了前妻，更冒天下之大不韪与女王举行结婚典礼。这件丑闻流传天下，令王国蒙羞；而那个胆大狂徒诸般居心不良的举动令襁褓中的小王子处境危险；贵族们是因形势所迫不得不拿起武器，反抗博斯韦尔的罪恶企图。他说，玛丽为救博斯韦尔才自愿把自己交给贵族联盟，但她仍然狂热依恋博斯韦尔，鉴于这种情况，贵族们为自身及公众安全计，唯有暂时限制她的人身自由，直到博斯韦尔和杀害国王的一干人犯受到应有的审判和处罚。在软禁期间，女王在未遭任何强制或暴力威逼的情况下，仅仅因为厌倦了与权力如影相随的焦虑烦恼，自愿逊位给自己唯一的儿子，并任命穆雷伯爵摄政，辅弼幼主。[1]玛丽女王对这篇辩词的回复十分清楚明确：她从来不知道、也从未怀疑过已被法庭宣布无罪、并且由全体贵族联名举荐做她丈夫的博斯韦尔是谋害国王的凶手。无论过去还是现在，她始终期盼凶手受到应得的惩罚——如果他真是凶手的话。她当时答应逊位，乃是出于对生命安全的担心：这种担心是有充分依据的，她甚至曾经受到直接的暴力威胁。此外，英国大使思罗格莫顿和其他朋友也曾劝她签署那份文件，非此无法拯救自己避免终极厄运。他们还向她保证，在这种境况下所做的承诺全无法律效力可言。[2]

　　迄至此时，苏格兰女王明显占据了绝对上风。英国仲裁委员

---

① Anderson, vol. iv. part 2. p. 64, & seq. Goodall, vol. ii. p. 144.
② Ibid. p. 60, & seq. Goodall, vol. ii. p. 162.

们或许感到吃惊，穆雷的答辩居然如此软弱无力，未尝针对玛丽女王发出半句实质性指控，而那是他和他的同党们向来锲而不舍坚持的目标。而且，他们在这样做之前，居然不曾私下向英方通气。玛丽的钦使们曾经对外放话，称伊丽莎白以亲情为重，又出于维护君权的动机，已经拿定主意，无论玛丽女王罪行何等严重，都要扶她重登苏格兰王位；①而穆雷回想起英国宫廷从前的所作所为，开始担心这些话并非空穴来风。他相信，如果他答应将指控中最激烈的部分隐过不提，玛丽的态度会有所软化，接受任何合理的和解条件。反之，如果他一股脑地全面指控她，过后便毫无回旋余地了。一旦她借着伊丽莎白或其他朋友的助力成功复辟，届时他和他的同党必定面临冷酷无情的报复。②因此，他决定不可鲁莽冒进，要为自己留条后路。他私下拜访了诺福克和其他几位仲裁委员，开诚布公讲明自己的顾虑，并将女王的罪证展示给他们看；他希望，如果这些证据经查验确凿无疑，伊丽莎白能为他提供某种安全保证。诺福克听了摄政的顾虑不由暗喜。③他本人向来支持苏格兰女王。国务大臣里丁顿起初也倾向于这一派，他凭着出众的口才和能力拉拢公爵，甚至让他起了与玛丽联姻的幻想。公爵承认，④在他看来这些证据无懈可击，但他还是鼓励穆雷维持现在的决定，不要在仲裁会议上把它们公开呈给英国仲裁委员会。⑤

110

---

① Anderson, vol.iv.part 2.p.45. Goodall, vol.ii.p.127.

② Ibid.p.47, 48. Goodall, vol.ii.p.159.

③ Crawford, p.92. Melvil, p.94, 95. Haynes, p.574.

④ Anderson, vol.iv part 2.p.77.

⑤ Ibid.57, 77. State Trials, vol.i.p.76.

不过，诺福克必须向宫廷报告苏格兰摄政的问询。其中包括四项具体内容：假如调查证明玛丽罪行确凿，英国仲裁委员们是否得到本国女王授权宣布玛丽有罪？他们能否承诺行使这份权柄，切实为玛丽定罪？如果确定玛丽有罪，英方会把她移交给苏格兰摄政吗？或者至少将她禁锢在英国，使之永远无法扰乱苏格兰的安宁？此外，在上述情况下，伊丽莎白能否许诺承认苏格兰幼主，并保护摄政执掌权力？①

111　　这些问题连同关于其他种种事项的报告摆在伊丽莎白面前，令她陷入思索：她发现它们指向一个更有决定性意义、并且更有利于自己的结局，大大超过她的预期。于是她决定，让整个事件大白于天下。她借口路途迢远，信息传递不便，拖慢了委员会的工作步调，下旨将会议地点迁到伦敦。他们一抵达伦敦，她立即任命几位枢密重臣加入仲裁委员会：包括掌玺大臣尼古拉斯·培根爵士、阿伦德尔伯爵、莱斯特伯爵、海军上将克林顿勋爵，以及国务大臣威廉·塞西尔爵士。②苏格兰女王对这些隐秘动机一无所知，还指望着穆雷出于畏惧或顾及体面，在指控中继续避重就轻。她对休会安排表示完全满意，声称此事转到伊丽莎白的直接监控下，是交在她最想托付的人手中了。③会议在汉普顿宫继续召开，玛丽的钦使们像从前一样，毫不踌躇地前往出席。

　　与此同时，伊丽莎白女王就穆雷提出的所有问题给了他一个满意的答复。女王明确表示，尽管她衷心希望通过调查证明玛丽

①　Anderson, vol.iv.part 2.p.55. Goodall, vol ii.p.130.

②　Anderson, vol.iv.part 2.p.99.

③　Ibid.p.95. Goodall, vol.ii.p.177, 179.

清白无辜,但万一事实证明相反,玛丽确实犯有杀夫之罪,那么她个人认为,玛丽今后再也不配坐上宝座。[1]苏格兰摄政受此鼓励,对玛丽女王炮火全开。他在发言中首先表白说,走到如此地步实非他所情愿,他之所以采取极端举动,完全是被逼无奈只图自保,因为人在生死面前已顾不得许多了。接着,他开始直截了当地指控玛丽女王参与并默许了杀害国王的罪行。[2]伦诺克斯伯爵也现身于英国仲裁委员会面前,恳求为他冤死的儿子报仇雪恨,并指控玛丽与博斯韦尔合谋犯下了这桩弥天大罪。[3]

上述指控的抛出完全出乎玛丽一方意料,指控材料副本被分 112 发到罗斯主教、赫雷斯勋爵及玛丽的其他几位钦使手上,他们拒绝做出任何回复。这份缄默的理由十分特殊,他们表示:女王有旨在先,会上若提出任何可能损及她荣誉的事由,勿做任何辩护,因为她是有君尊的女王,不受任何法庭管辖。他们提出,应首先允准他们的女王拜见伊丽莎白,因玛丽女王已下定决心,对她且只对她一人自证清白。[4]他们忘记了,这个仲裁会议最初诞生并运作至今的唯一目的就是为玛丽洗脱敌人的指控;他们忘记了,伊丽莎白一直声称仅以朋友身份插手此事,而且经过玛丽本人的同意和认可,从来不曾以审判者自居;他们忘记了,伊丽莎白从一开始就表示,在玛丽澄清犯罪污名之前不能见她,并始终坚持这一立场,对她没有更多偏袒的表示;尽管伊丽莎白接见并垂听了穆雷一伙的诉求,但

---

① Goodall, vol.ii.p.199.

② Anderson, vol.iv.part 2.p.115, & seq. Goodall, vol.ii.p.206.

③ Anderson, vol.iv.part 2.p.122. Goodall, vol ii.p.208.

④ Anderson, vol.iv.part 2 p.125, & seq. Goodall, vol.ii.p.184, 211, 217.

她也曾对玛丽的钦使给予同样的恩惠，[①]因此，可以说迄今为止她表现得对双方不偏不倚。[②]

由于苏格兰女王的钦使拒绝就穆雷的指控做出任何答复，其必然结果就是，这个会议无法继续进行下去了。尽管可以根据沉默做出有罪推定，但是敌视玛丽的英国大臣们仍不能彻底满意。他们还希望掌握玛丽的犯罪证据。为了不失体面地从穆雷手上拿到证据，伊丽莎白施展了一个精明的巧计。穆雷被传唤到英国仲裁委员会面前，他们以女王的名义斥责他，竟敢以如此穷凶极恶的罪名指控自己的君主。他们又说，尽管穆雷及其同伙置君臣大义于脑后，但伊丽莎白女王却从未稍忘对朋友、对邻居、对亲属应尽的义务，为此，她想要听听，他们有什么理由可以自辩。[③]穆雷在压力之下，爽快地呈上了他指控苏格兰女王有罪的证据。其中最重要的是玛丽亲笔写给博斯韦尔的数封情书和几首十四行诗，还有几份文件，一份是她的亲笔，另一份是亨特利伯爵所写，由玛丽签署。每份文件中都包含与博斯韦尔结婚的承诺，时间均在博斯韦尔受审并脱罪之前。

当初博斯韦尔把这些重要文件保存在玛丽赠给他的一只银匣中，而这银匣原本属于她的首任夫君弗朗西斯。尽管玛丽切切叮嘱博斯韦尔阅后即焚，但他还是觉得最好将它们妥善保存起来，作为她忠诚的保证。他将此物托予爱丁堡城堡副将詹姆斯·鲍尔福爵士代为保管。后来，贵族联盟围攻城堡之际，博斯韦尔派一名男

---

① Lesley's Negociations in Anderson, vol.iii.p.25. Haynes, p.487.

② 参见本卷卷末注释［J］。

③ Anderson, vol.iv.part 2.p.147. Goodall, vol.ii.p.233.

仆从鲍尔福处取回银匣。鲍尔福将银匣交给来者,但是他当时对博斯韦尔已生敌意,正和当权派秘密谈判,遂暗中向莫顿伯爵透露消息,后者派人于中途截获了这批文件。这只银匣中装有玛丽与博斯韦尔罪恶交往的铁证,无可辩驳地证实她同意谋杀国王,并且配合博斯韦尔演出了那场劫持女王的假戏。[①] 穆雷又陈述了一系列涉及相关事实的证词,使上述证据更添分量。[②] 他补充道,一段时间过后,博斯韦尔的一名男仆(此人名叫休伯特,外号"法国煎锅",作为杀害国王的凶手被处决)在临死前直接指控玛丽女王是这宗谋杀案的从犯。[③]

　　玛丽的钦使们眼看雷霆即将临头,而己方似乎并无适当的防御措施,遂竭尽一切所能试图避开打击。穆雷刚一提出指控,他们便极力争取将会议的性质由调查转为协商。尽管英方仲裁委员告知他们,在洗清女王遭受的严重指控之前与这班大逆不道的叛臣商谈和解,对女王而言意味着莫大的耻辱,但他们仍然要求伊丽莎白出面为玛丽和她在苏格兰的政敌设定议和条款。[④] 他们坚决主张,直到他们的女主对穆雷的指控做出回复之前,后者出示的证据既不能被援引也不可公开出示。[⑤] 但英国仲裁委员会毫不动摇地遵守既定调查程序,苏格兰钦使最终宣布退出仲裁会议,不再做出任何答复。这批文件(至少是它们的翻译文本)继而被公之于

114

---

① Anderson, vol.ii, p.115. Goodall, vol.ii.p.1.

② Anderson, vol.ii.part 2.p.165, &c. Goodall, vol.ii.p.243.

③ Anderson, vol ii.p.192. Goodall, vol.ii.p.76.

④ Anderson, vol.ii part 2 p.135, 139. Goodall, vol.ii p.224.

⑤ Anderson, vol.iv part 2.p.139, 145. Goodall, vol.ii.p.228.

众。对于文件真实性的质疑声音总体而言十分微弱。不过，就算
这声音貌似公允，在现今局面下也无法引起人们的注意了。因为
玛丽在本可以澄清事实的关键时间节点上选择退缩，不肯配合调
查，拒绝就对手的指控做出答复，实质上等于承认了那些证据的真
实性。①

　　伊丽莎白虽然从旁看戏看得心满意足，但她决定要让朝中显
要人物都了解此事的经过，并确信她的处理方法公平公正。她颁
旨召开枢密院会议，为了凸显郑重及权威性，她还特意召来诺森伯
兰伯爵、威斯特摩兰伯爵、什鲁斯伯里伯爵、伍斯特伯爵、亨廷顿
伯爵和沃里克伯爵共同与会。会上宣读了英国仲裁委员会的全部
活动记录；详细核查了穆雷提供的证据；又向与会者出示了玛丽致
伊丽莎白的大量信函，与苏格兰摄政提供的信件进行字迹比照，以
判别真伪；并且陈述了苏格兰女王的钦使拒绝作答的情形。伊丽
莎白对众臣总结说，自己从一开始就认为，玛丽身负如此可怕的指
控，若不在一定程度上洗脱罪名，实在不宜允准她前来见驾；如今
真相大白，有如此之多的证据显明玛丽确实有罪，后者又拒绝做出
回应，那么伊丽莎白从自己的角度出发，有必要更坚决地执行先前
的决定。②接着，伊丽莎白传苏格兰女王的钦使入内，首先对他们
评论道：为体面着想，贵国女主最好继续参加仲裁会议，这样做胜
过请求面见英国女王自证清白。她接着告诉他们，玛丽可以派她
信任的人将答复呈送过来，或者亲口向伊丽莎白指定的某位英国

115

---

① 参见本卷卷末注释［K］。
② Anderson, vol.iv part 2 p.170, &c. Goodall, vol.ii.p.254.

贵族分诉。但是鉴于玛丽决定根本不予答复,令她不得不认为这是玛丽自认有罪的确据。无论是谁建议玛丽采取这种做法,今后都不得继续被视作她的朋友。[①] 她又给玛丽写了封亲笔信,进一步强调了上述观点。[②]

面对这一切难以推却的规劝,苏格兰女王别无遁词,只一味要求面见伊丽莎白。其实她心下清楚,英方绝不会做出这种让步。[③] 因为伊丽莎白知道,这样做解决不了任何问题,只会把事态推向极端,而这正是伊丽莎白试图避免的;再者,伊丽莎白自一开始便拒绝会见玛丽,甚至在仲裁会议召开前便持这种态度。为争取更多支持,玛丽又生一计。尽管已经退出仲裁会议,但她仍然吩咐钦使指控穆雷伯爵一伙是谋杀国王的真凶。[④] 然而这个指控提得太迟,纯粹是被穆雷的指控逼出来的,又全无证据支持,只能理解为情急之下反咬对手一口。[⑤] 她还希望得到穆雷出示证据文件的副本,但是由于她仍然坚持不肯在英国仲裁委员会面前做出答复,这个要求最后遭到拒绝。[⑥]

仲裁会议因玛丽的顽固作梗开不下去了,苏格兰摄政此时归心似箭,他抱怨说,国内敌人趁他离国之机把政府搅得一团糟。于是伊丽莎白便准他离去,还借给他五千英镑,以充川资。[⑦] 约克会

---

① Anderson, vol.iv part 2 p.179, &c. Goodall, vol.ii.p.268.

② Anderson, vol.iv part 2 p.183. Goodall, vol.ii p.269.

③ Cabala, p.157.

④ Goodall, vol.ii.p.280.

⑤ 参见本卷卷末注释［L］。

⑥ Goodall, vol ii.p.253, 283, 289, 310, 311. Haynes, vol.i.p.492;参见本卷卷末注释［M］。

⑦ Rymer, tom.xv.p.677.

议进行期间，夏泰勒公爵自法兰西归国，路经伦敦。伊丽莎白女王知道这位公爵与玛丽一党有勾连，且拥有看似合理的资格争夺苏格兰摄政之位，遂将他留住，直到穆雷离开才放他走。除了这些恩宠的表示，女王还暗中给予穆雷许多别的帮助，[①]尽管如此，她却始终拒绝承认苏格兰幼主，也不按摄政的品秩对待穆雷。

继而有圣旨降下：将苏格兰女王从天主教徒围绕的博尔顿迁至斯塔福德郡的塔特伯里居住，由什鲁斯伯里伯爵监护。伊丽莎白希望看到，玛丽经受了厄运的连番打击，目睹事态最近的变幻，难免气馁消沉、心绪凌乱，如今能获得一个安全港湾，避开暴风骤雨的摧折，或许感到高兴。她承诺，只要玛丽答应自愿退位或者实行母子共治的方案，在幼主成年前由穆雷摄政掌国，那么往事尽可一笔勾销。[②]然而那位心高气傲的女王拒绝在这方面做出任何妥协，她宣称，自己到死都是苏格兰女王。她表示，她之所以抱定这个决心，除了其他种种理由之外，更因为她知道，倘若在当前的紧要关头做出这种让步，世人必定将她的屈服视作认罪的表现，从而坐实了敌人的一切诽谤。[③]

玛丽坚持要求，伊丽莎白要么帮助她复辟，要么让她自由前往法兰西避难，尝试寻求别国君主友情相助。她声称自己是被伊丽莎白之前的多番亲善表白吸引，这才自愿来到英格兰的，故而她认为，伊丽莎白若拒绝这两个要求中的任何一条，都是极大的不公。

---

① MS. in the Advocate's library A.3.29.p.128，129，130 from Cott Lib Cal c.1.

② Goodall，vol.ii.p.295.

③ Ibid.p.301.

但伊丽莎白深知这两条要求所伴随的危险，暗自拿定主意继续扣留她。鉴于玛丽逃入英国几乎纯属迫不得已，因此她要求伊丽莎白拿出公道义气似乎并不那么理直气壮。从审慎角度而言，继续扣留她的决定实属必要。她过去行为不端，落得如此结果也算公平。尽管可以预见，玛丽引人同情的处境，加上她的阴谋手段和善于潜移默化影响人心的本领，肯定会激起她的一些朋友，尤其是天主教徒为她大发热心，但与其他处理方法的弊病相比，这点不便实在不值一提。伊丽莎白自信有能力随机应变，化解一切困难。她的计划是：避免跟苏格兰女王彻底翻脸，让她一直寄希望于达成和解，同时让谈判永远悬而不决、达不成结果，并设法将此归咎于无法预见的意外事件或者他人的顽梗固执。

以上介绍了发生在苏格兰的种种事件（它们实属伊丽莎白一朝政务的重要组成部分），笔者为保持叙述的连贯性，将英格兰本国事务暂时搁置一旁，现在我们回头重归正题：按照《康布雷和约》的规定，法方应于1567年将加来归还英国。伊丽莎白女王在加来城门前宣布了主权要求之后，又派托马斯·史密斯爵士（Sir Thomas Smith）出使巴黎。这位特使会同常驻巴黎的英国大使亨利·诺里斯爵士（Sir Henry Norris），要求对加来履行主权权利。双方为此展开多轮会谈，但未达成任何令英方满意的结果。法国御前大臣德·劳斯皮塔尔（De L'Hospital）告诉两位英国使臣，《康布雷和约》虽然明文规定，法国应于八年期限届满后将加来归还英国，但该条约中还有一项条款，使伊丽莎白无法获益于前一条款：双方约定，条约存续期间，英方对法国倘有任何敌对行动，便当即丧失对加来的一切权利主张。此前英国占领勒阿弗尔和迪耶普，无论打着什么幌子，都明确无误地属于破坏两国和平之举。尽管这两地不是英方靠武力攻占，而是当地总督拱手奉送给伊丽莎白118 的，但这两位总督乃是法王驾前叛臣，对于任何一位君主而言，最无法容忍的伤害就是外邦君主勾结本国叛臣。他又说，英军撤出诺曼底之际，法国议和使臣坚拒在和约中提及加来问题，就是要借此表明态度，保留法兰西王室对加来的主权。尽管和约中有一项关于双方各自保留所有权利要求和主张的一般性条款，但英国于立约时已经丧失了索要加来的正当依据，对该要塞的一切权利早已遭到剥夺，故而无法从法方的让步中获利。① 伊丽莎白女王听到以上陈述并不感到惊讶，因为她早知道法国宫廷从一开始便无意归还加来，更遑论找到了貌似如此合理的根据。她认为，眼下最好隐忍承受这个损失，没必要为了一宗不确定的权利主张，贸然发动一场风险极大、成本高昂而又不合时宜的战争。②

伊丽莎白与查理大公重启议婚谈判，这一次她的提议似乎没有掺杂太多政治动机，不至于向对方抛出假饵。但是，由于她一口咬定某些条件绝不放松，不准大公婚后在英格兰享有任何权力和头衔，甚至不允许他践行自己的宗教信仰，于是谈判无疾而终。查理大公灰心之余，迎娶巴伐利亚公爵阿尔伯特（Albert, duke of Bavaria）之女为妻。③

---

① Haynes, p.587.
② Camden, p.406.
③ Ibid.p.407, 408.

第四十章　伊丽莎白女王(三)

清教徒的特点—诺福克公爵的图谋—北方叛乱—穆雷伯爵遇刺—议会召开—法国内战—尼德兰局势—诺福克公爵再次图谋不轨—审判诺福克—处决诺福克—苏格兰局势—法兰西局势—巴黎大屠杀—法兰西局势—尼德兰内战—议会召开

公元
1568年

清教徒
的特点

纵观摆脱了教廷权威羁轭的欧洲各国教会,最为理性节制者当数英格兰教会。这一优势部分源于世俗掌权者对宗教改革的干预,另一部分原因在于,该王国选择了循序渐进地缓步推行改革。在改革过程中,当局尽最大可能不让针对天主教的愤怒和敌意恣意漫流,教区教牧等级制度得以保持完整的结构,凡被视为符合新教义的古代圣礼均得以存留。天主教仪式富丽堂皇的排场虽被取消,但至少代之以秩序与庄重的体统。神职人员的品级服制也一如既往。凡被采纳的改革措施,没有一条仅仅出于恨恶和反对旧制的动机。新确立的宗教信仰减轻了旧时迷信,在更大程度上与社会的安宁和利益相谐,使自身维持在恰到好处的中庸境界,此乃智者向来孜孜以求、而普通人极少能做到的。

尽管英国宗教改革的旨要大体如上所述,但该国有许多热情澎湃、性格执拗的改革派人士,不遗余力地将反对罗马教会的行动推向极端，无比强烈地仇视和抵制一切旧的宗教惯例。在他们当中，最引人瞩目的领军人物就是胡珀(Hooper)。此人后来为信仰受难，表现出非凡的坚贞。胡珀曾在爱德华一朝被任命为格洛斯特主教，当时他欣然接受，但是拒绝遵照成例身穿法衣、头戴法冠接受祝圣，声称这种穿戴以前被迷信滥用，故而于真正的基督徒不宜。这一拒绝令克兰默和雷德利大感震惊，此举既有违惯例，更不符合现有法律规定；尽管年轻的爱德华国王很想提拔这个因口才、热情和品格闻名于世的人，劝他们豁免这套仪式，但他们却不为所动。胡珀后来下定决心，宁可拒绝主教任命，也不披戴那套可憎的衣袍。但教会高层认为不能轻易放过他，务必严加惩治，以儆效尤。他们一开始将胡珀拘押在克兰默府中，继而投入监狱，直到他答应按规定履任为止。他们不断用谈话、斥责和辩论来纠缠他，并就这一重要问题咨询布塞珥(Bucer)、威尔米革立(Peter Martyr)等最知名的国外教改家的意见。最后，双方不无艰难地达成妥协：不强制胡珀平时穿着他所憎恶的法衣，但在接受祝圣和主持主教座堂圣礼时必须穿戴如仪。[1] 对于这样一位顽固不知变通的教改家而言，此番让步可谓非同寻常了。

关于主教法衣的争议刚刚告一段落，同样性质的争论又转向低阶教牧的着装，尤其是牧师白袍配黑色圣带、尖角帽的惯例，更为众多民间激进派人士深恶痛绝。[2] 官方徒劳地一再强调：一些特定的服制、动作姿态和仪规在教会圣礼中沿袭已久，已经被信众

121

---

① Burnet, vol.ii.p.152. Heylin, p.90.
② Strype, vol.i.p.416.

视为可敬,在他们心目中显得神圣,能够激发他们的虔诚,从而产生一种难以言说的神秘功效,令人的情感深系于这一国被奉为正统的信仰。为了追求这种效果,有必要在这些细节上保持统一,乃至尽量保持旧有做法。如果藉着保留这些无害的惯例,可以引导民众自愿放弃古代迷信中荒谬有害的成分,那将是国家之福。这些论证对于有头脑的开明人士具有影响力,却恰恰构成了激进改革派坚决排斥旧有惯例的理由。他们在一切事情上都要跟罗马教会针锋相对,声称一丝一毫的顺从都是敌基督的象征。[①]这种精神在一些改革派那里被张扬到极致,苏格兰教会稍后发布全国通告,反对上述惯例,他们在该檄文中质问:"耶稣基督和彼列(撒旦的别名)有什么相和?[②]黑暗与光有什么相干? 如果牧师白袍、黑圣带和尖角帽是拜偶像者在其拜偶像活动中的标志性服装,那么,传讲在基督里得自由、公开谴责迷信的传道人有什么理由分担罗马恶兽余下的糟粕? 是的,世人谁不惧怕双手或前额上被烙下那可憎的兽印呢?"[③]但是英国教会拒绝了这个吁求。

　　惟独在一件事上,反对天主教惯例的精神在英格兰普遍得胜,那就是:将教堂内的祭台从靠墙位置移到正中央,从此改称圣餐桌。这项革新之所以被广泛接受,乃因它为贵族和绅士阶层提供了借口贪占祭台上的盘盏、帘帏和一应贵重陈设。[④]

　　这些争议始自爱德华一朝,后来随着为逃避玛丽女王的迫害

---

①　Ibid.p.416.

②　这里引用了《圣经》原文,参见新约哥林多后书6:15。——译者

③　Keith,p.565.Knox,p.402.

④　Heylin,preface,p.3.Hist.p.106.

背井离乡的新教徒的脚步传播到海外。在敌人的残酷迫害面前，他们的宗教热忱变得越发高涨，发展到极端敌视罗马天主教的惯例。他们与加尔文和其他遵循日内瓦信纲和敬拜形式的教改家频频沟通，更坚定了顽强抵制天主教惯例的决心。虽然一部分流亡者（特别是在法兰克福落地生根的一批人）仍然沿用爱德华国王钦定的敬拜仪式，但是在普遍潮流的推动下，这些受迫害的信徒都寻求进一步深化改革。伊丽莎白女王登基后，他们得以重返故国，因着崇高的热忱和昔日承受的磨难备受国人敬仰，于是他们便开始放胆主张自己理想中的模式。虽说在女王的枢密院里也不乏重量级人物支持他们，然而女王本人迄今为止并不愿剥夺宗教活动中已然所剩无几的装饰和仪典，反而倾向于让公共礼拜在形式上更接近于天主教仪式。① 她认为宗教改革在这方面已经走得太远，传统的敬拜形式和礼仪并未分散人们的注意力，妨碍他们对精深教义的理解，而是以一种浅显无害的方式来吸引、娱乐一般信众，提高他们的参与度。她着意敦促立法，严格统一敬拜仪式。女王本来拥有议会的授权，可以在敬拜仪式中添加任何她认为适当的新内容。她虽未运用这项特权，却一贯严格要求国人遵循成法，并严厉惩治一切违法违规行为。因此，那些反对主教制和现行敬拜仪

① 有一次，女王陛下的私人牧师诺埃尔（Nowel）在布道中对十字圣号（即画十字的手势）出言不敬，女王便从包厢窗口高声唤他，命其停止不敬虔的题外话，赶紧言归正传。另一方面，一位神学家在布道中捍卫圣体真在论，女王听后当众向其致谢，盛赞他的劳苦和虔诚。参见 Heylin, p.124。假如没有塞西尔的劝阻，她很可能颁旨禁止神职人员结婚。参见 Strype, *The Life and Acts of Matthew Parker* p.107, 108, 109。她反感布道，常说她认为每郡有两三名教士就足够了。大概就是出于上述原因，曾经有位道林（Doring）牧师在讲坛上当面责备她说，她像一只不驯服的小母牛，不愿服从圣徒的训导，违拗上帝的管教。参见胡克（Hooker）文集序言部分"胡克生平"。

式的激进派不得不在很大程度上隐抑这种可能被视为放肆悖谬的观点。他们公开抵制的对象仅限于牧师白袍、儿童坚信礼、洗礼中使用的十字圣号、结婚戒指，以及在圣礼中跪拜、闻听耶稣之名鞠躬等行为。世俗君主严密监督守护正统信条，运用宝剑来解决宗教信仰分歧终归是徒劳无益的，结果只能是一次次前功尽弃、再一遍遍从头开始，永无止尽。无论是一件衣袍、一个手势，或是某个玄学或语法上的歧义，当它们因神学家的争论和世俗当权者的宗教热忱被赋予极其重要的意义时，便足以破坏教会的合一，甚至摧毁社会的和谐安宁。这些争议已经在民间激起极大骚动，在有些地方，人们拒绝再去沿用国教仪规的教堂，不再礼敬遵循这些仪规的牧师，甚至发展到当街咒骂、向他们脸上吐口水，用形形色色的方式侮辱他们。[①]当这些过火行径遭受君权制裁时，愤怒之火并未熄灭，只是被压抑而转入闷燃，而且暗中烧得更旺，以致在未来几朝勃然迸发，将教会和王座统统付之一炬。

凡是沉迷于魂游象外、狂喜、异象和灵启感受的狂热信徒，全都自然而然地倾向于厌恶主教权威、仪式仪典和诸般外在形式，称之为迷信或"劣弱空乏之小学"[②]，会限制内心热忱和虔诚的自由涌流。不过，这些革新分子信奉的另一套观念，更令伊丽莎白格外反感。他们在神学问题探讨中的大胆精神，也同样表现在政治理念上。这个新教派强烈拥护公民自由原则——回顾过去几朝，这一理念极少在英格兰被公开宣扬；而在当前君权过度申张的局面下，

---

　　① Strype, *Life of Whitgift*, p.460.

　　② 这个提法源于《圣经》加拉太书4:9。——译者

该理念更显得不合时宜。伊丽莎白女王所享的君权之大，无论在理论上还是实践中，都可谓空前绝后，历朝历代几乎没有哪位君王能与她相提并论。清教徒们（这个新教派自诩在敬拜和自律方面较他人更为纯洁，故得此名）向国人反复灌输抵制或制约君权的信条，在伊丽莎白眼中最讨嫌者唯此无他。出于上述种种动机，女王从不放过任何一个机会打压这些热忱的革新分子。尽管朝中多位最受女王宠信的大臣如塞西尔、莱斯特、诺里斯、贝德福德、沃辛汉姆等人都在暗中支持他们，但女王本人终其一生从未对清教徒的信条和信仰实践稍假颜色。

笔者认为有必要在此就清教徒的起源和精神特质作一插叙，乃是因为卡姆登（Camden）曾经指出，清教徒正是这个时期崛起，成为英格兰国内的一股重要势力。现在让我们言归正传。

诺福克公爵在王国贵族中爵衔最高，因本朝宗室王公空缺，这位公爵凭着显赫的门第、雄厚的财力和广泛的影响力，堪称一人之下万人之上的英格兰第一显贵，一时风头无两。公爵的品质与其尊荣地位十分般配：他为人仁慈、友善、慷慨，深得民心；并以审慎、温和、顺从的姿态博得女王的青睐和全然信任。他的祖父和父亲曾经长期被视为天主教阵营的领袖，他凭着家传人脉和姻亲关系，与该派系中最重要的人物交情深厚；另一方面，他本人接受的是新教教育，虔信改革派信条，在生活中恪守当时新教徒强调的诸般严格礼仪和规矩，不苟同世俗。如此一来，他便有幸赢得了敌对两派的好感，这在当时实属罕见。殊不知时运过旺恰恰是败落的缘起，令踌躇满志的他动起非分之念，若非如此，以他的美德和审慎本不至于玩火自焚。

公元1569年诺福克公爵的图谋

诺福克当时居鳏,仍值盛年,倘与苏格兰女王联姻看来再合 125
适不过。两人的一些朋友都起了撮合的念头。然而,继国务大臣
里丁顿之后,最先向公爵提出这个计划的据说竟然是穆雷伯爵,时
间是在后者离开英格兰前夕。[①]他向诺福克历数此举的益处:联姻
将得到苏格兰人的广泛接受,从而安抚苏格兰异议分子,更为他开
辟了继承英格兰王位的前景。此外,为了将诺福克和玛丽双方利
益更紧密地捆绑在一起,他还提议公爵将女儿许配给苏格兰幼主。
穆雷和诺福克都明白,必须首先征求伊丽莎白女王的许可,这是
计划成功的先决条件。二人商定了一切条件,穆雷着意通过罗伯
特·梅尔维尔爵士向苏格兰女王透露了这个意图。苏格兰女王回
复,前两次婚姻带来的烦恼伤痛犹在,她今后宁愿独身生活,但她
决心为了公众福祉牺牲自身意愿。因此,一旦她和博斯韦尔的婚
约合法解除,她会听从本国贵族和民众的意见,择婿再嫁。[②]

穆雷的提议可能并非发自真心。他有两个作假的动机:首先,
他归国途中必须穿越英格兰北部,那里是诺森伯兰伯爵和威斯特
摩兰伯爵的势力范围,这两人都是玛丽一党,他深知此行危险重
重。其次,他害怕夏泰勒公爵、阿盖尔伯爵和亨特利伯爵一伙在苏
格兰发动暴乱,苏格兰女王离国前曾经委任这三人作为她的代理
人。他假意示好,成功地让诺福克致信北方贵族放他安全通过,[③]
又劝得苏格兰女王允许——甚至劝说——她的代理人与摄政一党

---

① Lesley, p. 36, 37.
② Lesley, p. 40, 41.
③ State Trials, p. 76, 78.

停止敌对。①

126　　诺福克公爵虽然认同这桩婚事须事先征得女王恩准，但他有理由担心，自己恐怕永远都无法说动她自愿做出这种让步。他知道她对继承人和竞争对手无穷无尽的执着猜忌，也了解之前但凡有人向苏格兰女王提亲，伊丽莎白都颇为恼火。他预见到，以自己的实力、身份和利益，若与苏格兰女王联姻，必定极大地触怒伊丽莎白。而且，要实现联姻，就有必要以某种可容忍的条件扶植玛丽重登王位，乃至重树她的声誉，他深怕当今政策已然转向的伊丽莎白决不会同意如此仁慈宽大的条件。出于上述种种考虑，他首先尝试争取几位重要贵族首脑的同意，结果成功拉拢了彭布罗克、阿伦德尔、德比、贝德福德、什鲁兹伯里、南安普顿、北安普顿、威斯特摩兰、萨塞克斯等几位伯爵。②拉姆雷勋爵（Lord Lumley）和尼古拉斯·思罗格莫顿爵士（Sir Nicholas Throgmorton）对该计划表示衷心拥护。就连伊丽莎白女王公开的宠臣、曾经有望与玛丽结亲的莱斯特伯爵也欣然放弃了自己的一切想法，表现得热情支持诺福克的利益。③贵族们在这件事上的普遍团结，除了发乎对公爵的爱戴之情，还有其他一些动机的驱使。

　　国务大臣威廉·塞西尔爵士堪称英格兰有史以来最为警觉、活跃和审慎的一位大臣。由于他一心一意坚定维护主君的利益，不求个人私利，因此在女王面前越来越有发言权。塞西尔为人一贯冷静，不为偏见和情感所动，他能抑制女王时时发作的感情用事

---

①　Lesley, p. 41.

②　Lesley, p. 55. Camden, p. 419. Spotswood, p. 230.

③　Haynes, p. 535.

和任性冲动,即便未能在第一时间说服她,过后必能通过坚持、规劝和据理力争最终带她回归理智判断。他从女主那里获得的宠信越多,就越要承受其他朝臣嫉妒的明枪暗箭。鉴于一般公认他代表萨福克家族的利益,而该家族的权利主张对现政权不具威胁,那么他的政敌自然会倾向于苏格兰女王的阵营。伊丽莎白坐观群臣争竞,并不感到不安,因为这只会强化她自己的权威。尽管她支持塞西尔,每当事态发展到极端时就会出手粉碎针对他的阴谋(特别是在这前后有过一次,塞西尔的政敌试图以某种借口将他投入伦敦塔,他靠着女王相救才躲过一劫),[1]但她从来不曾给予他无限信任,使之有能力彻底摧毁对手。

诺福克明白,自己难以左右塞西尔对女王的建言,尤其是当后者的意见与女王的倾向和利益一致的时候。因此,他不敢将自己的意图禀明女王,只一味埋头扩张自己在王国中的利益,拉拢更多贵族加入他策划中的行动。莱斯特出面致信玛丽,并由几位顶级贵族联署签名,推荐诺福克作为她未来的夫君,提出若干于两国都有利的建议:尤其是,应当给予伊丽莎白足够的保证,确认伊丽莎白和她所生后嗣无条件享受英格兰王位;英格兰、苏格兰王国及两国臣民应当缔结永久性攻守同盟;应在苏格兰立法奉新教为正统;应当发布大赦令,豁免苏格兰国内反叛分子。[2]玛丽的回复传来,对上述建议表示首肯,诺福克从此热情高涨,越发起劲地实施他的计划。除了拉拢常驻宫廷的士绅显贵,他还写信联络散居乡间领

---

① Camden, p.417.

② Lesley, p.50. Camden, p.420. Haynes, p.535, 539.

地、在各郡享有巨大权威的贵族们。[1]法兰西国王和西班牙国王都极度关切玛丽之事，诺福克也暗中咨询了他们的意见，二人表态支持这桩婚事。[2]尽管各方一直认定征得伊丽莎白的同意是联姻的先决条件，但是诺福克瞒着伊丽莎白做了这许多动作，招揽了如此强大的势力，显然另有算计，就是要先行掌握主动权，令伊丽莎白不同意也得同意。[3]

密谋的涉及面如此之广，根本不可能逃过女王和塞西尔警觉的耳目。伊丽莎白几次对公爵做出暗示，希望他明白，他的谋算早已被女王洞悉。她还多番提醒他，当心自己的脑袋睡在哪个枕头上。[4]但是他从来没有足够的审慎或勇气，把自己的心愿向女王合盘托出。最早向女王报告这个危险联姻计划的是莱斯特伯爵，第二个报信者就是穆雷：[5]倘若他向诺福克提出联姻计划确是发乎真诚（这一点很值得怀疑），他至少已经拿定主意，为自己和同党的安全考虑，无论在表面上还是实际上，此事都应当让伊丽莎白做主裁断，不能听任她自己的臣子结党逼迫她做出同意的表示。消息曝光，令英国宫廷大为警觉，何况这些阴谋还伴随着其他情况，伊丽莎白可能对此并非完全不知情。

在与诺福克合谋的贵族士绅当中，有许多天主教的热忱拥护者，他们一心只想帮助玛丽恢复自由，倘能扶她登上英国王位，他

---

[1]　Lesley, p. 62.

[2]　Ibid p. 63.

[3]　State Trials, vol. i p. 82.

[4]　Camden, p. 420. Spotswood, p. 231.

[5]　Lesley, p. 71. 据Haynes, p. 521, 525所称，伊丽莎白风闻诺福克在跟穆雷做交易，命令后者坦白实情，穆雷便从命了。另参见审判诺福克时出示的穆雷伯爵的信件。

们情愿勾结外国势力，甚至不惜付出内战的代价。这批人的首领是诺森伯兰伯爵和威斯特摩兰伯爵，他们在北方拥有强大势力。诺森伯兰曾经通过达克雷勋爵之弟列奥那多·达克雷(Leonard Dacres)向苏格兰女王表示，他愿救她脱离樊笼，护送她前往苏格兰或她觉得适合栖身的任何其他地方。[1]德比伯爵的两个儿子托马斯·斯坦利爵士(Sir Thomas Stanley)和爱德华·斯坦利爵士(Sir Edward Stanley)、托马斯·杰拉德爵士(Sir Thomas Gerrard)、罗尔斯通(Rolstone)及其他一些在玛丽住地附近拥有产业的绅士也都抱有同样的想法，他们提出，为了配合计划的实施，应当同时在佛兰德斯方面起事以转移视线。[2]诺福克对此不赞成，甚至在表面上压制了这些密谋。这一方面是由于他的忠君意识不允许他通过叛乱来达到目的，也因为他预见到，一旦苏格兰女王落入这些人的掌控，他们更有可能让她嫁给西班牙国王或者其他既有实力又乐于襄助天主教复辟大业的外国君侯。[3]

　　像诺福克公爵这种心存荣誉感和良知的人，一旦履险图谋不轨，通常坏得不够彻底，扮演一个不幸的尴尬角色。当他们挣扎徘徊在行动欲望和悔恨之间，既畏惧惩罚又希望获得宽赦，试图在其间找到平衡之时，极易被敌人趁机轻取。公爵为了平息关于自己的流言，故意用轻蔑的语气对伊丽莎白提起与苏格兰女王联姻的可能性，他声称，自己在英国的产业比整个苏格兰王国的岁入更有价值——那一国早被连年战乱和党争蹂躏得荒芜不堪。他

---

[1]　Lesley, p.76.

[2]　Ibid.p.98.

[3]　Ibid.p.77.

还扬言，当他在众多朋友和臣仆簇拥下，在诺里奇（Norwich）自家庄园的网球场上嬉戏，其乐陶陶不亚于小邦之主，对现状十分知足。[①]公爵发现，这番信誓旦旦的表白并未取信于女主，朝臣们也纷纷用疑忌的眼光投向他，遂选择不辞而别，潜居于乡间领地。[②]他不久便后悔了，动身返回朝中，打算不惜一切手段重获女王的恩宠。但是，他刚走到圣奥尔班（St. Albans），就被女王近卫队副将菲茨－加勒特（Fitz-Garret）截住，随即被带到当时宫廷驻跸之地，距温莎三英里的伯纳姆（Burnham）。[③]不久，他被关进伦敦塔，由亨利·内维尔爵士（Sir Henry Nevil）负责监管。[④]苏格兰女王的钦使罗斯主教莱斯利被传唤至枢密院接受调查，并与诺福克当面对质。[⑤]彭布罗克伯爵被软禁在自己家中。阿伦德尔、拉姆雷和思罗格莫顿被拘押。苏格兰女王本人则被迁到考文垂（Coventry）居住，在一段时间里严禁与外界往来；当局又加派赫里福德子爵（viscount Hereford），与什鲁斯伯里伯爵和亨廷顿伯爵一起负责看守她。

　　北方风传着叛乱的消息，主政约克郡的萨塞克斯伯爵警觉到危险迫近，遣人传唤诺森伯兰和威斯特摩兰两位伯爵加以盘问，但未发现任何作乱的实据，便放他们离去。与此同时，传闻日渐显得有根有据，在现实中也暴露出诸多端倪，伊丽莎白女王下旨传唤两

北方叛乱

130

---

①　Camden, p.420.
②　Haynes, p.528.
③　Ibid. p.339.
④　Camden, p.421. Haynes, p.540.
⑤　Lesley, p.80.

位伯爵入朝，交代自己的所作所为。[①]这二人已然在逆谋中泥足深陷，不敢把身家性命交在女王手上。他们此前已经为起事做了各方面准备：就叛乱计划与玛丽及其手下大臣进行了沟通，[②]又与尼德兰总督阿尔瓦公爵取得联络，后者保证为他们提供援军，并提供武器弹药；经过争取，阿尔瓦还派手下最有名的军官奇亚皮诺·维特利（Chiapino Vitelli）渡海前往伦敦，借口与女王协调若干分歧，实则准备充当北方叛军首领。女王对两位伯爵的传唤之下，他们只好在准备尚不充分的情况下仓促起事。诺森伯兰面对两种相反的危险前景正在举棋不定，忽闻自己的政敌受命前来逮捕他，已经在路上了。他立刻跳上马，匆匆赶到同伙威斯特摩兰府上，发现后者身边围绕着一班朋友和家臣，正在商议如何应对当前危局。他们决定事不宜迟，立即起事。这两位贵族人望甚高，加上当地人普遍热衷于天主教信仰，因此叛乱一起，很快吸引了大批追随者。他们发布宣言，声称矢忠于伊丽莎白女王，此番起兵绝无犯上作乱之心，只为恢复祖祖辈辈虔信的宗教信仰，铲除蛊惑女王的朝中奸贼，帮助诺福克伯爵和其他忠臣恢复自由，重获女王恩宠。[③]叛军计有四千步兵、一千六百名骑兵，他们期望英格兰所有的天主教徒都能奋起响应。[④]

　　伊丽莎白女王并未疏忽自我防御。在此之前，她以审慎明智

---

①　Haynes, p. 552.

②　Haynes, p. 595. Strype, vol. ii. append p. 30. MS. in the Advocates' Library from Cott. Lib. Cal. c. 9.

③　Cabala, p. 169. Strype, vol. i. p. 547.

④　Stowe, p. 663.

131 的施政博得臣民的普遍爱戴,这本是为君者最大的安全保障。就连大多数郡内的天主教徒都对她的服务表示赞赏。①诺福克公爵本人虽已失去君宠、身在囚笼,却仍尽其所能动员朋友和家臣参加王军。王军主帅萨塞克斯伯爵暨拉特兰伯爵、汉斯顿勋爵、里弗斯勋爵、帕勒姆的威洛比勋爵等众位贵族率领七千将士出征迎敌,发现叛军已经抵近并占领了达勒姆主教领。王军兵锋所指,叛军畏葸,撤至赫克瑟姆(Hexham),在那里又闻听沃里克伯爵和克林顿勋爵率领一支更强大的武装正向他们逼近,无可奈何之下只得自行解散,连一仗也没打。普通百姓都各回各家躲避;叛军领袖们逃入苏格兰避难。诺森伯兰在苏格兰的藏身处被发现,穆雷将他拘禁在洛克勒文城堡。威斯特摩兰投奔玛丽一党的克尔族长和司各特族长,寻得庇护。在他的游说下,这两族人侵入英格兰,旨在挑起两国争端。他们在英国境内大肆劫掠,随后退回本国。在这场骤然而仓促的叛乱之后,紧接着列奥那多·达克雷又发动了一场更为鲁莽的叛乱;这一次,汉斯顿勋爵无需任何外来协助,独力率领贝里克郡驻防部队一举平叛。参与叛乱者受到严厉镇压。计有六十六名教区警官被处以绞刑;②被斩首的人犯据称不少于八百名。③不过,女王对诺福克的表现十分满意,恩准他离开伦敦塔回家居住(尽管仍在软禁中),只有一个前提条件:保证不再与苏格兰女王议婚。④

---

① Cabala, p.170. Digges, p.4.
② Camden, p.423.
③ Lesley, p.82.
④ Ibid. p.98. Camden, p.419. Haynes, p.597.

至此，扣留玛丽的一切恶果都已显露无余，伊丽莎白当初做决定时对此早有预见。那位女王历经患难的教训，凭着天生的判断力，逐渐从迷恋博斯韦尔的颠狂状态中苏醒，这段时间以来表现得如此谦和明理，甚至充满尊严，凡是接近她的人都被她的风度迷住了。她的朋友们则基于一些貌似合理的理由，全盘否认加诸她头上的罪名。[1]对她处境的同情，以及为她争取自由的必要，激励着她的全体党羽为她的事业积极奔走。他们认定唯有铤而走险、推翻现政权方能救她脱离樊笼，因此伊丽莎白有理由预见到，只要苏格兰女王还是她掌中囚徒，自己就无法安生。然而倘若容许玛丽重获自由，向欧洲所有天主教宫廷求援，则意味着更大的危险。两害相权之下，伊丽莎白女王理当坚持既定方针，同时采取一切审慎手段，防范种种继发问题。她依旧花言巧语欺哄玛丽，令其寄希望于英国宫廷的保护；她在玛丽及其苏格兰的政敌之间保持暧昧的平衡，就玛丽复位的条件进行着没完没了的谈判，并频繁地向玛丽示好。这些虚伪的花招，一方面能防止玛丽绝望之下铤而走险，另一方面也能安抚法国和西班牙大使，他们从未停止过为玛丽斡旋，有时还辅以威胁。对于英格兰女王的虚情假意，苏格兰女王亦报以虚情假意：以虚伪的信任表白交换同样毫无诚意的表白。双方表面上惺惺作态，看似情深意重，实际上两人之间源远流长的敌意和嫉恨每天都变得越发根深蒂固、不可救药。这两位女王若论风度、才能、行动力和斗志堪称旗鼓相当，可惜玛丽除了目前的绝望处境之外，总是在个人品行、判断力和实力方面落于下风，始

---

[1]　Lesley, p.232. Haynes, p.511, 548.

终不及那位杰出的对手。

伊丽莎白和玛丽同时致信苏格兰摄政。苏格兰女王要求法庭审查她和博斯韦尔的婚姻，依法做出离婚判决。英格兰女王给了穆雷三个选择：第一，按照特定条件恢复玛丽的王位；第二，玛丽与小王子母子共治，国家政务仍由摄政主理，直到小王子长到能够自主做出决定的年龄；第三，允许玛丽以个人身份自由生活在苏格兰，享受有利于她的体面安置条款。① 穆雷召集国会，商议两位女王所提的要求。国会对玛丽的来信不予答复，借口是她在信中仍以在位君主自居，与礼不合，实则因为他们看出玛丽的要求旨在为她与诺福克（或其他有能力支持她复辟大业的强主）议婚铺平道路。他们回复伊丽莎白，称女王信中前两个选项严重贬低了现任苏格兰国王的王权，根本不容考虑；唯第三个选项可议。伊丽莎白所提出的这三个选项在重要性上极不均衡，显然是想让苏格兰人拒绝对玛丽最有利的两条，至于第三项中涉及的安置条款，若想通过协调条款内容，令各方的安全和资格获得保障，谈判难度极大——甚至近乎不可能。由此看来，伊丽莎白对于无论哪个选项均无诚意可言。②

据称，穆雷与伊丽莎白女王已经开始秘密磋商如何将玛丽移交给他。③ 既然伊丽莎白看到了将玛丽羁留在英格兰的莫大风险，她或许乐于以任何体面或安全的条件摆脱这个令她寝食难安的

公元
1570年

---

① MSS. in the Advocates' Library, A.329, p.137. from Cott Lib. catal c.1.
② Spotswood, p.230, 231. Lesley, p.71.
③ Camden, p.425. Lesley, p.83.

囚徒。[①]但苏格兰摄政遇刺暴亡，令这一切前景化为泡影。刺客是个名叫汉密尔顿的绅士，为报复一桩私人恩怨而行刺。穆雷拥有过人的活力、才干和毅力，尽管他在摄政任上对平息苏格兰党争颇有建树，但他的才能主要展露在其早年阶段，而不是在后期。他的作风粗暴而严峻，却不具备那种纯全的正直——这种正直常与前一种不讨喜的性格特点相伴相生，也只有它才能对前者有所弥补。

　　摄政一死，苏格兰重新陷入无政府状态。玛丽的党羽聚集起来，成为爱丁堡的主人。爱丁堡城堡守将格伦治的柯卡尔迪似乎也是玛丽的支持者。虽然普通民众大多反对玛丽，但是许多大贵族都与玛丽一党，所以她的势力颇有可能再度占据上风。为了遏制这股势头，伊丽莎白以严惩犯境之敌为名，令萨塞克斯伯爵率军北上。英军突进苏格兰，大肆践踏克尔族和司各特族的领地，攻占霍姆城堡，打击玛丽的党羽，声称他们窝藏英国叛党，冒犯了英女王。继而，威廉·特鲁里爵士（Sir William Drury）又奉命出征苏格兰，捣毁了属玛丽一党的汉密尔顿家族的宅邸。后来，英方与玛丽女王达成协议，后者承诺不引法军进入苏格兰，并保证其党羽将英国叛党交给英国女王，换得英军撤出苏格兰。[②]

　　伊丽莎白打着复仇的旗号出兵，表面上是捍卫本国利益，实际上大大有助于巩固苏格兰幼主及其同党的权威，尽管如此，她仍十分小心，从不公开声言反对玛丽。她甚至遣使要求——无异于命

¹³⁴

---

①　参见本卷卷末注释［N］。
②　Lesley, p.91.

令——玛丽的政敌在一段时间内不要选出新摄政接替穆雷伯爵之位。[①]苏格兰幼主的祖父伦诺克斯伯爵以代理摄政的身份受托临时监掌国政。后来伊丽莎白女王闻知玛丽的同党不肯履行承诺交出威斯特摩兰等人，而是放他们逃到佛兰德斯，便允准苏格兰掌权派正式委任伦诺克斯为摄政；[②]又派托马斯·伦道夫爵士常驻苏格兰，随时与伦诺克斯保持联络。除了这个偏向玛丽政敌的举措之外，伊丽莎白一直保持着模棱两可的态度，从未停止向玛丽示好。在罗斯主教和玛丽的其他钦使以及多位外国使节的纠缠下，英女王两次出面促使苏格兰对立武装达成停火协议，从而阻止了现任摄政重拳打击玛丽一党，占据绝对优势。[③]英女王借助这种貌似矛盾的策略，令苏格兰国内党争绵延不息，给两派间的仇恨火上浇油，致使整个王国陷入一派荒凉凄惨的境地。[④]她无意发兵征服那个国度，故而没有兴趣或图谋挑唆苏格兰各派内斗，这种结果实非刻意为之，只是她审慎策略的副产品，借助这种策略，她尽可能地与苏格兰女王保持良好关系，不破坏表面上的亲善，至少维持一个中立的形象。[⑤]

为了勾起玛丽对和解前景的更大期冀，塞西尔和沃尔特·迈尔德梅爵士（Sir Walter Mildmay）奉命将伊丽莎白女王提出的条件呈送给玛丽。条款内容多少有些苛刻，恰如一位被囚的女王从

---

① Spotswood, p. 240.
② Ibid., p. 241.
③ Ibid. p. 243.
④ Crawford, p. 136.
⑤ 参见本卷卷末注释［O］。

她嫉妒的对手那里所能指望的，从而在更大程度上体现了英国宫廷的诚意。其中要求，苏格兰女王声明在伊丽莎白有生之年放弃对英格兰王位的一切权利主张，此外，两个王国之间应缔结永久性攻守同盟；不经伊丽莎白首肯，玛丽不得与任何英国人结婚，她与其他任何人结婚也必须经苏格兰国会同意；苏格兰政府须为其边民越境寇掠造成的损害对英国做出赔偿；苏格兰政府须为被害的亨利国王主持公道；苏格兰幼主应被送到英国接受教育；苏格兰方面应向英女王交付六名贵族作为人质，并将霍姆城堡及其他几处要塞移交给英方，作为履约保证。[①]伊丽莎白承诺，只要答应上述条件，她便致力扶持玛丽重登苏格兰王位。玛丽因处境所迫，只能同意这些条款。法兰西、西班牙国王和教宗接到她的咨询时，也同意她这么做，主要因为当时整个欧洲陷入大规模内战，正打得如火如荼，天主教诸国的众君主自顾不暇，无法为她提供任何助力。[②]

　　伊丽莎白的钦使还向玛丽提出一份与苏格兰臣民和解的计划。经过一番论证，双方同意，应由伊丽莎白女王嘱苏格兰摄政伦诺克斯派遣特使赴英，在英女王的调停下议定和解条款。玛丽的同党四处吹嘘，声称早与英国宫廷谈妥一切条款，苏格兰反叛分子很快就将束手屈膝于他们的女王脚前。不过伊丽莎白很注意不让这些传言获得任何真凭实据，免得苏格兰幼主一党丧失斗志，把己方条件降得太低。塞西尔致信苏格兰摄政，告诉他英女王提出的所有条款绝非既定而不可变更的，将在未来的会谈中重新加以讨

136

---

① Spotswood, p. 245. Lesley, p. 101.

② Lesley, p. 109, & c.

论；希望他派出的特使能坚定站在国王一边，注意不要做出有损于本党派的让步。[1]萨塞克斯也在信中做出同样的暗示。伊丽莎白亲口告诉伦诺克斯派驻英国宫廷的代表邓弗姆林修道院院长，称只要苏格兰人对自身事业合理性的论证能令她满意，她就不会坚持扶玛丽复位。另外，即便他们未能提出充分的理据，她也会采取有效措施，保障他们未来的安全。[2]

苏格兰国会指派莫顿伯爵和詹姆斯·麦吉尔爵士(Sir James Macgill) 赴英，会同邓弗姆林修道院院长一起负责谈判事宜。几位特使呈上一份备忘录，其中列举了他们要求女王退位的理由，并援引苏格兰历史上的诸多先例、法律的权威和多位名牧的意见来支持己方论点。这份文件中体现的民主思想，令崇信君权至高无上、不可剥夺的伊丽莎白极其震惊。她告诉苏格兰特使，他们为国人的所作所为提出的理由完全不能令她满意；接下来他们不必再试图巧言辩解，直接开出条件，说明需要寻求的安全保障即可。[3]他们回禀称，自己来时未获授权，就涉及本国幼主尊衔和君权的条款进行磋商。但是女王陛下若有任何建议，他们乐于洗耳恭听。伊丽莎白女王所建议的条款并无对玛丽不利之处，但由于苏格兰特使们仍然坚称，他们未获授权就玛丽女王复位之事进行任何磋商，[4]谈判只能无果而终。伊丽莎白打发苏格兰特使们回国，命他

公元
1571年
3月1日

137

---

[1]　Spotswood, p.245.

[2]　Ibid.p.247, 248.

[3]　Ibid.p.248, 249.

[4]　Haynes, p.623.

们取得国会的充分授权之后再回来。^①罗斯主教对英国枢密院公开抱怨道，他们用漂亮的承诺和表白哄骗了他的女主，玛丽本人至此已经认清了伊丽莎白的虚伪面目。由于这些失望，两位女王间的关系日益濒于破裂的边缘。苏格兰女王发现自己的希望尽都幻灭，因此受到更强烈的刺激，不惜铤而走险，试图奋力博取自由和安全。

　　值此之际发生的另一事件，越发加深了玛丽和伊丽莎白之间的裂隙，增强了后者的警觉和嫉妒。继保禄四世之后，新任教宗庇护五世(Pius V)先是极力以柔和的方式邀取伊丽莎白的友谊(这份友情因前任教宗的粗暴被毁于一旦)，但都归于徒劳，此时终于忍无可忍，敕令对她施以绝罚，剥夺她的一切王权，解除英格兰臣民对她的效忠义务。^②教廷打击英女王的权威，看来很可能是与玛丽协同行动，指望以此引燃北方蠢蠢欲动的叛乱。^③约翰·费尔顿(John Felton)将教宗敕令张贴在伦敦主教宫的大门上，然后既不逃走也不矢口否认自己的行为，坐待被捕。他被逮捕、宣判，如愿以偿地戴上殉道者的荣冕，这似乎正是他心心念念所追求的。^④

4月2日
议会召开

　　时隔五年，新一届议会于威斯敏斯特宫召开。女王因身受教廷愤怒打击，越发被朝中当权派系推崇为首脑。可以预见，由于这次事件的影响，以及她自身审慎积极的施政，她对议会两院的权威势必增长到绝对无法制约的程度。事实也确乎如此。但值得一提 138

---

① Spotswood, p.249, 250, &c. Lesley, p.133, 136. Camden, p.431, 432.

② Camden, p.427.

③ Ibid.p.441. 引自 Cajetanus, *Life of Pius V*(《庇护五世传》)。

④ Camden, p.428.

的是，王权扩张遇到不小的阻力，这种阻力主要来自高涨的新教热忱；而从总体上看，英国人的这种热忱极大地增进了他们对女王的爱戴。我们在此要略微具体地叙述一下本届议会上发生的情况，因为它们既能显示那个时代王权的范围，又能反映伊丽莎白其人的性格及其麾下政府的精神特质。此外，读者也可以用好奇的眼光观察到自由精神在英国人心中最初绽露的一丝朦胧曙光，以及君主以怎样的高度警觉打压这种精神，并以专横的行为对其保持压制，还可以看到这位独断专行的女王如何不费吹灰之力便扼杀了自由精神的萌动。

　　下议院议长推选出来之后，掌玺大臣培根便代表女王晓喻议会，不得妄议国家政务。[①]他的原话如此，意思或许是指女王的婚姻大事或者王位继承问题，议会以前曾在这两个问题上令女王颇为不快。至于其他的重要政事、国家结盟、和平与战争、外交谈判等事务，当时的任何一届议会都不曾冒昧将其纳入考虑，也从未在这些方面质疑过君主或大臣们的所作所为。

　　在上届议会上，清教徒们曾经提出七项旨在深入推进宗教改革的议案，结果一项都未获通过。[②]本届议会召开不过数日，下议院议员斯垂克兰（Stricland）便重提其中一项议案，要求修正现行教会仪规。[③]他所反对的要点是洗礼中使用的十字圣号。另一位议员又补充道，圣餐礼中的跪拜也要改掉，他评论说，如果在那种虔敬仪式上必须采用谦卑的姿势，倒不如让领圣餐者匍伏在地，从

---

① D'Ewes, p.141.

② Ibid.p.185.

③ Ibid.p.156,157.

而最大程度地区别于旧的迷信行为。①

宗教是伊丽莎白另一个不可触碰的话题，甚至比国事更招忌。她声称，作为英格兰教会的最高首脑或称监管者，她拥有充分授权，可以单单凭借手中君权决定一切问题，无论事关教义、教会戒律还是敬拜仪规。她决不允许自己手下议会僭议此类事务。②女王陛下的廷臣们并未忘记强调这一点。内廷司库虽在发言中承认议会有权镇压异端（既有王权至尊之立法，授予或承认君主的至尊特权，赋予君主纠正异端的充分权力，那么对议会的这一权力让与似有草率失慎之嫌），但又转而断言，女王陛下身为教会元首，故而规范教会敬拜仪规的一切权柄单单归于女王陛下。③内廷审计官对此表示支持，强调女王陛下的特权范围，并提醒下议院诸公汲取先前的教训，不要妄议此类事务。议员皮斯特（Pistor）出言反驳两位廷臣的劝诫，他说：对于如此关系重大的事项（指跪拜和画十字圣号的行为），议会竟然轻飘飘地一语带过，着实令他感到震惊。这些问题关乎灵魂的救赎，比全世界的君主制都更深刻地影响着每个人的福祉。他阐述道，此乃上帝的事业，其余的一切不过是尘世俗务，诸如补助金、王冕和王国等等话题无论听来如何重要，与此相比皆为琐事，在这个难以言喻的重大话题面前，它们还有什么分量可言呢？④下议院虽然赞赏这位议员的热忱，但慑于王权的威势，仍然投票决定提请女王陛下授权继续讨论该议案；在此期间，

---

① D'Ewes, p. 167.

② Ibid. p. 158.

③ Ibid. p. 166.

④ Ibid. p. 166.

下议院停止一切关于此话题的辩论和论证。①

　　至此，事情本可以暂告休止，但女王十分恼火斯垂克兰胆大放肆，竟敢重提改革教会仪规的议案，便将其传唤到枢密院加以申斥，从此之后不准他在下议院露面。②这种权力行为过于粗暴，即便向来温顺的议会也无法忍受。议员卡尔登（Carleton）注意到此事，抱怨议会的自由遭到侵犯。他评论道，斯垂克兰不是以个人身份出席议会，而是代表了一个群体。因此他提议：此人若犯有任何罪行，应在议会法庭接受审判，话里话外暗示着只有议会法庭才有资格对其加以裁处。③耶弗顿（Yelverton）更大胆地进一步阐明了自由原则。他指出，这种事一旦构成先例十分危险；尽管当今人们有幸生逢宽容时代，朝廷上下多有贤良可敬的杰出人物，不致出现任何极端或横暴之事，然而须知时异事殊，现在被容许的举动，他日可能被解释为义务，甚或基于今日许可之先例而强制推行。他又补充道，凡无涉叛逆或过于损害君威之事，尽可付诸议会讨论，免于犯上罪名；一切关乎公共利益的问题，均在议会议事范围之内，就连王室本身的权利最终也须由议会裁定。他评论道，诸位议员不是以私人身份列席议会，而是由各自选区推举出来的代表。尽管为君者自当保有其特权，但是君主的特权应受法律制约；君主既然不能自行制定法律，那么他也不能单凭手中君权破坏法律。④

　　上述原则虽是人心所向，高尚而又恢弘，然而在当时的英格

---

① D'Ewes, p. 167.
② Ibid. p. 175.
③ Ibid.
④ Ibid. p. 175, 176.

兰，公开提出此类主张还是一种新异之举。廷臣们则更多地依据现行惯例，提出一套相反的理念。内廷司库警告下议院谨慎行事，不可冒险超出确定的授权范围，也不要卷入任何可疑事端，以致伤及女王陛下对他们的好印象。他声称，那位被传唤的议员被禁止踏入议会并非因为出言自由，乃是因其在议会提起损害女王特权的议案，这等鲁莽行为是万万不可容忍的。他最后表示，即使在场诸位在议会中的发言也都受到了女王的质询和审查。[①]另一位议员克莱尔(Cleere)发言称君主的特权无可争议，女王陛下的安全就是臣民的安全。他补充道，在神学问题上，每个人发出的训诲都须参详其所在教会教长的意见——这番话似乎暗示着，诸位主教关于教义的训诲也须参详女王的意见。[②]议员弗利特伍德(Fleetwood)发言称，他记得当今女王陛下在位第五年，有人曾因在议会中的发言受到传唤。他惟恐同侪们觉得这一先例距今太近，又告诉他们，据议会卷宗记载，亨利八世一朝有位主教曾因出言无忌被国王下令关进监狱，而议会除了低声下气为他求情以外，未敢越雷池一步。在随后一朝，议会议长和一位议员双双遭到同样的惩罚，议会除了同样卑怯地求情，别无办法。他劝告下议院采取类似的权宜之策，既不要擅自派人去请这位议员回来，也别替他主张权利。[③]在他发言过程中，议会中的几位枢密大臣一直在交头接耳，议长随即按照他们商量好的方案提出动议，称下议院应暂且搁置下一步议程。这个动议立即付诸实行。女王发现，这一试探可

141

① D'Ewes, p. 175.

② Ibid. p. 175.

③ Ibid. p. 176.

能激起众怒，是下议院借着缄默保全了她的面子；为防此事再起波澜，女王次日便派人通知斯垂克兰，准其重返议会。①

下议院顶着来自御座的叱责，在高涨的信仰热忱催动下继续讨论其他涉宗教议案。但是女王使出更专制的手段，阻断了他们的议程。在此过程中，上议院有失身份地充当了女王陛下的工具。上议院致信下议院，要求后者派出一个委员会列席上议院会议。下议院指派部分议员组成该委员会。上议院又通知他们，女王陛下得知下议院草拟的改革条款，表示认可，欲以君主暨英格兰教会元首的权柄予以公开发布，责成主教们付诸实施。但女王陛下不允许议会讨论这些事务。②下议院虽未因这条禁令彻底叫停相关议事程序，但在如此倨傲的对待之下他们似乎并未感觉受了冒犯，最后所有议案统统无果而终。

清教徒议员罗伯特·贝尔（Robert Bell）提起动议，反对向布里斯托尔的一家商贸公司颁授独家特许状。③此事也引发了若干值得注意的事件。该动议提出几天后，议长传达女王的口头旨意，告诫下议院少在动议上花费时间，避免冗长的发言。全体议员都明白，这项动议冒犯了女王，因为此事似乎触动了女王的特权。④于是，弗利特伍德就该敏感话题发表见解，称女王陛下拥有颁授特许状的特权，对任何特许状提出质疑就等于侵犯王室特权。他说，一切对外贸易任由君主全权统辖，即使规定商贸自由的立法也承

---

① Idem Ibid.
② D'Ewes, p.180, 185.
③ Ibid.p.185.
④ Ibid p.159.

认君主发布的一切禁令。君主颁授独家特许状时，无非是运用自己获得的授权，禁止其他人涉足某一特定的商业领域。他援引议会书记官手册，证明法律规定除非事先经国王允准，任何人不得在议会中讨论遗嘱法，因为该话题触及了关于继承人监护的王室特权。他指出，爱德华一世、爱德华三世和亨利四世时代均有此类保护王室特权的立法。在爱德华六世一朝，议会曾经提请护国公恩准他们在讨论中提及王室特权问题。①

著名海上探险家、勇敢的汉弗莱·吉尔伯特爵士(Sir Humphrey Gilbert)在发言中更是上纲上线。他极力试图论证，贝尔的动议是个徒劳的诡计，议会就此进行讨论是危险之举。既然该动议居心险恶，意欲削弱王室特权，任何人哪怕仅仅有此念头，必然被视作公开的逆贼。因为，声称女王不该运用王室特权无异于说她不是女王——二者有什么区别吗？他说，尽管经验已经证明女王陛下恩慈无边，这或许让有些臣民忘记了自己的本分，但须知君威不可犯，过分撩戏试探君王的底线是不可取的。他说，曾经有个故事：一只野兔听到公告，命令所有长犄角的动物离开宫廷，它就马上跑掉了，惟恐自己的两只长耳朵被错认成犄角。借着这个寓言，他似乎暗示议员们，即使那些仅仅聆听或默许这等危险言论者也难以百分之百地保障自身安全。他希望议员们小心行事，免得更深地涉足这些领域，引起女王的警觉，当她审视手中权力，发现自己足有能力镇压他们挑衅的自由，施行专制统治，她就可能步武法兰西的路易十一，如后者所言"从被监护状态下解放王

①　D'Ewes, p. 160.

权"。①

这番言论引起一定程度的反感，然而当时议员们只说汉弗莱爵士误解了下议院的用意，也误解了提起该议案的那位议员，没有人做出任何其他回应。他们的目的也仅仅是以合宜得体的方式向女王陛下表示自己的不满，此外别无他想。但在后续的一场辩论中，具有超凡自由精神的议员彼得·温特沃思（Peter Wentworth）出言指斥汉弗莱的演讲，称之为"对下议院的侮辱"。他说，汉弗莱爵士一味奉承讨好君主，如同一只变色龙，可以幻化成任何颜色，独缺白色。他奉劝下议院对言论自由和议会特权给予应有的关注。②总体而言，那项反对颁授独家特许状的动议似乎毫无效力。枢密院传唤提起这项动议的贝尔议员，严厉申斥其胆大包天。他回到下议院时，一副失魂落魄的样子，全体议员非常清楚其原因，也都被震慑住了。此后相当一段时间里，无人敢在发言中提及任何重要事务，惟恐冒犯女王和枢密院。即使下议院中弥漫的恐惧气氛有所消退之后，议员们讲话仍然小心翼翼，他们的演讲才能大多用于开场和解释辩白，这说明他们多么忌惮悬在头顶的那根权杖。但凡稍稍触及（无论多么轻微）或者似有可能触及（无论多么遥远）任何敏感话题，会场中便嗡然响起一片窃窃私语，"女王陛下会动怒的，枢密院会非常不悦"。通过这样的推测，人们相互警告，提醒自己伴君如伴虎。值得一提的是，女王大发天威捍卫的那宗特许权，保障了四位廷臣从中渔利，与此同时，七八千名女王陛下

---

① 　D'Ewes, p.168.
② 　Ibid. p.175.

勤勉的臣民因之彻底破产。①

5月29日　　　　于是，本届议会上下两院通过的一切议案无不显得极端恭顺。但在闭幕式上，女王仍然认为自己有责任针对部分议员的动议和发言中所流露的自由倾向给予严厉打击。掌玺大臣代表女王陛下告知下议院：尽管下议院绝大多数成员在会上表现得审慎、忠诚，但有少数人恰恰相反，他们的行为鲁莽、傲慢、自以为是，理当受到斥责。他们违背了身为臣民和议会成员的义务，更违反了女王陛下在本届议会开幕时下达的明确禁令（他们原应更好地遵守这一禁令，如此方为本分），不自量揆地质疑女王陛下的特权和颁授的特许权。然而女王陛下在此警告这些人：他们如此肆纵、忘乎所以，必当予以告诫。既然女王陛下的命令和明智同僚的榜样都无法纠正他们狂妄放肆的愚蠢思想——正是这种思想导致他们僭议超乎自身本分和理解力范畴的事务——那么陛下便要另寻其他方法来矫治他们。②

从上述回合当中，可以明显看出伊丽莎白女王对于议会职责和权力抱着怎样的认识：他们不应置喙任何国家事务，更不应干预教会事务。这两方面问题都远非他们权限所及，惟独君主或君主乐于授权委托的枢密、大臣方有资格处理。那么她认为议会拥有什么责权呢？——他们可以规范皮革鞣制或羊毛缩绒工艺、野鸡和松鸡的腌制方法，关注修桥补路，惩治流浪汉和普通乞丐。监督各地警务也在他们责权范围之内。在这些方面，议会立法虽未见

---

①　D'Ewes, p.242.

②　Ibid.p.151.

得比单单出于君主谕旨的法令更有权威，但效力却更持久。在私人财产或惩治犯罪方面，可以凭判例或记录确立相关规则，但国内法的修改和创新却以议会为唯一源头。法院不可根据枢密院令改变其成规。议会议程中最合女王心意的部分，乃是批准补助金和对惹她厌憎的贵族和已倒台的大臣褫夺私权、予以清算惩处。君主的此类重大行权举措，假如缺少议会的支持，有可能引起国人反感。议会有时向民众承诺纾解百姓苦情，却极少能落到实处。既定的规则是，议会不得删减王室特权，或对其提出质疑和审查。尽管拥有垄断经营权的公司已经泛滥成灾，其数量仍在日日加增，以致自由精神荡然无存、从业者的勤勉干劲被挫磨殆尽，然而议会成员若针对其中任何一家公司提起反对议案——即使出之以最尽职、最正规的方式，都将构成犯罪。

伊丽莎白对上述执政信条并不讳言，也不借用任何漂亮言辞或合理的借口加以掩饰，而是在她对议会发表的讲话和传达的信息中，堂而皇之地加以宣告，语气极端傲慢，有时态度凌厉，仿若被冒犯的主人训斥最卑贱的仆人。尽管如此，伊丽莎白始终是英格兰有史以来最受爱戴的君主。因为她的统治信条符合那个时代的原则，也符合普通人对宪制的理解。由于后世君主的权力不断被人民议会侵蚀，大大改变了我们在这些方面的观念，以致前文所述的情况在我们看来显得非常奇特，起初其至令人惊愕；但在当时，人们对此完全不以为意，无论同时代作者卡姆登还是其他任何一位史家均无一语提及此事。事实上，王权在当时是如此绝对，宝贵的自由火花只有在清教徒手中点亮并存留下来。英国人应当感谢这个看起来教义琐碎、习惯怪僻可笑的教派，英国宪政的自由精神完全要归功于他们。清教徒凭着革新者特有的热忱，以及由激情催生的勇气，不惮于触犯天威；他们付出百般努力争取入选议会——此事并不困难，因为当时人们认为议会席位是个无利可图的负担。[①]他们首先在议会中占据多数席位，继而压制教会和君权而取得优势地位。

本届议会通过了下列重要法律：凡在女王有生之年否认她是合法君主，或宣布任何其他人更有资格坐上王位，或以异端、分裂派、异教徒之名称呼女王，抑或宣称法律法规不能界定与确定王室权利及王位继承人的，一概以叛国罪论处。凡以手写或印刷品形式声称除女王亲生后嗣之外的任何人是或应当成为女王的继承人或储君者，其本人及其教唆者皆当受罚：初犯判处一年监禁，罚没一半家产；再犯则以侵害王权罪论处。[②]这部法令显然是针对苏格兰女王及其党羽而制定的，同时暗示伊丽莎白从无正式立储之意。值得注意的是，议会认为关于合法后嗣的惯用法律表述有对女王不敬之嫌，好像说她可能还有其他后嗣，于是将其改为"亲生后嗣"。但这一改动一时成了人们说笑的谈资，有人怀疑此举暗含某种更深的机谋，比如，莱斯特可能有所策划，一旦女王中道崩逝，他好用自己的私生子冒充女王亲生。[③]

本届议会立法规定，任何人公开发布教宗的赦免令或其他赦令，或以这种方式使任何人与罗马教会和好，该人及被赦免者同坐

---

　　① 据说，某人向当地市长行贿4英镑，换得本届议会的一个议席。D'Ewes, p.181. 这位行贿者所看重的，大概只是议员不受逮捕的特权。

　　② 13 Eliz. c.1.

　　③ Camden, p.436.

叛国罪。凡从国外输入天主羔羊图、基督受难像及其他经过教宗
祝圣的迷信用品者，一概以侵害王权罪论处。[①] 先朝制定的反高利
贷法，今番又颁定为一部新的制定法，以利执行。[②] 议会批准授予
女王一笔补助金及两项十五分之一税的征税权。女王既决心分毫
不向议会放权，因此十分注意，尽量不向他们要求任何补助。一方
面，她极端克俭，努力使王室收支相抵，另一方面她又利用王室特
权，通过颁授特许状、独家经营权及其他一些不无弊端的权宜之道
来赚取钱财。

　　伊丽莎白女王对议会拥有不受制约的权威，在全体臣民中间
威信极高，她在位迄今十三年，其间除了北方发生的那场仓促不谐
的叛乱之外，举国安享太平。尽管如此，她仍然终日惶惶，始终觉
得身下宝座根基不稳。法兰西、尼德兰及苏格兰此时都深陷于动
乱之中，这种形势乍看起来似乎有利于保障她免受外来骚扰，但是
细思之下，当她念及英格兰国内同样蕴蓄着内乱的种子，又深觉自
身处境的危险——这里的宗教信仰分歧、对立派系之间狂热的不
宽容和仇恨，丝毫不亚于那些邻邦。

　　1566 年腓力和凯瑟琳·美第奇在巴约讷合谋铲除新教徒，但
行事不秘，有风声传到孔代亲王、科利尼将军和其他胡格诺派领袖
耳中。当他们发现宫廷的种种举措都印证了他们的怀疑，便决心
先下手为强，打天主教阵营一个措手不及。胡格诺派虽然散居在
整个法兰西境内，却因共同的宗教热忱和随时面临的危险而紧密

法国内战

---

①　13 Eliz.c.2.

②　Ibid.c.8.

团结,如同国中之国。他们全然服从自己领袖的命令,只待一声号令便拿起武器。法兰西国王和太后当时安安稳稳住在布里耶的蒙索(Monceaux in Brie),蓦然发现自己已被新教部队团团包围,这些部队是从全国各地悄然集结至此的。若不是一支瑞士援军火速赶来救驾,并英勇无畏地护送他们返回巴黎,这对母子面对叛军必然束手就擒。双方随即在圣丹尼斯(St. Dennis)平原展开决战。老将蒙特莫伦西身先士卒,战死沙场,天主教部队痛失主帅;尽管如此,王军仍然击败胡格诺派,夺得最终的胜利。孔代亲王战后收拾残部,加上德国新教徒的强力增援,又重新出现在战场上;新教部队围攻战略重镇夏特尔,迫使法国宫廷再度议和。

敌对教派之间仇恨如炽,就算双方首脑真诚致力于和平,彼此深切互信,也很难使民众保持安宁,何况此时极度猜忌的心理占了上风,而宫廷更是利用每个议和机会为对手布下网罗。宫廷设下圈套诱捕孔代亲王和科利尼将军,这二人堪堪脱险,逃到拉罗歇尔(Rochelle),号召同党赶来支援。① 内战重启,战火燃得更旺,两派厮杀得越发激烈。1569年,国王的弟弟、年轻的安茹公爵(duke of Anjou)统帅天主教部队,在雅纳克(Jarnac)与胡格诺派进行了一场大战,孔代亲王阵亡,所部溃败。胡格诺派元气大伤,又折损了如此重要的一位首脑,却并未灰心丧气。科利尼将军继续支撑大局,他推举时年十六岁的纳瓦拉王子亨利和年轻的小孔代亲王走上前台,成为新教阵营新一代领袖人物,并激励同党:宁可英勇战死沙场,强似屈辱死于刽子手刀下。在他的感召下,新教徒们汇

---

① Davila, lib. 4.

成一支决志战斗到底的铁血大军,迎战安茹伯爵,加上德意志方面适时增派的援兵,科利尼将军得以占据优势,迫使安茹伯爵撤退、分兵。

接着,科利尼进而围攻普瓦捷(Poitiers),举国关注的目光都汇聚于此地。这时,小吉斯公爵效法乃父保卫梅茨(Metz)而扬名天下的英雄壮举,孤身进入围城,以勇气和行动激励守军奋勇抵抗,最后科利尼将军不得不撤围而去。以此为起点,这位年轻公爵后来逐渐赢得了无与伦比的盛名和威荣。全体天主教徒当即把对老吉斯公爵的热爱转移到其子身上。人们津津乐道地比较这对父子熠熠生辉的优秀品质,在某种意义上,这似乎是那个家族代代相承的遗产。父子俩同样亲切和蔼、器宇恢弘,风度超群,口才过人,在各方面都引人爱戴;说到勇气、指挥能力、雄心和才干,小吉斯公爵也丝毫不逊于乃父;他们似乎只有一点不同:那就是,小吉斯公爵成长在动荡年代,眼见法律和秩序在更大程度上废弛崩解,他个人的野心和鲁莽得以苗壮滋长,青出于蓝而胜于蓝,以致卷入更危险的图谋,对君主的权威、祖国的安宁为祸更甚。

伊丽莎白一直密切关注法兰西内乱的状况,看到老对手吉斯家族重新崛起,她心里颇不自在,也为和自己利益与共的新教徒的命运感到焦急。[1]因此,她虽反对一切叛党和违背君主意志的行为,却仍在暗中设法给予胡格诺派一些援助。除了运用自身权威影响德意志诸侯,她还借款给纳瓦拉女王,并收取一些珠宝作为抵押物。她允准亨利·尚佩农(Henry Champernon)招募百名绅士

[1]　Haynes, p.471.

组成志愿军团渡海前往法兰西,这当中包括后来大名鼎鼎的沃尔特·雷利(Walter Raleigh),当时还是个稚嫩小伙,他在战争的大熔炉里锻炼成长,日后终成大器。[①]科利尼将军因部队求战心切、加之粮饷匮乏难以久持,遂于普瓦图的蒙孔图(Moncontour)与安茹公爵决战,结果落败,他本人也负了伤。法兰西宫廷过去虽然屡次领教胡格诺派信徒的顽固和科利尼的勇气,这次却自鸣得意地吹嘘道,叛军终于被彻底剿灭了。他们以为对手再也不足为患,因此疏于防御。不久他们便惊异地听闻,这位新教首领不屈不挠,复又现身于王国的另一端,并鼓舞自己监护下的两位年轻亲王效法他不懈战斗;他们听说他已经召集起一支军队,已经挥师奔赴战场,甚至已经强大到足以威胁巴黎。由于连年战乱,王国财政收入锐减,加上多次劳而无功的军事征伐靡费甚巨,此时再也装备不起一支新军了。国王尽管极度憎恨胡格诺派,但迫于形势,只得于1570年与他们达成和解,下诏赦免他们以往的一切过错,并立法重申宗教信仰自由。

尽管双方表面上已经握手言和,但查理根本不是由衷地与这些叛臣和解。和以往一样,背信弃义的宫廷这次不过是借着和谈布设陷阱,试图不冒任何风险将强敌一网打尽。两位年轻亲王、科利尼将军及其他胡格诺派首领汲取了过去的经验教训,对国王的意图表现出极度不信任,始终与宫廷保持安全距离,于是宫廷使尽一切手腕,力图打消他们的顾虑,令其相信新一届枢密院的诚意。这些措施似乎受到了欢迎。和平协议中涉及宗教的条款得到遵从,

---

① Camden, p.423.

宗教宽容政策被不折不扣地执行，天主教狂热分子试图破坏和约的行径遭到严惩；信奉新教的贵族首脑加官晋爵，备享荣宠；国王和枢密院到处宣称，他们已经厌倦了内乱，并且认识到不可能以强力控制人心，故而决心从此给予所有人宗教信仰自由。

　　为了麻痹新教徒，查理施展了种种花招，其中之一就是极力结交伊丽莎白。鉴于促进不列颠岛两王国的合并似与法兰西的利益不符，英女王大可沾沾自喜地认定，法国王室更倾向于跟自己交好而忽视了苏格兰女王。为了进一步蒙蔽伊丽莎白，法方又替安茹伯爵向她提亲。这位王室宗亲少年英俊、以英勇闻名遐迩，作为一个对这些品质似乎并非完全无感的女性，自然会有所动心。伊丽莎白女王立即抓住这个提议，反手为法兰西宫廷设下骗局。为了达到目的，她故意表现得更加轻信。双方就婚事启动了谈判，提出婚约条款，摊出各种难题又加以解决。两国宫廷虽说不应承受同等指责，却同样地毫无诚意。随着日复一日的讨价还价，双方看似越来越接近达成协议。最大的障碍似乎是如何协调信仰差异，因为伊丽莎白虽然建议查理采取宽容政策，却拿定主意不施惠予本国，即使对未来的夫君也不例外；而安茹公爵也不甘心为了追求利益，承担叛教者的骂名。①

　　伊丽莎白每每以她擅长的虚伪权术辅以卖弄风情的花招，总能使计谋大大得逞。她的这一特点已为众所周知，因此，法兰西宫廷认为，他们可以安全地做出更大让步、抛出更多诱饵，最后总不

---

① Camden, p.433. Davila, lib.5. Digges's Complete Ambassador, p.84, 110, 111.

至于真的达成任何协议。伊丽莎白女王也有其他动机假装糊涂。一方面，英法结盟的前景足以让玛丽的党羽气馁，除此之外，与腓力的关系亦要求她保持高度警觉和戒备，西班牙新近在尼德兰建立的强权统治，更令她亟欲采取行动巩固自身，即便仅是借助缔结新联盟的假象来欺骗世人眼目。

尼德兰 局势　长期以来令欧洲骚动不宁的神学论争，从一开始就渗透到尼德兰地区。由于这些省份保有广泛的对外贸易关系，他们很早便从有商业往来的各个国家接受了宗教改革思想的濡染。当时盛行着一种观念，被教会人士大肆宣扬、亦为各国君主毫无保留地接受：认为异端与叛乱密切相关，每一次重大或激烈的宗教信仰变革都会造成世俗政权同样剧烈的鼎革。改革派人士勇往直前的热忱令他们罕有耐心等待当局的批准就付诸行动，而当阻碍和处罚临头，他们的忠顺程度便随之降低。尽管他们号称的理性探究精神实际上不过是一种新的盲信，但是君主们却因之警觉起来，仿佛旧有信条经不住这些人的大胆探究一般。查理皇帝打着捍卫天主教信仰的幌子，其实意在增进自己的权威，他对上述政治原则听得入耳入心。尽管他领有尼德兰地区的统治权是有限的，却颁布了专横、严苛、残暴至极的敕令，大肆迫害新教徒，并且着力督察敕令的落实，惟恐不够暴力血腥。查理的本性既不残忍也不偏执，然而，有位以温和审慎著称的史家统计过，在这位君主发动的数场宗教迫害中，死于刽子手刀下者前后不下十万人。[①] 但是，残酷的镇压手段非但

---

① Grotii Annal.lib.1. 在上面引述的段落中，另一位权威史家保罗神父(Father Paul)统计称，仅在尼德兰就有五万人被处死。

未能达到预期目的，反而激起改革派更高的热忱，新教徒人数越杀越多。一些市镇的执法官员看到残暴的杀戮无止无休，内心的良知胜过了教义准则，拒绝继续迫害新教徒。

　　腓力继承父位之后，佛兰德斯人有充分理由生出新的担忧，惟恐这位新君发现当地官员态度宽容，会从他们松懈的手中收回管辖权，在尼德兰建立宗教裁判所，将该机构在西班牙的所有邪恶不公和残暴行径搬到这里。腓力其人性格严厉、冷酷无情，公开明言对西班牙生活方式满怀眷恋，顽固执守自己认定的原则，不容变通。所有这一切都让佛兰德斯人越发感到恐惧。当腓力离开尼德兰，明确表态一去不返时，本地居民对他的反感大大加剧，他们害怕国君会在众多西班牙大臣的环绕下，通过马德里内阁发来一道道专横的诏令。腓力临行前，任命帕尔马公爵夫人（dutchess of Parma）为尼德兰总督。这位夫人拥有朴素的判断力和良善的性情，假如尼德兰的治权由她一手独揽，足可令这些富裕省份保持忠顺，而腓力此前凭着他自鸣得意的诡诈权谋和残暴政策却令此地民心丧失殆尽。佛兰德斯人发现，事实上公爵夫人只挂了个总督的虚名，格兰维尔枢机主教（Cardinal Granville）才是国王充分信任的那一位。当局每天都在谋求侵夺他们的自由，并已决定今后永不召开国民大会，又武断地增设了若干主教领，以便强化实施迫害新教徒的法令。总体看来，他们未来的前景只有一个，那就是沦为西班牙王国治下的一个行省。心怀愤懑的贵族们对士绅阶层的怨言表示支持，从而鼓舞了民间的躁动势头。各等级都表现出强烈的反叛意愿。各地纷纷组织盟会，喧嚣请愿，风传某些大人物已承诺牵头，并且当众出示了党派的徽标；民变的大潮受着宗教热忱推动，又因微弱的阻力而波澜激荡，势力空前高涨，在一些城镇，特别是安特卫普(Antwerp)，他们公然聚众冲击官方教会的礼拜现场，洗劫多所教堂和修道院，破坏偶像，造成极大混乱，确属无法无天。

　　贵族当中较明智者，尤其是奥伦治亲王、埃格蒙特伯爵和霍恩伯爵，眼见这些过激行为深感警觉（他们自己最初由于心怀不满也曾对此表示支持），转而襄助女总督的明智举措，弹压危险的暴乱，惩治暴乱头目，在所有省份恢复了秩序和臣服。然而腓力并不满足于重建昔日权威。他认为，这些省份与王座相距迢远，仅靠有限的王权根本无法统治；一位只能藉着恳求而非命令来治国的君主，当他远离自己的臣民而居，势必感到自身权力和影响力日复一日地削弱。因此，他决心抓住近来民众骚乱这个借口，一举废除尼德兰诸省享有的特权，自此以后运用军事独裁权威来统治他们。

　　腓力任用了一个人来执行这一暴力计划，其素质很适于充当暴君手中合用的工具。他就是阿尔瓦公爵费迪南·托莱多(Ferdinand of Toledo)。他自幼在刀光剑影的环境中接受教育，精通用兵之道，由于习惯使然，他总是把约束军营的那一套带到政府管理中来，认为君主和臣民之间无非是铁的命令和无条件服从的关系。1568年，这位将军率领一支久经战阵的西班牙精锐部队从意大利进驻尼德兰。他对当地人毫不掩饰的憎恶，加上他那众所周知的性格，令全体民众深感惊惶。阿尔瓦的残暴天性，经过思考的淬火变得越发冷硬无情，又因傲慢的加持更见锋利，给这些繁荣富庶的省份施加了太多蹂躏，本书因主题所限不拟详述这些暴行，只以一言蔽之便足够了：他们昔日的一切特权，本是自古以来众多君侯的赠礼、历经无数世代传承下来的宝贵遗产，如今被一纸布告公开明令废止；专横残暴的宗教法庭纷纷建立起来；艾格蒙特伯爵和霍恩伯爵虽然功勋卓著，对邦国多有贡献，仍被送上了绞刑台；各等级臣民被大批关进监牢，又从那里被移交给刽子手。尽管全体国民毫无反抗地默然顺服，但充耳而来的惟有抄家、监禁、流放、酷刑和死亡的消息。

　　伊丽莎白女王同样忧心忡忡地目睹海峡那边旨在剿灭新教徒的计划不断进展，眼看一个强大的军事政权在身边崛起。她对所有逃到英格兰避难的佛兰德斯人统统给予庇护，这些人当中有很多极勤勉的能工巧匠（正是靠着他们，尼德兰才以高超的工艺闻名遐迩），他们把许多新的制造工艺带到英格兰，使英国受益良多。伊丽莎白预见到，阿尔瓦公爵的暴政很快就会激起民变，因此她不惮于向其发起挑衅，倘若对于一位根基更稳固的统治者，她必定小心在意不敢招惹。一些日内瓦商人与腓力签订合同，运送四十万克朗钱款前往佛兰德斯。运钞船启航后，在英吉利海峡遭到法国胡格诺派装备的私掠船袭击，于是开进普利茅斯和南安普顿港避难。船长们声称，所运钱款属于西班牙国王，但英国女王经过调查发现，这笔钱原是日瓦内商人出的，遂以贷款的名义将其据为己有，在阿尔瓦公爵最急需的当口断了他的财路。阿尔瓦发起报复，抓捕旅居尼德兰的所有英国商人，把他们投入监牢，没收他们的财物。英国女王以牙还牙地对待在英的佛兰德斯和西班牙商人，并允准所有英国人对腓力的子民自由开展报复行动。

　　后来，双方缔约就上述摩擦达成和解，各自赔偿对方商人所受的损失。然而，伊丽莎白发出的打击将时机拿捏得无比精准，令西班牙在尼德兰的统治遭受了无可弥补的损失。阿尔瓦手头缺钱，害怕手下严重欠饷的将士当即哗变,遂拉开专横架势,向民众横征暴敛。他不仅要求征收百分之一的商品税,还对所有不动产征税百分之二十,并对每桩交易中的动产征税百分十。如此令人匪夷所思的暴政,不仅会使所有工商业毁于一旦,更将严重局限百姓日常生活中的经济往来。当地民众拒不服从。公爵祭出他惯用的杀戮手段,于是事态激化,佛兰德斯人和西班牙当局之间日益接近决裂。[①]

　　伊丽莎白的所有敌手为报复她的衅侮,都会自然地转向同一个策略,即支持苏格兰女王的事业和权利主张。阿尔瓦的行事风格向来激烈,他很快就启动了与苏格兰女王的秘密接触。有个叫鲁多菲(Rodolphi)的佛罗伦萨商人,定居伦敦已有十五年左右,他在英格兰一边做生意,一边安排处理罗马教廷与英国天主教贵族、绅士的一切联络事宜。[②]当初诺福克公爵与玛丽之间的密谋败露时,他一度被捕入狱,但是当局未发现什么控告他的实证,或者认定他所扮演的角色没有多大罪过,不久便还他自由。此人对天主教信仰充满热忱,他与西班牙大使共同制定了一个计划,企图在发动外部侵略的同时煽动英国内乱,颠覆伊丽莎白政权。他通过秘信将此方案告知玛丽时,发现后者这时已全然看破伊丽莎白的伪装,不复指望通过和平手段重掌王权乃至恢复人身自由,于是二人一拍即合。英国国内心怀不满的天主教徒为数众多,这是他们的主要希望所寄。此外,他们还观察到,当时王国里充满生活穷困的

諾福克
公爵再次
图谋不轨

156

----

① Bentivoglio, part I. lib. v. Camden, p. 416.

② Lesley, p. 123. State Trials, vol. i. p. 87.

绅士，他们多半是贵族家庭中排行居后的子弟，由于近期教会没落、商贸不兴，一时找不到与自己出身相符的谋生之道，因此随时准备铤而走险。①不过，为了唤起这些不满分子的热情和勇气，必须有大人物站出来，方能起到一呼百应的效果。在鲁多菲和罗斯主教（他也参与了密谋的全过程）看来，诺福克公爵论实力、论人望都是最适当的人选。

诺福克公爵从伦敦塔被释放回家时，曾经保证与苏格兰女王断绝一切往来；②但他发现，自己已经无法挽回地失去了伊丽莎白女王的宠信，正如他所担心的那样，而且他的人身自由仍在一定程度上受到限制。在焦灼和绝望心理诱惑下，他动了违誓的念头，与那位被囚的女王重建联络。③二人重立婚约，公爵承诺致力于女方的所有利益。在此过程中，公爵内心的自责感逐渐淡化，随波逐流一步步卷入更罪恶的阴谋。鲁多菲的方案是：让阿尔瓦公爵找借口在尼德兰沿海集结大批船只，运送六千步兵、四千骑兵赴英格兰，这支部队计划在哈里奇(Harwich)登陆，届时诺福克公爵将率全体同党在那里与他们会合，挥师直捣伦敦，迫使女王屈服于叛党强加给她的任何条件。④诺福克对该计划表示赞同；于是，鲁多菲以他的名义起草了三封信，一封写给阿尔瓦，另一封写给教宗，第三封写给西班牙国王。但公爵担心惹祸上身，拒绝在信上签字。⑤

---

① Lesley, p.123.
② Haynes, p.571.
③ State Trials, vol.i p.102.
④ Lesley, p.155. State Trials, vol.i p.86, 87.
⑤ Lesley, p.159, 161. Camden, p.432.

他只派了一个名叫巴克(Barker)的亲信仆人去见西班牙大使,告知后者公爵同意该计划,同时证明这些信件的真实性。鲁多菲拿到大使出具的证明信之后,动身前往布鲁塞尔和罗马。阿尔瓦公爵和教宗都爽快接受了这个方案。鲁多菲又将他们的想法回报给诺福克公爵。[1]一切似乎都一帆风顺,合力将他们的事业推向前进。

诺福克固然参与了上述阴谋活动,却未完全忘记对君主、祖国和信仰的忠诚义务。他定下了勾引外敌入侵和发动内乱的计划,却还自欺欺人地告诉自己:只要目的纯良,手段激烈些倒也无妨;他只想帮助苏格兰女王重获自由,让伊丽莎白同意他与玛丽结婚,此外别无企图,因此他没有理由谴责自己叛逆不忠。[2]不过,鉴于伊丽莎白女王性格如此刚强、志气难挫,计划一旦成功,最后的结局势必要逼她退位。所以说,此时她的统治面临着最严重的危机。迄至此时,阴谋一直掩盖得十分严密,伊丽莎白和国务大臣塞西尔(现已晋封伯利勋爵)警觉的耳目尚未闻知半点风声。他们只是从诺福克的另一行动中嗅得蛛丝马迹,经过一番大力追查,终于水落石出。玛丽打算送一笔钱给赫里斯勋爵和她在苏格兰的党羽,诺福克的仆人班内斯特(Bannister)当时正在北方,于是诺福克设法派人把钱送到班内斯特手上,让其想办法转交给赫里斯勋爵。[3]诺福克找来一个不知情的仆人,交给他一个钱袋,吩咐说:钱袋里装的是银币,他的任务是把这钱袋和一封信送给班内斯特。但是这

---

[1] State Trials, vol.i.p.93.

[2] Lesley, p.158.

[3] Ibid.p.169. State Trials, vol.i, p.87. Camden, p.434. Digges, pp.134, 137, 140 Strype, vol.ii, p.82.

158 个仆人从钱袋的大小和分量判断出里面肯定装满金子，于是带着那封信向伯利勋爵告了密。后者当即下令拘捕班内斯特、巴克和公爵的秘书希克福德（Hicford），严加审讯。三人承受不住酷刑，全盘招供。此外，希克福德此前虽然得到命令焚毁所有密件，却留了个心眼，偷偷把它们分藏在公爵卧房的地毯下和爵府屋瓦下面，这些文件如今成了指控其主有罪的铁证。[①]诺福克本人被带到枢密院时，根本不知道自己已被仆人揭发，虽被告诫应当彻底坦白赎罪，却断然否认被指控的所有罪行。女王一直公开声称，诺福克若能拿出真心悔改的证明，她本可以宽恕他之前的一切罪咎；[②]然而见他如此顽冥不化，她便下旨将其送进伦敦塔，接受法律的审判。罗斯主教早在诺福克案发前就因某些嫌疑而被拘捕。办案人员千方百计逼他供认自己在阴谋中扮演的角色。他起初援引自己身为外交使节的豁免权，拒绝回答讯问，但随后被告知：他的女主不再拥有君主身份，他本人也因此不再被视作外交使节；再者，就算他确有大使身份，阴谋颠覆所在国君主也是不受外交豁免权保护的重罪。[③]罗斯听了，依然咬紧牙关百问不答，办案人员遂向他出示了诺福克仆人的供述。随后，罗斯不再顾忌，毫无保留地全盘招供。他的证词完全坐实了诺福克的罪行。由二十五位贵族组成的陪审团一致通过对诺福克的判决。本案审判流程极其正规，即便以今日此类审判的严格制度来看，亦无可挑剔，只有一点不足：本案证人均未出庭作证，也未与被告当面对质。这种值得赞许的做法在

公元 1572年

1月12日 审判 诺福克

---

① Lesley, p.173.
② Ibid.p.175.
③ Ibid.p.189. Spotswood.

当时尚未用于叛国罪的审判程序。

在是否处决诺福克的问题上，女王一直犹豫。她如此表现，也许是对那位出身显赫、品质出众的贵族发乎真心的友谊和同情，也许是假扮慈悲，做出这般姿态以博取好名声。女王两度在死刑令上签字，又两度撤回。[1]尽管众臣和枢密院力劝她莫要心慈手软，她仍然踯躅不定，难下决断。犹豫四个月之后，新一届议会召开。159下议院向女王进言，言辞强硬地要求处决诺福克公爵。既已获得议会的认可，加上公爵确实罪大恶极、无可辩驳，女王认为自己现在有底气面对举世睽睽，声称严惩那位贵族是正当的。诺福克平静而从容地走上法场，他虽然声辩自己没有反叛之心，但还是承认对自己的判决公正。[2]还有一宗案件亦属同样性质，我们姑且在此一并叙述：诺森伯兰伯爵被苏格兰摄政逮捕并移交给英国女王，几个月后，也以叛国罪而送上绞刑台。

苏格兰女王乃是这一切动荡的起因或始作俑者，然而鉴于她曾是拥有君尊的女王，她或许有理由基于自己所遭受的严酷对待，自认有权采取任何非常手段自救。伊丽莎白目前还不敢下决心对她赶尽杀绝。她只派出德拉瓦勋爵(lord Delawar)、拉尔夫·萨德勒爵士和威尔逊博士(Dr. Wilson)对玛丽提出抗议，要求后者就其一生中桩桩件件触犯伊丽莎白的行为做出赔偿：僭用英格兰女王的尊号和纹章；拒不批准《爱丁堡条约》；不经伊丽莎白允许与诺福克公爵议婚；勾结北方叛乱分子；[3]与鲁多菲共商勾引西班牙国

处决
诺福克
5月8日

6月2日

---

① Carte, p. 527, from Fenelon's Dispatches. Digges, p. 166. Strype, vol. ii. p. 83.

② Camden, p. 440. Strype, vol. ii. App. p. 23.

③ Digges, p. 16, 107. Strype, vol. ii. p. 51, 52.

王入侵英格兰；[1] 促使教宗颁布对伊丽莎白的绝罚令；听任她的海外朋友尊她为英格兰女王。玛丽就上述罪名中的几项为自己辩解，或称之为诬蔑不实之词，或归咎于他人。[2] 但是伊丽莎白女王对她的辩白根本不满意，议会也怒火万丈，下议院甚至直接申请立即审判、处决玛丽。他们援引了若干判例、相关论述和国际法作为依据，但重点强调了《圣经·旧约》中的几段经文和事例[3]——这些内容若被奉为一般行为准则（一种不切实际的假设），必将使所有人性法则和道德毁于一旦。至此，事态的发展开始超出伊丽莎白期望的程度，她现在只满足于向玛丽显示民心所向，于是派人向议会发出明确指令，暂时搁置关于苏格兰女王的话题，不得再议。[4] 议会如此无节制地运用源自《圣经》、特别是《旧约》经文的权威，无比清楚地证明清教徒势力已经在其中占据上风。女王对清教徒实在没有好感，因此不太可能单单出于尊重他们的要求而做出任何让步。在本届议会上，女王还在另一桩引人瞩目的事情上对他们的谋算表现出不悦。下议院通过两项议案，旨在规范教会仪典，但是女王再次传话阻挠，像从前一样盛气凌人；由于王权的威压，相关议程就此中断。[5]

　　尽管伊丽莎白无意听从议会的建议，对玛丽赶尽杀绝，但是那位女王所牵涉的巨大利害关系、她那股永不安分的心劲，以及她

---

① Ibid.p.194,208,209. Strype,vol.ii.p.40,51.
② Camden,p.442.
③ D'Ewes,p.207,208,&.c.
④ Ibid.p.219,241.
⑤ Ibid.p.213,238.

与西班牙的密切关系,都让伊丽莎白极其警觉。她认为有必要对玛丽严加监守,对苏格兰的管理方针也须有所改变。① 迄今为止,那个王国一直处于无政府状态。爱丁堡城堡在格伦治的柯卡尔迪统领之下,已经宣布拥护玛丽;同一阵营的贵族们受他的激励,起而占据了首都,与摄政一派展开激战。他们发动突袭,在斯特灵擒住摄政,但发现摄政的朋友们正从城堡冲过来,有可能将其救走,他们就立即处死了摄政。马尔伯爵随后当选摄政之职。但要管理这个四分五裂的国家,他同样感到困难重重。因此,他很高兴接受英、法两国大使的调解,在平等条件下与女王一党达成停火协议。②马尔伯爵生性自由恢弘,不屑于依附英格兰;伊丽莎白当时已经与法国建立了密切关系,因此较爽快地接受了法兰西宫廷的请求,继续在两派之间保持表面中立,使苏格兰政局维持均势。③ 然而情况不久便发生了新变化。马尔被国内乱局扰得心情沮丧,郁郁而亡。莫顿当选继任摄政。这位贵族早与伊丽莎白暗通款曲,而此时伊丽莎白也不再依靠法兰西宫廷的友谊,定意更有实效地支持自己一向青睐的党派。她派遣亨利·基列格鲁爵士(Sir Henry Killegrew)以大使身份赴苏格兰,后者到任后发现,诺福克阴谋败露伏诛,令玛丽的党羽灰心丧志,甘心转而臣服于幼主,接受大赦。④ 夏泰勒公爵和亨特利伯爵及玛丽同党中几名最重要的首脑人物都接受上述和解条件放下了武器。只有爱丁堡城堡守军仍在

① Digges, p. 152.

② Spotswood, p. 263.

③ Digges, p. 156, 165, 169.

④ Spotswood, p. 268.

顽抗。柯卡尔迪已陷于绝境，只能寄希望于法国和西班牙国王发
兵援救，这两位国王都鼓励他不屈不挠顽强战斗，从苏格兰方向骚
扰英格兰。伊丽莎白警觉地意识到危险，她不再顾忌与苏格兰女
王决裂，因为她发现自己假惺惺的表演已经打动不了后者，因此，
她给予莫顿绝对的倚重，她还预见到，随着苏格兰大贵族纷纷降
顺，绥靖该国的大业将很快唾手功成。她命令贝里克总督威廉·特
鲁里爵士率部携大炮进军爱丁堡，围攻该城堡。[1]守军被迫有条件
投降，柯卡尔迪落入英军之手，后被移交给爱尔兰方面，受到国人
的审判，被定罪、处决。曾经鼎力相助柯卡尔迪的国务大臣里丁顿不
久亡故，据信是自杀而死。苏格兰自此完全归顺摄政，在很长一段时
间里，再未给伊丽莎白制造过什么麻烦。

法兰西局势

162　　然而在法兰西，形势的发展却很不符合伊丽莎白女王的利益
和愿望。胡格诺派曾经多次领教宫廷的和平谎言，现在也大有理
由怀疑对方居心不良。渐渐地，该阵营的其他首脑人物一个个被
诱入彀中，那位足智多谋的将军却始终不肯放松警惕。然而，他的
疑心也终于被战胜，一则缘于查理国王的伪饰功底深不可测，二则
是因为他本人由衷盼望结束法兰西的悲惨现状，好重新为自己的
君主和祖国尽忠效力。他还考虑到，鉴于宫廷此前暴力镇压的成
功总是伴随着致命后果，这位刚刚懂事、看似不曾被危险的仇恨或
偏见锢塞头脑的年轻国王，似乎并非不可能接受诱导，转而采取较
温和的统治策略。再者，查理年纪轻轻，脾气火暴，醉心于享乐，[2]

① Camden, p.449.
② Digges, p.8, 39.

从性格来看,他做不到如此老谋深算,即便装假也很难——甚至不可能始终装得天衣无缝。出于这些考虑,将军、纳瓦拉女王以及全体胡格诺派信徒都开始放下戒备,安然享受法兰西宫廷口蜜腹剑的呵护和表白。伊丽莎白本人虽然经验丰富、洞察秋毫,也丝毫不曾怀疑查理的诚意,她高兴地看到自己的对手吉斯家族被剥夺一

4月11日　切权柄,法兰西和西班牙宫廷之间敌意日增;她与前者缔结了防御同盟,[1]将其视作维护自身王位的坚固保障。她派驻法国的大使沃辛汉姆在每份报告中都满口称赞那个虚伪的国王如何讲求荣誉、光明磊落、诚实守信。

　　为了进一步诱骗多疑的胡格诺派领袖进入布好的网罗,查理作主把御妹玛格丽特许配给纳瓦拉王子。科利尼将军及胡格诺派中有身份的贵族尽数前往巴黎参加盛大的婚礼,希望这次联姻即使不能平息两教派之间的歧见,至少可以缓解彼此的血海深仇。纳瓦拉女王被宫廷遣人下毒暗害,科利尼将军遇刺受重伤;但即便

163

如此,查理仍然成功地以花言巧语稳住了胡格诺派信徒,让他们自

8月24日　以为安全。直到婚礼后几天的圣巴托罗缪之夜,大屠杀的信号发出,国王亲率杀手们直扑胡格诺派领袖的住处,杀戮开始了。巴黎

巴黎
大屠杀　人对新教徒的仇恨蓄积已久,他们在毫无准备的情况下,站出来支持宫廷的暴行。这是一场无差别屠杀,不分高低贵贱、男女老少,任何人只要有半点倾向新教的嫌疑,即刻死于刀下。科利尼将军、将军的女婿特利格尼(Teligni)、以及苏比泽(Soubize)、罗什富科(Rochefoucault)、帕尔达朗(Pardaillon)、皮莱斯(Piles)、拉瓦尔

---

① Camden, p.443.

丹（Lavardin）等人都是久经沙场英勇卓绝的男儿，此番却未及反抗，便惨死于刀下。鲜血在巴黎的街道上漫流。如此暴行非但未能满足民众的嗜血欲，反而令其更加狂暴，他们仿佛不满意受难者借着一死免于更多侮辱，以各种极端残暴的方式对尸体肆意泄愤。约有五百名贵族士绅在这场屠杀中丧命；较低等级死者接近万人。[1]灭绝新教徒的圣旨即刻传达到所有省份。在鲁昂、里昂和其他许多城市，暴民蜂起，效法首都大开杀戒。吉斯公爵甚至提出，要杀死纳瓦拉国王[2]和孔代亲王。但查理国王见纳瓦拉国王和善温柔，遂软了心肠，希望这两位年轻王公能顺命改信天主教；他决定饶他们不死，但必须改宗以换取生命安全。二人只得表面从命。

　　查理为了遮掩自己背信弃义的暴行，假称突然发现胡格诺派阴谋劫驾，他出于自卫，必须予以严厉镇压。他命驻英大使费内隆（Fenelon）请求觐见伊丽莎白女王，向她当面讲述近来发生的事件。那位正直的使臣对本国宫廷的奸诈残忍深恶痛绝，甚至无所顾忌地公然声称，自己如今以身为法兰西人为耻。[3]尽管如此，他还是不得不谨遵王命，用宫廷定规好的那套说辞来掩人耳目。觐见当日，他受到女王驾前所有廷臣的冷遇，他心里知道，自己主上做出那般行径，这些都是应得的。听众的凝重肃穆令人惊心，再没有什么比这更可怕了。每一张脸上都满带哀恸，寂静笼罩着宫中各个房间，静得有如夜半一般。众廷臣、命妇身着丧服分列两边，让他从中间走过，没有一声问候、一个亲切的眼光，直到他被引至

---

① Davila, lib. v.

② 1572年纳瓦拉女王被害后，亨利王子继位成为纳瓦拉国王。——译者

③ Digges, p. 247.

女王面前。① 女王的神态如果谈不上更亲切，至少比廷臣们轻松一些。她聆听了他的托词，面色波澜不惊，没有流露丝毫愤慨。女王随后告诉大使，最初闻知这可怕的消息时，她深感震惊——众多勇敢忠诚的臣民，全心信赖主君，竟在毫无防备之下突如其来地惨遭杀戮；但她一直控制自己不匆促判断，直到获得进一步的真确消息。女王表示，他所说的情况即便准确可信，或可减轻、却绝对无法消除法兰西国王驾前谋臣的罪责，亦无法证明这种怪异行动的正当性。当局拥有如此强大的武力，如同砍瓜切菜一般屠杀众多毫无抵抗的人，想必亦有能力护住这些人的性命，以便日后将他们交付审判，依法惩处，将罪犯和无辜者鉴别开来。特别是科利尼将军，他身负重伤，被王宫侍卫团团包围，看来完全仰赖他们的保护，无法逃跑，对于此人，当局必定可以先明确定罪再予处决。女王接着说，君主理应将正义之剑留在自己手中，而不是交给嗜血的杀人犯、被指控者公开的死敌，任其冷酷无情、不加分别地使用它。如果说即便新教徒谋逆确有其事，上述观点仍然成立，那么假如这是政敌造谣污蔑、要置他们于死地呢？ 这番话岂不更显为公正吗？ 倘若经过调查，事后发现那些不幸的受害者是无辜的，国王陛下便有义务替他们向造谣者讨还血债——他们用如此残忍的手段滥用了君主的信任，杀害了国王陛下这么多勇敢的子民，释放他们内心的恶，永久玷污了国王陛下的荣誉。至于她本人，则会根据国王陛下接下来的举动对其意图做出判断；与此同时，她会应大使阁下的

165

---

① Carte, vol iii. p. 522. from Fenelon's Dispatches.

请求，更多地怜悯而非谴责其主上被迫诉诸极端的无奈之举。[1]

伊丽莎白充分意识到自身当前的危险处境。她看出巴黎大屠杀乃是敌对阵营合谋铲除新教徒所结的一枚恶果，也知道她本人身为新教领袖和保护者，正是天主教徒刻骨仇恨的对象。西班牙在尼德兰的残暴行径也是该阴谋的一个分支。查理和腓力这两位国王几乎同样背信弃义、野蛮和偏执，二人如今不再假装争吵，公开宣告他们至近至深的友谊。[2]有鉴于此，伊丽莎白有理由担心他们一旦平息了国内动乱，就会联手对付自己。另外，查理此前为了蒙蔽科利尼将军，一直对吉斯公爵及其家族保持疏远，现在该家族已公开恢复了在法兰西宫廷举足轻重的地位。伊丽莎白深知，无论从个人还是政治角度，吉斯家族都是她公开的死敌。苏格兰女王是他们的近亲暨亲密盟友，对英格兰王位向存觊觎，尽管如今遭到软禁，却依然雄心勃勃；她不仅在海外拥有众多盟友，就是在英格兰王国腹心也有大批忠忱的拥护者。出于上述种种原因，伊丽莎白认为当前较审慎的做法是，暂且不与法国国王断绝关系，继续接受对方的友好表示。她甚至同意与法方重启议婚，这次的对象是查理国王的三弟阿朗松公爵（duke of Alençon），[3]因为与安茹公爵的议婚谈判已经破裂。时逢查理喜添爱女，伊丽莎白还派遣伍斯特伯爵（earl of Worcester）代表自己前去参加小公主的洗礼仪式；但在这最后一次屈尊示好之前，女王再次对查理向新教臣民所

166

---

[1]　Digges, p. 247, 248.

[2]　Ibid. p. 268, 282.

[3]　Ibid. passim Camden, p. 447.

施的暴行表示谴责乃至憎恶,以示自身尊严。[1]与此同时,她在加紧备战,准备抵御天主教阵营的合力进攻。她下令加固朴次茅斯要塞、整顿舰队、操练民兵、积极亲和臣民,大力加强对幼主治下苏格兰的控制,又与德意志诸侯重申盟约,后者目睹天主教阵营普遍的阴险残暴之举,其震惊紧张的程度丝毫不亚于她本人。

法兰西局势

尽管伊丽莎白审慎地避免与查理决裂,但是她防范其暴力侵略的最大安全保障来自胡格诺派的顽强抵抗给查理制造的麻烦。生活在边境附近的胡格诺派信徒一听到大屠杀的消息,立即逃往英国、德国或瑞士避难;他们讲述自身遭遇,激起当地新教徒极大的同情和义愤,并且积极备战,要以更强的实力和加倍的热忱打回法兰西,为惨遭屠戮的弟兄们报仇。那些住在法兰西中部的胡格诺派信徒则躲入附近由自己人占据的军营,他们随后发现,有条件投降无法给他们提供可靠的安全保障,也不能指望国王的宽赦,于是决心拼死一搏。这个查理曾想一举铲除净尽的教派,如今拥有一万八千步兵,在王国各地占据了超过一百个市镇、城堡和要塞。[2]查理还面临着全欧洲新教军队大举入侵的危险,无法自诩安全无虞。英格兰贵族士绅们义愤填膺,向女王申请招募两万两千步兵、四千骑兵,跨海出征法兰西,由他们自掏腰包出战六个月。但伊丽莎白向来行为谨慎,她担心这样危险的圣战会使教派争端火上浇油,因而对上述请求不予批准,并设法缓和臣民的激情。[3]德意志诸侯没有那么多策略考量,或是不那么惧怕与法兰西结仇,大力支

公元
1573年

---

① Digges, p.297, 298. Camden, p.447.

② Digges, p.343.

③ Ibid. p.335, 341.

持新教徒的征兵倡议。小孔代亲王逃离法国宫廷，成为这些部队的统帅，磨刀霍霍准备入侵法兰西。阿朗松公爵、纳瓦拉国王、蒙特莫伦西家族，甚至天主教阵营中的许多显贵，都出于或公或私的动机，对宫廷的举措不满，乐见胡格诺派势力发展壮大。法兰西王国重新陷入一片混乱。查理国王非但不思悔改，反思自己的暴行导致如此极端的局面，反而大声疾呼号召采取新的暴力行动，[①] 就连致命的瘟热病也无法缓和那支配着他的愤怒和仇恨。查理卒年二十五岁，身后没有留下男嗣。这位君主的性格中奇异地混和了虚伪与残暴、快速憎恨和无情报复的倾向，他的所作所为给自己的祖国和整个欧洲都带来极大祸患，以及更为严重的威胁。

公元
1574年
5月25日

　　前段时间当选波兰国王的安茹公爵亨利闻知王兄驾崩的消息，即刻匆匆赶回，接掌法兰西王权。他发现，这个王国目前不仅乱象丛生，更是病入膏肓，难觅疗愈良方。国人分裂为两大宗教阵营，因信仰狂热而趋于狂暴，因彼此施加或遭受的伤害而互相愤恨，所有信念都被亵渎、一切节制全被打消，在这种情况下，试图让两派协商寻求和解看来完全不切实际。两党都忠实追随本派首脑，这些人的权威已经高过君主的意志；即便国王所属的天主教阵营，亦完全受控于吉斯公爵及其家族。无论在哪一阵营中，宗教人脉都取代了世俗人脉；或者毋宁说，（由于人们总是被当前利益左右）法兰西王国暗地形成了两个国中之国，人人都在新的利益视角驱动下追随本阵营的首脑，就是在既往的动乱中给予自己荣耀和晋身之阶的人。

公元
1575年

168

---

① 　Davila, lib. v.

亨利见王权式微，遂制定了一套重振自身权威的方略：他计划在两派之间充当仲裁人，调解双方的分歧，潜消默夺，令双方都归服于自己。他拥有实施这一微妙计划所需的作伪天分，但缺乏足够的活力、勤勉和良好的判断，结果非但未能成功凌驾于两派之上，反而失去了双方的信任，令两党人士越发紧密团结在自己的领导者周围，因为他们更亲切、也更真诚地投身于所信奉的事业。孔代亲王和卡西米尔亲王率领一支德意志援军入法，壮大了胡格诺派的实力；纳瓦拉国王逃离法兰西宫廷，成为这一强大阵营的统帅，以其个人声望和德行大大加强了本党派的号召力。亨利将他的计划付诸实施，与胡格诺派达成和解；因其热切期望维系两派均衡，遂在和谈中给予他们极宽厚的条件。这已是天主教与胡格诺派之间的第五次全面和解了。尽管宫廷方面并不比两派中任何一方更具诚意，但是此举却大大激怒了国内天主教徒；吉斯公爵由此找到借口公开抨击国王的措施、方针和行为方式。

那位狡猾而大胆的贵族首脑借机整顿本党派，使之成为一个更为正规有序的组织。他为著名的反新教"神圣同盟"奠定了最初的基础，该同盟全然无视王室权威，一心要将胡格诺派剿灭干净。由于之前几任君主激进而残暴的政策，使举国人心已然容不得宗教宽容，陷入极其悲惨的境地。为促进信仰自由而做出让步，或有安抚改革派之效，却令天主教徒怒不可遏。亨利为了转移反新教同盟对自己的批评矛头，甚至潜消同盟对胡格诺派的打击，宣布出任这一煽动性组织的最高首脑，统率天主教大军出战。但是他行动拖沓、软弱无力，暴露出内心的勉强态度；几次军事行动无果，他便与胡格诺派达成新的和解方案，这次虽不像前次那样宽和，却仍激起天主教徒的不满。两个阵营之间仍然势同水火，双方都对国王的温和态度心存猜忌，他们都预见到决裂近在眼前，因此不断加强自身力量，为那一天做好准备。神学论争每天都在刺激宗派仇恨，每一宗个人伤害都成为引发公共纠纷的理由。

　　亨利国王本指望巧施花招，诱导国民贪恋享受和逸乐，结果作茧自缚，使他本人陷于放荡怠惰，令国人对他完全失去敬重，至于爱戴也所剩无几。他不是着意提拔立场不偏不倚、品行端方的才能之士，反而一力宠信一批擅于献媚的年轻宠臣，这些人没能力支撑他摇摇欲坠的权威，只一味地倚恃王权，更惹起国人对这届政府的普遍反感。他铺张荒淫的生活加重了公共负担，令本来动荡的王国更加不堪重负，国民愈发怨声载道。党派斗争怨仇如炽，苛捐杂税多如牛毛，如此和平时代，倒比外敌公然入侵甚至内战年代更加苦难深重。国王心机深重，机关算尽反失了胜算，权谋施展得太频繁，亦屡屡被人觑破本心。相比之下，反倒是吉斯公爵和纳瓦拉国王凭着直抒胸臆、敢作敢为的作风逐渐赢得大多数国人的心，成为两派人士各自忠心追随的领袖。

　　法兰西国内动乱牵动着欧洲全局，令别国君主无法不给予关注。伊丽莎白以其卓越的远见和警惕性，早于暗中插手，只是她那节俭的习性多少限制了这方面的行动。除了在一切场合运用自身地位为胡格诺派斡旋之外，她还大笔出资帮助招募德意志援军，在孔代亲王和卡西米尔亲王指挥下挺进法国。[①]她虽未间断与法国

公元
1578年

公元
1579年

----

① Camden, p.452.

宫廷的谈判,并屡屡向其示好,但她一直认定,自己的利益与法国 170
新教势力的兴起、与吉斯家族的覆灭息息相关。另一方面,腓力已
经公然以天主教同盟的保护者自居,并且与吉斯公爵建立了无比
亲密的关系,运用自身权威全力支持那位派系领袖。共通的信仰
本身就足以滋生利益关联,成为相当重要的行为诱因,而腓力还抱
着另一重动机,就是降服尼德兰的悖逆臣民,他们向来受到法国新
教群体的强力支持,他希望,他们看到自己的法国朋友和同盟军遭
到彻底镇压,最终会丧失胜利的指望。

尼德兰
内战　　　促使伊丽莎白支持胡格诺派的政治动机,也同样推动着她扶
助身处困境的尼德兰新教徒。不过,腓力坐拥雄厚实力,他治下的
其他属地一片太平安稳,此外,他在反抗省份中驻有重兵,慑于以
上种种,伊丽莎白十分小心,尽管面对重重诱惑和衅端,她仍在一
定程度上与西班牙君主保持着友好关系。西班牙大使向她抱怨说,
许多佛兰德斯流民频频寇略于海上,劫掠他主上西班牙国王的臣
民,却被英国港口接纳,并获准在当地销赃。伊丽莎白女王迫于压
力,只好颁令禁止这些人进入英国领土。不过,这一举措事后证明
对腓力的利益伤害极大。这些走投无路的流亡者失去生计之后,
只能铤而走险,他们攻打尼德兰港口市镇布里耶(Brille),未几便
成功占据该地。[①]阿尔瓦公爵闻讯警觉,中断了对手无寸铁的佛兰
德斯民众的血腥屠杀,匆匆率兵赶去镇压,要扑灭这朵落在干柴堆
里的火苗,惟恐它燃成燎原大火。事实很快证明,他的惧怕有着充
分的依据。布里耶邻近地区的民众憎恨统治者施加于自己和同胞

---

　　① Camden, p.443.

171　们头上的残害、压迫、凌辱、僭夺和苦害，纷纷揭竿而起，不到数日，荷兰和西兰两省几乎所有地方都奋起反抗西班牙统治，公开宣告反对阿尔瓦的暴政。此事发生在1572年。

奥伦治亲王威廉（William, prince of Orange）出身于一个古老而光荣的德意志君主世系，他本人继承了法兰西某王族的产业，目前定居于尼德兰。由于亲王出身显贵、富可敌国，兼以本人品德出众，被公推为尼德兰诸省臣民中领袖群伦之第一人。他曾经竭尽他身为人臣的一切正当手段遏制西班牙日益猖狂的僭夺，当阿尔瓦率军进驻尼德兰、接管政权之际，奥伦治亲王深谙此人的暴戾性格和马德里宫廷的独裁精神，明智地选择逃离险地，避居于自己在德意志的祖传领地。阿尔瓦政府传唤他出庭受审，并以缺席审判方式宣告他犯有叛国罪，罚没了他在尼德兰的巨额资财。奥伦治兴兵复仇，在帝国境内招募了一支新教军队，为光复佛兰德斯人的自由而战，但他终究不敌机警善战的阿尔瓦公爵，更兼阿尔瓦麾下的西班牙精兵作战骁勇、军纪严整，奥伦治几次发动攻势均被击退，部众多有伤亡。

荷兰和西兰原是奥伦治亲王的旧领地，民众对他十分爱戴，这两省爆发的起义召唤他重新出山投入战斗；他的到来，令当地人顽强抵抗西班牙统治的抗争倍添领导力量和斗志。他将各起义市镇联合起来，为日后著名的新教联盟奠定了基础，该联盟本是工业和自由所孕育的果实，在很长一段历史时期里，凭借其强大的武装力量和策略，在全欧一切事务中扮演着举足轻重的角色。奥伦治亲王不遗余力地调动民众的宗教热忱、对敌人的憎恨以及热爱自由的精神，激发他们的斗志。眼下西班牙王朝固然实力强悍，或许令人胆寒，但亲王以其他省份协同抗暴的前景和邻国的支援来鼓舞民众；他勉励大家为捍卫自己的宗教信仰、自由和生命坚持到底，熬过这段艰苦卓绝的岁月。正是由于这种精神的激励，在随后的哈勒姆（Harlem）保卫战中，新教守军殊死抵抗，令敌无计可施，惟以饥饿将他们逼入绝境，才攻克此城；西班牙军进城后，出于报复，屠杀了两千多名当地居民。①残酷的镇压荷兰省起义者，反而激起他们与敌决一死战的斗志。阿尔克马尔（Alcmaer）一战，新教军队奋力抵抗，最终击退阿尔瓦，证明猖狂的敌人并非不可战胜。阿尔瓦公爵终于领教了他的残暴统治结出的恶果，上书西班牙朝廷请求将自己召回。受命接替他的梅第纳－塞利（Medina-celi）拒绝履职；朝廷改派卡斯蒂尔骑士长列奎森（Requesens）从意大利赶来接掌总督之职。暴君阿尔瓦于1574年离开尼德兰，惟遗臭名于当地，时时遭人诅咒。他返朝后向人自吹，称其在任五年，共将一万八千多名叛逆的异教徒交付给刽子手。②

虽然新总督列奎森性情相对温和，也无法平息荷兰省起义者对西班牙当局炽烈的仇恨，战争仍在延续，当地人的抵抗依旧顽强。西班牙军围攻莱顿（Leyden）时，当地人掘开堤坝、打开水闸，驱逐进犯之敌。农夫们积极放水淹没自家田地，宁可毁掉家业，也不愿再屈膝于他们痛恨的西班牙暴政之下。尽管大水让西班牙军暂时受挫，但总督仍在步步进逼，双方实力差距实在过于悬殊：一方是如此强大的帝国，另一方只是两个弱小省份，无论怎样依凭自

172

---

① Bentivoglio, lib.7.
② Grotius, lib.2.

然之力、无论当地居民如何以必死之决心保卫家园，仍然难与强权机器抗衡。于是，时至1575年，奥伦治亲王决定寻求外援，企望亨利或伊丽莎白这两大强邻之一能够出手相助。法兰西宫廷和西班牙宫廷一样，弥漫着暴力和迫害的气息；此外，那个王国因内部纷争而四分五裂，目前似乎一无余暇二无余力关注国外事务。反观英格兰与尼德兰拥有悠久的贸易和同盟纽带，现在更是出于共同信仰，格外关切起义诸省的命运，因此，看来英国会自然而然地倾向于保护盟友的利益。另外，伊丽莎白一向出于充分理由对腓力抱有戒心，而她治下的王国眼下安定无虞，因此尼德兰人希望她会在政策、野心或慷慨道义驱使下，支持他们度过当前的艰危处境。于是，他们极其郑重地派遣一个使团前往伦敦，成员包括圣·阿尔德贡德（St.Aldegonde）、杜扎（Douza）、尼韦勒（Nivelle）、伯伊斯（Buys）和梅尔森（Melsen）。他们以最谦卑的态度向女王陛下发出恳求，继而提出，只要她慨然相助，他们愿将这几省的领地和主权拱手奉上。

　　有许多强烈动机可以促使伊丽莎白接受这份厚礼。她对腓力暗中勾结英格兰和爱尔兰反政府分子给她造成的诸多伤害统统了然于心；[1]她预见到，一旦尼德兰地区完全臣服于天主教统治，必将给自己带来极大危险；此外，这些省份地处滨海要冲，扼数条大河黄金水道，对于正在着手培育商贸和海上实力的英国来说实在充满诱惑。然而，这位女王虽说志向远大，却从未有过开疆拓土、征服邻邦的野心。她采取机警和积极主动的政策，没有别的目的，只

---

① Digges, p.73.

想以最俭省、最谨慎的手段维持自己治下王国的安宁。显而易见，她若接受这几省的统治权，其必然后果就是对西班牙王朝公开宣战；一旦将这几省居民纳入自己的羽翼保护下，今后她便无法不失体面地抛弃他们，无论他们对抗西班牙人的战争陷入怎样的绝境，她都必须承担起保护之责，即使远远超出自身的便利和利益所允许的极限。出于上述种种原因，女王以友善的言辞谢绝了这份主权馈赠，但她对使团成员表示：为了报答奥伦治亲王和尼德兰联省议会的好意，她会尽力从中斡旋，为他们争取最优惠合理的和谈条件。[①]她随即派遣亨利·科巴姆爵士(Sir Henry Cobham)前去谒见腓力，向其阐明：一旦法国从内乱中稍得喘息，必定出手保护那些心怀怨愤的叛民，届时腓力就将面临完全丧失尼德兰诸省的危险。腓力似乎欣然接受了这番规劝，但是后续议和毫无动静，战争在尼德兰持续，其激烈和血腥程度丝毫不减。

　　一个偶然事件拯救了尼德兰诸省，令他们绝路逢生：列奎森总督暴亡，西班牙将士不满拖欠军饷，又因缺乏合适的统帅羁勒而恣纵无忌，爆发剧烈的哗变，局面一团混乱。乱兵洗劫了马斯特里赫特(Maestricht)和安特卫普二城，大肆屠杀城内居民。其他城市也面临同样噩运的威胁。除卢森堡以外的所有尼德兰省份结成了共同防御联盟，并邀请奥伦治亲王和荷兰省起义军进驻，充当他们的保护者。各结盟省份经过共商，签订了一份条约，俗称《根特协议》(Pacification of Ghent)，将驱逐外国军队、恢复古老的自由定为共同追求的目标。奥地利的堂·胡安(Don John of Austria)是腓

174

---

① Camden, p.453, 454.

力的私生兄弟，他被任命为尼德兰总督，驾临卢森堡。他甫一到任便发现，联盟诸省早已壁垒森严，而西班牙部队兵力分散，绝对无法抵抗对方的攻势。于是，他接受了联盟提出的议和条件。西班牙军全部撤出佛兰德斯，患难中的尼德兰诸省似乎终于透过一口气来。

　　然而，要想实现全面和平并非易事，一方面因为西班牙国王如饥似渴的复仇心和统治欲，另一方面因为尼德兰人旧恨难消，又恐惧仇敌未来的加害，极其焦虑不安。堂·胡安雄心勃勃，渴望在这个大舞台上一展军事才华，因而更倾向于鼓动纷争而非息事宁人。当他发现联省议会决心严格限制他的权威时，便撕毁一切协议条款，占据了那慕尔省(Namur)，通过一番运作从意大利召回了西班牙军。堂·胡安天生心高气傲，兼以少年得志，越发自我膨胀，开始大胆奢望更恢弘的功业：征服反叛诸省远远满足不了他的野心，他还图谋迎娶苏格兰女王，借她的名分取得对不列颠岛上两王国的统治权。[①]伊丽莎白了解他的意图，此时看到尼德兰诸省已经联合起来，有望长期而有力地抗击西班牙帝国，遂抛开顾虑，出面维护他们的自由——这自由看起来与她自己的安全息息相关。她首先寄给他们一笔钱款，大约两万英镑，以敷当前的军费开支；随后与他们缔结协议，约定派去五千步兵、一千骑兵作为援军，费用由尼德兰人承担；女王还承诺，在收到尼德兰几个最重要城镇提供的抵押物之后，借给对方十万英镑，一年内还清。双方进一步约定，英国援军主将应进入联省议会政务委员会；任何关乎战争与和平

---

　　① Camden, p.466, Grottos, lib iii.

的事务，必须事先通报英国女王或英国援军主将，否则不得做出决定；不经英国女王首肯，诸省不得结盟；诸省之间如发生任何纷争，应提交英国女王仲裁；任何君主倘以任何借口向英国女王发动敌对行动，尼德兰诸省应派兵支援，规模应与女王保卫联省所遣援兵相当。以上协议签订于1578年1月7日。①

伊丽莎白女王与尼德兰联省缔约的一个重要诱因是防止他们投入法兰西的怀抱。她也力图说服西班牙国王，这是她唯一的动机。她委托驻西班牙大使托马斯·韦尔克斯（Thomas Wilkes）转告腓力，迄今为止她只是尽心恪守好邻居、好盟友的本分，她曾拒绝了尼德兰和西兰两省拱手奉上的统治权，又曾奉劝奥伦治亲王臣服于腓力，甚至威胁他说，倘若不听劝告，将对他不利。女王表示，她将继续秉承两国亲善的意愿，一如既往；作为证明，她不揣冒昧提出下列几条建议，以平息当前的分歧：她希望腓力召回堂·胡安（她不能不将此人视作不共戴天之敌）、委任其他更受人爱戴的王公接替其职，撤回西班牙军队，容许佛兰德斯人恢复他们古老的自由和特权；倘若腓力作出这些让步之后，尼德兰诸省仍然顽梗，拒不履行对他的效忠义务，她承诺出兵协助西班牙国王，以武力迫使他们臣服。腓力掩饰住对伊丽莎白的怨恨，同时照旧源源不断地为堂·胡安输送资金和兵力。后者虽在瑞梅纳特（Rimenant）被诺里斯（Norris）麾下的英军英勇击退，又遇到卡西米尔亲王（这位亲王此前率领一支由英国女王出钱招募的强大援军由德意志进入尼德兰）所指挥的联省部队顽强阻击，但在让布卢

176

---

① Camden, p. 466.

(Gemblours)战役一举大胜尼德兰联省部队。不过，正当他凯歌高奏之际，其胜利之路却因一剂毒药戛然而止，坊间怀疑是腓力忌惮他的野心，指使人下毒暗杀了他。帕尔马亲王(prince of Parma)受命接掌总督职权。此人兼具勇气与恩慈，既是谈判高手又擅用兵，凭其文韬武略大大挫败了尼德兰起义军，推进了西班牙人的事业。

这些年来，尽管欧洲遍地烽火，但英格兰却得以安享太平；这主要应当归功于伊丽莎白女王审慎而积极的施政，以及她在一切举措中采取的明智预防措施。通过支持苏格兰热忱的新教徒，她先后两次帮助他们压倒对手占得上风，使他们的利益与自己的利益紧紧相连，从而在敌人可能发动最危险入侵的方向上得以确保绝对安全。她看到，自己在法国的死敌吉斯家族固然势力强大，却被热心拥护她的胡格诺派制衡，就连法兰西国王也忌惮该家族躁动的野心，对他们心存厌憎。腓力的偏执令她有充分理由感到不安，所幸的是，恰恰是这种偏执在他自己的臣民中间激起最顽强的反抗，为他制造了众多敌人，看来他不大可能以武力和谋略很快将其降服。苏格兰女王，她的冤家对头、竞争对手，英国王位的觊觎者，如今是她掌中囚徒；玛丽天性急躁好斗，以致行动失慎授人以柄，令女王有借口加强羁束，切断其与英格兰同党的联系。

宗教是至为关键的要点：在那个时代，一切政治事务莫不取决于此。倘若考虑到当时的流行偏见，那么我们几乎没有理由指责伊丽莎白女王在这方面的施政有失严厉或鲁莽。她没有建立宗教裁判所裁判人的信仰，没有将王权至尊的誓词强加于普通臣民，仅仅针对那些得蒙信任担任公职者。尽管法律规定王国臣民不得信奉除国教以外的其他宗教，但是一些违法行为，诸如在个人家中咏弥撒、领圣事等，在很多情况下受到默许；[①]而另一方面，在伊丽莎白登基之初，天主教徒并没有表现出多么不情愿去教堂参加国教的敬拜仪式。教宗感觉到这种情形会使己方追随者逐渐混同于新教信徒，于是匆匆抛出敕令，对女王施以绝罚，解除英格兰臣民对她的效忠义务；罗马教廷的密使们亦不遗余力地鼓吹煽动，扩大两派信仰间的鸿沟，把赴新教教堂做礼拜变成天主教徒心目中十恶不赦的大罪。[②]这些做法以及接踵而来的叛乱，令当局加强了警觉，实行了更为严厉的管制。不过，若与其他国家不从国教者的境遇相比，或与他们自己得势时的方针政策作一比较，那么可以说，英格兰天主教徒并无正当理由抱怨当局的暴力迫害。

　　女王内心似乎更渴望对清教徒群体严加羁束。尽管他们的主张并不对她的权威构成直接威胁，却仿佛发乎一种更为不可理喻的偏执，并在世俗和宗教事务两方面保留了某些迄今尚难完全辨清其边界和意图的权利主张。早在本朝初年，当局就对该教派一些旨在建立独立教会和戒律的尝试进行了刻意打压。[③]每当有国教教牧表现得倾向于清教信条，有意无意地删减法定宗教惯例或仪规，女王总是严加惩处，要么罚款要么夺职，以示维护正统的决心。[④]不过，由于女王驾前一些重臣暗中保护该教派，致使她的旨意常常难以落实。

---

①　Camden, p. 459.

②　Walsingham's Letter in Burnet, vol. ii p. 418. Cabala, p. 406.

③　Strype's Life of Parker, p. 342. Ibid. Life of Grindal. p. 315.

④　Heylin, p. 165, 166.

　　然而伊丽莎白最得民心之处，乃是她厉行节俭的作风（尽管
有时过分极端），她的意图不在于积聚钱财，而只是避免向国民征
税，当时国人还很不习惯承担政府开支。她极度克俭，连本带利偿
清了全部王室债务；尽管其中一部分积年陈债可以追溯到她父王
生前所欠。[①]她本人登基之初所借的一些贷款，均已如数偿还，这
在那个时代颇有些不寻常。[②]全欧洲无论哪国君主都无法像她一
样，每当王国公共开支遇有紧急需要，便能轻松掏出任何数目的钱
款[③]——在这样的基础之上，她为自己打造了极高的美誉度。在这
个和平统一的治世中，英格兰没留下多少足以载入史册的东西；除
了伊丽莎白在外交事务上发挥的微小作用之外，几乎没有什么值
得特别详述之事。

　　这时期最重要的事件是1576年2月8日召开的新一届议会。议会召开
辩论启动时，似有某些新鲜独特之处。清教徒议员彼得·温特沃
思（Peter Wentworth）在前几届议会上就以其自由无畏的精神崭
露头角，本届议会一开幕，他便抛出一通早有预备的长篇大论，激
起整个下议院的愤慨，也极大地触怒了女王和众臣。鉴于这篇讲
稿粗粗勾勒出后世在英格兰大行其道的自由准则的草图，所以我
们在此不妨用寥寥数语介绍一下其中要旨。他在发言中首先指出：
自由的名字是甜美的，而自由本身的价值更超乎一切无价之宝。
人们应该当心，不要只满足于自由的甜美之名而抛却其实质，轻掷
了这世上所有珍宝中对王国最有价值的宝物。他接着阐述道，议

---

①　D'Ewes, p.245. Camden, p.446.

②　D'Ewes, p.246.

③　Ibid. p.245.

会的言论自由令君主和臣民都受益匪浅，而这项特权在之前的许多基本条款中屡遭侵犯，如今更是面临迫在眉睫的危险。在议会讨论中，每当触及重要议题——尤其是关乎宗教的议题时——人们总是揣度该话题有可能令女王不悦，如果继续讨论可能引来天威震怒。所罗门王曾经说过，"王的震怒，如杀人的使者"，[1]诚哉斯言！难怪人们即使在良心和责任驱使下开口，一旦面临悬于头顶的严厉责罚，便当即倾向于闭嘴不言。在这种论调支配下，议会失去了服务于国家，甚至为女王陛下本人效忠的能力，致使女王陛下的耳目尽被逢迎拍马之徒壅蔽，听不到最有益的忠言。这个机构徒有议会之名、却被剥夺了其存在所不可或缺的特权，实在是个讽刺；假如没有这种特权，议会必将沦为一所专门操练奴颜婢膝和装糊涂本领的令人不齿的学校。议会是法律的伟大捍卫者，有鉴于此，他们理当拥有自由去履行其被托付的职责、维护自身权威——这权威实属崇高，就连君权本身亦由之所出。君主依法而立，其地位固然不仰赖于人，却须服从上帝与法律，故当以议会的规定而非一己之意志作为行为规范。君主作为上帝的代理人，该使命本身也加强而非削弱了上述义务，因为他被授予如此权柄乃为在地上执行神的旨意，即申张法律和正义。这种唯恐自身议政活动可能触怒女王的揣测已经在非常重要的一点上侵害了议会的言论自由，这原是一项特殊法律赋予他们的特权；然而，他们的自由还面临着另一种更明确、更危险的侵害，那就是由王座传来的频繁指令。这种情形已成惯例，每每议会开启讨论某一议题，无论是

179

---

① 《圣经》箴言16：14节。——译者

关于宗教的还是世俗问题，总有人携来女王陛下的旨令，断然禁止他们继续议程，以后也不得就此重要事务说三道四。他还指出，教会高层在王权庇护下肆无忌惮，在一切关乎宗教的问题上以绝对权威自居，要求每个人在信仰上无条件地顺服他们独断专行的意志。他表白说，自己对君主满腔热爱，目睹如此乱象无法保持沉默，无法在这重要关头置自己的责任于不顾，一味地殷勤谄媚。此外，人生为肉体凡胎，孰能无过？就连女王本人也不例外，陛下将这等奴仆角色强加给她忠诚的下议院，便是犯下了危险的大错，不利于陛下本人，亦不利于全体国民。①

从这篇演讲稿中不难看出，在这个自由曙光初绽的时期，议会集议方式仍嫌粗放，尚未形成规范，也欠缺合宜的礼节，比如发言中只攻击大臣和枢密，无伤君主尊严，不提及君主本人。下议院对这出格的放肆行为表达了强烈愤慨，他们将温特沃思逐出会场，交与警卫官关押起来。他们甚至下令组织一个委员会（其成员全是枢密大臣）审查他的问题，并要求次日向下议院呈交审查报告。该委员会于星室法院集议，以该法庭典型的专横作风传唤温特沃思，要他就自己的行为做出解释。不过，尽管下议院的行为如此粗心大意、考虑不周，将自身权柄与星室法院的权威两相混淆，但温特沃思却对自由原则理解得更清楚，他拒绝向这些枢密大臣解释自己在议会的举动，直到他们首先申明自己不是以枢密大臣的身份，而是作为下议院所属的委员会成员来审查他。② 温特沃思为他在

① D'Ewes, p.236, 237, &c.
② Ibid. p.241.

下议院自由放言辩护,提出女王传来的旨令过于苛刻,他是不平则鸣。委员会成员列举既往各朝史实向他证明,君主向议会传旨不无先例,尽管如此,他仍然拒不表示懊悔或歉意。此事的结果是:温特沃思被关押一个月后,女王陛下传旨告知下议院,陛下特施恩典,还温特沃思以自由,恢复他在下议院的议席。① 在这表面的宽仁背后,女王实则保留了关押议会成员、强迫他们为自己在议会中的所作所为接受王权质询的法外权力。沃尔特·迈尔德梅爵士对下议院极力称颂女王的慈爱:该议员狂悖无礼,合当承受义怒,女王陛下却如此仁慈地给予赦免。但他也提醒他们,下议院成员没有信口开河、随意攻击任何人的自由;在议会轻率妄称自由,无论在当今还是既往时代,都会受到适当的惩处。他警告下议院,不要胡乱利用女王陛下的仁慈,不要逼她违背本心,由无效的仁慈转向必要的严厉。②

　　议会两院在其他方面表现得同样驯服卑顺。他们没有继续讨论议会召开之初提起的③关于改革教会的议案,只满足于向女王陛下呈上一份同样内容的请愿书。女王回复说,她会下旨命各位主教纠正所有弊端,主教们倘有疏忽懈怠,她将运用自己对教会的至高权威,亲自予以匡正,给国人一个满意的交代。议会心甘情愿地默从了这一发乎君权的专横决定。④

　　下议院虽在对抗王权方面表现得如此畏葸,但在本届议会上,

181

---

① D'Ewes, p. 244.
② Ibid. p. 259.
③ Ibid. p. 252.
④ Ibid. p. 257.

面对来自上议院的侵权，他们却保持了自身尊严，抵制了前者要他们就某议案举行联席会议的要求（他们认为此举不合规）。不过，他们以极尽谦卑的态度（这是他们的原话）承认上议院的优越地位，只是拒绝就本院的所作所为向其做出任何解释，并且声称，他们若要修改由上议院转来的议案，提出召开联席会议的权力在于他们，无需上议院要求。①

下议院批准授予女王一项补助金和两项十五分之一税的征税权。为了阐明上述资助的合理性，迈尔德梅向下议院详述了女王此前用于支持政府的开销，以及商品价格日益上涨，王室开支日增的情况。但他并未忘记告诫他们，此番披露账目细节完全是女王陛下屈尊纡贵之举，因为陛下没有义务向他们交代如何使用自己的资产。②

---

① D'Ewes, p.263.
② Ibid. p.246.

第四十一章　伊丽莎白女王(四)

苏格兰局势—西班牙事务—弗朗西斯·德雷克爵士—议会召开—与安茹公爵议婚—苏格兰事务—玛丽致信伊丽莎白—英格兰国内的阴谋活动—议会召开—宗教事务高等法院—尼德兰事务—对西班牙开战

公元
1580年

伊丽莎白在位期间一直安享太平，但即使最稳妥无虞的局势，也从未让她放松戒备和警醒。而目前形势开始恶化，危险逐渐积聚，从不只一个方面向她迫近。

苏格兰
局势

莫顿伯爵上台后，一直紧密追随英格兰女王，得以在本国境内恢复和平。然而，在这个不习惯遵从法律秩序的国家，就连世袭君主天然的统治权都时常遭遇挑战、被乱臣贼子操控，更无法指望摄政经法律授权人为取得的权柄能够长久保持下去。贵族们又开始结党分派；民众对莫顿的贪敛行径极其反感；教牧们不满当局变本加厉侵夺他们原本微薄的收入，加入到不满分子的行列中来，并且将其他阶层的怒火煽得更旺。摄政察觉自己处境堪危，发牢骚地表示想要撂挑子，却被对立面即幼主的宠臣们抓住机会，要求他按其表白的意愿，辞去摄政之职。当时幼主詹姆斯只有十一岁。莫顿首先大赦天下，为自己设置了安全保障（他自以为如此），随即还政于国王，自此詹姆斯六世便在名义上亲自主政了。前摄政退出政府，表面上彻底隐退，一心一意打理自家事务。然而一段时间之后，他要么是厌倦了激流勇退后清静无为的生活，要么觉得抛开假面的时机已到，于是重返朝堂，在枢密院中占据了支配地位。尽管没有恢复摄政名分，但他依然权倾朝野，不输以往。对立一党自行开会集议，随即拿起武器，声称要解救被囚禁的幼主，恢复他的自由执政权。伊丽莎白女王假手驻苏格兰大使罗伯特·鲍斯爵士（Sir Robert Bowes）介入调停，促使两党达成和解。莫顿继续主掌大政，但他的敌人为数众多又极其活跃，他的权柄日益岌岌可危。

多比涅伯爵（count d'Aubigney）出身于伦诺克斯家族，是幼主父亲的堂弟，在法兰西出生并接受教育。吉斯公爵相中了这位谈吐不俗、性情温和宜人的年轻伯爵，要将他用作一个趁手的工具，离间詹姆斯与亲英派，使之亲近其母和母系亲朋。多比涅伯爵甫一出现在詹姆斯驻跸的斯特灵，马上赢得了那位少年君主的欢心。他与国王的宠臣、出身奥奇特里（Ochiltree）家族的浪子詹姆斯·斯图亚特结成利益同盟，打着吃喝玩乐的幌子，潜移默化地向国王稚嫩的心灵中灌输新的为政治国理念，对他陈说玛丽被逼逊位、遭受了莫大不公，幼主因此产生了还政于母或母子共治的想法。[①] 伊丽莎白警觉到这股势力在苏格兰崛起可能引发的危险，派遣罗伯特·鲍斯爵士再赴斯特灵，指责多比涅（现已晋为伦

---

① Digges, p.412, 428. Melvil, p.130.

诺克斯伯爵）是法国人的走狗，并警告詹姆斯不要沉迷于这种可疑而危险的关系。[1]詹姆斯国王派驻英大使亚历山大·霍姆爵士（Sir Alexander Hume）觐见女王替自己辩解，而伦诺克斯一见女王对自己公然发难，便越发坚定致力于颠覆亲英势力，尤其是推翻亲英派的首领莫顿伯爵。后者在枢密院中被捕，被指控为杀害先国王的帮凶，被关押、审判，以叛国罪论处。莫顿供认，博斯韦尔制定了谋杀计划之后，曾经请求玛丽的认可，也曾与他通气，并希望他提供协助，但被他拒绝，他本人从未表示过支持谋杀计划。关于他为何隐匿不报，他辩解道，揭露这个阴谋实在太危险了：若向亨利·达恩莱举报，众所周知此人毫无决断、反复无常；若向玛丽举报，她却似在同谋之列。[2]托马斯·伦道夫爵士受伊丽莎白女王派遣，前来为莫顿斡旋说项，这位使臣不满足于完成上述使命，还说服阿盖尔、蒙特罗斯、安格斯、马尔伯爵、格兰卡恩等几位伯爵结成联盟，发誓保护那位囚徒的性命，哪怕诉诸武力也在所不惜。伊丽莎白还下令在英格兰边境集结重兵，以便进一步对莫顿的政敌构成威慑，然而此举反令苏格兰当局加紧对莫顿宣判、行刑。[3]莫顿镇定自若、面不改色地引颈受戮，他一生历尽劫波，向来是如此风范。他身后的名声毁誉参半，公认他能力出众，但在廉洁和德行方面则争议很大。但这最后的一幕要等到次年方才上演。

西班牙事务　　　在此期间，伊丽莎白极度焦虑地关注着苏格兰政局的一切鼎革。一方面因为苏格兰是唯一与英国陆上接壤的国家，而且边境

---

[1]　Spotswood, p. 309.

[2]　Ibid. p. 314. Crawford, p. 333. Moyse's Memoirs, p. 54.

[3]　Spotswood, p. 312.

各郡都倾向于天主教和反政府派系，为她的政敌提供了安全便捷
185　的攻击通道；另一方面，乃因她察觉到玛丽认为自己已被法兰西宫
廷抛弃，遂经吉斯家族牵线，投靠到腓力的强大羽翼之下，后者虽
然尚未公开与伊丽莎白翻脸，却在日复一日的相互伤害中对伊丽
莎白恚怒日增。为了报复伊丽莎白支援尼德兰叛乱分子的举动，
腓力假教宗之名，[①]派遣一支为数七百人的西班牙和意大利联军进
入爱尔兰；当地民众向来狂悖不羁，不满英国统治，现在因宗教偏
见更加离心离德，积极准备加入侵英战争。西班牙主将圣何塞(San
Josepho)在凯里郡(Kerry)筑起一座要塞，蒙斯特省(Munster)省
长奥蒙德伯爵(earl of Ormond)围攻该要塞，副省长格雷勋爵不久
也率兵加入。西班牙人怯战，只进行了微弱的抵抗。几轮进攻过后，
粮草将尽的西班牙军选择了有条件投降。格雷见手下部众太少，
而俘虏甚多，不堪负累，便毫不留情地斩杀了所有的西班牙和意大
利俘虏，吊死了大约一百五十名爱尔兰俘虏。这一暴行令伊丽莎
白大为不悦。[②]

　　当英国大使就入侵爱尔兰事件向腓力提出抗议时，对方报
以同样的抗议：控诉一位大胆水手弗朗西斯·德雷克(Francis
Drake)的海盗行径，他在新大陆这个西班牙人自认为最安全无虞
的地方向他们发动了攻击。此人出身于德文郡的一个卑微之家，
在巴拿马地峡一带靠打劫勾当积聚了一笔可观的资财；也是在那
里，他窥见了浩瀚的太平洋，在炽烈的野心和贪欲驱使下，他毫不

弗朗西斯·德
雷克爵士

---

①　Digges, p. 359, 370.

②　Camden, p. 475. Cox's history of Ireland, p. 368.

犹豫地把全副身家投入新的冒险,闯荡在这片当时欧洲各国茫然未知的海域。[①]他通过深得女王宠信的副宫内大臣克里斯托弗·哈顿爵士(Sir Christopher Hatton)的门路,取得了女王的许可和支持,于1577年率四艘海船、一艘船载艇由普利茅斯港扬帆出海,船上共有一百六十四名能力超群的水手。[②]船队穿越麦哲伦海峡进入南太平洋,对毫无防备的西班牙人发动攻击,后者做梦也没想到会在那里遇袭。德雷克此战劫获甚丰,准备满载而归。他担心原路返航会遭到敌人阻截,于是尝试向加利福尼亚北部绕行,寻找新航道;这个尝试以失败告终,船队便扬帆驶向东印度群岛,于同年绕过好望角安全返国。德雷克是首位完成全球航行的英国人,也是世上首位完成这项壮举的海军将帅。因为麦哲伦的船队虽然完成了全球航行,其本人却于中途去世。德雷克因这项大胆而幸运的冒险而名动英伦,但有许多人担心触怒西班牙,试图劝说女王谨慎从事:拒绝对此事承担责任、惩治德雷克,并归还抢来的财货。然而伊丽莎白一向钦佩勇士,又被分享战利品的前景所诱,决定赏遇那位勇敢的水手。她授予德雷克骑士称号,并玉趾亲临他在德特福德(Deptford)召开的船上宴会,他正是驾驶这艘船完成了如此富于纪念意义的航程。腓力的大使门多萨(Mendoza)向伊丽莎白抗议德雷克的海盗行径,女王告诉他,西班牙霸占整个新大陆,将其他欧洲国家排斥在外,甚至禁止别国人士航行到那里

186

---

① Camden, p.478. Stowe, p.689.

② Camden, p.478. Hakluyt's Voyages, vol.iii, p.730, 748. Purchas's Pilgrim, vol.i.p.46.

进行最合法的贸易活动，他们自然倾向于凭借武力强行闯入。[①]不过，为了安抚那位天主教君主，伊丽莎白还是吩咐将一部分战利品返还被德雷克抢劫的西班牙众商的代理人佩德罗·塞博拉(Pedro Sebura)。她后来听说，腓力截留了这笔钱款，一部分用于在爱尔兰的反英活动，另一部分用于供应帕尔马亲王麾下部队的军需，于是女王决定不再向西班牙返还任何财物。

促使女王做出上述决定的，还有另一重理由：她太缺钱了。为此，她不得不召集议会筹款——她以前曾经公开宣称，非到万不得已的关头，绝不会采取这种措施。议会授予她一笔补助金和两项十五分之一税的征税权，此外还通过了几部旨在保障本朝政府安全的法令，主要针对天主教徒的恶意图谋。法律规定：任何人以任何方式促成其本人或任何其他人与罗马教会和解，即构成叛国罪；念诵弥撒者应判处一年监禁，并罚两百马克；参加弥撒礼者应判处一年监禁，并罚一百马克；凡连续一个月不去教堂参加国教礼拜者，月处罚金二十镑。[②]发表反对女王的诽谤或煽动性言论，初犯处以枷刑、割去双耳；再犯以重罪论处。以文字或印刷方式发表此类言论者，初犯即以重罪论处。[③]清教徒在议会中人多势众，提出了进一步推进宗教改革的申请。[④]保罗·温特沃思(就是在上届议会中掀起轩然大波的那位议员的弟弟)发起动议，要求下议院根据自身权限，指定一个全国禁食祷告日。下议院有失谨慎地通过了

公元
1581年
1月16日
议会召开

187

---

① Camden, p.480.
② 23 Eliz.cap.1.
③ Ibid.cap.9.
④ D'Ewes, p.302.

该议案。为此，女王传来口信，严厉申斥了他们，因为他们触犯了
王室特权和女王身为教俗两界元首的至尊权力。下议院被迫俯首
认错，请求女王宽恕。①

　　女王和议会立法严厉羁束天主教徒，乃因新近又侦破了一批
天主教神职人员的谋逆行径。当古老信仰遭到打压、改革派教义
进军高等学府之时，西班牙国王考虑到某些学术门类对于支持和
卫护天主教信条颇为必要，如果没有为英国培养教牧的教育机构，
那么该国的天主教群体必将走向衰微。为此，他在杜埃（Doüay）
设立了一所神学院，主要培养那些有志于投身神职的天主教家庭
子女，传授天主教神学的基本原理。洛林枢机主教步其后尘，也在
其管辖的兰斯（Rheims）主教区开办了一所类似的神学院。罗马虽
与英国相隔遥远，但教宗也并未忽视为天主教之都装点门面，设立
了一所同样性质的机构。这些本着敌意而诞生的学院，年年向英
国派出大批神职人员，这些人恪守最偏执的天主教迷信，在校期间
即被教导追求殉道者的荣冕，因此他们不畏艰险、不辞辛劳，百折
不挠地捍卫和宣扬自身的信条。他们在所有信众心中灌输对伊丽
莎白女王的极度仇恨，将她视作篡位者、分裂派、异端分子、正统
信仰的迫害者，被圣父郑重宣告革出教门的人。他们煽惑不满、挑
唆叛乱，甚至意图借助暗杀手段来颠覆伊丽莎白女王的政权。英
国天主教徒身受严厉管制乃至迫害，心中暗怀反意，对于告解神父
们充满暴力的训导听得入耳入心。

　　这些神学院都是由耶稣会（jesuits）开办的，这是新近在欧洲

----

① D'Ewes, p.284, 285.

崛起的一个修会组织。因为罗马教廷发现，从前蒙昧时代仅靠懒惰的僧侣和托钵修士便足以捍卫自身营垒，而在当今时代，天主教会面对来自四面八方的攻击，这些人已经不敷其用；崇尚探索的时代精神要求教会培养一个更积极有为、学识渊博的社团，来抵御对手危险的扩张。耶稣会士们身处与新教徒对抗的最前线，被新教阵营中人恨之入骨；而在在本阵营内部，由于他们睥睨同侪，看不起那些人数众多、历史悠久的修会组织，更招来同道弟兄的忌恨。因此，难怪其教义和做法往往遭到过于夸大的非难。然而，他们必须承受子孙后代的责备，因为该组织的性质决定了他们要致力于曲解败坏学问（它本是对抗迷信唯一有效的解药），用以滋养迷信的痼疾。由于他们所学的主要是天主教义和经院哲学（尽管少数成员在纯文学方面颇有造诣），因此其学养只是让他们更有能力提炼出一套最浅显的道德准则、建立起一套诡辩论，为服务于自身宗教目标的搪塞、伪誓和各样罪行提供辩护的理由。

　　耶稣会士们作为罗马教廷的忠仆，认定教宗的特权高过一切世俗权威，坚称教宗有权废黜列王，无论在宗教和世俗领域都享有无限管辖权。上述信条在英格兰的热忱天主教徒群体中流传甚广，以致教宗对伊丽莎白下达绝罚令之后，在他们中间激起了一些奇奇怪怪的顾虑，有待圣父设法纾解。庇护五世赦令解除英格兰臣民对伊丽莎白的效忠义务，命令他们反抗她的僭篡；许多天主教徒担心，根据这条法旨，自己即便未遇适当机会，仍负有良心的义务去推翻她的政权，任何困难和危险都无法免除这一不可推卸的责任。但是教廷派了两位耶稣会士帕森斯（Parsons）和坎皮恩（Campion）渡海赴英，意在解释并缓和这条法旨的意义。他们告诉会众，教宗的敕令对伊丽莎白及其党羽具有永远的约束力，但是并未强制天主教徒服从，除非教宗认为时机已到，并颁布新的敕令号召信徒挺身抗争。[①]坎皮恩因谋逆行径败露，被严刑拷打，在拉肢架上供认了自己的罪行，后被公开处死。处决令下达时，正值安茹公爵驾临英伦，大力追求伊丽莎白女王，而且看来成功的指望极大；或许女王想借坎皮恩的人头安抚新教臣民，让他们放心：无论她今后采取什么举措，都永远不会背离改革派教义。

与安茹公爵议婚

　　现已晋为安茹公爵的阿朗松公爵从未彻底放弃迎娶伊丽莎白的心思。从伊丽莎白的角度，尽管对方比自己年轻近二十五岁，仅从画像和别人的描述中了解她，从未见过她本人，但他的甜言蜜语为她构筑出充满爱和柔情的前景，仍令她十分喜悦。公爵为加大追求力度，不仅请托了兄长派出的大使，更派来他自己的特使，此人名叫西米尔（Simier），心思狡黠且娴于辞令，他很快就摸准了女王的脾性，用轻松愉快的交谈令她解颐，从不涉及严肃的政治讨论，因为他发现，后一类话题只能唤起她的野心，从而损害自己主人的利益，所以他随时随地只引着女王谈些爱情和风流佳话。女王很享受他的陪伴，两人不久便亲密无间。女王驾前最得宠的大臣们每每在公务紧急之时吃到闭门羹，原来是西米尔借着磋商的名义，在向女王描述其主安茹公爵对她的一片痴情，令女王陶醉其中。莱斯特伯爵此前从不为任何人追求女王而警觉，他一直深信伊丽莎白内心的统治欲大于对婚姻的向往，但他现在开始担心，恐怕她最终掉进自设的网罗：本是要弄权谋鼓励那位年轻的追求者，

190

---

① Camden, p.477.

反倒不知不觉地陷入情网。为了搞臭西米尔，他利用时人的轻信，散布谣言称那位大臣借助鬼蜮不法伎俩，用魔咒和爱情药水取得了对女王的支配力。西米尔以牙还牙，极力破坏莱斯特在女王眼中的形象，告诉女王一个没有任何廷臣敢向她透露的秘密：那位大臣未经她允准，私娶了已故埃塞克斯伯爵的遗孀。女王认为，莱斯特此举要么是对她缺乏尊重，要么是背叛了他们彼此的忠诚，她因此勃然大怒，威胁要把他关进伦敦塔。[1] 莱斯特和法国特使之间斗得不亦乐乎，据怀疑，前者收买一个名叫都铎（Tudor）的亡命徒，要取对手的性命；女王认为有必要公开宣布，将西米尔纳入她的直接保护之下。巧的是，西米尔和几位廷臣陪同伊丽莎白在泰晤士河上泛舟时，忽闻一声枪响，御船上一名舟子被击伤。但女王调查后发现，这只是枪支意外走火，便释放了开枪者，未加更多惩处。女王从不怀疑自己的臣民，身边人常听她说，"凡是不利于他们的话，她一概不信，就像父母对自己的儿女那样"[2]。

安茹公爵收到密报，闻知女王对自己有所属意，深受鼓舞；他秘密前往格林威治拜会女王，双方短暂晤谈，谈话内容无人知晓，公爵随后动身返国。看起来，尽管公爵的相貌无甚过人之处，但是这次见面对他并无不利；时隔不久，女王便吩咐财政大臣伯利（Burleigh）、萨塞克斯、莱斯特、贝德福德、林肯、哈顿和国务大臣沃辛汉姆，与法方大臣共商婚约条款。亨利为此派来一个盛大的使团，成员包括弗朗索瓦·德·波旁（Francis de Bourbon）、法兰

---

[1] Camden, p.471.

[2] Idem ibid.

西王储和众多显贵；鉴于女王在某种意义上说有权任意开出条件，因此婚约条款很快便确定下来。双方同意，应于条约签署后的六个星期内举行婚礼；公爵及其随从有权信奉自己的宗教，公爵于婚后享有国王的尊衔，但王国治理大权始终由女王独掌；二人所出之后嗣，无论男女，将成为英国王位继承人；如有两位男性后嗣，长子将在法兰西国王亨利三世无嗣而终的情况下继承法兰西王位，次子继承英格兰王位；倘若只有一位男性后嗣并且继承了法兰西王位，届时他有义务每两年在英格兰生活八个月；英格兰法律和习惯将保持原貌，不可侵犯；公爵不得提拔外国人在英担任任何职务。[①]

　　尽管这些条款旨在保障英格兰的安全，以防遭到法兰西王室吞并，然而英国人却只看到一幅黯淡的前景。伊丽莎白的年纪（女王现年四十九岁）也无助于缓和他们的忧虑。女王为证明自己仍然举棋不定，还特地在婚约中增加了一项条款：在双方就一些条款的具体内容进一步达成一致且协议内容得到法兰西国王确认之前，她没有义务履行婚约。时隔不久，女王派沃辛汉姆出使法兰西，旨在与亨利结成更密切的关系纽带，订立攻守同盟，抵御西班牙不断膨胀的势力和危险的僭夺。安茹公爵不安分的心志、蠢蠢欲动的野心、空有宏图大志但怯懦又反复无常的性情早令法王亨利不胜其扰，亨利谋算着把这股祸水引到别处，免得在国内生乱。于是，他大力支持弟弟在佛兰德斯的活动，允其为联省议会提供保护，兼以人力财力暗中相济。出于同样的理由，安茹公爵落脚英格兰的前景也令亨利十分称心，所以他极其热心、不遗余力地助长伊丽莎

192

---

　　① Camden, p.484.

白似乎对安茹公爵抱有的好感。然而伊丽莎白女王对公爵调情式的爱恋[①]虽已超出任何策略原则所能合理解释的边界，她却仍未拿定主意迈出关键的最后一步。她指示沃辛汉姆，谈判内容应限于英法结盟的条件。[②]亨利不情不愿地同意就此进行会谈；但沃辛汉姆刚开始对法磋商结盟条款便接到通知：女王预见到此次会谈的结果必将大大激怒西班牙，便公开宣称，她宁肯联姻而后开战，强似婚姻未果便开启战端。[③]法国宫廷乐见她改变主意，遂中断结盟会谈，启动婚约协商。[④]然而会谈沿这条轨道进行未久，女王又转而声称，她认为两国结盟比联姻更重要，命令沃辛汉姆重启结盟谈判。后者还没来得及依命接洽妥当，却被另一道旨意打断——女王又改了主意。[⑤]不仅法国宫廷，就连沃辛汉姆本人、伯利和女王驾前最睿智的众位谋臣都是一头雾水，看不清这番情感和理智、爱情与野心的争夺战最终究竟孰胜孰败。[⑥]

在这段情感关系中，伊丽莎白还体验到另一种类型的动机，它来自一种新的、自身理性和主导激情之间的争竞。安茹公爵期望她资助些金钱，以便在佛兰德斯发动攻势。女王一贯吝省，迟迟不愿掏钱，但是她自己也感到这种资助是必要的，经过一番犹豫，终于在诱导下答应了他的要求。[⑦]她赠给公爵十万克朗作为礼物，他

---

① Digges, p.387, 396, 408, 426.

② Ibid. p.352.

③ Ibid. p.375, 391.

④ Ibid. p.392.

⑤ Ibid. p.408.

⑥ 参见本卷卷末注释［P］。

⑦ Digges, p.357, 387, 388, 409, 426, 439. Rymer, xv. p.793.

用这笔钱加上自己的领地收入以及兄长和王太后的资助，招募起
一支军队，与帕尔马亲王对阵。安茹公爵成功解康布雷之围，被联
省议会推举为尼德兰总督；他随即收兵返回冬季大营，自己渡海来
到英格兰，继续追求女王。英方的热烈欢迎令他感觉稳操胜券，满
心指望伊丽莎白已经克服一切顾忌，最终选择他为夫婿。正逢女
11月17日 王加冕纪念日，在隆重的盛典中，女王翩然现身；一番亲密长谈之
后，女王从自己手上摘下一枚戒指，亲手给公爵戴上。所有旁观者
一致认定，女王通过这个仪式性动作对公爵做出了许婚承诺，甚至
希望将此意愿昭告全世界。尼德兰联省驻英大使圣·阿尔德贡德
当即修书，向国人报告这一重大事件。安特卫普及佛兰德斯各地
居民一向把女王视作神圣的保护者，他们点燃篝火、发射大炮，以
表欢呼雀跃之情。[①]林肯律师学院(Lincoln's-Inn)有个清教徒写
了一本书，情绪激昂，题为《对法联姻导致英格兰被鲸吞》。女王
下旨逮捕查办此人，他被定为诽谤罪，判处斩断右手。该人犯的坚
贞、忠诚令人叹为观止：行刑刚一结束，他便另一只手摘下帽子
在头顶挥舞，高呼"上帝保佑女王"。

尽管伊丽莎白如此这般地公开表露了对安茹公爵的情感，但
她内心的争斗仍未完全止息。她的野心和审慎时不时浮上表面，
在她心里注入满满的怀疑和犹豫。她所宠信的众廷臣——包括莱
斯特、哈顿和沃辛汉姆等人——对这桩婚事几乎异口同声地强烈
反对，她身边的宫廷命妇们更是口无遮拦，无比热心地劝她收回

---

① Camden, p. 486. Thuan. lib. 74.

决定。^①在众多反对者当中，莱斯特的侄儿、爱尔兰总督亨利·西

194 德尼爵士之子、年轻有为的菲力浦爵士(Sir Philip)最为直言不讳。

他上书女王，劝她回心转意，此信文笔异常优美、说理极其有力。

他对女王说，她政权安全的基石在于国内新教臣民的爱戴，而她

如今要嫁的那位王公乃是背信弃义的凯瑟琳·德·美第奇之子、

残暴无义的查理之弟，其本人的双手也沾满毫无防备的无辜新教

徒的鲜血——再没有什么举动能比这更有效地激起新教徒的憎恶

了。他指出，天主教徒是她的死敌，他们要么把她视作僭篡者，要

么认为她在法理上已被教宗的绝罚令逐下王位。她与安茹公爵联

姻的前景顿令他们鼓起莫大的希望。目前她得以维系安全的主要

因素在于：敌对阵营虽然庞大、富有并且团结一心，惜乎群龙无首，

无力掀起大浪；现在她自己却轻率地弥补了对手的弱点，令那位王

公得以染指王国利益——后者自幼接受天主教教育，对天主教满

腔热忱。他虽无英格兰王室血脉，然而当今世人普遍倾向于注重

宗教纽带，将其看得超乎世俗关系纽带；比起法律准则和世袭政权

的影响，宗教观念的一致性对于他们有着更大的影响力。他指出，

公爵本人已经暴露出颇不安分、狂野不驯的性格特质，时常违背对

长兄兼主君的忠诚义务，因此不能指望他今后顺服于一个女人，身

为丈夫的他颇有可能认为，统御妻子乃是天经地义。法兰西王国

人口繁盛，兵源丰而武士众，投身于戎事的贵族比比皆是，而且彼

邦人素有当兵求财的传统，因此公爵不难招到足够的兵马——对

于普遍不好战又无防御准备的英国臣民将会构成莫大威胁。迄今

---

① Camden, p.486.

为止，女王陛下循着一条平实而可敬的道路，在臣民心中培育忠忱，从而使本朝治下一派安定祥和，无论政敌如何来势汹汹，这道坚不可摧的堡垒始终能为她提供安全保障。他还指出，只要亨利或其后裔占据着法兰西王位，希望凭借血缘关系超越政治准则或宗教偏见，确保与该国的友谊就是徒劳。即使安茹公爵能够坐上王位，事实也必将证明，英法两国的合并对于后者只是一个负担而非保护。她姐姐玛丽女王的前车之鉴足以让她明白这类联姻的危险性，亦足以证明，当英国人有理由担心自身利益随时可能被出卖给异邦敌国时，为君者就休想保有他们的爱戴和信任。尽管由既往经验可知，此事存在诸多不便之处，但必须承认，勃艮第家族比法兰西王室更得人心；最重要的是，腓力与玛丽信仰相同，这条牢固的利益和情感纽带将他们紧紧维系在一起。他又说，即或女王陛下未来可能年迈无子，然而她这一朝的繁荣昌盛和万丈荣光将使她名垂青史，无人能够轻慢；本国臣民和欧洲全体新教徒对她的热爱将保护她免遭危险；女王凭着自身的审慎，无须其他助力，就足能挫败最恶毒之敌的一切图谋。[1]

女王思来想去，陷入极端焦虑，拿不定主意。身边人看到，她接连几天几夜不眠不休。最后，固有的审慎习惯和雄心大志压倒一时的情感占据了上风。女王派人召来安茹公爵，与他密谈了很久，估计是为毁弃前约向他道歉。公爵离开时怒不可遏，远远抛掉她所赠的戒指，口中不停咒骂女人和岛国人的反复无常。[2]他不久

公元
1582年

---

① Letters of the Sydneys, vol. i. p. 287, & seq. Cabala, p. 363.

② Camden, p. 486.

便回到尼德兰总督任上,后因一个轻率粗暴的举动侵犯到当地人的自由,丧失了他们的信任,被逐出联省。他返回法国隐居,在那里郁郁而终。女王通过及时反思,挽救了自己免遭如此轻率的婚姻势必伴随的诸多伤害;而当时法兰西王室处境艰危,使她不致承受此举造成的后患——她如此悍然冒犯那个王室家族的尊严,原本颇有理由担心对方衔恨报复。

　　终伊丽莎白一朝,对英国天主教徒叛乱的忧虑始终是女王心头的重负。而邻国此起彼伏的革命时而让她心生希望,时而令她焦虑不安。这一年,苏格兰国内局势引起她的强烈关注。伦诺克斯伯爵和詹姆斯·斯图亚特(现已受封为艾伦伯爵)倚仗他们对幼主的影响力而执政掌权,这样的权力基础可谓相当薄弱;而大多数贵族和全体教牧都对他们抱有极大不满。全国宗教大会指定日期庄重禁食,其公开宣布的理由之一就是:奸佞当朝,君主命运堪危。[①]那一日,各地教堂的讲坛上回荡着反对伦诺克斯、艾伦和众朝臣的呼声。这些讲道充分预备了民心,贵族们随即策划了一个阴谋(很可能经过伊丽莎白的首肯),要在高瑞伯爵(earl of Gowry)领地内的鲁思文地方劫持王驾。该计划严格保密,执行时毫无阻碍,一举得手。这次行动的首脑有高瑞伯爵本人、马尔伯爵、林赛和博伊德两位勋爵、格莱米斯(Glamis)领主和奥利芬特(Oliphant)领主,以及邓弗姆林、佩斯利和康伯斯内斯(Cambuskenneth)三所修道院的院长。国王发现自己成了俘虏,就哭了。但格莱米斯领主说,"哭就哭,没什么大不了。小男孩哭

苏格兰
事务

8月23日

---

①　Spotswood, p.319.

总比长胡子的男人哭要好。"詹姆斯此后永远不曾原谅这句话。[①]
尽管心怀憎恨，但他此时受制于人，只得顺应形势。他假意完全
顺从密谋者们的摆布，承认他们劫驾是可接受的为君效力之举；
并且同意召集全国宗教大会和领主大会，正式确认这一行动的合
法性。

全国宗教大会确立了一项不可侵犯的原则：国王绝对不得以
任何理由或借口干预宗教事务；尽管如此，他们却毫无顾忌地将
世俗事务的审裁权纳入自己掌中，并在这次会上做出决定：所有
敬畏上帝、关心国王人身安全和国家繁荣昌盛的人应当认定，密
谋者们的这次劫驾行动是可以接受的。他们甚至命令全体教牧
在布道中宣传这种观点。他们还以宗教惩戒威胁每个胆敢反对
贵族联盟权威的人。[②]全国领主大会的参与者以贵族联盟成员为
主，故以其权威支持上述决定。艾伦被软禁在自己家中，伦诺克
斯虽有抵抗的实力，但他不愿挑起内战或引发流血事件，[③]选择
避居法兰西，未几在那里去世。他至死坚守詹姆斯引领他皈依的
新教信仰，不过，苏格兰神职人员总不肯相信他的信仰是发乎真
心。国王召见了他的家人，将他的爵衔和领地重新颁予其长子，
又着意为他的另外几个子女安排了前程。国王直到临终都念着
这段早年的交情，从来不曾忘怀。这充分证明了这位君主的良善
心性。[④]

---

① Spotswood, p. 320.
② Ibid. p. 322.
③ Heylin's Hist. Presbyter. p. 227. Spotswood.
④ Spotswood. p. 328.

政变的消息一传到英格兰，女王立即派遣亨利·卡里爵士
(Sir Henry Cary)和罗伯特·鲍斯爵士前往谒见詹姆斯国王，恭
喜他摆脱了伦诺克斯和艾伦居心叵测的影响，劝告他不要憎恨贵
族联盟对他看似粗暴的行动，并要求他允准安格斯伯爵返国——
后者自莫顿倒台后一直避居英格兰。召回安格斯一事不难办成；
另一方面，由于詹姆斯疑心伊丽莎白当初对劫驾阴谋并非一无所
知，所以在英国大使面前刻意掩饰了对始作俑者的忌恨。时隔不
久，法国使臣拉莫斯·费内隆(La Mothe-Fenelon)和曼纳维尔
(Menneville)抵达苏格兰，他们奉命问候詹姆斯国王的处境，表达
自己主上的敦睦心愿，重新确认苏格兰与法兰西的古老联盟，并设
法促成詹姆斯与苏格兰女王母子和好。最后一项提议激起神职人
员的极大不满，全国宗教大会通过决议，认定母子和解谈判乃罪大
恶极之举。针对法国来使的攻讦在各地教堂讲坛上回荡，对费内
隆的詈责尤为猛烈，他被斥为血腥谋杀犯(指吉斯公爵)派来的使
者。由于那位大臣身为圣灵骑士团成员，肩佩白色十字架图案的
圣灵勋章，他们就将其蔑称为敌基督的徽记。国王竭力压制这些
无礼言论，但毫无效果。为对两位法国使臣略表抚恤，他授意爱丁
堡市政府摆设盛宴为他们送行。教会人士针锋相对，指定宴会当
天为公共斋戒日，以抵制这次宴会。然而爱丁堡市政府并未理会
他们的指令，仍然按照国王的吩咐设宴向两位大使表示敬意，教牧
们见此情形大光其火，在布道坛上对爱丁堡地方行政官员发出严
厉诅咒，并且不依不饶地试图对这些官员动用宗教惩戒，称其遵行
王命、置王权于教权之上，故拟处以绝罚，有关方面费了九牛二虎

公元
1583年

198

之力才阻止绝罚令的签发。①

　　教会人士对詹姆斯和玛丽可能的和解提高警觉的原因是，英
国使臣们似乎也对法方的提议应声附和。这些神职人员居然无知
到相信英国人的表态是发乎真心。苏格兰女王此前屡屡向伊丽莎
白示好，而后者完全不予理睬。然而，当詹姆斯被劫持的消息传来，
玛丽再次致信伊丽莎白，言辞更加哀恳、语气也更激烈，表示切望
那位女王出手相助，救她母子重获自由。她说，詹姆斯被囚的描
述在她心里激起了最温柔的关切，她自己这么多年来身为囚徒极
端痛苦的经历更让她忧虑万分，惟恐同样的命运会落在她不幸的
儿子身上。她所经历的一长串不公和遭受的恶意毁谤令她不堪重
负，她在人间无处寻求公正和真相，只能向天发出最后的吁求：世
间一切君王享有同等权柄、地位和尊荣，唯有天主的法庭有资格裁
断他们之间的是是非非。她本国的叛臣贼子在伊丽莎白手下大臣
的秘密策动之下，将她逐出王位、囚于樊笼，又手持武器追杀于她，
她是被那些反复重申的友情表白所诱，深信一位朋友、盟友外加血
亲的慷慨大度，才自愿托庇于英国的保护，以致误蹈致命陷阱。而
伊丽莎白一直对她拒而不见，同时支持苏格兰叛臣篡夺王位、屠戮
忠忱于她的臣民，如此犹嫌不足，还使她沦为更悲惨的囚徒，比在
苏格兰时境遇更糟。她曾对伊丽莎白寄予无限信任，竟换得如此
残酷的回报。信中写道，尽管她身受如此苛待，却从未任由愤恨肆
流，只策划了一些谋求脱身的未遂行动，这些行动给她本人带来不
幸，给其他人则带来灭顶之灾。她发现，监禁措施一天比一天严厉，

玛丽致信
伊丽莎白

199

────────────

① Spotswood, p.324.

最终已超出一切人类耐心所能忍受的地步。她的一切对外联系都被切断，甚至跟她唯一的儿子也全然隔绝。她内心的母爱如今因母子俩如出一辙的不幸境况而越发深沉，也是她在这世上唯一的牵系，如今就连一纸信札或口信所能带来的这点令人惆怅的慰藉也被剥夺了。愁苦辛酸吞噬着她的健康，比囚禁生活的危害更甚，令她在辗转承受的所有患难之外，更添一重难以忍受的病痛折磨。每日病体憔悴的境况在她眼前展开一幅令人安慰的前景，令她期盼着有一天终获解脱，进入那再无痛苦悲伤的国度，然而她的敌人却嫉妒她这点最后的慰藉，他们剥夺了她在人间的一切欢乐之后，又极尽所能地阻挠她对未来和永生的一切盼望。他们禁止她奉行自己的宗教信仰，不准她采用自幼被教养而惯用的圣礼，不准她会见自己的忏悔神父——他们是天主派来听取人类认罪悔改、庄重接引我们重获上天恩典与宽恕的神圣使者。看哪，堂堂女王、一个无辜的女人，在这一国得不到最起码的宽容——即使在最野蛮的国度，最卑贱、最臭名昭著的罪犯都不曾被剥夺这种权利——既然如此，英国人焉有资格抱怨别国严酷的宗教迫害？假使终有一天，她迫不得已放下天主赋予她的王者之尊，不再吁求神的帮助，那时四面受敌的她只能吁请一个法庭的裁断，那就是伊丽莎白自己内心的公义和仁爱，以及那份慈悲——若非受到恶毒权谋的影响，她本会自然而然地听从灵性的引导，施恩厚待于她。最后，她恳求伊丽莎白重归天赋本性，想想她若能慨然相助，解救她们母子脱离现在的悲惨处境，恢复他们应得的自由和权力，在双方血缘亲情之上更增添一重发乎感恩的义务，届时将能从她们母子身上收获多少支持和安慰！①

　　伊丽莎白致力阻挠玛丽复辟，主要原因在于：她预见到此事可能造成令人不快的后果。假如那位女王在苏格兰重掌大权，以她的仇恨、野心、热忱和遍布国内外的人脉，对英国而言势必成为一个危险的邻居；在镇压了本国新教势力之后，她将有能力再度觊觎英国王位——她从前就明目张胆提出过这一主张，而且她在英格兰和苏格兰的拥趸者们至今仍在孜孜矻矻、坚定不移地支持她。假如她的权力受到羁勒，她看到无法打破这种束缚，就会对自身处境感到厌恶，设法逃到国外，策划更孤注一掷的行动，比任何在位君主更无所顾忌。玛丽本人很清楚这些障碍，且由经验深知伊丽莎白必定一直从中作梗，故而她现在提出的愿望已经低调了许多；她如今上了年纪，又兼病痛缠身，抑制了昔日的勃勃雄心，因此她情愿牺牲一切荣耀的指望，以换取少许自由——这是她目前发自内心、最迫不及待的渴望。所以，她提出与儿子共享苏格兰王位，但执政权由詹姆斯一人独揽；她本人将满足于隐居英格兰，即便仍然受到某种形式的限制，但在身体锻炼和社交方面可享有稍多自由，令她与诺福克公爵的密谋暴露以来所受的待遇有所改善。但是伊丽莎白害怕放松看守会助她伺机逃往法国或西班牙，或者至少会鼓舞和增加她的党羽，令她有能力开展阴谋活动——她过去的一举一动已然显露出这种强烈倾向。因此，伊丽莎白暗自拿定主意拒绝她的要求。她虽在表面上假作同意，但她很晓得怎样让那位不幸女王的希望化为泡影。伦诺克斯任苏格兰摄政期间，她

201

----

① Camden, p.489.

对苏格兰女王的所有请求一概不予答复；^①如今她自己的党羽已在该国执政掌权，她便打算把拒绝的责任甩到他们身上。她声称完全和解已经万事俱备，现在只需征得苏格兰国会的同意即可，并吩咐驻苏格兰大使鲍斯爵士启动促成玛丽重获自由及其与詹姆斯共享苏格兰王位的谈判。尽管她似乎对玛丽做出以上让步，却拒不批准她派出自己的使臣参与谈判。后者由这一举动应当不难揣想，这场所谓的谈判结局会是怎样。苏格兰枢密院在神职人员的煽动下，一口回绝了所有谈判条件。詹姆斯受制于人，也坚决表示他从未同意过与母亲共享王位。于是，该议项遂告止步，除了一些零散的提议以外，再也没有下文。^②

　　苏格兰当下的局面并没维持多久。詹姆斯不堪羁縻，逃脱看守，奔至圣安德鲁斯，在那里召集朋友和党羽起来勤王。阿盖尔伯爵、马歇尔伯爵、蒙特罗斯伯爵和罗思伯爵匆匆赶来为主效忠，联军声势浩大，对立一党无力招架；国王宣告，只要他们俯首称降，承认劫持和软禁王驾之罪，便赦免其罪。一部分叛逆贵族接受了投降条件，但是以安格斯、汉密尔顿、马尔、格莱米斯为首的大多数人选择去国流亡，逃到爱尔兰或英格兰，在那里得到伊丽莎兰的庇护。艾伦伯爵被重新召入宫廷，原来对伦诺克斯的权威不满的朝臣们发现，他们赶走了高尚温和的伦诺克斯，结果全部大权竟落在艾伦这样一个暴戾恣睢的人手中，正可谓刚驱一虎又来一狼。^③

---

①　Jebb, vol.ii.p.540.

②　MS in the Advocates' Library, A.3.28.p.401.from the Cott.Lib Calig c 9.

③　Spotswood, p.325, 326, & seq.

　　伊丽莎白致信詹姆斯,信中引用了一句伊苏克拉底[1]论道德的名言警句,委婉指责他不守信义。詹姆斯在回信中为自己的举动辩护,并引用了伊苏克拉底的两段话作为还击。[2]伊丽莎白随即派沃辛汉姆出使苏格兰,其实并无重大使命,无非是想借这位老臣一双阅人无数的慧眼,看清詹姆斯的真实性格。这位年轻国王有很多优秀禀赋,可惜缺少身为王者必备的勇气和勤勉。由于他擅长一般性的论述和交谈,以致沃辛汉姆高估了他的才干,及至后来才发现,在处理实际事务时他的表现不过泛泛而已。[3]伊丽莎白听取沃辛汉姆汇报后,对待詹姆斯的态度有所转变,比向来增添了几分尊重。

公元
1584年　　苏格兰国王坚持目前的立场,下旨召开国会。本届国会立法规定:任何神职者都无权在布道中针对国王陛下、枢密院或公共政策发表虚假不实或毁谤之辞,不得以不当方式干预国王陛下的事务及国家大政。[4]教牧们发现再不能以讲坛充作庇护所,不禁大为光火;他们给对立派贴上各种侮蔑标签,称之为粗俗的放纵派、饕餮之徒、声名狼藉的家伙。[5]艾伦伯爵的暴政很快就促使民心倒向教牧一边。高瑞伯爵虽被赦免了劫驾之罪,但仍被投入监牢,以某些新的罪名被审判、定罪、处死。许多清白无辜者在这位宠臣的暴政下受难。得到伊丽莎白扶持的流亡贵族们发现,此时正是他们

203

---

①　伊苏克拉底(Isocrates,公元前436—公元前338),雅典著名演说家。——译者

②　Melvil, p. 140, 141. Strype, vol. iii. p. 165.

③　Melvil, p. 148. Jebb, vol. ii. p. 530.

④　Spotswood, p. 333.

⑤　Ibid. p. 334.

恢复昔日领地和权威的好时机。他们首度攻打斯特灵遇挫后，再战得手，遂得以觐见国王，得到赦免并重获荣宠。

艾伦遭到罢黜，他所僭得的领地和荣衔尽被剥夺。整个王国似乎归于安定。伊丽莎白在那宠臣掌权之初曾经表示抵制，但后来为便宜行事，通过她派驻苏格兰的一位大臣戴维森（Davison）与艾伦消除了隔阂，这是他倒台前不久的事。不过她还是更信任自己一手扶持下复辟的贵族们，因此她乐见苏格兰的这场政坛鼎革，与詹姆斯的新朝廷和政府都保持着良好关系。

倘若伊丽莎白治下的臣民都能团结一心，倘若英国天主教群体的宗教热忱不是因当局的羁束（确切说来算不上迫害）而分外高涨，令女王日日担心天主教徒叛乱的危险，那么发生在苏格兰的这些骚动本不至于扰乱伊丽莎白的宁静和安全。朝中大臣们，特别是伯利和沃辛汉姆的警惕性随着不满分子的活跃度同步提升，他们运用了许多手段来破获阴谋，甚至探察人们的隐秘倾向，若在天下太平的时期，这些举动定会招至谴责。他们冒充苏格兰女王或英国流亡者的身份捏造了许多信件，私下递送到天主教徒家中；他们雇用探子，监视被怀疑对象的举动言谈；告密行为得到鼓励。尽管这两位重臣极其睿智，有助于他们辨别情报的真假，但毫无疑问，他们确实采信了不少诽谤中伤之辞，令全体臣民——尤其是天主教徒——时刻心惊胆战，不得安宁。诺森伯兰伯爵亨利·皮尔西（Henry Piercy），就是数年前被处斩的那位诺森伯兰伯爵的弟弟，还有倒霉的诺福克公爵之子阿伦德尔伯爵菲利浦·霍华德（Philip Howard）被列入嫌疑名单。枢密院下令将后者软禁在自己府中。弗朗西斯·思罗格莫顿（Francis Throgmorton）是位普

英格兰国内的阴谋活动

通绅士,他给苏格兰女王写过一封信,被中途截获,他因此锒铛入狱。曾与他一起密谋起事的佩吉特勋爵(Lord Paget)和查尔斯·阿伦德尔(Charles Arundel)闻讯立即逃亡海外。思罗格莫顿供述,他们已经制定了外引侵略、内掀叛乱的计划;尽管在公审时他想要撤回供词,说那是屈打成招,但法庭仍然判他有罪,随即执行了死刑。积极推动这宗阴谋的西班牙大使门多萨被逐出英格兰,韦德(Wade)随即奉命前往西班牙,解释驱逐门多萨的缘由,并请西班牙国王另派大使赴英。但腓力对英国大使拒而不见。苏格兰裔耶稣会士克赖顿(Creighton)渡海赴英,所乘船只在海上被截获,克赖顿撕碎几封文件,试图将碎片抛入大海,但纸片被海风卷回船上,经重新拼合后,一个危险的阴谋就此暴露出来。①

　　按照表面的推理,这些阴谋当中有许多源自苏格兰女王的策划,②又鉴于所有阴谋都打着她的旗号进行,故枢密院认为,针对她那危险的觊觎和永不安分的性格,无论采取多少防范措施都不过分。他们将她从什鲁斯伯里伯爵的监护下转走,这位伯爵虽说尽忠职守,但还是比较迁就他的囚徒,特别是新鲜空气和运动方面的需要。阿米亚斯·保雷特爵士(Sir Amias Paulet)和德鲁·特鲁里爵士(Sir Drue Drury)受托接任监护人,他们都是体面人,但比较刻板,对囚徒欠缺照顾和关怀。以莱斯特伯爵为首的众廷臣还发起了一个效忠女王的联盟,伊丽莎白深受举国上下爱戴,因此除了一部分激进天主教徒以外,各等级无不踊跃签署盟约。该联盟的

① Camden, p. 499.
② Strype, vol. iii. p. 246.

宗旨是：发誓捍卫女王，女王若遭奸人所害（遇难或受伤），联盟成员必须为她复仇；驱逐一切王位觊觎者，无论其拥有什么头衔，只要他们的想法或利益危及女王陛下的安全，概不放过。[①]苏格兰女王意识到这个联盟是针对自己的，但为了洗脱嫌疑，也申请暂离居所，前去签署盟约。

为了进一步挫败不满分子的斗志，展现万众一心支持女王的态势，伊丽莎白下旨召开新一届议会。完全如她所愿，与会者对她表现出炽热的忠忱之情。本届议会肯定了效忠联盟的合法性，并增添一项条款，授权女王指任钦使，审判任何尝试或企图发动侵略、叛乱或刺杀女王的觊觎王位者。判决结果一经上述钦使公开宣布，该人犯的继位权即被完全剥夺，并有待女王陛下降旨进一步惩处。为确保万无一失，本届议会还指定了一个摄政委员会，一旦女王突遭不测，即由该委员会摄理国政、扶立新君，清算弑主逆贼。[②]本届议会针对耶稣会士和天主教神职人员，出台了一部严厉的法令，规定上述人等须在四十天内离开英格兰王国，倘有逾期不走或去而复返的，以叛国罪论处；凡窝藏或救济他们的，以重罪论处；凡就读于天主教神学院的学生，应在接到通知后的六个月内归国，在一位主教或两位法官面前向女王陛下称臣效忠，违反此规者以叛国罪论处；上述人等已向女王称臣的，在十年内不得进入宫廷，或接近宫廷所在地方圆十英里之内，若有违反，则不复为女王陛下忠顺臣民。[③]这部法令一出，天主教信仰活动被彻底禁绝，而

11月23日议会召开

[①]　State Trials, vol.i.p.122,123.

[②]　27 Eliz.cap 1.

[③]　Ibid.cap.2.

此前当局针对这种行为,只是予以较轻处罚,在很多情况下都是睁一只眼一闭只眼。在伊丽莎白女王统治的后半期,时而依据此法对天主教神职人员处以极刑。尽管女王一党坚称,所惩处的乃是他们的叛国行径,并非宗教信仰,但我们只能这样理解其托词:制定这部法令本身的初衷即是针对天主教派的逆谋和反叛活动,而不是说每个按律受罚者都被定为叛逆罪。①此时英国天主教徒有理由抱怨遭受暴力逼迫了。虽说那个时代的观念准则就是刻板狭隘,我们仍能有把握地断定,这种逼迫并不是促使他们皈依的最佳手段,也无助于他们与当局和国教信仰和解。

　　议会不仅授予女王上述权力,还批准拨给她一笔补助金,外加一项十五分之二征税权。唯一令女王不悦的情形是,下议院提请深化宗教事务改革。不过,下议院虽然做出这一触动双方敏感神经之举,却仍表现得如履薄冰,深深慑服于女王的权威。下议院成员多半是清教徒或同情清教人士,②但由于在前几届议会上屡遭女王严厉训诫,现在已经没有胆量提出任何涉及宗教的议案,深怕被视为侵犯王权。他们满足于谦卑地呈上请愿书,而且并非呈给女王陛下本人(那样做会冒犯天威),而是呈交上议院,或者毋宁说是占据上议院席位的主教们,甘于仅仅由后者手中领受深化改革的

──────────

① 就连女王的一些拥趸者也承认,十年间被处决的神职人员共有五十位,遭驱逐者共有五十五位。Camden, p.649.

② 除了下文提到的请愿书以外,还有一件事也可以证明清教徒在下议院占据优势:他们通过一项法案,要求国人将礼拜天守为圣日(他们称为安息日),剥夺了民众在这一天久已养成习惯的某些娱乐活动。D'Ewes, p.335.上议院则流露出与之相悖的强烈迹象,他们提出,将礼拜三增设为斋戒日,在那日不准吃任何肉类。D'Ewes, p.373.

成果。① 如此表现，实在殊异于今人心目中下议院的尊贵地位！

下议院在那份谦卑的请愿书中提出：新任主教在履职前，须经六位教会长老同意和批准；但这条要求实质上等于变革教会管理体制，因此被牧首们一口拒绝。他们还提出，教会委任教牧到各教区任职，事先须知会该教区，以便教区考查其人的生活和信仰是否有任何引起异议之处。此举倾向于会众治理模式，自然与前一条遭遇同样下场。在另外一条中，他们恳请主教们不要坚持要求举行全套圣礼，或对省略部分圣礼环节的牧者给予夺职惩罚——仿佛法律不曾明文规定统一的公共敬拜仪式，又仿佛法律已经授予主教们某种特许权一般。他们抱怨普遍存在的滥用绝罚惩戒的现象，并求告牧首们设法通过立法匡正上述弊端。言外之意，似乎下议院没有资格处理此类事务一般。

不过，下议院请愿书中最具实质性意义的一条，涉及宗教事务高等法院以及该法院所要求的依职权宣誓（*ex officio*）。鉴于这个问题关系重大，值得在此略作解释。

伊丽莎白女王登基后的首任大主教帕克（Parker）性情刻板，一丝不苟地执行国教仪规，也同样一丝不苟地对所有试图改革教会成例、仪典或圣礼的清教牧者施以罚款或夺职惩处。帕克于1575年去世，继任大主教格林达尔（Grindal）倾向于新教，颇不情愿依法处置那一派信徒和不遵国教仪规的教牧。女王担心新教徒散布福音预言以及在家中聚会的行为会滋长宗教狂热，下旨镇压，但格林达尔拒不从命，因而触怒女王，女王借着星室法院一纸裁

宗教事务高等法院

---

① D'Ewes, p.357.

定,废黜其大主教之职,软禁于自己家中。1583年格林达尔去世后,女王下定决心,这次选择继任大主教切不可重蹈覆辙。她选中了惠特吉夫(Whitgift),后者对国教满腔热忱,此前曾在宗教论战中崭露头角,但他发现,要靠辩论说服清教徒只能白费气力,于是决心借助强权和严刑峻法强迫他们睁开眼睛。他对女王表示,若无王权扶持,教会牧长的一切属灵权威都算不得什么。鉴于当时英国尚无宗教事务高等法院,他提请女王颁旨新建这样一所法院,较此前的任何同类机构更为武断专权,且被赋予无边无际的权威。[①]女王任了四十四位钦命专员,其中包括十二位神职人员;[208]三位钦命专员即满足开庭的法定人数;该法庭的管辖权遍及整个王国、涵盖所有等级,其行权的每一具体情形及全部审理方式无不与法律的明文规定和自然公平准则背道而驰。钦命专员们得到授权:调查和匡正一切谬误、异端邪说和分裂派主张,换言之,就是监察一切思想观念、惩罚一切与现行国教信仰不一致的行为。他们接到指示,审案方式不限于法律规定的陪审团和证人制,可以不拘任何手段——也就是说,拉肢架、拷打、逼供、囚禁等手段均可采用。当他们认为有理由怀疑任何一个人时,便迫使其做出所谓"依职权宣誓",发誓者必须回答法庭的所有问题,而其回答有可能成为其本人或亲朋被定罪的依据。法庭任意征收罚金,常令受罚者倾家荡产,这种做法是违背王国现行法律的。他们对违法者判处的监禁期限也完全随心所欲,不受任何法规所限。他们僭取大权,把自认为适当的新约束条款——亦即新信条——强加给教

---

① Neal's History of the Puritans, vol.1.p.410.

牧们。尽管自从宗教改革以来，其他所有宗教法庭均服从最高法院制约，但宗教事务高等法院的钦命专员们却不受后者管辖，几近无法无天。为扩充该机构的权威，女王又授权他们惩治一切乱伦、奸淫、淫亵行为，以及一切家暴、品行不端和婚内不轨行为。法庭所施加的惩处，都是他们依据个人的智慧、良心和自由裁量权做出的。一言以蔽之，该法院就是不折不扣的宗教裁判所，全面秉承了后者固有的邪恶不公和残暴特色。鉴于宗教法庭的辖管对一切法律都极具破坏性，因此，许多人认为成立该法院纯属这位骄横女王的僭权之举，所依据的也仅仅是一个法条而已——就是那个恢复王权至尊地位、授权君主任命钦命专员行使该特权的法条。然而在那个时代，普遍意义上的王权，尤其是君主至高无上的至尊权力，通常被认为蕴含着不受任何法律、先例或理性制约和限定的权柄。

209　　尽管下议院在致牧首们的那份谦卑请愿书中只是小心翼翼且低声下气地触及教会的某些弊端，但女王在本届议会闭幕致辞中，仍然忍不住批评他们放肆，激起现场一片嗡嗡窃语（议员们不敢大声抱怨，免得直接传到陛下耳中，触怒天威），结果越发招来女王的斥责。女王首先笼统地感谢他们的一片忠忱，并表达了她对臣民的关爱之情，接着便正告他们：任何人对教会吹毛求疵就等于诋毁她本人，因为她奉神的旨意担当教会最高首脑，倘有任何异端或分裂派势力在王国中流行，必是出于她的纵容或疏失。女王又说，凡事不可能十全十美，有毛病是正常的，但她也警告牧首们当心，他们若不尽忠职守，一旦被她发现，必定予以罢黜，决不轻饶。她说，人们普遍认为她曾潜心钻研许多领域的学问，尤其是哲学（我想她是指神学），而她可以坦承的是：在那些没有余暇投入专门研究的人群当中，几乎没有人在阅读和思考上下的工夫比她更多。她指出，许多人出于好奇研读《圣经》，并发起种种标新立异之举，她早已洞察他们的放肆行为，决心不再听之任之。她要依据神的法则，引导国民避开罗马教会的腐败和当代新宗派的谬误，行在不偏不倚的中正之道上。正如罗马天主教分子与她势不两立，其他激进改革派分子也同样对一切君主制政权构成莫大威胁——这些激进分子惯以传讲上帝真道为名，行僭越之实，放任自己的个人判断，对君主的一举一动说三道四。①

　　我们在这一回合的前后过程中可以看出，下议院对教会高层发出的泛泛请求，以及请愿书中的某些具体条文，莫不说明他们和女王一样，对于自由和法治宪政原则一无所知。同样值得注意的是，伊丽莎白非但未因议会针对宗教事务高等法院的异议而有所让步，反而在本朝末年再次任命了一批钦命专员，并且扩充了他们的权限，而不是予以制约。②

　　就在本届议会期间，天主教徒的一起逆谋败露，令国人针对天 210
主教徒的仇恨空前高涨，加剧了不同教派间的撕裂程度。信奉天主教的绅士威廉·帕里（William Parry）曾经身负死罪，被女王赦免之后，又获准出国，旅居米兰，在那里他公开宣认了自己在国内一直隐瞒的天主教信仰。也是在那里，耶稣会士帕尔米奥（Palmio）说服他，最大的善工莫过于行刺他的君王和恩主。他去咨询教廷

---

① 参见本卷卷末注释［Q］。
② Rymer, vol.xvi.p.292, 386, 400.

大使坎佩吉奥（Campeggio），后者亦极力支持这一虔诚之举。帕里内心尽管仍有怀疑纠结，但还是来到巴黎，预备渡海返英，执行他那血腥的计划。在巴黎，天主教圈内颇有声望的绅士托马斯·摩根（Thomas Morgan）对他大加鼓励。尽管瓦茨（Watts）和另外几位天主教神父告诫他，这个计划是罪恶不虔的，但他更信赖罗马教廷驻巴黎大使拉加佐尼（Raggazzoni）的权威，决定坚持原计划。他从巴黎写信给教宗，这封信辗转落到枢机主教科莫（Como）手上。帕里在信中向圣父讲明自己的意图，请求圣父帮他做出决断，并赐予父亲般的祝福。他收到枢机主教的回信，肯定他的目的值得高度赞赏，于是他带着执行逆谋的一整套计划渡海回到英格兰。然而，铭刻在人类内心的道德情感是如此深刻，即使错谬的宗教偏见也难以完全将其抹杀；这位偏执的杀手决定：在付诸极端行动之前，应该尽一切努力寻求其他途径，来减轻英格兰天主教徒遭受的迫害。他托关系找门路获得女王接见，当面禀告女王，有许多针对她的阴谋已然成形，她若爱惜自己的性命，务请给予天主教徒更大的宗教宽容。不过，他惟恐自己面对大好行刺机会经不住诱惑发动杀机，每次见驾时总是除去身上的一切武器。他甚至想办法当选了议员，在议会中激烈抨击上届议会通过的严酷法令，因放言无忌被监视居住、剥夺参会资格。上述努力统统以失败告终，越发坚定了他执行原计划的决心。他将自己的秘密告诉了内维尔（Nevil），后者踊跃加入，并决心实际参与刺杀行动，分享这份荣耀善工。至于他们是否对于谋杀一位异端君主抱有任何顾虑，艾伦博士（Dr. Allen，此君后来晋为枢机主教）在他新近出版的大作中全未提及。他们商量好，打算趁女王骑马外出兜风时，开枪取她性命；并且下定决心，行刺后倘若无法脱身，就当场自杀，献身于他们臆想中的神圣使命。然而正当他们伺机而动时，忽闻流亡中的威斯特摩兰伯爵去世了；而内维尔是威斯特摩兰家族的下任继承人，他开始萌生希望，想着若能在女王面前立功，或可重蒙君恩，恢复因已故伯爵的叛国罪而被剥夺的家族产业和爵衔。于是他向朝臣们告密，把整个阴谋合盘托出。帕里被捕入狱，在受审时对自己的罪行供认不讳，并在陪审团面前认罪。庭上出示了科莫枢机主教的来信，证明帕里所言字字不虚。法庭裁定帕里逆谋弑君，坐叛国罪，依法判处死刑，[①] 不久即予执行。[②]

　　诸如此类充满血腥气的阴谋如今在英伦处处露头，都是宗教偏执，尤其是天主教偏执精神日趋激化造成的恶果。沃里克郡有个叫索莫维尔 (Somerville) 的绅士，此人头脑有点不清楚，被灌输了"刺杀异端分子和宗教迫害者能积功德"的观念，遂来到伦敦，打算行刺女王。但由于过分招摇，他很快就暴露了，被投入监狱，在狱中自杀身亡。[③] 大约同一时间，勃艮第人巴尔塔扎·杰拉德 (Baltazar Gerard) 策划并实施了针对奥伦治亲王的暗杀行动。那位了不起的人物就这样在代尔夫特 (Delft) 遇难，死在一个亡命徒手上——为除掉这位一生致力于恢复和维护信仰自由的著名人物，那刺客甚至不惜赔上自己的性命，他这份坚定的意志，本可用来服务于更崇高的目的。噩耗传来，佛兰德斯人万分悲恸，他们一向爱戴奥伦治亲王，视之若父，想到这位英勇的爱国者竟落得如此

尼德兰
事务

----

① State Trials, vol.1. p.103, &. seq. Strype, vol.iii. p.255, &. seq.

② 参见本卷卷末注释[R]。

③ Camden, p.495.

不幸的下场，又想到他们失去了一位强大而又审慎的领导者，而眼下西班牙军队正在战场上咄咄进逼，这样的前景着实令人绝望。几年来，帕尔马亲王的攻势逐年取得巨大进展，已经有好几个省份被迫臣服，就连全尼德兰最富庶、人口最多的安特卫普城也被西班牙人重重包围，可以想见，此城一旦陷落，必定给本已节节败退的联省造成致命打击。现在他们唯一的指望就是外国援助。他们深知伊丽莎白审慎而又吝啬的行事作风，因此对法兰西寄以更大的希望。为了吸引法王亨利，他们提出愿将联省的主权献在他脚前。然而亨利眼下正为国内事务焦头烂额，只能推拒了这块送到嘴边的肥肉。他原以为安茹公爵一死，自己便能摆脱那些阴谋缠斗，国内局势亦有望恢复宁靖，却不料陷入了更可怕的困境：身为法兰西王位继承人的纳瓦拉国王已公开支持胡格诺派，面对这种形势，吉斯公爵重建天主教联盟，敦促亨利采取最激烈的手段，一举除掉那位勇敢而又正直的君侯。亨利本人虽是虔诚的天主教徒，但由于他不愿依从天主教联盟率意妄为，便成了他们敌视的对象；此外，他一方面热忱遵行罗马天主教的各种迷信仪规，另一方面私生活却极为糜烂，天主教阵营便抓住这一点做文章，声称他的虔诚无非是虚伪欺诈而已。亨利见自己的权威有下滑之势，只得向胡格诺派宣战，把兵权交在天主教联盟手上，其实在他心里，后者才是更危险的对手，因为他们不仅对他的江山社稷虎视眈眈，还与腓力打得火热。出于同样的策略考虑，他也不敢跟反抗西班牙统治的尼德兰新教徒建立关系，惟恐招致危险后果，因此只能忍痛舍弃吞并联省、向多番设计害他的腓力施展报复的诱人机会。

　　值此危急存亡之秋，联省议会郑重派遣使团前往伦敦，再次向

公元
1585年

伊丽莎白女王提出献地称臣之请，以此换取她的保护和援助。值 213
此紧要关头，英方应当如何应对？伊丽莎白驾前睿智的臣僚们在
这个问题上分成对立的两派。一派主张拒绝联省议会的提请，力
陈吞并联省会招致迫在眉睫的危险，并陷英国于不义。他们指出，
镇压叛乱臣民乃是世间一切君王的共同事业，若对尼德兰叛乱者
给予任何鼓励，无疑会给英国臣民树立危险的先例。世间君王虽
受上帝律法的约束，不得压迫臣民，但是为人臣者永远没有权利忘
记忠君义务，无论出于任何幻想或憎恶之情，哪怕有最正当的抱怨
理由，也不能弃主投效他人。他们说，女王此前对佛兰德斯人施以
援手，无非是顾念他们身受残酷压迫的景况，而非承认他们有权争
取自由；女王只想以此警戒腓力收敛其暴政，而无意夺取这些省份
的主权，它们本是腓力家族代代传承的领地。女王在爱尔兰，乃至
在英格兰国内面临的处境，可以给那位强大的君主提供充分的报
复机会；必须预见到，英国一旦吞并尼德兰诸省之后，腓力将放弃
暗中挑唆英国内乱的做法，转而动用全力公开保护和捍卫天主教
徒，教宗无疑也将加入战阵，以其精神武器会同西班牙的世俗力
量，共同打击英国。女王陛下不久就会感到后悔，不该贸然兼并海
外领地，给英国本土招来迫在眉睫的危险。①

　　另一派朝臣则持相反意见。他们指出：与腓力为敌还是为友？
自从女王陛下登基以来，在这个问题上从未有过任何选择余地，现
在更是如此。那位君主的一切所作所为早已显明，他的目标无非
是打着捍卫天主教信仰的旗号扩张其帝国，并且彻底奴役新教徒。

---

① Camden, p.507 Bentivoglio, part 2, lib.iv.

鉴于伊丽莎白女王已经对他开启衅端，又鉴于腓力的总体政策导
向，双方今后必定形同死敌。腓力一旦成功镇压了手下的叛乱臣
民，无疑会倾举国之力对防卫薄弱的英格兰发动攻击。当前需要
回答的唯一问题是：是在盟友支持下御敌于海外战场，还是等到所
有盟友尽数沦陷之后，任由敌人从容排兵布阵，直取王国腹心？尼
德兰反叛诸省虽然形势堪危，但军力依然相当可观，如果有了英国
的援助，仍有可能凭借其优越的地理位置以及对腓力的刻骨仇恨，
继续与西班牙政权抗争下去。尼德兰联省与女王陛下的海军力量
联合起来，足能确保英国海疆无虞（这是西班牙能够对英国发动攻
击的唯一方向），甚至可以从海上寇略腓力的领土，无论在欧洲还
是西印度群岛。一场战争若是必要的，何来不义之说？况且这场
战争关乎自卫，关乎防范未来避无可避的危险，以及屏退迫在眉睫
的外敌入侵。当前西班牙和英格兰两大王国在利益和形势上两相
对峙，开战乃势所必然，为抵偿战争造成的危险和损失，抢先一步
兼并这些重要省份实为上上之策。①

　　两派大臣各执一词，女王则考虑到两个极端均会带来不良
后果，意欲采取折中路线。尽管此类行动通常有失审慎，但是女
王的这个决定未受任何偏见或情感误导。她认定反叛诸省的利
益与英格兰息息相关，自己决不能袖手旁观，坐视他们彻底沦于
被奴役境地。但她预见到，一旦将他们纳为臣属，她就不得不全
力以赴保卫他们，因此开罪于邻国，被指为心勃勃、僭夺他国领
土，而她一直以来都小心避免落下这样的骂名。于是，她当即拒

---

① Camden. p. 507. Bentivoglio, part. 2, lib. iv.

绝了联省的提议。她与联省议会达成以下几条协议：英方派出
五千步兵、一千骑兵援助联省，并负责承担军费；女王亲自任命
的援军统帅及两位副将应进入联省议会政务委员会；任何一方不 215
经对方同意，不得单独与敌媾和；战争结束后，联省应返还英国
女王所支付的费用；与此同时，联省方面应将弗卢辛（Flushing）、
布里耶两城并拉米金斯城堡（Rammekins）作为抵押物移交给
英方。

　　女王明白，此举一出，她与腓力必定公开翻脸。但她并不畏
惧那位强主的赫赫威势。当时西班牙雄踞欧陆、富庶兴旺，最近又
吞并了葡萄牙——腓力将这个富裕国家纳入治下，一方面保障了
国内安宁，另一方面，他也得到了葡萄牙在东印度群岛的众多殖民
地，垄断了上述一大片区域的全部贸易，并大大加强了他此前相对
薄弱的海上力量。意大利各邦君侯都对他唯唯诺诺，形同臣仆，就
连教宗和罗马教廷也凡事看他的眼色，似乎一旦触犯了他，君位都
有可能不保。德意志的奥地利家族及其众多附属公国都与腓力关
系密切，随时准备出兵支持他的每一项事业。西印度群岛的财富
尽在他的掌握，而当前欧洲各国贵金属极端紧缺的现状，更彰显了
腓力的财富影响力。尼德兰人似乎堪堪将败，根本无力抵挡腓力
手下久经沙场的虎将及其统率的百战雄师，自由前景渺茫。就连
过去常能制衡奥地利强权的法国，现今也因内乱频仍而大大伤了
元气；该国掌政的天主教集团与腓力关系紧密，因此腓力料定法国
人非但不会牵制他，反会成为他的助力。总体而言，世人普遍认定
西班牙国力鼎盛天下无敌，以致瑞典国王一听说伊丽莎白公开承
诺保护叛乱的佛兰德斯人，便一口断定，她这是摘下头上的王冠，

216　押注在一场胜败难料的战争上了。[1]这位女王就其天性而言通常偏于审慎而非积极进取，总是需要大臣们用力推她一把，而不是用审慎来拖她的后腿；然而，每当她看出某件事确有必要，就会抱定恢弘的勇气直面危险。她信赖自身超凡的智慧和国民的爱戴（无论他们怎样分门结党），积极准备抵御那位天主教君王的全力进攻——甚至有可能采取主动出击的策略。

莱斯特伯爵奉旨统率英国援军，渡海前往尼德兰。随行阵容极其煊赫，其中包括他的女婿、年轻的埃塞克斯伯爵，奥德利勋爵（lord Audley）和诺斯勋爵（lord North），威廉·拉塞尔爵士（Sir William Russel）、托马斯·雪利爵士（Sir Thomas Shirley）、阿瑟·巴塞特爵士（Sir Arthur Basset）、沃尔特·沃勒尔爵士（Sir Walter Waller）、杰维斯·克利夫顿爵士（Sir Gervase Clifton），此外，英军队伍中还有五百名绅士，个个都是人中之杰。伯爵抵达弗卢辛时，受到他的侄子、总督菲利浦·西德尼爵士的热烈欢迎。英军每过一地，市民无不欢呼雀跃，搭起凯旋门欢迎他们，仿佛伯爵的驾临和女王的保护已经让他们未来的解放成了板上钉钉的事情。联省议会希望促使伊丽莎白加大保护力度，且知道莱斯特对女王的影响力，便授予他联省总督兼大将军的头衔，指派卫队护驾，在诸多方面待他有如君主一般。不料此举非但没能达成预期效果，倒起了反作用。女王对联省议会的花招和莱斯特的野心深感不悦，对两方都严加申斥。他们大费周章，低首下心地一再讨好，女王好不容易才消了气。

---

[1]　Camden, p.508.

对西班牙
开战

腓力的强大实力主要源于美洲,也是其广阔领地中防御最薄弱的部分。伊丽莎白既看出与腓力的公然决裂无可避免,便打定主意叫他在那片地区不得安生。西班牙和葡萄牙在东西印度群岛所取得的巨大成功,激起了英国人步其后尘的热情。由于发展商贸乃至建立殖民地都是个缓慢渐进的过程,值此关键时期,战争为他们的贪婪和野心开辟了一条通衢大道,以一夜暴富的美梦吸引着国人纷纷投身海军。英国海军装备了二十艘帆船,去攻击西印度群岛的西班牙人。船上除了水手之外,还有两千三百名志愿从军者。弗朗西斯·德雷克爵士受命担任舰队指挥官,克里斯托弗·卡莱尔(Christopher Carlisle)被任命为陆军指挥官。他们发动奇袭,攻取了佛得角(Cape Verde)附近的圣雅戈(St. Jago),在城里找到大量粮食,却没发现财宝。他们扬帆驶向伊斯帕尼奥拉岛(Hispaniola)①,轻取圣多明戈(St. Domingo)城,扣押当地居民的房产,逼迫他们出重金赎回。接着,卡塔赫纳(Carthagena)城在一番抵抗后沦陷,英军用同样手段掠取当地人的钱财。他们放火烧毁了佛罗里达沿海的两座市镇圣安东尼(St. Anthony)和圣海伦斯(St. Helens),随后沿弗吉尼亚海岸线航行,发现了一个残破的小殖民点,它是由沃尔特·雷利爵士创建的,如今已经破败不堪。这是英国人初次尝试在美洲建立殖民地。尽管他们后来在这方面成就斐然,无论是殖民地的分布还是垦殖者们自由勤勉的高贵品质,都远超其他欧洲国家,但是这个最早的殖民点却惨遭失败,垦殖者们生计凄惨,只好抛弃定居点,央求德雷克带他们返回故土。

公元
1586年
1月

217

---

① 即海地岛。——译者

德雷克携大批金银财宝归来，令国内志愿者深受鼓舞；在返航者的描述中，那些地方西班牙人的势力虚弱得不堪一击，更煽动了举国上下的亢奋情绪。面对恶劣气候造成的畸高死亡率，年轻冒险家们照例满不在乎，什么都难以阻挡他们心头的贪婪和热望。[①]据认为，是德雷克的船队首次将烟草带回英格兰。

与德雷克相比，莱斯特的事业显得大为逊色。这位伯爵的勇气和才干统统欠奉，配不上女王给予他的信任。考虑到女王向来知人善任，惟对莱斯特的任命产生重大失误，因而时人自然揣信，她对伯爵的厚爱超出了友谊的限度，以致影响了她的决定。莱斯特伯爵最初在与西班牙人的对抗中取得一定优势，并成功增援遭围困的格拉夫（Grave），使之有能力继续顽强坚守。不过，当地总督冯·赫梅特（Van Hemert）懦弱怯战，令这一切努力都付诸东流：他只作微弱抵抗，便率部投降了。后来，赫梅特因这一行径受到军法审判，被判处死刑。其后，帕尔马亲王挥师围攻芬洛（Venlo），该城守军略作一番抵抗之后便告投降。奈斯（Nuys）城的命运更为凄惨：守军自知不敌，正在协商有条件投降，不料被敌突袭破城。接着，西班牙人又包围了里姆伯格（Rhimberg），城内驻有一千两百名英军，守将是摩根上校（colonel Morgan）。莱斯特考虑到敌强我弱，无力直接解围，遂在别处展开攻势，试图吸引帕尔马亲王分兵他顾。他先行攻打杜斯堡（Doesberg），一举得手；随即屯兵祖特芬（Zutphen）城下，帕尔马亲王认为该处要塞极其重要，匆匆赶来解围。他命瓜斯托侯爵（marquess of Guasto）护送一支补给车

---

①　Camden, p.509.

队在前先行，本打算趁着浓雾掩护混进城内，不料碰巧被一队英军骑兵发现，一场激烈的厮杀随即展开。西班牙人大败，贡萨加侯爵（marquess of Gonzaga）阵亡，这位侯爵本是意大利贵族，家世显赫、声望卓著。英军乘胜追击，迎面遇到帕尔马亲王率领的西班牙主力部队，逐调头回转。但英军撤出战场之后才发现，菲力浦·西德尼爵士在战斗中身负重伤，被抬回营地后不久便去世了，这一重大损失令他们当天的一切战果顿时黯然无光。在同时代作者笔下，这位爵士堪称修养才具首屈一指的完美绅士之典范，甚至足可满足诗人和小说家天马行空的想象。其人举止高贵、言谈彬彬有礼、英武豪迈更兼优雅博学，良材美质堪称英国宫廷之瑰宝。女王和莱斯特伯爵都对他赞赏有加，他也将这份影响力完全用于奖掖天才、鼓励文学，因而懿名远扬、泽被后世。西德尼仁爱谦下，惠抚卑微。在这最后一役中，他浑身是伤躺在地上，有人取来一瓶水给他止渴，但他看见旁边有个士兵同样伤势严重，便说："他比我更需要帮助。"把水让给了那个士兵。苏格兰国王有感于西德尼的美德，特地撰写了一本拉丁语诗集，缅怀这位年轻英雄之死。

尽管英格兰承平日久，部队全无作战经验，但这个民族却具有极高的军事天赋。帕尔马亲王迄今所取得的优势，盖因对手莱斯特伯爵拙于军务，而非由于西班牙将士英勇、部队训练有素。联省议会不满莱斯特伯爵用兵无方，更讨厌他那专横倨傲的作风。这场战役结束后，他们上书伯爵，要求匡正一切弊端。但莱斯特根本不予理会，不久便动身返回英格兰。①

① Camden, p.512. Bentivoglio, part 2. lib. 4.

伊丽莎白女王一面向强大的西班牙国王发起挑战,同时也没有忘记加强苏格兰一线的防御。她致力亲和詹姆斯国王这位旁系血亲,强化与苏格兰的联盟,消除彼此间的争端。一段时间以前她做过一次尝试,但因设计欠周密,没能赢得詹姆斯的信任。她委派沃顿出使苏格兰,并对其密授机宜,另一方面却派人告知詹姆斯,她若有什么国家大事要与他讨论,就会另遣使臣,沃顿其人并不适于讨论正经事务,自己之所以把他派到詹姆斯身边,无非希望他能以机智诙谐的言谈博国王一笑,伺奉国王放松身心尽情游嬉。沃顿是个伪装高手,深知如何用表面的嘻嘻哈哈掩饰最深的心机和最危险的谋算。当年玛丽女王在位时,年仅二十岁的他就随从叔父沃顿博士出使法兰西,给法国军事总长蒙特莫伦西布设圈套。若非纯粹偶然的因素作梗,以那位法国老臣的审慎和经验居然几乎被他凭着狡猾骗过了。无怪乎多年以后,他那已臻化境的欺骗手腕能将心无城府的年轻国王詹姆斯骗得团团转——尤其是,还有伊丽莎白女王的荐语为其铺平了道路。他参与了国王的一切娱乐活动,对国王的各种秘密了如指掌,看似对政事浑不留心,但国王处理国家大事时,却相当倚重他的见解。苏格兰的朝廷重臣们看到此人的影响力不断增长,纷纷竭力巴结他,他只略施小计,他们便毫不犹豫地向他出卖了自家主上最根本的利益。伊丽莎白又犯了猜忌继承人的老毛病,这一回矛头指向了詹姆斯。由于詹姆斯已到适婚年龄,她担心他娶妻生子、盟友增多以后,势力渐渐坐大,在英国臣民当中赢得更大影响力和权威。于是,她指示沃顿暗中联络部分苏格兰贵族,取得他们的承诺,无论如何都要阻止詹姆斯在三年内结婚。为达到上述目的,他们极力挑拨詹姆斯与丹麦国王之间的关系,后者遣使来到苏格兰,借口商议归还奥克尼群岛事宜,实则有意撮合詹姆斯与其女的婚事。据称沃顿还策划了一起更危险的阴谋。有人说他勾结一些反叛分子,策划绑架詹姆斯国王,把他交到伊丽莎白手上;伊丽莎白想必会矢口否认与劫驾阴谋有涉,但她肯定要永久扣押詹姆斯,即或不关入牢狱,也会软禁终身。由于阴谋走漏风声,沃顿匆匆离开苏格兰,没有向国王告辞。①

詹姆斯拘于自身处境,只得隐忍掩饰对劫驾逆谋的忿恨,而浑厚的天性又让他很快就原谅、忘记了这件事。于是,伊丽莎白女王得以轻松重启两国紧密结盟的谈判。为了更有效地赢得詹姆斯国王的友谊,她授予其一笔年金,与他刚刚过世的祖母伦诺克斯伯爵夫人身后遗产数额相当。②伊丽莎白与詹姆斯签约结盟,决心合力捍卫两国领土以及双方共同的宗教信仰——目前欧洲所有天主教势力公然联手,正对这一信仰形成极大威胁。条约规定:伊丽莎白的国土一旦遭到外敌入侵,詹姆斯应率领两千骑兵、五千步兵前来援助;反之,如果詹姆斯的国土遭到入侵,伊丽莎白应派遣三千骑兵、六千步兵前来援助他。上述部队的军费开支由接受援助的一方负担。如果英格兰遭受入侵的地点距苏格兰边境不到六十英里,苏格兰国王应动员举国兵力驰援英方。鉴于宗教信仰因素,本盟约的效力应超出两国此前与任何其他国家之间缔结的一切盟约。③

221

---

① Melvil.

② Spotswood, p. 351.

③ Ibid. p. 349. Camden, p. 513. Rymer, tom. xv. p. 803.

　　这个盟约使詹姆斯得以免除一切外来侵略的危险，又为他赢得英国人的信任和爱戴开通了道路，甚至令他有望维持国内的宁靖局面——在与伊丽莎白关系紧张的情况下，他永远没法指望长享安宁。苏格兰人天性中自有一份骚动不羁，贵族间的世仇根深蒂固，政府运作中存在诸多自古相延的积弊，而今在这一切之外又新添一个引发动荡的源头：宗教狂热。与其他因素相比，这个因素更具危险性，因为宗教信仰一旦被错误观念扭曲败坏，便会冲破任何道德律的约束，在实际运行中甚至极少顾及普通行为准则和政策原则。教士们已在他们的领域内成功辖制了民众，及至此时，他们的傲慢已经达到登峰造极的高度。他们不仅嚣张地处处与国王作对，也同样针对整个世俗权力机构；他们颁布绝罚令，将圣安德鲁斯大主教逐出教门，只因后者在议会中积极推动一项法案，限制他们在布道中煽惑信众。①那位大主教也无计逃脱这个可怕的惩戒，只能宣布放弃一切宗教权柄。有个叫吉布森（Gibson）的教士在讲坛上声称：詹姆斯·斯图亚特上校（指已故的艾伦伯爵）和他妻子耶洗别（Jezabel）曾被视作逼迫教会的主犯，但现在国人已经看清，国王本人才是罪魁祸首。因此，他咒诅国王和《圣经·列王纪》中悖逆的耶罗波安落得同样下场——断子绝孙、身死族灭。②

　　国务大臣瑟尔斯通（Thirlstone）眼见国王天天因教会事务的烦扰和神职人员的桀骜不驯头痛不已，便劝他说：不如任凭他们胡闹好了，用不了多久，他们就会变得彻底令人难以忍受，逼得国人

---

①　Spotswood, p. 345, 346.
②　Ibid. p. 344.

奋起反对他们，将其赶出苏格兰。国王回答：“你说得对。我要是想毁灭教会和信仰，这个建议是不错的。但我的意愿是维护这两者，因此我无法容忍神职人员如此胡作非为，到头来使宗教信仰变成任人轻蔑和嘲弄的对象。”①

---

① Spotswood, p. 348.

第四十二章　伊丽莎白女王(五)

天主教徒的狂热—巴宾顿预谋行刺—阴谋获玛丽首肯—抓捕、处决密谋者—决定审判苏格兰女王—钦使说服玛丽接受审判—审判—对玛丽宣判—詹姆斯国王的干预—处决玛丽的理由—处决玛丽—玛丽性格点评—伊丽莎白惺惺作态—加的斯海战：德雷克摧毁西班牙舰队—腓力筹划侵英—无敌舰队—英国备战—无敌舰队开进英吉利海峡—无敌舰队被击垮—议会召开—出征葡萄牙—苏格兰局势

对于伊丽莎白而言，苏格兰女王的性格、信念和权利主张都意味着莫大的危险，因此，在如何对待那位落难女王的问题上，伊丽莎白从起初便听从猜忌和权谋的支使，而将友情和仁慈置之度外。玛丽未得善待，她在怨愤驱使下的种种谋划，几乎真正威胁到了伊丽莎白的安宁和权柄。于是，那位樊笼中的女王受到更严厉的管制，[1]而这越发激起她铤而走险的念头；不堪忍受幽禁生活的焦躁心情、熊熊燃烧的复仇欲望，[2]以及她那天生的昂扬斗志一旦与宗

公元
1586年

223

---

[1] Digges, p.139. Haynes, p.607.
[2] 参见本卷卷末注释［S］。

教热忱形成共振,加上一批偏执激进的亡命徒不断怂恿,最终令她卷入阴谋活动,以致授人以柄——须知她的敌人一直在严密窥伺她的一举一动,寻找任何机会、借口或理由,对她发起致命一击。

天主教徒
的狂热

　　设在兰斯的英国神学院此时猖猖而起,满带愤怒和敌意高调攻击伊丽莎白女王。这批天主教狂热分子有幸逃脱了英伦近来高涨的宗教迫害,但他们知道,将来他们回国布道时必定面临更严厉的管制;他们目前所处的环境,尽可自由发声反对伊丽莎白;而放眼四周,宗教怒火更是燃遍法兰西——这一切因素的共同作用,令他们完全丧失了基本常识、道德和人性的准则。他们顶礼膜拜教宗的神圣权柄、醉心于教宗无误论,高举那道对伊丽莎白施以绝罚、黜去王权的教宗敕令,其中一部分人甚至过火地宣称,该敕令源自圣灵的直接启示。刺杀异端君主(尤其是那位女王)的行动,被他们说成万般功德之首,他们还教导说,凡为这一敬虔圣举献身者,必将荣耀加身,头戴殉道者永不褪色的冠冕。在这套理论煽动下,有个名叫约翰·萨维奇(John Savage)的亡命徒对伊丽莎白女王起了杀心:此人本是一介武夫,曾在低地国家帕尔马亲王军中服役数年。他们先让他发誓持定目标、绝不放弃,然后遣之渡海赴英,并把他秘密引见给海峡这边的天主教狂热分子。

　　几乎与此同时,该神学院派赴英国和苏格兰传教的神父约翰·巴拉德(John Ballard)完成使命回到巴黎。他此前观察到,暴力反叛精神在两国天主教信徒群体中极为普遍,于是据以制定了一个武装推翻伊丽莎白、复辟古老宗教的行动计划。[1]当时的欧洲

---

① Murden's State Papers, p.517.

224　政局似乎十分有利于这一方案的实施：教宗、西班牙王室和吉斯公爵在共同利益驱使下，决心联手对付英格兰。常驻巴黎的西班牙大使门多萨极力鼓励巴拉德，令其乐观指望上述几位君主出兵相助。查理·佩吉特（Charles Paget）是热忱的天主教徒、苏格兰女王的死党，他深深了解伊丽莎白的审慎作风、旺盛斗志和英国臣民对她的普遍爱戴，因此一直坚称，英格兰女王一日不除，任何讨伐英格兰的计划都休想成功。巴拉德认为此话有理，进而更清楚地看到，执行兰斯神学院策划的行刺方案大有必要。他假扮成军人，化名福蒂斯丘上尉（captain Fortescue），亲自渡海来到英格兰，意欲立即推动实施刺杀计划，紧锣密鼓地掀起叛乱、发动入侵。①

　　他接洽的头一个人是德比郡的安东尼·巴宾顿（Anthony Babington of Dethic），这位年轻绅士出身世家，广有资财，干练有能且文才锦绣，远胜过大部分同等地位和年龄段的人。他虔信天主教，早前曾秘密渡海前往巴黎，在那里遇见观念偏执的英国流亡者托马斯·摩根，与之结成莫逆之交，并与玛丽驻法兰西宫廷特使格拉斯哥大主教过从甚密。二人不断称颂苏格兰女王多么和悦可亲、多才多艺，高风峻节令人仰慕，打动了年轻人那颗热情而无防范的心，促使其决意为女王效劳；他们还调动雄心壮志、骑士精神和宗教热忱等一切可以调动的手段，使之藐视一切危险——须知要与机警强大的伊丽莎白政权对抗，前路必定危险重重。如此坚定了他的心志后，他们便将他遣回英格兰，并瞒着他暗中向苏格兰女王举荐，称此人可用。苏格兰女王修书一封致巴宾顿，言辞充

巴宾顿
预谋行刺

────────────

①　Camden, p.515.

满友谊和信任。巴宾顿本性热情、信仰挚诚,在这些友好表示鼓舞下,更觉自己义不容辞,务必全身心地为那位不幸的女王效劳。有一段时间,他成功打通了关节,将所有海外来信送到她手上,但是自从阿米亚斯·保雷特爵士接任监护人之后,看管措施越发严格,送信任务变得极为困难和危险,他只得放弃尝试。

　　巴拉德对巴宾顿祖露心曲,他发现后者的热忱虽然暂受遏制,但初衷不改。一提到襄助玛丽复辟、重光天主教信仰的行动,旧日的热情即刻重新被挑旺。巴宾顿跟佩吉特意见一致,声称只要伊丽莎白活着,任何颠覆英格兰国教和现政权的尝试都是愚蠢之举。巴拉德顺着他的话风,进而向他挑明了萨维奇的刺杀计划,[①]并且满意地看到,巴宾顿并没有被这消息骇倒,只表示:萨维奇单枪匹马不够稳妥,他可以再带五个人加入行动,对女王发动殊死一击。

　　为落实上述想法,巴宾顿积极招揽同党,秘密纠集了许多对现政权心怀不满的天主教士绅,其中有爱尔兰贵族子弟巴恩维尔(Barnwel)、兰开夏郡绅士查诺克(Charnoc),还有阿宾顿(Abington)——其父曾经担任内廷司库之职,这几人与巴宾顿一拍即合,愿意参与刺杀行动。世家嗣子查尔斯·蒂尔尼(Charles Tilney)和来自南安普顿的蒂奇伯恩(Titchborne)闻知该计划略显顾虑,经巴宾顿和巴拉德合力说服,他们的顾虑也被打消。只有萨维奇一人表示反对,他拒绝与别人分享这份荣耀,[②]一心要独力建此勋业。众人好不容易才劝他放弃了这种单枪匹马逞英雄的念头。

------

①　Ibid. State Trials, p. 114.

②　State Trials, vol. i. p. 111.

密谋者们要想达成预定目标，必须在刺杀伊丽莎白的同时，解救苏格兰女王脱离樊笼。巴宾顿筹划趁她出来骑马放风之机，亲率百骑袭击随行卫队。为了这次行动，他招纳了温莎勋爵之弟爱德华·温莎（Edward Windsor）、托马斯·索尔茨伯里（Thomas Salisbury）、罗伯特·盖奇（Robert Gage）、约翰·特拉弗斯（John Travers）、约翰·琼斯（John Jones）和亨利·多恩（Henry Donne）等人，大多为世家有产者子弟。密谋者们很想找一位声望卓著的贵族出任首脑，却始终找不到；但他们相信，一旦伊丽莎白女王遇刺身亡、玛丽女王被解救，全体热忱的天主教徒闻讯必定揭竿而起，外国势力也必能趁着举国大乱，轻而易举地扶持苏格兰女王重登宝座，恢复古老的天主教信仰。

上述孤注一掷的计划并未逃过伊丽莎白驾前枢密院、特别是国务大臣沃辛汉姆警觉的眼目。那位足智多谋的大臣出钱雇用天主教神父茂德（Maud）陪伴巴拉德一路返回法国，探听到一丝阴谋的风声；他安排的另一个探子波利（Polly）则设法打入英国本土阴谋集团，尽管没能获得完全信任，但也或多或少地窥见了这个危险的秘密。直到海外神学院派到英国的教士吉尔福德（Gifford）投效了沃辛汉姆，阴谋的内幕才完全被揭开。经此渠道探得的情报对局势发展起到了绝顶重要的作用，亦影响着玛丽本人及其一干忠实同党的命运。

巴宾顿一伙定下这个自以为万无一失的计划之后，亟欲与苏格兰女王联络，取得她的同意和配合。他们把这个任务交给吉尔福德，后者当即向沃辛汉姆汇报，请求那位大臣助他传递秘信。沃辛汉姆向保雷特爵士提起此事，望其给以通融，默许吉尔福德收买他的一名仆人；但保雷特十分反感自己府上出现这种危险的先例，要他们另想办法。吉尔福德后来收买了给保雷特府供应麦酒的酿酒商，利用他给幽禁中的女王送信。双方往来密信通过一道墙缝传递，保雷特故意对此睁一只眼闭一只眼。

巴拉德和巴宾顿起初不太信任吉尔福德，为了考验他，他们拿一些白纸伪装成书信托他传递。但收到的回信证实，这些信的确被忠实交付，于是他们抛开顾虑，在交给他的密信中吐露了阴谋计划中最危险的关键内容。巴宾顿向玛丽报告了他们内掀叛乱、外引援军入侵的计划，以及如何救她脱身、如何派遣六名高贵的绅士刺杀僭位君主(指伊丽莎白)的计划；巴宾顿说，这六人都是自己的亲密朋友，对天主教信仰和女王陛下忠心耿耿，不惜抛头颅洒热血，在这场悲剧性的刺杀活动中充当杀手。玛丽在回信中高度赞赏该计划，并表示，对于几位绅士的义举，自己日后必当厚报。她说，无论是救驾还是发动叛乱，都必须先行除掉伊丽莎白才能动手。[①]吉尔福德将这些信件，连同她写给门多萨、查理·佩吉特、格拉斯哥大主教和弗朗西斯·英格菲尔德爵士(Sir Francis Inglefield)的密信，统统交给了国务大臣沃辛汉姆，并由后者的书记官破译、复制留底。为探明全部真相，沃辛汉姆又施一计：他用同一套密码伪造了一封密信，假托玛丽之名要求巴宾顿告诉她阴谋集团成员的名字。巴宾顿有失审慎的反应为沃辛汉姆提供了另一条侦破线索，以及新的防御手段。巴宾顿着人绘制了一幅画像，画上是他自己站于六名杀手中间，还题有一句座右铭："共襄义举，

阴谋获玛
丽首肯

227

----

① State Trials, vol. i p. 135. Camden, p. 515.

同心赴死"。这幅画像被带给伊丽莎白过目，好让她熟悉这些人的相貌，防备刺客接近。

在此期间，巴宾顿急于联络海外势力，取得对方出兵的保证并敦促尽快落实，决定派巴拉德赴法，并设法为其搞到一份化名旅行证件。为了洗脱自己身上的嫌疑，他还主动接近沃辛海姆，装作热心效忠伊丽莎白女王的样子，表示要动身去海外，利用自己在天主教群体中的信誉，探听和挫败他们反对女王的阴谋。沃辛汉姆称赞他忠心可嘉，帮他出谋划策、承诺提供帮助，给他虚假的希望，并与他保持密切联系。与此同时，朝廷签发了对巴拉德的逮捕令。密谋者们本来做贼心虚，一见巴拉德被捕，顿时成了惊弓之鸟。有些人建议立即逃之夭夭，另一些人则提出，事不宜迟，萨维奇和查诺克应当立即刺杀女王，巴宾顿给了萨维奇一笔钱，供其购买高级服装，以利于接近女王，执行刺杀计划。转过天来，他们又开始担心自己是不是警觉过了头。巴宾顿从沃辛汉姆处得到新消息，被那狡猾的大臣说服，认为巴拉德落网完全是因政府干探们大力搜捕教宗和海外神学院派来的神职人员造成的。他甚至同意秘密住进沃辛汉姆宅邸，好在赴法之前多与后者促膝商谈。但他发觉自己受到监视和防范，连忙设法逃脱，并向同党示警。这些人纷纷作鸟兽散，化装成各种身份，在林间或谷仓里藏身，但很快就被捉拿、收监。在审讯中，他们的口供矛盾百出，最终几名首脑只得全盘招出实情。共有十四人被定罪、处死，其中七人当庭认罪，余者则凭证据定罪。

> 抓捕、处决密谋者

处理完这些地位较低的小人物之后，有关方面便着手部署对苏格兰女王的审判、定罪事宜。这一切企图谋害伊丽莎白女王、

> 同年九月

威胁英王国安宁的阴谋均是因她而起, 并在她的支持下进行。伊丽莎白驾前的一些大臣反对这么做, 认为这女人既被严密监禁, 且已重病缠身, 可能不久就会自然死亡, 从而了却他们这份担心、保障政权的安宁, 故而无需采取这种史无前例的举措。莱斯特建议用毒药暗中了结玛丽的性命, 还派了一位神学家前去向沃辛汉姆论证此举的合法性。但沃辛汉姆明确声称自己对这种手段深恶痛绝, 并联合大多数枢密院成员, 坚持主张开庭公审苏格兰女王。迄今为止, 英格兰王国和英国大臣们面临的形势确实十分危 ²²⁹ 险。储君之位一直虚悬, 民众普遍中意的血缘继承人自幼接受天主教教育, 与英国国教为敌, 而且反复挑衅众朝臣和大贵族。如此看来, 这些人的生命安全以及这一国的公众安全似乎全系于伊丽莎白女王一身, 而女王如今也上了岁数。因此, 无怪乎伊丽莎白驾前众臣都对苏格兰女王视若寇仇, 极力争取对她采取极端措施。他们甚至比伊丽莎白女王更急欲阻挠玛丽登上英格兰王位。

破获巴宾顿阴谋集团一事在英格兰虽已尽人皆知, 但是苏格兰女王的一切消息渠道都被严密封锁, 她一直被蒙在鼓里。当托马斯·戈杰斯爵士 (Sir Thomas Gorges) 奉伊丽莎白之命向她宣布, 她的所有同党已被一网打尽, 玛丽顿时大吃一惊。他刻意选择玛丽准备外出骑马打猎时宣布此事, 并且不准她返回原居所, 当即押解到别处。玛丽被辗转押至多处士绅宅第落脚, 最后驻足于北安普顿郡的福瑟林盖城堡 (Fotheringay castle), 这里就是她接受审判和受难的最后舞台。玛丽的秘书法国人诺 (Nau) 和苏格兰人柯尔 (Curle) 当即被逮捕, 她的所有文件均被查抄, 上交枢密院; 搜查者抄出密码六十多套，还发现了大批海外信件，另有若干英国贵族的来信，信中表达了对玛丽的敬仰和爱戴之情。女王对于最末一宗发现表现得浑若不知，但这些写信者得知事已败露，认为除了坚决表明与苏格兰女王不共戴天之外，再无其他方法能够弥补自己的失慎举动。①

　　对玛丽的审判，并非依据一般的叛国罪惩治法，而是依据一年前议会专门为此目的而通过的法案。按照该法案的规定，伊丽莎白女王钦命了一个委员会，由四十位贵族和枢密大臣组成，授权他们审理和裁断"苏格兰前女王、苏格兰国王詹姆斯五世之继承人玛丽"一案。钦命专员们驾临福瑟林盖城堡，派沃尔特·迈尔德梅爵士、阿米亚斯·保雷特爵士和爱德华·巴刻（Edward Barker）面见玛丽，转交了伊丽莎白的一封信，信中告知她任命委员会之事，以及即将对她进行审判的消息。玛丽闻讯毫无激动或惊骇之色。她表示：英国女王待她有如臣属，竟然命她屈尊在臣民面前出庭受审，实乃咄咄怪事。她身为有君尊的一国之主、不受英格兰司法管辖，决不会屈服于任何有损王室权威、在位君主身份以及她儿子尊严、地位的安排。无论厄运怎样威压，却永远压不垮她的精神，如她的敌人痴心妄想的那样。无论任何情况下，她绝不甘心自取堕落和耻辱。她说她对英格兰法律典章一无所知，身边一无臣僚可供垂询，更想不出谁有资格被自己引为同侪，或有资格充当审判她的法官。她虽羁留英伦多年，却是身为囚徒，从未受过此邦法律保护，不能仅仅因为非自愿地客居于此，便被认定已经自愿服从此

決定審判苏格兰女王

230

_____

① Camden, p.518.

邦司法管辖。她表示，自己虽然地位尊贵，还是愿意屈尊向英国议会说明自己的行为；然而在她看来，这些钦命专员无非是奉命假法律之名找理由定罪处死她而已，除此别无其他。她警告他们：务须正视良心、顾及一己声名，不要参与这场迫害无辜的审判，别忘了这段历史有朝一日终将被重新审视，也别忘了世界舞台何其广阔，远不止一个小小的英格兰王国。

作为回应，钦命委员会再派代表通知玛丽：她依托王者之尊和囚徒境遇而提出的反对理由均不被采信。他们已获授权审理此案，即使她拒绝出庭，审判程序仍将进行。财政大臣伯利和御前大臣布罗姆利（Bromley）费尽口舌试图说服玛丽接受审判，但最终打动她的，还是副宫务大臣克里斯托弗·哈顿爵士的一番说辞。他说："夫人，您被指控阴谋杀害我们的主上、神所膏立的女王，但尚未定罪。您自称有女王之尊，然而面对如此罪名，加上您目前的处境，无论依据世俗法还是教会法、自然律还是万国法，都不能单凭王者身份对您免于审判。您若是无辜的，那么逃避审判无异于自毁清誉。吾等均在场亲聆了您的无罪声明，但伊丽莎白女王陛下对此却另有看法，并且为那些看似对您不利的证据由衷地感到遗憾。为澄清曲直，女王陛下亲自指派一批体面、审慎、正派的贵族出任钦命专员，准备以公正无偏、甚至顾念回护的态度听取您的申辩，您若能一举洗脱污名，自是皆大欢喜之事。夫人，请相信我，女王陛下会为此欣喜万分的。吾等此番临行之际，陛下亲口对我说过，您身染参与逆谋的嫌疑，着实令她痛苦不安。故此，敢请夫人撤开援引王室特权的徒劳努力，那样对您毫无助益，倒不如坦坦荡荡，在法庭上公开自证清白，岂非最佳防御之策？您若执意在此

钦使说服玛丽接受审判

231

关头保持沉默，必使令名留下污点，遗恨青史。"①

如此巧舌如簧，终于说动玛丽同意出庭，从而给审判程序披上了一层合法外衣；假使玛丽坚持援引貌似合理的君主特权和不受管辖身份，拒不接受审判，必定给钦命专员们造成诸多尴尬，而今这些难题都被轻轻化解了。在这件事上，她的举动可谓极端轻率。因为此前伊丽莎白的钦命专员们假称不对她行使任何管辖权，并且仅在她本人的同意和认可下方能介入此案审理，当时她本该站出来自证清白，在这绝对必要的关头维护她理当惜之甚于生命的名誉，但她拒绝这样做，已属不智，如今更是一错再错。

第一次出庭时，玛丽要么意识到了自己的失慎，要么仍不甘心屈尊接受法庭审裁，再次就法庭审判权提起抗议。御前大臣答复曰：无论任何人，凡居住于英格兰者，均须服从英格兰法律最高权威的管辖。钦命委员会下令将抗议及答复内容一并记录在案，从而调解了这一问题。

继而，皇家律师启动对苏格兰女王的指控。他们以截获的信件为凭，指控她允许艾伦枢机主教等人尊她为英格兰女王；其二，她与佩吉特勋爵及查尔斯·佩吉特暗通书信，试图勾结西班牙人入侵英格兰。玛丽似乎并不急于澄清上述罪名，只淡然声称，自己无法阻止他人在信中如何称呼她，再者，尽一切努力争取重获自由是她的合法权利。

控方接着呈上另一封截获的信件，是玛丽写给门多萨的，她在信中承诺：倘若她的儿子詹姆斯拒绝皈信天主教，她就把英格兰王

①　Camden, p.523.

位继承权让与腓力——而詹姆斯受控于苏格兰臣民,势无改变信仰的可能。[①] 她甚至对这部分指控也不屑于劳神否认,或者毋宁说若有若无地承认。她说,自己并没有什么王国可供处置,然而她可以合法地随意将自己的东西赠予他人,而不必为此承担任何罪责。她又补充道,她之前曾经拒绝西班牙方面的提议,但是现在,她在英格兰的一切希望已归幻灭,遂使她下定了决心,不再拒绝外援。庭上还出示了一些证据,证明艾伦和帕森斯二人此时正奉玛丽之命在罗马磋商转让条件,欲以信奉异端的理由废嗣、将英格兰王位继承权让与西班牙国王。[②]

值得注意的是,玛丽对儿子的偏见这时节已经发展到极其严重的地步,她甚至参与了推翻詹姆斯的阴谋,任命克劳德·汉密尔顿勋爵(lord Claud Hamilton)为苏格兰摄政,还煽动党羽劫持詹姆斯本人,交给教宗或西班牙国王终生拘押,他一日不皈依天主教,就一日不得释放。[③]

玛丽明确否认的指控只有一项,即伙同他人蓄意谋害伊丽莎白。的确,这宗罪名的性质最为严重,也惟有依据这一条,伊丽莎白对她采取极端措施才显得充分合理。为证明该指控属实,控方当庭出示了下列证据:其一,办案人员截获的玛丽与巴宾顿之间往来信件的抄本(由国务大臣沃辛汉姆办公室提供),她在信中对刺杀计划明确表示赞同;其二,玛丽手下两位秘书诺和柯尔的供词,他们无需受刑便全盘招供,证实这些信件是巴宾顿寄给玛丽的,他

233

---

①　State Trials. vol i. p.138.

②　参见本卷卷末注释[T]。

③　参见本卷卷末注释[U]。

们又奉玛丽之命给他写了回信；其三，巴宾顿的供词，承认自己写了这些信，并且收到了回复；^①其四，巴拉德和萨维奇的供词，证实巴宾顿曾向他们出示玛丽用约定密码写给他的这几封信件。

很明显，以上错综复杂的证据虽说桩桩件件都符合那个一般性结论，但归根到底还是要取决于两位秘书的证词，他们当然心知女主人与巴宾顿同谋，但同时也深知，自己若拒绝按照要求作证，必定面临无比残酷的监禁、拷打，性命难保。在普通刑事审判中，除非有相反的证据动摇证人的可信度，这样的证词即便存在种种缺陷，仍可作为合法证据乃至充分证据而予以采纳。但在当前这场审判中，鉴于控方掌握绝对权力、案件所牵涉的利害关系极其重大、朝野舆论又严重倾向于给那位女王定罪，因此，单凭两位证人（尽管他们都是公认的正人君子）的证言仍不足以做成铁案，务必有更多合理根据强力支持，才能完全免去外界对于审判暴虐不公的质疑。必须承认，上述针对玛丽的证据并非软弱无力；考虑到巴宾顿收到的回信是以她的名义、用二人先前约定的密码写成，让人很难甚至不可能否认那位女王已经悉知密谋。在此案中被披露的材料如上所述，甚至当时间过去、一切水落石出之后，能够引领我们判断的情况就是这些；而苏格兰女王既无律师协助、又被这场非同寻常的审判搞得晕头转向，难怪她发现自己无法在钦命专员面前组织有效辩护。其答辩内容主要是自说自话地否认一切指控，她信誓旦旦地表示，从未与巴宾顿有过任何形式的联系，然而上述

---

① State Trials.vol.i.p.113.

事实本身已经确凿无疑,这便大大削弱了她答辩的可信度。^①她提出,诺和柯尔都曾立誓保密和效忠于她,故法庭不应采信他们做出的于她不利的证供。但她也承认,诺曾在她的舅父洛林枢机主教驾前服务,后由法兰西国王推荐给她,称其完全可以信任。她还承认,柯尔为人诚朴,但心思单纯,容易受诺影响。她声称,倘若这二人瞒着她私下接收任何信件,或给什么人写过回信,法庭不应归咎于她。此外,她又补充道,鉴于诺在其他情况下有过此类轻率举动,擅以她的名义处理某些事务而不禀告她,遂令她更倾向于怀疑他们。^②

在我们看来,她的答辩中只有一条稍有力度可言,就是要求诺和柯尔出庭与她对质。她坚定地声称,这二人绝不可能当着她的面维持原来的证言。然而,这个要求尽管十分公平,当时在针对叛国罪的审判中却不受法律支持,即使在其他由王室主诉的审判中也往往被拒。伊丽莎白女王在位第十三年出台的一部法令中有过一个增补条款,规定其中列举的几类叛国罪须经两名证人与被告当面质证无误方可定罪。但是对玛丽的审判并不是依据该法,而本朝大臣和王室律师们总是严格恪守法律条文的字句和审判惯例,丝毫不肯通融。更不必说审判当天那两位秘书不可能身在福瑟林盖城堡,也不可能应玛丽的要求被带上法庭,当着众位钦命专员与其对质。^③

235

---

① 参见本卷卷末注释［Ⅴ］。

② 参见本卷卷末注释［Ⅶ］。

③ 伊丽莎白女王本来有意允准柯尔和诺二人出庭,并为此致信伯利和沃辛汉姆,日期是10月7日,该信收藏于福布斯的档案库中(Forbes's MS.collections)。她在信中只表示,她虽愿予以允准,但认为此举并无必要。审判中未安排质证环节并非刻意设计的结果,而是当时的惯例。

审判过程中有两段插曲或许值得一提：作为证据，控方当庭宣读了玛丽与巴顿宾之间的一封信，信中提到阿伦德尔伯爵及其兄弟们。听到他们的名字，玛丽叹息道："唉，高贵的霍华德家族因我之故承受了多少劫难！"关于那封信，她振振有词地指出：伪造另一个人的笔迹和密码并不难，沃辛汉姆对这种事恐怕早已轻车熟路，而且她也听说，后者曾经多次阴谋构害她们母子。沃辛汉姆闻言，从钦命专员席上霍然起立，抗议道：从个人角度，他从未做过任何与苏格兰女王作对的事；若以公职而论，他承认自己出于对本主安全的关切，极其勤奋地工作，千方百计勘破一切试图加害女王陛下圣体及其王权的阴谋。为此目的，他不仅会利用巴拉德或其他任何阴谋分子，还以赏金酬劳他们叛卖同伙的行为。然而，如果他做过任何栽赃构陷、有亏人格和职守之事，何以他所经手的众多案件中并无一名罪犯——无论在审判中还是在刑场上——站出来指控他的恶行？玛丽极力安抚他，说自己不过是听说而已，并请求他今后不要相信那些诋毁她的话，同样地，她也不会相信针对他的污蔑不实之词。弗朗西斯·沃辛汉姆爵士为人正直、讲求荣誉，向来深受敬重，确乎不应蒙受伪造证据、教唆伪证的嫌疑——即使在最为堕落的时代里、人品败坏至极的大臣，对于这等卑劣之事也会有所顾忌。

庭审结束后，钦命专员们离开福瑟林盖城堡，转赴伦敦星室_{10月25日}法院集议。他们首先听取玛丽的两名秘书宣誓，称其自愿作证，未接受许诺和报酬，保证此前作为呈堂证物的信件是真实的；继而，钦命委员会宣布对苏格兰女王判处死刑，并在判决书上签字用印。同日，钦命委员会与主审法官共同发布公告，称"此判决无损于苏格兰国王詹姆斯的尊号和荣誉，詹姆斯国王陛下的地位、等级和权利不变，与宣判前完全无异"[①]。

在伊丽莎白的主导之下，她与玛丽之间的恩怨终于发展到如今这样一种状态，对她而言可谓夙愿得偿；她也找到了一个貌似合理的理由，下手报复那个她自登基之日起就一直又怕又恨的对手。但她仍然保持克制，没有即刻快意恩仇，主要出于以下几方面考虑：首先，她预见到玛丽的众多党羽对这一极其特殊的司法判例势必极尽污蔑之能事，她本人也可能因此招致所有外邦君主乃至子孙后代的一致谴责。一旦玛丽人头落地，什么待客之礼、亲族权利和王室尊严，都将在那标志性的一刻尽数遭到亵渎。如此逐利益而失慷慨、求复仇而弃仁德，无论对于君王还是一位女士而言，均非体面之举。于是，一向极擅做作的伊丽莎白此时装出一副极不情愿执行死刑判决的样子，假意对那位囚徒满怀最温柔的同情，几次三番回绝廷臣和内阁的催请，显得极度踌躇为难。她表示，若非深深顾虑举国臣民的安全，她定会毫不犹豫地宽赦苏格兰女王对她个人的一切伤害。

女王召集新一届议会，以期进一步放大民众要求将玛丽正法的呼声。她对议会向来的秉性心中有数，也有把握地知道，凭着手下朝臣的支配力，定能让议会无比慷慨激昂地恳请她同意处决玛丽，从而遂她私心所愿。她并未亲自莅临议会开幕式，而是委任御前大臣布罗姆利、财政大臣伯利和德比伯爵组成钦命委员会参加议会讨论。之所以这么做，是因为女王陛下预见到本届议会将详

---

① Camden, p. 526.

细讨论苏格兰女王的问题，感到这一可悲事件对她温柔敏感的心刺激太深，没有勇气亲临讨论现场，只好选择眼不见为净，免了不忍和难过。她还希望借着这个不寻常的防范措施，让民众看到她的人身安全时刻面临险境，从而更加义愤填膺，强烈要求严惩那个永远不知安分、不断策划血腥阴谋的罪犯，正是此人的罪恶活动，令他们的女王长期暴露在迫在眉睫的危险之中。①

　　本届议会没有让女王失望。上下两院一致批准了对玛丽的判决，并投票通过一份申请状，请求伊丽莎白女王陛下允准公布并执行该判决。②女王的答复模棱两可、态度尴尬，满含心机地装腔作态，一副难下决心的样子。她提到自己的生命安全不断遭受极度威胁，又宣称若非预见到自己死后邦国定然蒙受大患，她并不辞一死；她再三表白对英格兰臣民的一片挚爱，刻意表现其仁慈宽厚的心地，并述说她极不情愿对那位不幸的亲眷执行判决。她强调指出，最近审判玛丽所依据的那部法令，其立法初衷绝非为其布设陷阱，仅仅是预先警告她不要图谋不轨，以免触碰法律红线，落得万劫不复。伊丽莎白又恳求议会三思，能否找到其他权宜之计，在保全苏格兰女王性命的同时维护公共安全。③议会遵照女王之命重新审议此事，但并未找到其他可行之策。他们再次向女王陛下提出申请，附以恳求和论证。他们甚至抗议说：对苏格兰女王仁慈为怀，就是对他们这些忠实子民的残忍。他们断言，对任何个人拒绝执行法律都是不公正的，如今整个邦国的民众一致恳切呼吁女王

①　D'Ewes, p.375.

②　Ibid. p.379.

③　Ibid. p.402, 403.

借此举动展现其爱民如子的拳拳之心,对他们拒绝执行法律就更
其不公。议会的第二次请求再度激起伊丽莎白假惺惺的犹疑和顾　238
虑,她抱怨自己不幸的处境,称议会如此催迫令她寝食难安,此外
还反复表白多么深爱她的臣民。最后,她下旨解散了议会钦命委
员会,此事虽经议会讨论过无数回合,但圣意终将作何裁断始终让
人捉摸不透。①

　　不过,伊丽莎白女王虽然假装不愿执行对玛丽的死刑判决,却
遵从议会之请,以王室公告的形式颁布判决书,晓谕天下,举国一
致表示衷心拥护和欢庆。巴克赫斯特勋爵(Lord Buckhurst)和枢
密院书记官比勒(Beale)奉命前往苏格兰女王处,告知后者:议会
已经核准对她的判决,并正式申请予以执行,因为他们认为只要她
活在世上,他们的宗教信仰就无法全然稳固、安全无虞。玛丽闻讯,
毫无沮丧之色。相反,她欣喜地抓住对方提到的最后一点信息,强
调指出:既然新教徒出于稳固信仰之需而要求处死她,那便证明她
确是自身信仰的殉道者,配享那荣耀身份的一切功德。她补充道,
英国人的双手时常沾染本国君主的鲜血,她既为王家苗嗣,遭此残
酷对待亦不足为怪。②负责看管她的保雷特爵士接到指令,撤去玛
丽头顶华盖,自此不复待以君王之礼。他告诉她,现在她已被视同
死人,无任何尊严可享。③面对这般苛待,她显得漠然无动于衷,
只回答道,她的君王身份得自全能上主之手,任何俗世权力都无法
剥夺。

----

① 参见本卷卷末注释[Ⅹ]。
② Camden, p.528.
③ Jebb, vol.ⅱ.p.293.

苏格兰女王给伊丽莎白写下一封绝命书，字里行间充满尊严，亦不失温顺宽容，与她不幸一生的终场一幕十分相配。她无意乞求免死。相反，她感谢上天如此迅速地终结了她那凄惨而令人扼腕的朝圣之旅。她为一些身后事恳请伊丽莎白施恩，她说，这样她可以单单感激伊丽莎白的良善，而不必去请求那班英国大臣，他们对她本人及她的宗教信仰充满仇恨苦毒。她希望，在她的仇敌饮足了她无辜的鲜血之后，可以将她的尸身交给她的仆人，运往法兰西埋葬，陪伴她母后的神圣遗骨长眠于那片笃信天主教的土地（以期这个与灵魂同住时永无安宁的躯壳在脱离灵魂之后能够得享安息）。她说，在苏格兰，她祖先的坟墓均遭到侵犯，那些教堂或被拆毁或被亵渎；在英格兰，她可能被埋葬在古代列王、也是她自己和伊丽莎白的祖先中间，而那样就没有希望按照她所信仰的宗教仪式下葬了。她要求，任何人都无权在伊丽莎白不知情的情况下秘密处死她，她的死刑必须公开，并允许她的几位旧仆在场，以便他们能够见证她对信仰的忠贞、对上帝旨意的顺服。她请求伊丽莎白允许这些仆人在她死后自由离开，去往他们想去的地方，并可保有她所馈赠的遗物。她吁请伊丽莎白顾念血脉亲情，不忘二人共同先祖亨利七世在天之灵以及对他的怀念，并看在她们同样享有王室尊严的分上，惠然允准这些请求。[1]伊丽莎白没有回信，因为她不愿在玛丽当下的处境中拒绝她的请求，同时也预见到，倘若答应她的某些请求，势必造成诸多不便。

正当苏格兰女王准备迎接命运的同时，海外各路势力也在极

---

[1]　Camden, p.529. Jebb, vol.ii.p.295.

力与伊丽莎白交涉,争取避免执行死刑。法国方面,除了常驻伦敦大使、吉斯家族的走狗拉-奥贝斯潘(L'Aubespine)上下奔走之外,法王亨利还派贝里耶弗尔(Bellievre)渡海而来,明确表示希望通过斡旋救玛丽不死。值此之际,吉斯公爵及其领导的天主教同盟对法兰西王权构成直接威胁,因此伊丽莎白知道,那位国王虽说出于体面和政策角度,觉得自己有义务公开为苏格兰女王斡旋,暗中却未必十分痛惜这位女王之死,因为他的死敌向来寄希望于她能时来运转、一飞冲天,从而实现他们诸多大胆而野心勃勃的计划。[①] 甚至有传言称,贝里耶弗尔奉命,当众激烈抗议处决玛丽的做法,转而又私下以其主的名义敦促女王不要阻挠正义的伸张,此举对于他们共同的安全极其必要。[②] 不过,无论法王的斡旋出于真心还是假意,伊丽莎白女王都丝毫不为所动,一径维持原来的决定不变。

240

詹姆斯
国王的
干预

　　年轻的苏格兰国王也出面干预,尽管同样不能动摇伊丽莎白的心意,但无论从哪方面看,他的表现都更值得敬重。詹姆斯一听说母亲受审、被定罪的消息,当即派遣内廷侍从官威廉·基思爵士(Sir William Keith)赶赴伦敦,并亲笔致信伊丽莎白女王,严词抗议这种侮辱性的做法。信中写道,他震惊地听闻英格兰贵族及众枢密居然大胆僭越,堂而皇之地开庭审判承袭英皇宗室血脉的苏格兰女王并作出判决;更令他震惊的是,据闻英方竟然还在认真考虑执行上述判决。他恳求伊丽莎白三思,如果让自己的双手沾染

---

① Camden, p.494.

② Du Maurier.

了一位身份与她同等尊贵亦同为女性的近亲的鲜血，将会严重玷辱她的声名。如此举动史无前例，即是公然侮慢天下所有君王乃至她自己头上的王冕；这般折辱君尊、践之如同草民无二，等于教唆百姓无视君臣大义，否定君权神授。他宣称，从个人角度而言，人所能受之创伤、侮辱莫大于是，完全无法弥赎。倘若某人在没有合法权限的情况下，蓄意令他的母亲蒙受耻辱而死，那么他身为人子，从此势必与之断然绝交。即使不受天性和责任感的催逼，内心的荣誉感也要求他挺身复仇；他定当竭尽全力、不辞千难万险报此奇耻大辱，否则何以面对世人的眼光！①

241　　不久，詹姆斯国王又派格雷领主（master of Gray）和罗伯特·梅尔维尔爵士前来增援基思，在女王面前无所不用其极地据理力争兼以各种威胁。伊丽莎白起初被他们的犀利态度冒犯，以牙还牙地回击苏格兰使臣。不过她转而意识到，詹姆斯如此情辞激烈，不过是成全孝道之必须，遂觉释然，但她的决心仍然毫不动摇，必要执行对玛丽的判决。②据称，格雷领主早被玛丽的政敌收买，私下建议女王不要赦免玛丽的性命，并且承诺在任何情况下设法安抚其主。

　　伊丽莎白女王之所以对詹姆斯的请求置若罔闻，不理会他为救母付出的一切努力，亦是基于诸多方面的考虑：她深谙詹姆斯的性格和利益所在，也了解苏格兰国内的派系纷争，以及狂热的新教徒——尤其是新教神职人员——对苏格兰女王根深蒂固的厌憎情

① Spotswood, p.351.
② Ibid. p.353.

绪。在当前形势下,神职人员的倾向性更是暴露得无比鲜明。詹姆斯见伊丽莎白心意已决,便诏令全国所有教堂为玛丽献上祷告。他知道教士们素爱吹毛求疵,因此所拟的祷告词可谓慎之又慎,以人道慈悲为主调:"求主以真理之光开启玛丽,拯救她免于分明迫近的危险。"然而,除了国王小教堂的教牧和另外一位牧师以外,其他所有神职人员都拒绝为教皇党徒祷告而玷污圣坛,更不愿为她皈信正教而祈求上苍。詹姆斯不想或是不能惩治教士们的抗命行动,情愿再给他们一个改过的机会,重定了一个专门祈祷日;此外,为提防遭遇难堪,他还指定圣安德鲁斯大主教在君前主持祷告仪式。教士们为了挫败他的意图,唆使一个未授圣职的年轻人库珀(Couper)大清早抢先占据教堂讲台,把大主教晾在外边。国王驾临,见库珀占据讲台,便从座位上招呼他,告诉他这个位置原本安排了别人,但是他既然已经在那里,只要他服从指令,为苏格兰女王献上祷告,就可以继续主持圣礼。那讲道者答道,他会按照圣灵的引领行动。詹姆斯清楚地听出此人意欲何为,便命令他离开讲台。库珀显得不愿从命,于是国王的卫队长上前将他拽下讲台。那年轻人一边挣扎一边喊道,等到最后审判的日子,此情此景必在上帝面前成为国王的罪证。他大声谴责爱丁堡的居民,眼看他遭受这种待遇却袖手旁观。[①]现场群众起初蠢蠢欲动,但大主教的讲道平息了他们的冲动,使得忠忱和人道倾向略微占据了上风。

伊丽莎白在面对詹姆斯和其他外国君主的请求时,始终表现得态度坚决,不肯赦免苏格兰女王。然而,当群臣敦促她勿再耽延

---

① Spotswood, p. 354.

行刑时，她复又显得百般顾虑犹疑起来。内心的人性不允许她采取如此暴力血腥的行动；那位不幸囚徒的悲惨遭际触动了她的同情心，其尊严又令她敬佩不已。众廷臣明智地意识到，力劝主君痛下决心最能迎合上意，于是他们不遗余力地搬出所有理由来支持执行判决，驳斥一切试图阻拦这一伸张正义之举的论调。他们声处决玛丽的理由称：自从苏格兰女王最初避难英伦之日起，英方给予她的待遇向来十分合理且符合策略所需，她若秉持公平原则，定然甘心乐意地安享这种待遇，不会拒绝。他们指出，无论是放她去法兰西避难，还是以武力助她复辟，对抗苏格兰改革派和亲英派，都存在诸多明显不便，因此伊丽莎白女王只能让她滞留英格兰，待日后时机妥洽，在不危及王国安宁和新教信仰的前提下，再为她提供帮助。她寄寓英伦期间的生活待遇也符合她的身份：她当初带来的众多仆从都获准留在她身边服侍；她还得到允许进行户外锻炼以保障健康，并享受各种形式的社交娱乐。假如玛丽后来表现得不负东道主的好意，本来还有希望得到更多宽待。而她却一再反其道而行之，挑唆诺森伯兰发动叛乱、联络诺福克公爵图谋不轨、游说教宗庇护五世敕令对伊丽莎白处以绝罚，并预谋从佛兰德斯方面对英国发动入侵，她还极力破坏伊丽莎白女王的对外邦交，煽动国内外敌人起来与之作对，在她做出这一切行径之后，英方只能将她视作最危险的敌人，对她采取更严格的监管措施。面对屡次三番的挑衅，伊丽莎白女王仍以宽仁待她，拒绝议会两院的一再恳请和众臣的明智忠告，[①] 迟迟不肯对她采取极端措施，只盼她能够幡然悔悟。然而

---

① Digges, p.276. Strype, vol.ii.p.48, 135, 136, 139.

玛丽即便处境困顿，依然斗志昂扬，她摆出王位争夺者的姿态，并允许各地同党在来信中尊奉她为英格兰女王。她对伊丽莎白满腔仇恨，屡屡鼓励杀手行刺女王，该罪行已经由她本人的信件、她手下机要秘书的供词及其同党的临终坦白确证无疑。她不过是个挂名女王，目前并无一寸土地归她统治，对英格兰更是毫无君权可言——在她踏入本王国的那一刻，便自动归于本王国法律管辖之下、服从本王国唯一真正的君主伊丽莎白女王的权威。退一步讲，就算她仍然保有与伊丽莎白女王同等的地位和尊荣，但是自卫权乃自然法则允许的永远无法剥夺之权利，任何人都拥有充分合法权利对抗以公开的暴力手段，尤其是以阴谋暗算直接威胁其生命安全之敌，更何况女王乎！他们指出，天主教势力结成大联盟意欲彻底剿灭新教徒，这一事实早已不成其为秘密，而伊丽莎白女王是遭受迫害的新教阵营的全部指望，故天主教阵营也将本方最终取胜的希望寄托于苏格兰女王及其权利主张之上。两位女王之间的关系发展到今日你死我活的地步，恰是上述形势使然；何去何从，正确的道路已经摆明在那里，无论从自我图存的角度还是从维护国民福祉的角度考虑，伊丽莎白都必须迈出这一步。此种必要性 244 压倒策略考量，要求女王痛下决心，此乃天经地义之举、亦是女王责任所系。①

　　伊丽莎白迟迟挨挨，直到她觉得为体面计，众臣的敦请已然足够，犹豫耽延的时间也够久了，终于下定决心执行判决。但在最后的决断过程中，她依然免不了又一番口是心非、矫揉造作的表演。

---

　　① Camden, p.533.

当局事先散布各种谣言，在百姓中制造恐慌：民间纷传西班牙舰队已经进逼米尔福德港(Milford Haven)，苏格兰军队入侵英格兰国境，吉斯公爵率大军在萨塞克斯登陆，苏格兰女王成功越狱、起兵，北方各郡掀起叛乱，阴谋分子发动了刺杀女王、烧毁伦敦城的新计划，甚至说女王实际上已经遇刺身亡。[①]就连法国大使拉－奥贝斯潘也涉嫌参与此类阴谋，被迫离开英国。女王故作忧惧、茫然无措之态，人常见她默然独坐，心事重重，有时喃喃自语，只言片语间透露出内心深处的困境和苦恼。[②]最后，她叫来新任秘书戴维森。此人颇有才干，但性情绵软易受摆布，因此才获得这个职位。女王私下命戴维森起草对苏格兰女王的行刑令——女王后来解释说，自己预备这份文件，本想保存在身边作为应变之用，以防有人从狱中劫走玛丽。她在行刑令上签了字，随即命戴维森送交御前大臣加盖国玺。次日，女王派基利格鲁(Killigrew)传话给戴维森，吩咐他暂缓执行昨天的命令；戴维森连忙去见女王，奏明行刑令已经用玺完毕，女王闻言露出不满的神色，责备戴维森行事鲁莽。不知所措的戴维森向枢密院一五一十报告了此事的整个过程，枢密大臣们极力说服他派比勒前去送达行刑令。他们承诺，倘若因此触怒女王，他们会出面为他辩护，把全部责任揽到自己身上。[③]那位秘书虽不完全领会他们的意图，但接受了这一劝告。于是，行刑令被

245

公元
1587年

---

①　Camden, p.533.

②　Ibid. p.534.

③　据Strype(vol. iii book ii c.1)书中收录的一些信件内容显示，伊丽莎白从未向任何一位臣下明确表露过自己的心意，即使对伯利也如此。这些大臣都是老马识途，深知不待女王明示先斩后奏才合上意。

送交什鲁斯伯里伯爵和肯特伯爵及其他几位人士,命令他们负责
监督对苏格兰女王明正典刑。

　　两位伯爵抵达福瑟林盖城堡,经人通报后面见玛丽,向她告
知自己所负使命,要求她做好准备,死刑判决将于次日上午八点

执行。玛丽闻讯并未流露出恐惧,但略显诧异。她语气欣然,甚至
面带微笑地说:原以为伊丽莎白女王作为她的姐妹,不会同意处死
她,也不会下令处死一个不在英格兰法律管辖范围以内的人。"但
既然她的意愿如此,我衷心欢迎死亡来临,终结我的一切苦难。而
这灵魂,若不能支撑肉体走完通往极乐世界的最后一段恐怖旅程,
我想它就配不上天国的福乐。"① 接着,她请求两位伯爵准许她的几
位仆人、特别是她的忏悔神父陪伴她。但他们表示,应允这一临终
请求与他们的良知相悖;② 届时可由知识渊博的彼得伯勒教省教长
弗莱彻博士(Dr. Fletcher)到场,教诲她信仰真义。玛丽拒绝与那
位神学家打任何交道,激怒了狂热的新教徒肯特伯爵,后者语气生
硬地对她宣告:她的死将使他们的宗教得生;相反,她若得生,便
是他们宗教的死。她又提到巴宾顿,依然坚称自己对后者的阴谋
一无所知;她把自己的冤屈交托在全能上主手中,求主申冤。

　　两位伯爵走后,她吩咐比平时早些用膳,好留出更多时间从
容了结在世的最后几件事务,预备前往另一个世界的旅程。她说,
她必须进食,免得明天体力不支,妨碍她的精神,以致举动间流露

----

①　Camden, p.534. Jebb, vol.ii.p.301. MS in the Advocates' Library, p.2 from
the Cott.Lib Cal c 9.

②　Jebb, vol.ii, p.302.

出软弱，有辱自己的身份。①这顿饭她吃得很少，一如既往；即使在这时，她仍保持着惯常的和悦风度，安慰在噩耗冲击下难掩悲恸的仆人们。她转向御医博尔戈因（Burgoin），问他是否感知到真理的伟力无比强大、不可战胜？她说："他们声称我图谋杀害女王，因此必须处死我，但是肯特伯爵公开承认了，他们要我死的原因只是害怕我活着会危及他们的宗教，舍此无他。坚守信仰是我真正的罪状，其他无非是心怀成见的恶意陷害者罗织的借口罢了。"晚餐临近结束时，她把全体仆人召进房间，举杯为他们祝福。仆人们依次近前，跪着向她敬酒，求她饶恕自己往日侍奉中任何的疏忽懈怠；作为回应，她也屈尊恳请他们饶恕自己曾经的冒犯失礼之处。在这一幕最终的庄严告别和相互宽恕中，主仆们深深感动，泪洒当场。②

玛丽最后挂怀的事，只剩下如何安顿她的一众仆人。她仔细查看自己的遗嘱，其中写着给每个仆人的馈赠。她命人把她积存的物件、衣物和珠宝统统拿来，一一注明哪些东西赠予何人。她亲手给一些人分赠了钱款，又根据各人的品秩和贡献调整了给他们的酬谢。她还写了多封荐函，把仆人们推荐给法兰西国王和她的主要遗嘱执行人吉斯公爵。到了常规就寝时间，她上床睡了几小时，随后起来，在祈祷中度过了当夜余下的时间。她早已预见到，对手不会准许她按照天主教仪式赴死，因此事先设法取得了经教宗庇护五世祝圣的祭饼，一直存到她生命的最后关头来领受。

---

① Jebb, vol.ii.p.489.

② Ibid.p.302, 626. Camden, p.534.

如此这般,她尽己所能弥补了临终时得不到神父和忏悔师陪伴的 247
缺憾。①

　　天将破晓,她换上丝绸和天鹅绒质料的华服——她只为自己
保留了这一套衣裙。她对几位侍女说,她深愿把这套留给她们,而
不是昨天穿的那套朴素衣裙,但在接下来的庄严场合,她有必要衣
着体面。

　　郡治安官托马斯·安德鲁斯(Thomas Andrews)走进房间,通
知她时间快到了,他必须伴她前往法场。玛丽回答,她已准备好。
于是她辞别众仆,在阿米亚斯·保雷特爵士的两名护卫搀扶下,挪
动两条软弱无力的病腿,跟随治安官走出门去,神色镇定安详。他
们经过与她房间相邻的大厅,只见什鲁斯伯里伯爵、肯特伯爵、阿
米亚斯·保雷特爵士、德鲁·特鲁里爵士及众多显贵都已等候在此。
她在人丛中看到自己驾前老臣、苏格兰王室管家安德鲁·梅尔维
尔爵士,他双膝跪倒在女主跟前,绞扭着双手,高声泣道:"噢,夫
人! 我是多么不幸啊! 从古到今,有哪位信使比我背负的负担更
重呢! 我将怎样返回祖国,报告我亲爱的女王、我的女主在英格兰
被斩首的消息? "他泪如雨下,再也说不下去了。玛丽也同样动了
感情,但同情的成分多于痛苦。"别哭,我的好仆人,"她说,"不要
再悲叹。比起悲伤,你更有理由感到欢喜。因为你马上就会看到,
玛丽·斯图亚特的苦难到了尽头,这是她盼望已久的事。"她接着
说,"我的好仆人,要知道世间一切皆虚空,即便泪流成海也悲之
不尽。但请你转告国人,就说我至死忠于信仰,对苏格兰和法兰西

---

① Jebb, vol.ii.p.489.

的热爱永志不改。至于那些久已期待我死、渴盼痛饮我鲜血的人，愿天主饶恕他们。"略顿了顿，她又补充道，"噢，天主！您是真理的源泉，您就是真理本身。您洞悉我灵最深处，您知道我向来盼望苏格兰和英格兰能够完全联为一体，彻底消除彼此致命不和的根源。梅尔维尔，请代我向我儿致意，并且告诉他，我虽身陷重重不幸，却从未做过半点有损于苏格兰民族和王国的事。"说完这番话，她满眼是泪、面颊上也挂着晶莹的泪珠，俯身亲吻了那位老臣。"那么，好梅尔维尔，永别了。再道一声永别，善良的梅尔维尔，为你的女王和女主人献上祈祷吧。"①

随后，她转向身边陪伴的几位贵族，为她的仆人们求情，希望他们得到善待、获准保有她的临终馈赠，并被安全送回本国。收到满意答复之后，她复又提出一个请求，希望自己告别人世时仆人们能获准在场陪伴。她说，这样好让他们亲眼目睹、切身见证她们的女王和女主人以何等的忍耐顺服走上断头台，对自己的信仰又是多么坚贞不渝。肯特伯爵拒绝了这个请求，说他们可能会哭泣、说话和叫喊，干扰她和观刑者。他还担心这些人进行某些令人难以忍受的迷信活动，譬如用手帕蘸取她的鲜血——他就是这么说的。"阁下，"苏格兰女王说，"我可以向您承诺（尽管它不过出自将死者之口），他们不会做出您所说的任何举动，从而招致责难。但是，唉！这些可怜的人，如果能跟女主人最后道别，对他们将是莫大的安慰。"她接着补充道，"我希望，您的女主人身为童贞女王，可以从同为女性的角度出发，容许我临死之时身边有几位自己人陪伴。

---

① MS.p.4. Jeb, vol.ii.p.634. Strype, vol.iii.p.384.

我知道她并未在这方面给您下达严格指令,哪怕出此请求者只是一个比我实际身份卑贱得多的妇人,您也尽可展现更大的恩慈,慨然应允。"肯特伯爵仍执意不允。玛丽虽已横下一条心抵御死亡的恐怖,然而遭受这种辱慢却全然始料未及。"我是你们女王的亲戚,"她高声说,"亨利七世的皇家血脉! 我是法兰西王后、涂油加冕的苏格兰女王!"几位钦命专员意识到顽固拒绝易招反感,商议片刻后,同意几名仆人陪她同赴刑场。她挑选了四位男仆并两名侍女同行。

接着,她移步进入另一个大厅。这里已经竖起一座断头台,覆以黑布。她的目光扫过刽子手和行刑的一切预备,并无丝毫惧色。大厅内挤满观刑者,人们想到她的尊贵身份和她饱受惊人磨难的一生,目睹她那温和而又坚毅的容颜,回想起她和蔼可亲的风度和丰富才情,看到她的美貌——这美貌尽管已被岁月、更被重重忧患所侵蚀,但在这即将殒命的一刻,依然留有昔日姣好的痕迹——凡此种种,即便铁石心肠之人亦难免为之动容。在这里,向她宣读了行刑令。她沉默聆听,一举一动显得漠然且漫不经心,浑若事不关己。刽子手们履行使命之前,彼得伯勒教长迈步上前。尽管女王一再声称,要他不必费心,她矢志忠于古老的罗马天主教信仰,甘愿为捍卫该信仰牺牲生命,但那位教长仍然认为,宣讲正道、敦劝她皈依新教乃是自身职责所在。他的说教言辞貌似虔诚,实则是对她不幸境况的残酷侮辱。不仅内容荒谬,对她而言更可谓空前的羞辱。他对她说,英格兰女王在这件事上给予她最亲切的关怀。虽然她多行不义、罪有应得,但女王陛下决意用尽全力拯救她岌岌可危的灵魂免遭毁灭。他说,她此刻正站在永恒的边缘,除非幡然悔罪，承认审决的公正，承认女王的恩典，皈依对耶稣基督又真又活的信仰，否则注定难逃那永远的沉沦。他指出，《圣经》是唯一的信仰准则，在耶稣基督以外别无救恩，她若倚靠人为虚构的理论或方法，必定转眼坠入无尽的黑暗，要在那里哀哭切齿（太8：12）。他说，死亡之手已经临到她，斧子已经放在树根上，（太3：10）天上大审判官的宝座已经立定，她的生命案卷已经展开，对她的宣判即刻就要发布。在此关键时刻，何去何从凭她选择：要么选择复活得永生，耳边响彻喜乐的欢呼——"来吧，天父赐福的人"；要么在最后的审判中被定罪沉沦，充满痛苦和悲哀，承受那可怕的谴责——"去吧，被诅咒的人，落入地狱的永火里去吧。"①

在他的长篇大论中间，玛丽几次忍不住不耐烦地打断他的喋喋不休。教长见自己的布道一无所获，最后一次命令她改变立场、痛悔前罪，把信仰扎根在唯一救主基督耶稣的磐石之上。她则一遍遍地郑重回答："请不要在此事上白费气力了。我生在天主教信仰中，一生信奉天主教，亦决心作为天主教信徒而死。"就连两位伯爵也明白看出，用神学辩论继续骚扰她是徒劳无益的，于是命令教长停止不合时宜的规劝，转而为她皈依正教而祈祷。在那位教长祷告的同时，玛丽自顾自地向圣母马利亚敬拜祷告。前者祷告结束后，她改用英语大声向天主祈求，为患难中的教会、为她自身苦难的终结、为她的儿子，也为伊丽莎白女王——愿天主保佑那位女王长享昌隆，为天主所用。肯特伯爵见她祷告时频频使用手中

---

① MS.p.8,9,10,11.Strype,vol.iii.p.385.［此段多处援引《圣经》典故，参见马太福音8：12、3：10，启示录20：11–15。——译者］

的十字架,忍不住斥责她眷爱天主教"愚蠢无用的饰物"——这
是他的原话。他劝诫她,要把基督放在心里,而非握在手中。[1]她
气定神闲地答曰:有此圣物在手,心中焉能无感。[2]

这时,她开始在两位侍女协助下脱去外衣。刽子手也从旁帮 　251
忙。玛丽微笑言道,她还不习惯当着这么多观众解衣,也不习惯
被这样的贴身男仆服侍。她的仆人们见她这般走向断头台,准备
将头置于砧板之上,忍不住涕泪迸流,哀恸失声。她转向他们,将
手指放在唇上,示意他们保持安静。[3]她为他们祝福,并请他们为
自己祈祷。按照她事先的安排,一位侍女用手帕蒙住了她的眼睛。
她俯伏下去,毫无畏惧惊恐之色。刽子手两刀落下,玛丽身首异处。
那颗头颅鲜血淋漓,尚在死亡的痉挛中抽搐,刽子手立即将它提
起,向观众展示。现场一片静默。只有彼得伯勒教长喊出一句:"愿
伊丽莎白女王的敌人统统如此灭亡!",也只有肯特伯爵一人回应
"阿们"。其他人的注意力都凝聚在眼前这幕悲惨景象上,对那位
殒命女王的怜悯和钦佩涌上心头,取代了宗教热忱和讨好得胜者
的欲望。

玛丽性格点评　　苏格兰女王玛丽就这样一命呜呼,时年四十五岁,被囚英格兰
已十九年。她天生禀赋出众,加上良好的教养,出落得美慧多才、
佼佼于当世,惜乎平生际遇多舛,在某个阶段的所作所为亦颇不
妥。她迷人的美貌和优雅风度令众多淑女名媛尽都黯然失色,更
娴于辞令,给人如沐春风之感。她野心勃勃、积极进取,又开朗善

---

[1]　MS.p.15. Jebb, vol.ii.p.307, 491, 637.

[2]　Jebb, ibid.

[3]　Jebb, p.307, 492.

交际；她一身傲骨、志气高昂，不达目的绝不罢休，甚至不惜出之以暴烈手段，但另一方面待人接物却彬彬有礼、亲切和蔼。她身上似乎恰到好处地糅合了一部分男性品格，博得旁人敬重，同时并不曾丧失女性特有的温柔风韵。为了对她的性格做出公允评价，我们必须撇开她某段时间因遇人不淑而做出的一些举动；无论我们把上述错误认定为不慎失足还是犯罪，都必须将其归因于人类心智中那种无法解释（却并不少见）的不稳定性、人性的脆弱、激情的狂暴力量，以及环境和偶然事件的影响——对于那些不曾以经验和深思充分验证并确立坚定操守的人而言，这些因素的影响力是巨大的。她被丈夫忘恩负义的举动激怒、被自己信赖的阴险权臣诱惑，又被自身躁烈性情的急流裹挟着（这性情向来未经判断力的充分引导）——玛丽女王就这样误入歧途，做出那些违背天理人情的行为，然而其罪责却是无可置辩、无法减轻的。倘若在此一一列举她的优良品质，大可汇成一篇颂词，而若将她一生的所作所为罗列出来，有些部分势必招致严厉讥讽和谩骂。

她平生屡遭不幸，在漫长乏味的囚禁生活中备尝孤寂，又因宗教信仰而遭受种种迫害，这一切扭曲了她的心性，在她生命的最后几年里造成某种程度的偏执。以那个时代的主流精神和准则而言，她若在宗教热忱、仇恨和利益合力驱使下，首肯了某个危害伊丽莎白性命的阴谋，也不足为奇，尽管阴谋策划者只是出于上述头一个动机制定了这一计划。

伊丽莎白女王闻报玛丽被处决，显得极度震惊和愤慨，当场脸色大变，声音颤抖、语不成句。她久久深陷于悲恸之中，无法诉诸言语，只是如雕像般呆立，骇然静默。过了很长时间，她的悲伤终

252

伊丽莎白
惺惺作态

于找到发泄出口，迸发出阵阵哭号和哀叹。她深切哀悼这一令人
震惊的可悲事件，终日以泪洗面，除了贴身侍女和宫廷命妇之外谁
也不见。大臣阁僚们没有一个胆敢接近她，假如有人如此冒失，她
会怒不可遏地厉声斥责，把他们赶走。他们明知故犯，违背她的既
定意图，[①] 处死了她亲爱的姐妹、她的骨肉至亲，因此他们每一个人
都罪不可恕。

　　待悲恸略微消退，稍有反思余地时，她立即提笔给苏格兰国
王写信致歉，派亨斯顿勋爵之子罗伯特·卡里爵士（Sir Robert   253
Cary）专程送达。她在信中写道，希望他能了解、但不必经历她所
感到的无法言喻的悲恸，对于英格兰发生的这场可悲变故，她事先
一无所知，更未予以首肯。当她试图描述此事时，手中的笔便不由
自主地颤抖，无奈之下，只得拜托送信人（也是她的亲属）向他口述
事情经过，届时国王陛下将由信使口中得知这一始料未及的不幸
事件的全部细节。她呼求掌管天地的至高主宰见证她的清白，同
时，她虽饱尝痛苦，却也不无欣慰地发现，自己的宫廷中有许多人
能够证实她这番表白所言不虚。她说，自己憎恨虚伪，认为真诚坦
率是为君者最宝贵的品质。她若真的下达了执行死刑的命令，就
无论如何不会否认，因为她绝不容许自己在世人眼中成为如此卑
怯下作之人。她说，她虽明知对那不幸囚徒的判决是公正的，但是
出于仁慈之心，已经定意永不执行；对那些鲁莽行事、令她这番心
意化为泡影的人，她唯有深恶痛绝。她又表示，自己比任何人都更
爱詹姆斯、更深地系念他的福祉，希望他能明白这一点，假如有人

---

① Camden, p.536. Strype, vol.iii. Appendix, p.145. Jebb, vol.ii.p.608.

企图利用当前事件煽风点火，离间他们之间的关系，他理当将这种人视作仇敌。①

　　为了更好地安抚詹姆斯，她下令将戴维森投入监狱，又命星室法院审判他犯下的轻罪。那位前秘书被弄糊涂了，但他意识到与女王争辩的危险性，只得公开对自己的过错表示忏悔，老老实实忍受内阁要员们的责难——当初他正是听了这班人的劝告才惹祸上身，而且他们还曾信誓旦旦地承诺给予他支持和保护。法庭判其监禁，刑期由女王陛下圣意裁定，并处罚金一万镑。戴维森被关押了很久。规定的罚金数额高得令他倾家荡产，但当局却照样严格征收，毫无减免。女王给他的所有恩惠，只是偶尔赐下小笔补助金，使他不致饥寒交迫而死。②他私下给他的朋友沃辛汉姆写了一封声辩信，内有很多令人大跌眼镜的细节。他说，法兰西大使和苏格兰大使都为玛丽一事向女王提出规谏，他们告辞后，女王立即主动吩咐他，把对玛丽的行刑令拿来。她毫不迟疑地在行刑令上签了字，并下令加盖英格兰国玺。当时她显得心情甚好，对他开玩笑地说："去把这一切告诉卧病在床的沃辛汉姆，但我怕他听了这消息，会伤心死的。"她还补充道，尽管她久久耽延行刑，以免招来歹毒残忍的骂名，但她一直深知此举的必要性。在同一次谈话中，她还责怪特鲁里和保雷特没能早些为她省去这个麻烦，并表示希望沃辛汉姆能设法让他们依从上意。她对此事极为上心，过了一段时间，她又问戴维森，关于她寄予厚望的那件事，保雷特可有信来？

---

①　Camden, p.536. Spotswood, p.358.
②　Camden, p.538.

戴维森把保雷特的信拿给她看，那位先生在信中断然拒绝参与任何有违荣誉、公义原则的活动。女王大发雷霆，斥责保雷特和特鲁里背信弃义，因为他们曾经宣誓加入效忠女王联盟，有义务为她受到的伤害复仇，但事到临头却不肯仗义出手相助。"但其他人不会如此瞻前顾后。"女王说。戴维森又补充道，若没有枢密院全体阁僚一致赞同和敦促，他无论如何都不会派人送出那份行刑令。他清楚地知道自己面临的危险，也记得女王当初降旨处决诺福克公爵之后，也曾试图诿过于伯利勋爵，手法与今如出一辙。[①]

　　伊丽莎白的虚伪显而易见，骗不了任何人，除非他拿定主意视而不见。詹姆斯对母亲的关怀自是比别人更真诚、更热切，因此他表现得悲愤万分，拒绝接见卡里爵士。他下旨召回驻英格兰大使，看来一心只想对英开战、为母复仇。苏格兰国会召开，也是一派愤慨之声，与会者宣称：不惜牺牲生命和财产，誓为国王陛下报此杀母之仇、捍卫国王陛下对英格兰王位的继承权。许多贵族都怂恿他起兵。在众臣集体举哀的仪式上，圣克莱尔勋爵（Lord Sinclair）全副戎装出现在国王面前，慷慨激昂地说，这才是悼念女王的合宜方式。天主教徒们趁机力劝詹姆斯与西班牙国王结盟，立即自立为英格兰国王；要汲取他母亲的前车之鉴，看清这样的事实：如果伊丽莎白的势力占到上风，他本人和苏格兰王国必将沦亡。伊丽莎白意识到这些声音的危险性。她先给詹姆斯留出一段适当的时间来发泄他的悲伤和愤怒，过后又遣使安抚他，摆明利弊、软硬兼

255

---

　　① Camden, p. 538. Strype, vol. iii. p. 375, 376. MS. in the Advocates' Library, A 3 28 p. 17. from the Cott. Lib Calig c 9. Biogr. Brit. p. 1625, 1627.

施，劝导他选择亲善之路。

　　出于同样目的，沃辛汉姆致信詹姆斯驾前国务大臣瑟尔斯通 3月4日
勋爵，内容颇为明智。他表示，听闻苏格兰方面做出态度激烈的
决定，看到詹姆斯这样一位极具判断力和修养的君王竟然如此冲
动，令他不胜惊诧。一场仅以复仇为宗旨的战争，所针对的又是一
桩出于必要的伸张正义之举，势必永远难逃世人的谴责，任何公平
或理性原则都不能为之辩解。如果说上述观点在君侯之间被看得
不甚重要，那么策略和利益却是当然应予重视的：以这两种动机而
论，与伊丽莎白决裂、重提已被证明无效的争夺英格兰王位的权利
主张显然无利可图。再者，两国实力差距悬殊，一旦开战，詹姆斯
若是只凭本国军力，不求助外援，则毫无取胜的希望。倘若请求更
强大的外邦君主派来援兵，无异于引狼入室，这方面的历史教训不
胜枚举，国王陛下广闻博识，不会不知。在当前形势下，还须考虑
到以下几点特殊情况，永远避免这种危险的举动：首先，法兰西君
主作为苏格兰的老盟友，可能乐于支持和利用后者来与英国作对，
却不愿见到不列颠两大王国在詹姆斯治下归于一统；英格兰和苏
格兰一旦统一，就意味着法兰西再也玩不转从前的策略手腕了，这
套策略对法国人极其有利，对苏格兰则危害无穷。此外，法王亨利
被国内党争和内战闹得焦头烂额，无力援助远方盟友；况且苏格兰
王室是吉斯家族的近亲——后者向来是法王最顽固的对手，严重
威胁着他的安宁和权威——他岂愿付代价、冒风险扶持他们成势
呢？西班牙国王势力强大、野心勃勃，与他结盟对苏格兰的危险
性更大。人人都知道，腓力梦想统一西欧，其志不在小，尤其是，
他还以兰开斯特王室后裔自居，对英格兰王位存着一份觊觎之心。

因此，腓力是所有希望维护本邦独立之君侯的共同敌人，更是苏格兰国王的直接对手和竞争者。伊丽莎白女王凭借本国强大的海军以及与尼德兰人的同盟关系，足可在海上阻截詹姆斯请来的外国援军，亦有能力以优势兵力击败苏格兰，一举解决岛内争端。另一方面，苏格兰国王若要重提其母对英格兰王位的主张，就必须一并接受她的宗教信仰，唯有这样才合情合理；那么，他势必背上叛教的臭名，背弃他自幼所受的严格教养和迄今虔信的教义。如此一来，苏格兰和英格兰的新教徒都会与他离心离德，同时他也永远无法取信于天主教徒，因为他们自有理由怀疑他的诚意。他现在提出对英格兰王位的主张，等于舍弃了有保障的继位前景；这将导致两国不久前缔结的和平与联盟关系再度破裂，令刚刚有所化解的民族仇恨死灰复燃。他指出，全体英格兰贵族士绅都曾公开表态支持处决苏格兰女王，如果詹姆斯表现得激烈仇视这一伸张正义之举，他们为自身安全考虑，只能设法永远不让这个无法安抚的国君成为他们的统治者。信中接着写道：尽管有些人会提出，此事荣誉攸关，必须为当前的侮辱和伤害兴师复仇，然而须知为君者真正的荣誉在于智慧、谦卑和公义，而不在于追随盲目的激情，为复仇而抛弃一切政策和利益考量。[①]出于上述诸般考虑，加上年轻的詹姆斯本性温和、没有野心，遂得以止息愤怒，渐渐复与英格兰宫廷言归于好。想来伊丽莎白在处决玛丽一事上种种掩饰装假，很可能是为了给詹姆斯提供体面的借口跟她重新和好，此乃双方重大利益所系。

257

---

　　① Strype, vol. iii. p. 377. Spotswood.

伊丽莎白一边致力确保与最近的邻邦亲善和睦，另一方面也不曾忽略远方的危险。她获悉腓力暗中装备了一支庞大的海军准备攻击她，表面上却装作对英国方面时时处处给予他的侮辱和伤害浑不介意。伊丽莎白遂命弗朗西斯·德雷克爵士率舰队出海，劫夺西班牙人的补给、寇掠西班牙沿海地区，摧毁西班牙船只。德雷克舰队中包括四艘英国皇家海军主力舰，以及伦敦商人提供的二十六艘大小船只，商人们积极支持海军，乃是为了分享劫掠所得。他们在途中遇到两艘尼德兰船只，获悉有一支满载货物的西班牙船队正停泊在加的斯港（Cadiz），准备开往里斯本，那是组建中的西班牙无敌舰队的集合地。德雷克下令舰队改道驶向加的斯，大胆而幸运地抓住战机发动了进攻。开战后，德雷克首先打退敌方正面迎战的六艘帆桨战船，逼得它们躲进海岸堡垒的火力掩护范围，然后放火烧了满载弹药和海军补给的近百艘船只，并摧毁了圣克罗西侯爵（marquess of Santa Croce）指挥的一艘巨舰。接着，他扬帆驶向圣文森特角（Cape St. Vincent），奇袭得手，轻取位于岬角的主城堡及另外三座要塞。他继而对里斯本发动进攻。但他的商人金主们一心巴望着取利，不满足于单纯的军事行动，于是德雷克扬帆驶向特塞拉岛（Terceras），计划埋伏在满载财货的西班牙大帆船必经海域，发一笔横财，结果再次幸运得手。这次短暂的冒险行动并没有多少公众牵涉其中，但它鼓励了冒险家们再接再厉，英国海员们也从经验中学会了藐视敌方笨重的巨舰；西班牙的海军备战工作被打得七零八落，讨伐英格兰的计划因此推迟十二个月，给伊丽莎白女王争取到更多时间，从容准备应对强敌

加的斯海战：德雷克摧毁西班牙舰队

来犯。[①]

德文郡绅士托马斯·卡文迪许(Thomas Cavendish)因沉迷宫廷生活将一份丰厚祖产挥霍殆尽,就在这一年,他决心重振家业,从西班牙人身上谋得这份资财。他在普利茅斯港装备了三条船,排水量分别为一百二十吨、六十吨和四十吨。他带着这三条小船闯荡南海,大肆劫掠西班牙船只。他一共俘获了十九艘船,其中一部分满载财货。船队绕过好望角返航,抵达伦敦,极尽招摇地沿泰晤士河而上。船上水手和士兵个个身穿丝绸衣裳,船帆用锦缎制成,顶帆的料子更是以金线织就。据认为,他带回的战利品是英格兰有史以来最丰富的。[②]

相形之下,英国的陆上军事行动没能取得什么辉煌战果。威廉·斯坦利(William Stanley)奉莱斯特之命,率一千两百名守军坐镇战略要地代芬特尔(Deventer)。斯坦利是天主教徒,得知破获巴宾顿阴谋集团的消息,惶惶不可终日,唯恐日后英格兰国内所有天主教徒都会蒙受猜疑。于是,他暗中联络西班牙人,约好一笔价钱,将城市出卖给敌人,并煽动全体守军随他一起叛投西班牙人。祖特芬附近一处要塞守将罗兰·约克(Roland York)也步其后尘。尼德兰人早对莱斯特抱有反感,也不信任英国人,这时掀起大规模的抗议浪潮,抱怨执政当局鼠目寸光,说严重些可算背信弃义。不久,莱斯特亲抵尼德兰,但他的一切行动决非着眼于安抚当地民众或消除他们的疑虑。当时,帕尔马亲王围攻斯卢丝(Sluys),

---

① Camden, p.540. Sir William Monson's Naval Tracts in Churchill's Voyages, vol.iii.p.156.

② Birch's Memoirs, vol.i.p.57.

259　莱斯特试图解该城之围，先后由海路、陆路进兵，均未得手。他把失败归咎于尼德兰人行动不力，尼德兰人也对他的表现多有恶评。双方的分歧每天都在扩大。尼德兰人藐视莱斯特的权威、反对他的举措，不理会他的意见；莱斯特则试图凭借专横激烈的举动挽回自己因轻率鲁莽、协调不周而丧失的影响力。尼德兰人甚至怀疑他图谋僭夺他们的自由。渐渐地，当地人对莱斯特的这份怀疑开始延伸到女王身上。伊丽莎白女王近来与西班牙议和取得一定进展。双方在格拉沃林(Graveline)附近一个名为波堡(Bourbourg)的村庄召开和会。尽管两国宫廷（尤其是西班牙宫廷）无非是打算借着和谈的烟幕迷惑对手，使之放松攻守军备，但尼德兰人却十分担心：他们已经下定决心绝不重归西班牙轭下，深怕英格兰为本国政治利益出卖他们的自由。①不过伊丽莎白女王深谙当前局面下与尼德兰联省保持同盟关系的重要性，她决定充分满足他们的愿望，召回莱斯特，命其辞去尼德兰总督之职。尼德兰人推举已故奥伦治亲王之子、年方二十的莫里斯(Maurice)为继任总督；威洛比勋爵佩尔格林(Peregrine lord Willoughby)奉女王之命接掌驻尼德兰英军指挥权。莱斯特人虽离去，却留下一班亲信党羽，处处给两位新上任的将军掣肘，他的密使频繁往来于英格兰和尼德兰之间，对联省政务造成严重干扰。伊丽莎白闻知这些问题，立即着手予以匡正。她严命英格兰各党派成员必须与莫里斯亲王步调一致。②尽管就目前而言，她的良好判断力胜过了对莱斯特的偏爱，

---

①　Bentivoglio. part ii. lib. 4. Strype, vol. iv. No. 246.

②　Rymer, tom xv. p. 66.

但是她从来都没有充分认识到他的恶劣心性和无能。他以恭顺讨
好重新博得女王的青睐，当初参奏他在尼德兰诸般劣迹的巴克赫
斯特勋爵则失宠于女王，甚至一度身陷囹圄。当时另一位颇得女　
王偏爱的宠臣是克里斯托弗·哈顿爵士。尽管他从未涉足过法律
行业，却接替故去的布罗姆利，被任命为大法官。所有律师都哂之
疑之，甚至眼巴巴地等着看他出乖露丑，谁料他表现颇佳，并无愧
于那个高位。他凭着与生俱来的出众才干弥补了经验学识的欠缺，
做出的裁决无论公正性还是判断力均无可挑剔。这次晋升本是其
政敌促成的，希望他履职期间能经常远离宫廷，跟女王逐渐疏远，
方便他们伺机削夺女王对他的宠信。

公元
1588年
腓力筹划
侵英

　　此时西班牙正大张旗鼓准备发动侵略，意图彻底征服英国，耸
动人心的消息从各个方面传来，相形之下，这些宫廷权谋的小伎俩
就显得无足轻重了。腓力虽然尚未对英宣战，但是由于伊丽莎白
处处与他为敌，他早就怀恨在心，狂热地寻求报复。当前西班牙国
运昌隆，也极大地鼓舞了他扩张帝国版图的野心和希望：他成功兼
并了葡萄牙，独霸东印度群岛的贸易和殖民地，并且年年从美洲获
得丰富财源。他将匡扶正教、消灭异端视作自身的至高荣耀和永
不动摇的政策目标；鉴于伊丽莎白的势力和声望是新教阵营的主
要倚恃，他企望能征服这位女主，重新用天主教信仰一统基督教世
界，博得永恒荣冕。此外，对尼德兰叛乱臣民的痛恨是他决心对英
开战的最重要原因：英国人鼓励尼德兰人反抗他的统治，并且凭借
地利为其提供有力支援，只要英国保持着强大的国力，他就休想制
服尼德兰人。表面上看，征服英格兰似乎是他在尼德兰重建统治
权威的必要准备，其实前一个目标就其本身来说更为重要，也更易

261　于完成。英格兰的地理位置距西班牙本土更近，也更易入侵；岛内一无人造壁垒二无天然屏障，只要突破其国门，便可长驱直入；其次，英格兰承平日久，民众全无军事训练和作战经验；第三，英格兰国内天主教徒为数众多，他们大有可能乐于跟入侵者合作，以解救自身摆脱宗教迫害，为他们衷心爱戴的玛丽女王报仇。英格兰的命运将由两场战役来决定：一场在海上，一场在陆上。试看英国的武装力量，无论是海军实力还是陆军的数量、声威和百炼成钢的勇武精神，怎能与西班牙相提并论？在击败并吞并这个强大王国之后，尼德兰人必定望风而降——届时他们四面受敌、孤立无援，只有放弃一直以来的顽抗，乖乖俯首就轭。幸运的是，从当前国际局势看，没有哪个大国能够阻挠这场对于西班牙王国的荣耀至关重要的征服，他们虽有此心，却也无可奈何。不久前，西班牙刚与土耳其签订了停战协议，如今土耳其帝国的执政者是腓力的亲密盟友；法兰西是西班牙的宿敌，如今该国被内乱折腾得四分五裂，根本无暇顾及自身海外利益。因此，西班牙必须抓住这个绝无仅有的大好机遇，大胆放手一搏，跃升欧洲霸主，以目前西班牙繁荣强盛的状态而论，这个地位似乎是他们时运所归。[1]

　　腓力虽然生性谨慎，却在上述希望和动机诱使之下，决意投入这桩冒险事业。帕尔马亲王此时已被教宗封为帕尔马公爵，面对腓力的垂询，他出言表示反对，表示至少有必要先期占据尼德兰的部分海港，为西班牙海军布置好退路。[2]腓力对此谏言不以

---

[1]　Camden. Strype, vol. iii. p. 512.

[2]　Bentivoglio, part 2. lib. 4.

为然，决定立即着手执行其野心勃勃的计划。他先是秘密准备了一段时间，一旦决心完全下定，西班牙帝国的广袤疆域内立即响遍兵戈铿锵之声，满朝大臣、将帅和海军将领们摩拳擦掌，全力推进战备工作。经验丰富的海军名将圣克罗西侯爵被任命为舰队总指挥，在他的领导下，舰船装备行动顺利展开。在西西里、那不勒斯、西班牙和葡萄牙的所有港口，当局雇用大批工匠打造一艘艘巍峨巨舰，并支付重金采购海军军需物资、储备给养，西班牙各沿海城镇都有部队集结、驻扎。为此次行动的舰船装备和部队登船所做的规划部署，其规模之浩大，在整个欧洲堪称史无前例。佛兰德斯的战备活动同样声势夺人。部队从各方各面源源不断地汇聚而来，时刻充实着帕尔马公爵的军力：卡皮祖基（Capizuchi）和斯皮内利（Spinelli）率部从意大利赶来，奥地利宗室亲王博尔高特侯爵（marquess of Borgaut）在德意志招募了一支新军；瓦隆（Walloon）和勃艮第的各个兵团均已补足兵员或者扩编。西班牙步兵团也完成了新兵招募。一支三万四千人的大军在尼德兰集结起来，随时准备运往英格兰。帕尔马公爵征集了佛兰德斯、北德低地省份和波罗的海沿岸地区凡能找到的所有木匠，在敦刻尔克（Dunkirk）、纽波特（Newport），尤其是安特卫普等地建造大量木船和平底船，用以运送骑兵和步兵。意大利和西班牙的王公显贵个个跃跃满志，亟欲分享这桩伟业的荣耀。萨伏依家族的唐-阿马达乌斯（Don Amadaeus）、美第奇家族（Medicis）的唐-乔瓦尼（Don John）、韦斯巴夏诺·贡萨加（Vespasian Gonzaga）、萨比奥内塔公爵（Duke of Sabionetta）和帕斯特拉纳公爵（Duke of Pastrana）都迅速加入到帕尔马公爵麾下。约有两千名西班牙志愿者应征入伍，其中不少是

无敌舰队

262

世家子弟。人们坚信，此番战争准备工作如此规模浩大，又有指挥艺术炉火纯青的名将统率，远征必胜无疑。西班牙人高调炫耀武力，因胜利的妄想而得意扬扬，将本国海军命名为"无敌舰队"（the Invincible Armada）。

　　西班牙方面大举备战的消息很快传到伦敦。尽管西班牙朝廷刻意遮掩，并且散布假消息，声称要在西印度群岛用兵，但明眼人不难判断，他们意图剑指英格兰。伊丽莎白女王对于外敌入侵早英国备战有预见，她明白，自己现在必须迎击西班牙倾国之力，方能保住头上王冠，于是积极准备御敌。全欧洲都认定西班牙大军必将横扫英格兰，但伊丽莎白面对强敌毫不畏怯。的确，英军的实力看起来远逊于对手。当时全英格兰的海员总数只有十四万左右；[1]英国船只普遍较小，除了少数皇家海军大型战舰之外，商人名下的船只超过四百吨的不足四艘；[2]皇家海军总共只有二十八艘船；[3]其中很多是小船；这些船的体积没有一艘能超过现今最大的三桅快船，大多数只配称作舢板。英国舰队的唯一优势在于船上水手灵活勇敢，他们常年驾小船出没于狂风恶浪之间，惯于蹈险，作战和吃苦能力远胜于船上装备优越的西班牙海军。[4]英格兰所有商业城镇都接到动员令，装备船只，加强薄弱的海军力量。黑云压城，为了保卫自身的自由和宗教信仰免遭涂炭，英格兰人无比积极敏捷地投入行动。按要求，伦敦市须为海军装备十五条船，但全体市民以

---

① Monson, p.256.
② Ibid.p.268.
③ Ibid.p.157.
④ Ibid.p.321.

超凡的热忱自愿加倍捐献。[1]贵族和绅士们自费雇用了四十三条船，并配齐船上武器装备和人员。[2]凡女王提出的借款要求，无不得到慨然应允。勇武有能的海军上将霍华德·埃芬汉姆勋爵(Lord Howard of Effingham)受命出任皇家海军司令，德雷克、豪金斯(Hawkins)和弗罗比歇(Frobisher)这些享誉欧洲的著名航海家都在他麾下效力。皇家海军主力驻扎在普利茅斯港，另有一支由四十艘英国和佛兰德斯舰船组成的分舰队在护国公萨默塞特次子西摩勋爵指挥下，游弋于敦刻尔克外海，旨在阻截帕尔马公爵出击。

　　两国陆军实力的对比，情况与海军截然相反。英军数量占优，但军事素养、声威和作战经验都远逊于西班牙人。英方沿南部海岸线部署了一支两万人的部队，分驻于几处战略要点。他们接到指令：倘若无力阻止西班牙军登陆，宜避其兵锋，在战区实行清野，撤退待援，待周边各郡援军赶到再合力发动攻击。莱斯特伯爵统率两万二千步兵和一千骑兵驻扎在蒂尔伯里(Tilbury)，拱卫京师。英军主力共有三十四万步兵、两千骑兵，由亨斯顿勋爵指挥。这支部队作为预备队，肩负保卫女王陛下的使命，并随时准备接受调遣，开赴敌军可能出现的任何地点。假使西班牙大军能够全数登陆，那么英格兰的命运很可能系于一场决定性战役。西班牙拥有五万久经沙场的精兵悍将，总指挥官帕尔马公爵乃当世名将之翘楚，实力盛壮令人胆寒；反观英格兰承平日久，部队虽不至于萎靡不振，但将士们久疏战阵，战斗力自然大打折扣。双方差距如此悬

----

[1]　Monson, p. 267.

[2]　Lives of the Admirals, vol. 1. p. 451.

殊,不免令很多人忧心忡忡,深感前景渺茫。

英格兰王国当前所能仰仗的力量,似乎惟有伊丽莎白女王的英伟气概和审慎作风了。她丝毫没有被当前的危险吓倒,镇定自若地下达各项指令,鼓励臣民顽强抵抗,并调动国内外一切可以调动的资源,全力抗战:女王派遣罗伯特·西德尼爵士(Sir Robert Sydney)赴苏格兰,敦促詹姆斯国王与她保持同一阵线,并告诫他:西班牙暴君野心勃勃,既威胁着她本人的统治,也同样危及他的王位。[①]这位使臣发现,詹姆斯十分热心与英国结盟,甚至随时准备倾举国军力前去援助伊丽莎白。丹麦国王向来敬重伊丽莎白的权威,又有共同宗教信仰的坚固纽带,因此他一接到后者的请求,便下旨扣留了腓力在丹麦各港口购置或租赁的一支中型船队。[②]汉萨同盟虽与伊丽莎白关系不睦,但是在同样的动机引导下,长期拖延各港口的舰船装备进程,使之不能用于入侵英格兰。全欧洲的新教徒无不把这场战事看得存亡攸关,他们的宗教信仰何去何从在此一举。尽管山迢水远无法参战,但他们的目光都聚焦于伊丽莎白的行动和命运,焦虑而又敬佩地注视着她坦然无惧地迎向不断逼近的可怕风暴。

女王还认识到,自身王位的稳固主要有赖于广大臣民对她的衷心爱戴、对她审慎施政方针的坚定信心,除此之外,最大的支撑力量来自他们对新教信仰的普遍热忱和对天主教制度的强烈厌

---

① 她向他许下一些永远不曾实现的诺言,并授予他英国公爵爵位及相应的地产和岁入,年金五千镑,并拨款供养一支卫队,保卫其人身安全。摘自 lord Royston 著作附录。

② Strype, vol.iii.p.524.

憎。在当前形势下，她调动宣传手段，刻意唤起国人对本教派的热情和对那个教派的仇恨，提醒他们记起西班牙暴君曾经给他们造成的威胁；玛丽女王迫害新教徒的野蛮暴行也都被归咎于那个偏执、傲慢的敌国的怂恿；西班牙在西印度群岛的血腥屠杀、在低地国家实施的无情迫害、宗教裁判所令人触目惊心的残暴和邪恶，都被活生生地展现在国人眼前。当局出版了一份刑具目录和具体描述，并散发图片，宣称西班牙无敌舰队正载着这些刑具驶向英国。各种运作手段、各种论证都被发挥到极限，只为激励国人奋起捍卫自己的信仰、法律制度和自由。

　　值此紧要关头，女王一方面煽动国人敌视天主教，另一方面却对岛内的天主教徒采取怀柔政策，遏制民众不加区别地向他们泄愤。尽管她知道，以能力和专制闻名的现任教宗西克斯图斯五世（Sixtus Quintus）已经对她下达了新的绝罚令，废黜她的王位，宣布英国臣民对她的效忠誓言无效，并公开号召十字军讨伐英格兰，对所有参加这场入侵行动者给予全体大赦，但她并不相信，自己的天主教臣民会被蒙蔽到那种程度，甘愿为了偏执信条抛弃对本国君主的效忠义务、不惜牺牲祖国的自由和独立。她力排众议，拒绝以莫须有的罪名处死国内天主教派领袖，甚至不肯大批监禁这些人。天主教徒有感于这种善待，为国效力的热情普遍高涨。一些天主教绅士意识到自己没理由指望获得信任和授权，便以志愿者的身份报名加入海军或陆军。①他们有的自己出资装备战船，交给新教徒来指挥；有的积极动员自家佃户、附庸和邻居们行动起来，

---

① Stowe, p.747.

保卫祖国。这时节，各个阶层看起来仿佛捐弃了一切前嫌，充满干劲又井然有序地全力投入备战。

为激发国民的战斗激情，伊丽莎白骑马出现在蒂尔伯里大营。女王纵马检阅队列，意气风发、精神抖擞；她勉励全军牢记保卫祖国、捍卫信仰的责任，并当众剖明心迹：自己虽一介女流，亦决心亲率将士上阵御敌，纵然战死，也绝不忍辱偷生，坐视自己的臣民沦为亡国奴。①女王斗志昂扬的风姿唤起将士们由衷的热爱和钦佩，对女王本人的爱慕之情空前高涨。他们彼此问道：堂堂英格兰男儿，怎能置保家卫国的光荣伟业于不顾，畏缩怯战、血性逊于女子，又怎能在任何危险面前抛弃这位大无畏的女王？

西班牙无敌舰队这年五月初便已整装待发，但是就在启航前，舰队指挥官圣克罗西侯爵忽患热病，不几日便去世了。偏巧同一时间，他的副将帕里亚诺公爵（duke of Paliano）也遭遇同样命运。腓力国王任命梅第纳-西多尼亚公爵（duke of Medina Sidonia）接掌无敌舰队，阿尔卡莱德（Alcarede）出任副将。公爵出身名门望族，但缺乏作战经验，对海上事务更是完全外行。西班牙痛失圣克罗西这样一位杰出将领，加上临阵换将的诸般不顺，延误了舰队出发，给了英国人更多时间备战。最后，无敌舰队终于满载希冀，耀武扬威地从里斯本扬帆启航。但他们出发次日便遇到大风暴，舰队被吹散，几艘最小的船被风浪打沉，余者只得避入防波堤内，等待重新整修。这个消息传到英国，女王断定敌人今夏的侵英计划应当告吹了。她向来撙节，总是抓住每个借口来省钱，遂命沃辛汉

5 月 29 日

---

① 参见本卷卷末注释［Y］。

姆致函海军上将埃芬汉姆勋爵,指示后者暂时停用部分大型军舰,遣散水手。但埃芬汉姆却没有这么乐观,他抱定"将在外,君命有所不受"的主意,请求准许保留所有舰船,哪怕由他自己出钱供养。①正值北风刮起,他率领舰队乘风开向西班牙近海,意欲将敌船歼灭于港内。但风向忽又转南,他开始担心西班牙人可能已经启航,恐怕他们在辽阔海上与英国舰队擦身而过,直取没有海军保护的英格兰本土。于是,他下令舰队全速返航,抛锚静泊于普利茅斯港。

与此同时,无敌舰队整修完毕,西班牙人满怀期冀,再次扬帆出海追寻霸业。舰队共有一百三十艘船,包括近百艘大型三桅帆船,都是欧洲前所未有的艨艟巨舰。舰上共有一万九千二百九十五名将士、八千四百五十六名水手、两千零八十八名划桨奴隶,配备了两千六百三十门青铜大炮。舰上载有足够六个月需用的物资储备,并有二十艘轻快帆船以及十艘六桨无桅小船搭载供给一路随行。②

西班牙国王制定的战略方案是:无敌舰队开到与敦刻尔克和纽波特遥遥相对的英国近海,驱逐所有英国和尼德兰船只,扫清进攻道路(他们认定对手毫无还手之力),然后与帕尔马公爵会师,共同进军英伦,驶入泰晤士河口,全军登陆,一举征服英格兰。为确保方案顺利实施,腓力指示梅迪纳公爵,舰队要尽可能沿法国海岸行驶,避开英国舰队,安全通过英吉利海峡;要着眼于大局,切

268

---

① Camden, p.545.
② Strype, vol.iii. Append.p.221.

勿贪图小胜而贻误战机，妨碍吞并英格兰的大业。[1]无敌舰队启航后俘获了一艘渔船，据那渔民说：英国舰队司令不久前率部出海，闻知西班牙舰队被风暴吹散，遂下令返回普利茅斯港；他认定敌方本季不可能发动入侵，便封存了船只，遣散了大部分水手。梅迪纳公爵对这条假情报信以为真，认为应当趁此大好时机发动进攻，一举摧毁泊于港内的英国舰船。看到夺取决定性胜利的诱人前景，他不惜违背命令，率领舰队直扑普利茅斯。事后看来，正是这个决定使英格兰逃过一劫。大约日落时分，西班牙军首先在利泽德（Lizard）登陆，他们把此地错当成了普利茅斯附近的雷姆岬（Ram-head），顺利得手后便撤回海上，准备第二天返回攻击英国海军。有个苏格兰海盗弗莱明（Fleming）正游荡在这片海域，碰巧发现无敌舰队，立即赶去报告英国舰队司令官，敌人来了。[2]这又是幸事一件，对于英国舰队的安全至关重要。埃芬汉姆刚刚来得及率队出港，就见西班牙无敌舰队张满风帆，以新月阵形向他扑来，从一端到另一端相距足足七海里。

7月19日无敌舰队开进英吉利海峡

那个时代的作家多以浮夸手法描摹这幅景象：如此壮观的海上阵列堪称史无前例，令观者无不恐惧战兢，叹为观止。西班牙巨舰樯桅森然、帆篷鼓满，船艎巍巍有如塔楼一般，这般景象画笔难描，只宜以诗的色彩来渲染。一位文笔生动的意大利史家仿效卡姆登的风格这样写道：无敌舰队虽然扯足风帆，前进速度却极为缓慢，仿佛大海也不堪重负而发出呻吟，连风也无力推送它们沉重的

---

① Monson, p.157.
② Ibid.p.158.

船身。①但事实上,这些西班牙巨舰的体量几乎不及今天英国海军
的三流船只,但是其构造和管理水平都很差,因此行动相当笨拙,
不能顶风前进,也无法在必要时戗风航行,遇到风暴则更难操控。
无论是造船工艺还是水手的经验,都达不到那么高的水准,不足以
保证巍巍巨舰安全高效地运行。英国人早知道它们大而无用,因
此面对这些可怕的巨舰毫不畏怯。

埃芬汉姆考虑到西班牙一方船大兵多,近战恐对己方不利,
于是下令避免与敌短兵相接,而是远距离开炮轰击,等待风向、
海流或其他偶然因素带来的机会,截杀敌方掉队船只。不久,期
待的机会果然来了:载有西班牙舰队大部分钱款的巨舰比斯开号
(Biscay)不慎起火,全船人都忙着救火,结果脱离队形落在最后。
另一艘巨舰安达路西亚号(Andaluzia)由于桅杆断裂也掉了队。弗
朗西斯·德雷克爵士向这两艘船发起猛攻,二船略作抵抗,便做了
俘虏。无敌舰队沿海峡一路北进,英国舰队尾随不舍,不时发动小
规模骚扰。每一次交手都会打击西班牙人的信心、令英军将士的
勇气持续增长。英国人很快发现,即使在近战中西班牙巨舰也占
不到便宜。敌船体大,更容易被英方炮火击中,而其舰载大炮由
于炮位太高,炮弹总是掠过英舰上方飞去。此时警报已传至英国
沿海地区,贵族士绅们纷纷率领自己名下船只从各个港口紧急出
海,赶来支援皇家海军。牛津伯爵(earl of Oxford)、诺森伯兰伯
爵(earl of Northumberland)、坎伯兰伯爵(earl of Cumberland)、
托马斯·塞西尔爵士(Sir Thomas Cecil)、罗伯特·塞西尔爵士

---

① Bentivoglio, part ii. lib. 4.

(Sir Robert Cecil)、沃尔特·雷利爵士、托马斯·瓦伐瑟爵士(Sir Thomas Vavasor)、托马斯·杰拉德爵士(Sir Thomas Gerrard)、查尔斯·布朗特爵士(Sir Charles Blount)以及许许多多人都加入了这次慷慨无私为国效力的义举。与这些民船会合后，英方舰船数量达到一百四十艘。

无敌舰队驶抵加来，在港外抛锚，希望帕尔马公爵得知他们到来的消息，率部出海与他们会合。就在这里，英国舰队司令成功实施了一条妙计。他派出八只轻型船，满载可燃物，一只接一只地冲入敌阵中央。西班牙人不久前在安特卫普附近的斯海尔德(Schelde)河上刚刚领教过火攻船的厉害，如今记忆犹新，见状连忙砍断系缆逃跑，现场乱作一团。次日清晨，英国人趁乱发动进攻，俘虏及摧毁敌舰约十二艘，此外还重创敌舰若干。

这时，西班牙人的精心筹备的战略方案显然已经彻底破灭。帕尔马公爵预备的船只都是运兵船，而不是战船，因此，当无敌舰队催促他出港时，被一口回绝，他可不想让自己麾下大军去冒这种显而易见的风险。英国人不仅掌握了制海权，甚至似有胜势。西班牙主将与英军交手多个回合，结果发现己方损失巨大，却只摧毁了一艘小型英国船。他预见到，局面如此不平衡，再打下去自己势必赔光老本。于是，他准备返航回国。可是当时英吉利海峡正刮着逆风，他便决定向北航行，绕过不列颠岛返回西班牙。英国舰队尾随他航行了一段时间，后因军需官疏忽造成弹药短缺，只得中途放弃，否则颇有可能成功迫使整个无敌舰队有条件投降——梅迪纳一度下了决心这么做，但转而听从忏悔神父的劝告，又改变了主意。假如西班牙人的远征以这种结局告终，英国人将取得更大的

荣耀，但事件的真实结局对于西班牙人几乎同样致命。无敌舰队

驶过奥克尼群岛后，遭遇一场特大风暴。这些舰船已经失去船锚，
在海上漂荡着。水手们不适应如此恶劣的天气，驾驭不了笨拙的
大船，只能听凭狂风巨浪的摆布，任由船只被吹到苏格兰西部诸岛
或爱尔兰沿岸，撞得支离破碎。这支庞大舰队最后勉强返回西班
牙的不足半数。侥幸生还的水手和将士们已被海上的艰辛和疲惫
压垮，又因饱受挫折而灰心丧气，他们在西班牙国内到处传讲英国
人如何彪悍，不列颠岛周围的怒海狂涛如何凶险可怕。

　　这场远征让西班牙耗尽举国财力和军力、筹备了足足三年，
也令整个欧洲长时间为之焦虑并引颈瞩望，结果就这样可悲而又
不光彩地收场了。腓力固然深受野心役使，但一举一动却有充分
的自控力：他一接到这个令他的希望化为泡影的噩耗，立即双膝跪
倒，欢喜称谢，幸得上主开恩豁免，没有降下更大的灾殃。西班牙
神父们之前多次为这次圣战祝祷，卖力鼓吹远征必胜，这时多少有
些尴尬，不知如何自圆其说：一个被逐出教门的异端、可憎的僭位
者怎么可能打败正统天主教君王？不过，他们终于找到了其中奥
妙：西班牙人遭遇惨败的全部原因在于他们允许异教徒摩尔人居
住在他们中间。①

　　西班牙无敌舰队遭遇失败、又被风暴吹散，此后不久，伊丽莎
白女王下旨召集新一届议会。本届议会授予女王两笔补助金和一
项十五分之四的征税权，分四年征收。这次批准的补助金额度加
倍，乃是前所未有的，若论破例的原因，想必一来是欢庆胜利的热

---

① 参见本卷卷末注释［Z］。

情，二来是举国普遍意识到女王经济上的紧张状况。部分议员提出，鉴于近期国民债务负担沉重，故不宜再加重税赋。①

　　伊丽莎白早有预见，本届议会下议院像以前一样，将由清教徒主导；为阻挠他们的动议，女王在议会开幕时重申了那条一贯的禁令：议会不得在任何情况下擅自审议教会事务。尽管有此严命，但是一位名叫丹波特（Damport）的议员仍在宗教热忱的驱使下提起议案，要求匡正教会弊端、羁勒宗教事务委员会的暴虐管辖——其暴虐程度当然是十分严重的。不过，议长沃利（Woley）提醒下议院别忘了女王陛下的命令，此言一出便没人胆敢支持这项议案了，议长甚至没有宣读该议案，就把它交还给丹波特，丝毫不予理会。②在这种总体的卑服氛围下，依然有少数议员大胆直言，有几位甚至因此遭到拘押。③

　　伊丽莎白的专横作风在另一桩议会事务中表现得更加鲜明：王室征发权是一项古老的特权，王家征购官根据这项特权，可用较低的估定价格任意向周边郡县居民强征生活物资并征用农户的车马。价款支付往往拖欠甚久，乃至遥遥无期；而征发价格是在发现西印度群岛之前估定的，远低于市场时价。因此，除了其中包含的奴役意味之外，这项特权一向被国人视作沉重的负担，并且征发方式武断恣横，极易被严重滥用。我们大可不失公允地推测，伊丽莎白手下那班贪婪廷臣势必倚仗女主无边无际的权威，利用这项特权极其凶狠地压榨民众。上届议会召开时，下议院就认定有必要

> 议会召开

---

　①　参见本卷卷末注释［AA］。
　②　D'Ewes, p.438.
　③　Strype's Life of Whitgift, p.280. Neal, vol.1.p.500.

颁布法案制约这种盘剥。但该议案在上议院被否决。^①征发特权持续被滥用，引发新的呼吁，要求匡正弊端。下议院再度提起同样的议案，连同一项改革财政署法院的议案一并呈至上议院。不久，下议院接到上议院的通知，要他们任命一个委员会，与上议院共商此事。在这次会议上，上议院成员告知下议院诸君，女王陛下已经派伯利勋爵传来口谕，对于下议院擅自置喙王室特权表示不悦。女王声称，倘使存在什么弊端(无论在王室征发方面还是财政署法院审案过程中)，她作为女王自有能力和意愿予以适当整改，但她不允许议会插手这些事务。^②下议院闻言惶恐，另外指派一个委员会前去觐见女王，极力表现谦卑、忠顺，试图博取女王欢心。伊丽莎白和颜悦色地接见了委员会成员。她表示，她对亲爱子民所怀的殷殷关爱难以测度，超过爱她自己，甚至超过他们本人爱自己的程度。她说，她曾经下旨调查王室征发事务中的弊端，但是西班牙入侵的危机突发，延迟了这一计划的进行。她拥有足够的技能、意愿和能力管理好内廷事务，正如每一位臣民都能自主治家，无需邻舍帮忙。此外，财政署是王廷的一个部门，与她关系更近，甚至超过王室成员，因此议会更不宜插手财政署事务。女王声称，她会参考枢密院和众法官的忠告，亲自纠正上述一切弊端，但不允许下议院自作主张进行相关立法，剥夺她整顿家事的荣誉。^③伊丽莎白和议会之间的每次角力结果总是一样，这次也不例外。^④在这一点

---

① D'Ewes, p.434

② Ibid.p.440.

③ Ibid.p.444.

④ *Si rixa est, ubi tu pulsas, ego vapulo tantum* Juven.

上，她甚至表现得比历代先王——至少比古代的君主们——更为跋扈。因为后者时常允许通过法律途径纠正滥用王室征发权[①]的弊端。[②]爱德华三世国王虽然十分专制，但他也批准颁布了十余条法律，旨在纠正此弊。

下议院对每位廷臣以及他们背后的王权无比敬畏，总是战战兢兢、如履薄冰，唯恐出言冒犯了他们中的任何一位。爱德华·霍比爵士(Sir Edward Hobby)有一次在议会里痛心疾首地说，自己遭到某位大人物（并非议员）严厉斥责，说他在议会发言不当。他恳求下议院施以援手，希望有人能替他向那位大人物美言几句，解释他那次议会发言的真实意思和用意。[③]为了避免此类不便，下议院特地投票通过一项决议，要求议员们不得泄露下议院内部机密。[④]

挫败了无敌舰队，英格兰举国沸腾，掀起一股讨伐西班牙的激情。在他们眼里，英国人凭着勇气和幸运似乎没有什么办不到的事。克拉图(Crato)修道院院长堂·安东尼奥(Don Antonio)是葡萄牙王室私生子，他利用本国同胞对西班牙人的憎恨，对葡萄牙王位提出主张。他先逃到法兰西，又跨海转赴英格兰，亨利和伊丽莎白都鼓励他的觊觎主张。英国人开始策划出兵征服葡萄牙，帮助堂·安东尼奥得国——但这个空想计划是民间发起的，以弗朗西

（左侧页边） 274

（右侧页边） 出征葡萄牙

---

① 参见本卷卷末注释［BB］。

② 参见该特权项下所列之法律条款。

③ D'Ewes, p.432, 433.

④ 本届议会通过一项法律，重申先前的立法：凡连续一个月缺席国教礼拜者，月处罚金二十镑。不过罚金额度以该拒奉国教者收入的三分之二为限。29 Eliz.cap.6.

斯·德雷克爵士和约翰·诺里斯爵士(Sir John Norris)为首,宫廷并未参与。将近两万志愿者①报名加入他们的远征,船只已经雇好,武器都已配备齐整,统统由这些冒险家出资。女王生性吝啬,只肯出六千英镑,并且只批准皇家海军派六艘战船参加远征。②这场行动所体现的斗志和勇气远超乎远见和审慎。冒险家们手头资金不足,无法为如此庞大的行动筹措足够的给养和武器弹药。他们甚至没有足够的船只运载蜂拥而来的志愿战士,后来只得用武力夺取他们在海上遇到的若干汉萨同盟的船只。如此一来,各舰人员拥挤的问题略有解决,给养不足的问题却依然如故。③据信,如果他们此行直取葡萄牙,凭着人民的拥护,加上该国当前防御空虚,或能稳摘胜果;但他们听说敌人正在格洛林(Groine)大举备战,准备入侵英格兰,便忍不住驶向那里,企图一举摧毁西班牙人的新武库。他们突入港口,烧毁几艘战船,特别值得一提的是其中包括西班牙海军副将里卡尔德(Recalde)的座舰。西班牙人集结了四五千人迎战,被英军打败。接着,英军攻打格洛林城,夺取并劫掠了下城区,若不是弹药给养不足,还会顺势夺取壁垒坚固的上城区。前途远大的年轻贵族埃塞克斯伯爵一心渴望军事荣誉,他瞒着女王秘密溜出英格兰,在此地加入了冒险家的行列。随后,大家一致同意启航驶向远征的首要目的地——葡萄牙。

275

---

① Birch's Memoirs of queen Elizabeth, vol 1.p.61. 据 Monson(p.267)记载,参加远征的将士总共只有一万四千人,加上四千水手。但 Birch 博士的描述源自当时最重要的一位冒险家的话。

② Monson, p.267.

③ Ibid. p.159.

英军在海港城镇帕尼奇(Paniche)登陆，距首都里斯本十二里格。[①]诺里斯率兵向首都进发，与此同时德雷克指挥战船溯河而上，准备进行水陆夹击。此时，西班牙宫廷已经有暇做好抗敌准备。西班牙派兵进驻里斯本，解除了城中葡萄牙部队的武装，拘押了所有可疑人员。在这种形势下，当地居民虽然衷心爱戴唐·安东尼奥，却没有一个敢于表态支持入侵者。尽管如此，英军还是攻占了里斯本城郊地区，此地殷富，各样财货应有尽有，但他们想争取葡萄牙人的拥戴，更在意荣誉而不是利益，因此严格约束将士，禁绝一切形式的掳掠。同时，他们发现弹药和给养堪堪耗尽，连一门能在城墙轰出缺口的大炮都没有；海军方面，英国战船被敌方封锁河面的几座堡垒阻截，无法突破；也看不到丝毫民众起义响应的迹象。将士们疲惫、饥饿、无节制地饮酒和贪食水果，导致营中疾病流行。因此，他们认为有必要速速重新登船。他们从容撤退，身后没有追兵，到了河口处，见有六十艘载满海军物资的船，他们便将其俘获，视作合法战利品，尽管这些船属于中立的汉萨同盟。他们从那里驶向比戈(Vigo)，攻占并焚毁了那座城市，洗劫四野，然后扬帆返航，抵达英格兰。这批勇武的冒险家当中，有一多半没能返回家园，被疾病、饥饿、疲惫和刀剑夺去了性命。[②]英格兰王国由这次特殊的远征中所收获的，也更多是荣名而非实利。据统计，当时登船出征的英国绅士共有一千一百名，最终克服重重困厄生还者只有三百五十名。[③]

---

① 里格：长度单位，约等于三英里。——译者
② Birch's Memoirs, vol.1.p.61.
③ Ibid.p.61.

在返航途中，他们遇到正扬帆出海的坎伯兰伯爵，后者所带的船队包括七艘船，除了一艘从女王手里租借的战船之外，其余完全由自己出资装备。坎伯兰伯爵赠给德雷克船队一部分给养，这个慷慨举动保住了德雷克手下许多船员的性命，但他的船员后来为此吃了很大苦头。坎伯兰船队驶向特塞拉岛，路上俘获几艘敌方船只，但这些战利品当中最值钱的一艘（船上货物价值十万英镑）在驶往英国途中遇险，连船带货沉没在康沃尔郡圣米迦勒山(St. Michael's Mount, Cornwal)附近。坎伯兰贸然进攻特塞拉岛，结果死伤惨重，余部也病亡大半，幸存者寥寥无几，历尽艰辛才把船开回母港。[①]

苏格兰局势

抗击西班牙取得标志性胜利，英格兰民心大振，伊丽莎白的王位自此稳固无虞，尽管如此，她仍然忍不住将忧虑的目光投向苏格兰，该国因位置特殊，其形势变革一向令她牵心。人们或许预料，这位意气风发、英勇无畏面对危险的女主不会再满怀苦毒猜忌对待新的王位继承人，像从前玛丽在世时那样。詹姆斯的确继承了母亲的全部权利，却独独没有袭得天主教群体的拥戴——正是由于这份拥戴，令玛丽的权利主张充满威胁性。[②]如今伊丽莎白女王已经上了年岁，享有无限权威，那位生性怠惰、无甚野心的苏格兰国王分毫都不可能动摇她的王位。纵使如此，她的疑忌还是无法消除。她不但不肯满足国人的愿望正式立储或宣告詹姆斯的继承权，还极力阻挠任何有可能助长其权利或赢得国人爱戴的情形，

① Monson, p.161.
② Winwood, vol. i. p.41.

仿佛对待直接对手和竞争者一般。詹姆斯朝中大臣和亲近宠臣大
多领着伊丽莎白所赐的年金，女王出于不让他结婚生子的动机，要
求这些大臣给詹姆斯的任何议婚活动设置障碍——哪怕是最合理
的联姻意向。在若干年里，这一恶毒的策略十分成功。①詹姆斯曾
经定意求娶丹麦国王的长公主，丹麦地处遥远，国力不强，不至于
引起伊丽莎白的不快，但是伊丽莎白巧妙地从中阻挠，令议婚过程
久拖不决，致使丹麦国王失去耐心，将女儿嫁给了布伦斯威克公爵
（duke of Brunswick）。詹姆斯又转而追求那位公主的妹妹，伊丽
莎白依然各种巧设障碍，她替纳瓦拉国王之妹向詹姆斯提亲，女方
年龄比詹姆斯大很多，而且一贫如洗——伊丽莎白这样做，纯粹是
为了拖延詹姆斯与丹麦公主的议婚进程。而年轻的詹姆斯国王迫
不及待地想要结婚，早日得子巩固王位，以免臣属觊觎生乱——这
种事在苏格兰历史上可谓不胜枚举；此外，神职人员整日用清规戒
律监管着他，也是他急于成婚的一个诱因，这种情形在古今君王中
间却是少见。他的急切心情冲破了伊丽莎白的一切计谋，詹姆斯
国王的婚约终于签订，婚礼以委托代表的方式举行。新娘登船前
往苏格兰，但途中遭遇一场风暴，只得避入一个挪威海港。苏格兰
人和丹麦人普遍相信，这场风暴以及于此前后所刮的多场风暴乃
是苏格兰和丹麦两国女巫共同制造的妖风，几名"罪犯"临死前的
坦白据说也使这一指控无可置疑。②詹姆斯虽然深信巫术的存在，
却并未受到此事的阻隔，他动身北行，亲自去接他的新娘。他抵达

---

① Melvil, p. 166, 177.
② Ibid. p. 180.

挪威,旋即带着王后前往哥本哈根(Copenhagen),在那里过冬,次年春天双双返回苏格兰,受到民众热情洋溢的欢迎。只有神职人员依然从中作梗——他们从不放过任何让国王不痛快的机会——这次是反对王后的加冕礼,声称涂油加冕是犹太教和天主教的仪式,因此是反基督的、不合法的。但詹姆斯定意要行加冕礼,态度坚决针锋相对,经过多番交锋和暗中较量,他的王权最终突破神职人员的阻碍占据上风,这种情况可谓难得一见。①

---

①　Spotswood, p.381.

第四十三章　伊丽莎白女王(六)

法兰西局势—吉斯公爵遇害—亨利三世被刺身亡—亨利四世的战绩—海军出征西班牙—议会召开—亨利四世倾向天主教—苏格兰局势—海上战绩—议会召开—《韦尔文和约》—埃塞克斯伯爵

伊丽莎白日日煎心、历尽艰难的日子终于过去,迎来一派安定局面:尽管依然需要打点精神为国事操劳,但是王座已不再遭受直接威胁,面对敌人的种种谋算攻击,也能保有一定程度的自信和安全感。她以审慎而成功的施政博得外邦景仰,更深受本国臣民的爱戴。自从苏格兰女王被处死后,就连天主教徒也隐忍内心怨望,假装不再质疑她的统治资格,亦不敢拥戴他人与她相争。詹姆斯六世疲于应付国内贵族和神职人员的内斗,几无权威可言,他一心只想与伊丽莎白和英国保持亲善关系,指望靠着时间和耐心蛰伏,最终稳稳拿到自己生而应得的那份丰厚遗产。尼德兰人尽管势单力薄,却依然不屈不挠地与西班牙缠斗,他们对昔日统治者恨得铭心刻骨,加上年轻稳健的莫里斯总督领导有方,因此抵抗格外顽强,对手要想征服这片并不算大的国土,即便不是全无可能,也必得苦战多年、多次取得完胜才能达到目的。腓力当初强力攻英,乃是被仇恨和野心迷住了心窍,背离了自己向来小心谨慎的行为准则，落得惨败的结果，如今他已无能力、更无勇气再度发起如此危险的攻势。此外，法兰西局势已经成为他的首要关注目标；然而，尽管他在法投入了大量金钱、军力，用尽心机手腕，那一国的事态发展却一天天地与他的期望背道而驰，转而有利于英国及其盟友。

法兰西
局势　　　　亨利迫于天主教联盟的威逼向胡格诺派宣战，该教派眼看危在旦夕。伊丽莎白明白自己的利益与胡格诺派息息相关，于是一面在德意志展开谈判斡旋，一面拨付大笔款项，支持纳瓦拉国王在本国招兵买马。那位了不起的君王面对优势之敌毫不畏惧，英勇作战，1587年在库特拉（Coutras）完胜法王亨利的大军；但与此同时，他的德意志盟友被吉斯公爵率领的天主教联盟击败，所以这次胜利并未解救胡格诺派的困局。若论此番胜负消长给他带来什么利益，最主要的收获就是在敌方阵营中引发了争端。巴黎市民深深崇拜吉斯公爵，对国王抱有强烈偏见，他们怀疑国王居心叵测，遂发动武装叛乱，亨利被迫仓皇逃命。亨利掩藏愤怒，与天主教联盟启动议和，先是给吉斯公爵及其党羽大大加官晋爵，继而在布卢瓦（Blois）召集全国大会，声称要为打击胡格诺派寻求战争资助。在法兰西舞台上，一幕幕无信无义和残暴的场面屡见不鲜，足有理由令各派相互提防猜忌；然而吉斯公爵还是轻率地自投罗网，他如此大胆，并非信赖国王的荣誉感，而更多的是认定后者生性怯懦不敢下手害他，指望着此番能一展长才，迫使亨利屈从他所有过分的要求。亨利国王尽管性情随和、意志不坚，甚至不太能忠实守信，吉斯公爵
遇害但并不缺乏勇气和能力，当他发现自己的一切狡计在吉斯公爵的勇武精神面前均告破产，连王位也岌岌可危时，便违背天性动了杀

280

机，他采纳谋臣的建议，下旨将公爵与其弟吉斯枢机主教刺杀于王宫之中。

这一暴行虽然可以且只能用"万不得已而为之"的借口加以推脱，但其反噬效应几乎断送了始作俑者的性命。亨利杀害对手，本为避免危险，结果反而陷入更凶险的境地。天主教联盟的党羽怒不可遏，全国各地，尤其是巴黎的民众纷纷毁弃对他的效忠誓言。神职人员和传教士们到处提名诅咒他。绝大多数有实力的城市和富庶省份也似乎达成一致，要么彻底抛弃君主制、要么另立新君。亨利在天主教臣民中寻不到支持，被迫转而与胡格诺派和纳瓦拉国王结盟。他招募了大批瑞士步兵和德意志骑兵，加上依然拥戴他的大贵族，总共集结了近四万人马，进逼巴黎城下，准备一举粉碎天主教联盟，征服所有敌人。值此关键时刻，一个人拼死舍命的决心扭转了上述一切重大事件的进程：多明我会修士雅各·克莱门特（Jaques Clement）被血腥的偏执精神煽动得激情燃烧——这一世纪乃至下个世纪的大部分时段均以此种偏执作为时代特色，超乎人类历史上的所有时代——他决心舍生取义，拯救教会免遭异端暴君的迫害。他找借口觐见国王，给其致命一击，自己则被为主报仇的众廷臣当场诛杀。这个值得纪念的事件发生在1589年8月1日。

亨利三世
被刺身亡

纳瓦拉国王作为法兰西第一顺位王位继承人登基称治，号亨利四世（Henry IV）。但他接手的是个烂摊子，面临的困难较前任要大得多。他的宗教信仰不被认同，致使大部分贵族当即弃他而去。他只有承诺虚心听取建议和教导，才争取到一些天主教徒勉强认可其无可争议的继位权。天主教联盟在吉斯公爵的弟弟马耶讷公爵(duke of Mayenne)统领下重新蓄力待发;西班牙国王则盘算着肢解法兰西君主国,或者将其整体并入自己的版图。亨利在四面楚歌的局势下求助于伊丽莎白,发现她十分乐于伸出援手,助他抵御天主教联盟以及腓力的咄咄进逼,他们也是她本人的危险宿敌。女王赠给亨利两万两千英镑,用以支付瑞士和德意志雇佣兵的军饷,免得他们四散而去;亨利感慨道,这么大一笔钱款,实乃他平生未见。伊丽莎白女王又给他派去四千援兵,由名将威洛比勋爵统率,在迪耶普与法军会合。亨利得到这些供应,实力大增,挥师直指巴黎。占领巴黎郊区后,亨利仗剑传旨,让将士们纵意掳掠。这支英国援军还奉命执行了其他多次任务,始终表现得忠勇可嘉。待其服期期满,法王在遣散队伍之际,对他们大加赞誉。此番援法行动中,威廉·特鲁里爵士、托马斯·巴斯克维尔爵士(Sir Thomas Baskerville)和约翰·鲍勒斯爵士(Sir John Boroughs)在战场上建功扬名,令英国人昔日英勇善战的美名再度传遍法兰西。

亨利四世
的战绩　　在后续的战斗中,尽管王军实力远逊于天主教联盟的大军,但亨利自恃这支队伍尽数由法兰西显贵组成,故而毫无畏惧地在伊夫雷(Yvrée)迎击对手,一场激战过后,王军获得完胜。亨利随即挥师乘胜包围首都巴黎,封锁既久,城中断粮,陷入最严重的饥馑。帕尔马公爵奉腓力之命率部远道来援,迫使亨利撤围。完成这一重大使命之后,公爵便撤回尼德兰。帕尔马公爵精通用兵之道,虽在敌军紧逼不舍的情况下长途行军,却没露出半点破绽,令法方无从发动攻击或冲乱其队伍。他蒙受的唯一损失是在尼德兰:莫里斯亲王趁他出征之机，率联省部队收复了部分失地。①

　　亨利虽然连连奏凯，形势可喜，但势力还不够强大、根基尚公元
1591年不稳固，伊丽莎白女王还不能停止施援。这期间西班牙国王在战场上取得一定优势，促使她越发坚定地支持亨利。布列塔尼总督梅尔克尔公爵（duke of Mercoeur）出身于洛林家族（house of Lorraine），他公开宣布支持天主教联盟，因此受到王师讨伐；危急之下，他被迫求助于西班牙人，引其进驻该省的几座海港。伊丽莎白警觉到危险的苗头，预见到西班牙人除了用私掠船骚扰英国海上贸易之外，还能以这些港口作为据点装备海军，并且更便利地就近对英格兰发动进攻，无须再从西班牙或葡萄牙本土出发。于是，她与亨利签订新约，承诺派三千援军赴法，助其征讨布列塔尼；条约还规定，亨利应在此条约签订后的十二个月内或在外敌被逐出法国之际立即偿付女王提供的援助款。②这批英国援军的主将是约翰·诺里斯爵士，由其弟亨利和安东尼·雪利（Anthony Shirley）担任副将。罗杰·威廉姆斯爵士（Sir Roger Williams）率领一支小分队负责驻防迪耶普。此外由亨利·帕尔曼爵士（Sir Henry Palmer）率领一个海军中队守护法兰西沿海，阻截一切西班牙或天主教联盟的船只。

　　无论任何条约或协议都极少能预先定准战争的进程。亨利发现有必要暂且搁置进攻布列塔尼的计划，说服英方将领们与他合兵出征皮卡第（Picardy）。③尽管伊丽莎白为此十分不快，但亨

---

①　参见本卷卷末注释［CC］。

②　Camden, p.561.

③　Rymer, tom xiv. p.116.

利向她展示了一份将天主教联盟逐出诺曼底的计划，并说服她增派四千援军，与他并肩作战。女王任命埃塞克斯伯爵(earl of Essex)担任主将。这位年轻贵族生得英俊潇洒、多才多艺，更兼 283 真才实能，女王对他的青睐与日俱增，似已填补了已故的莱斯特伯爵在她心里长期占据的位置。埃塞克斯急不可耐地渴望建勋沙场，在抵达迪耶普后的一段时间里无仗可打，不免坐立不安。若不是女王十分明确地指示他不得妄动，恐怕他早已兴冲冲地接受了亨利的邀请，与法军一道开赴香槟省了。法国大使也向伊丽莎白提交了这次行动计划，但被她恼火地一口拒绝。她还威胁说，如果亨利继续目前的做法，为一己私利置双方的所有协议于不顾，她就立即召回英国援军。[①]法王迫于压力，终于率军折返诺曼底，包围了鲁昂城，城内守军陷入困境。天主教联盟无力与亨利交战，便向帕尔马公爵求援，公爵长途驰援，以解鲁昂之围。结果，公爵再次不辱使命，发挥其非凡的军事才能，挫败了亨利和伊丽莎白的所有行动计划。伊丽莎白在一切外交事务中始终以本国利益为重，今见事业屡遭挫折不免焦躁，指责亨利疏于履行条约，并且抱怨说，每逢危险战事，他总是让英军顶在最前沿。[②]事实上，很可能是英军的炽热勇气和扬名沙场的欲望促使他们频频争取这种危险的荣誉，并且乐在其中。

　　尽管此前的军事行动胜果甚微，但女王深知大有必要支持亨利抵御天主教联盟和西班牙人。她再次与亨利签约，双方约定共

---

① Birch's Negociations, p. 5. Rymer, tom xiv. p. 123, 140.
② Camden, p. 562.

同进退，绝不与腓力单独议和。女王承诺增派四千援军赴法；亨利
答应在十二个月内偿还她的花销，并承诺将与英国援军合力进攻
布列塔尼，还约定把布列塔尼省的一座海港城市交给英方，供英军
屯驻。[①]亨利心知上述条款有些根本无法实际履行，另外一部分条
款若当真付诸执行便违背了审慎原则，但是伊丽莎白执意坚持，他
便应允并接受了她的援助，心想以后不难找到某种借口推卸己方
的履约责任。在他迄今对天主教联盟发动的所有攻势中，这次的
战绩最差。

援法战争期间，伊丽莎白还动用海军打击腓力，截击其运载海军出征
西班牙
西印度群岛财富的船队。正是这条航路带来的滚滚财源使西班牙
如此昌盛强大，令邻国望而生畏。女王派出一支由七艘舰船组成
的海军中队，由托马斯·霍华德勋爵指挥，专司这项使命。不过西
班牙国王获悉她的意图，装备了一支由五十五艘船组成的强大护
航队，保护西印度船队。双方在海上相遇，勇敢倔强的英方副将理
查德·格林维尔爵士（Sir Richard Greenville）面对强敌拒绝撤退，
致使一艘英舰被敌俘获，这是开战以来落在西班牙人手中的头一
艘英国战船。[②]其余的英国船只都安全返航。尽管预期目标落空，
但是想到此战打击了敌手，不算完全徒劳无功，也可以叫人释然
了。西印度船队因惧怕英国人，在哈瓦那（Havanna）滞留过久，最
终不得不硬着头皮在不适航的季节扬帆出海，结果大多数船只在
中途失事，没能抵达西班牙港口。[③]坎伯兰伯爵也进行了一次不成

---

① Rymer, vol.xvi.p.151, 168, 171, 173.

② 参见本卷卷末注释[DD]。

③ Monson, p.163.

功的截击, 意图斩断西班牙贸易航路: 他率领八艘船出海, 其中一艘属于皇家海军, 另外七艘是他自费装备的, 但是这次行动所获甚微, 让他蚀了不少本钱。①

　　这种花费甚巨而又危险的海上冒险在英格兰相当盛行。沃尔特·雷利爵士原是女王驾前红人, 他发现自己荣宠渐衰, 便决心干出一番大业, 重获女王的欢心。因他在国人中间声望极高, 有一大批人都志愿随他出海, 奔赴西印度群岛建功。船队在英吉利海峡遭遇逆风, 滞留时间过久, 错过了航海季节; 雷利被女王陛下召回, 马丁·弗罗比歇爵士(Sir Martin Frobisher)接掌指挥权, 对西班牙船展开了一轮私掠行动。他在弗洛雷斯岛(Island of Flores)附近俘获了一艘满载财宝的卡拉克大帆船, 击毁另外一艘。②大约与此同时, 伦敦冒险家托马斯·怀特(Thomas White)俘获两艘西班牙船, 船上除了载有一千四百箱水银之外, 还有大约二百万份教宗签发的赎罪券——这种商品对于英国人全无用处, 但西班牙国王却为此花费了足足三十万弗洛林银币, 本打算运到西印度群岛, 可以卖上五百万。

　　战争令西班牙元气大伤, 然而英方的开销也十分巨大; 据伊丽莎白的大臣们计算, 自开战以来, 女王陛下在佛兰德斯和法国的投入加上水师几度出征的费用总计超过一百二十万英镑。③尽管女王极力撙节, 怎奈收入有限, 实难维持如此庞大的开支。于是, 女王召集新一届议会, 以期获得资助。然而, 她要么认定自

公元
1592年

公元
1593年
2月19日
议会召开

285

---

　　①　Monson, p.169.

　　②　Ibid. p.165. Camden, p.569.

　　③　Strype, vol.iii.

身权威稳如磐石，无需对议会报以任何让步，要么是自诩王权尊贵超乎金钱之上，对议会的态度竟然空前倨傲，令他们深感弱势，并且公然侵犯他们的特权。议会开幕之际，议长爱德华·柯克爵士（Sir Edward Coke）按照惯例恭请女王恩授三项权利，即免遭逮捕、可觐见女王和言论自由的权利，女王通过掌玺大臣帕克林（Puckering）之口答复道，她授予下议院言论自由的权利，但他们对于自己享有什么样的自由应有自知之明，这并不是人人随心所欲、想什么就说什么的自由，他们的特权仅限于投票赞同或反对议案。她告诫议长，若发现哪个愚顽家伙不知死活地试图改革教会或邦国政务，他作为议长应当拒绝公布其提案，等待有资格考虑这些事务并能做出更好判断的人物出面予以审查。女王表示，她并不质疑他们的人身自由，但他们必须警醒，不要以为借着这种特权，他们怠忽忠忱义务的行径可以得到掩盖或庇护。她还说，只要事由足够紧急且重要，并且时间合适，在她有暇从其他重要国务中分身之时，她不会拒绝议员觐见。①

　　尽管这番圣谕满含威胁、语气轻蔑，然而那位勇敢而又不屈不挠的议员彼得·温特沃思仍然不顾此前屡遭挫败，再次大胆触犯伊丽莎白金口玉言的命令。他向掌玺大臣呈交了一份请愿书，要求上议院与下议院联合恳请女王陛下早定国本。他还声称，自己已经为此备好相关提案。从程序角度看，他的行为方式足够恭谨，但是这个议题本身却犯了女王的大忌，是她明确禁止任何人置喙的。女王当即下令将温特沃思押赴伦敦塔，将附议的托马斯·布

---

① D'Ewes, p. 460, 469. Townsend, p. 37.

罗姆利爵士及其联络的两名议员史蒂文斯(Stevens)和韦尔什(Welsh)关进舰队街监狱。[①]大约两星期后，下议院发起动议，欲向女王呈送请愿书，要求释放以上几位议员。但是在场的所有枢密大臣一致回答：陛下惩处这几人自有其道理，在这件事上给她施压，只会帮倒忙。陛下会在她认为合适的时候释放他们，她更乐于出于自身意愿而不是迫于臣下的建议采取行动。[②]下议院对此论心悦诚服。

本届议会开幕时女王表现得如此专横，足以吓退一切寻求自由的尝试。然而清教徒的宗教热忱却无法被轻易遏制，它所激发的勇气，可以让人藐视任何世俗动机。公爵领地枢密大臣暨王室监护法院检察官莫里斯(Morrice)提起一项动议，要求革除主教法院、尤其是宗教事务高等法院的诸般弊端。他指出，这些宗教法院经常逼迫人们签署教会高层随心所欲拟定的条款，立誓在调查中不加分别地有问必答，甚至自证其罪。任何人若不肯对那些专员百依百顺，就会被关进监狱，得不到法律救济或赔偿。[③]该动议得到部分议员的支持，但大臣们和枢密院成员都表示反对，并且预言了此举势必造成怎样的结果。女王召见议长，要他把莫里斯的议案呈给她看，然后正告他：她有权召集议会，也有权解散议会，同样有权批准或否决议会的一切决议。她说，她召集此次议会有两个目的，一是立法加强统一的国教信仰，二是筹措国防经费，抵御西班牙强权。议会讨论应当集中关注这两个要点。她先前已经通

① D'Ewes, p.470. Townsend, p.54.
② D'Ewes, p.497.
③ Ibid, p.474. Townsend, p.60.

过掌玺大臣传话，告诫他们不得染指邦国事务和宗教事务，她想知道什么人竟敢如此僭越不逊，明目张胆地试图违背她的禁令。女王说，这种冒犯令她极其气愤，她要借此机会重申掌玺大臣所传诏令：下议院不得宣读任何涉及国家政务或改革宗教事务的议案。她还特别责成议长凭他的忠诚保证，如果有人提交了这样的议案，要绝对拒绝宣读，更不允许议员们展开讨论。[1]女王的命令当即得到服从，毫无质疑之声。莫里斯在下议院被警卫当场逮捕，被撤去公爵领地枢密大臣的职务，普通法律师的从业资格也被剥夺，被囚蒂尔伯里城堡长达数年。[2]

女王既已明确指出议会当做和不当做什么，下议院便勉力在上述两方面屈膝承欢。他们通过了一部惩治不从国教者的法令，这样的立法恰与伊丽莎白的严苛性情相符，也符合那个时代流行的宗教迫害精神。这部法令名为《女王陛下臣民恪守忠顺法》（*An act to retain her majesty's subjects in their due obedience*），其宗旨正如该法令前言中所宣称的，要防止煽动作乱的教派成员和不忠分子的邪恶活动所造成的不便和危害。因为当时这两类犯罪往往共生共存，同样危害社会安宁。该法规定，凡十六岁以上者，若顽固拒绝参加国教礼拜达一个月，应处以监禁；被处上述刑罚后，继续拒绝参加国教礼拜达三个月者，应被逐出国境；如若拒绝被放逐，或在被逐后返回国内的，应被视作重罪犯判处死刑，不适用神职人员豁免权。[3]这部法律对清教徒和天主教徒同样严苛，若非女

① D'Ewes, p.474, 478. Townsend, p.68.

② Heylin's History of the Presbyterians, p.320.

③ 35 Eliz c.1.

王以威权强加,绝对跟下议院大多数成员的个人情感和倾向背道而驰。然而,表面看来这部法律几乎没有遭到什么公开反对。①

对西班牙战争耗资巨大,令伊丽莎白女王在财政上捉襟见肘,因此授予补贴成了本届议会最重要的事务。伊丽莎白固然深知自己眼下有求于下议院,却在议会开幕式上无比傲慢地对待他们,摆出一副骄横架势,借以掩饰其外强中干,这种做法极其鲜明地体现了她那心高气傲的性格。下议院非常爽快地投票通过了两项补贴和一项十五分之四的征税权,但这个数额仍然不能满足所需,故而朝廷使出非常规手段诱使他们继续让步。上议院在联席会议上通知下议院,他们认为这个资助数额太少,无法满足女王的需要,因此不予批准。他们提出,拟授予女王三笔补助金和一项十五分之六的征税权,并希望再召开一次联席会议,以便说服下议院。下议院将提起补助金议案视作自身分内特权,愤慨于上议院的举动,起初断然拒绝该提议。但三思之下,恐怕这会触怒权贵,便同意举行联席会议,继而投票通过了增加补助金的议案。②

尽管下议院做出上述不同寻常的让步,但伊丽莎白女王并不承情,依然在议会闭幕式致辞中斥责他们,跟议会开幕时一样盛气凌人。她借掌玺大臣之口批评道,某些议员沉迷于夸夸其谈,论辩大道理,浪费了太多时间。此外,他们没有给予枢密重臣们应有的尊重,女王对此深表不悦。她告诫议会,"他们并非普通骑士和议员,不只在议会召开期间谘议国事,而是朝廷的常务顾问,因其智

289

---

① 这部法律出台后,神职人员为转嫁恶名,经常刻意安排巡回审判庭的世俗法官审理不从国教分子,而避免由教会专员审理此类案件。Strype's Ann.vol.iv.p.264.

② D'Ewes,p.483,487,488.Townsend,p.66.

慧和出色勋绩被委以枢机要职"①。女王还亲临议会，发表了慷慨激昂的长篇演说。她谈到自己施政如何公正稳健，并无对外征服的野心；并且表白说，自己与西班牙国王相争，始终站在正义一方。她表示，即使西班牙国王派出比无敌舰队更强大的兵力来攻击她，她也无所畏惧。她又补充道，"但是朕听说西班牙人上次入侵时，滨海地区有些人弃城逃往内陆，放弃守土之责，致使该地区门户洞开。朕在此以上帝之名发誓：一旦得知这些人是谁，或者今后发现任何人有这等行为，朕必叫他们尝到关键时刻怯敌畏战的真正可怕后果。"②她发出上述威胁，或许是想让臣民知道，她会对这样的懦夫执行军法。因为在制定法中，并无条款规定任何人改变居住地当受惩处。

迄今为止，法兰西国王亨利四世一直与天主教联盟对垒，表现英勇，赢得极高声望。他在战场上取得了相当大的优势，英国也派出大批援军，在诺里斯指挥下直捣布列塔尼腹地。尽管如此，亨利却逐渐意识到，单单凭借武力自己永远无法主宰这个王国。军事胜利越是带他一步步接近完全占有法兰西王位，他麾下天主教徒的不满和疑忌就越是水涨船高。朝中已经形成一个党派，如果亨利不应他们的要求公开宣布改宗，他们就要另外推举拥有王室血统的天主教徒登上宝座。这位卓越的君王远非执着于本派信仰之人，他认为神学争议应完全服从公众利益，因此从一开始便暗暗拿定主意，有朝一日会在信仰问题上择机做出必要的决断。在前任

---

① D'Ewes, p.466. Townsend, p.47.

② D'Ewes, p.466. Townsend, p.48.

去世时，他发现麾下最忠勇的将士尽是胡格诺派信徒，这些人对信仰无比坚定热忱，当时他若背弃新教，他们必定当即离他而去，任他独自面对天主教阵营的觊觎和僭夺。他知道比较偏执的天主教徒（特别是天主教联盟成员）对他个人怀有无法克服的偏见，不肯相信他的诚意，即使他宣布改宗也无法让他们缓和下来，承认他的王位；那么其必然结果就是，他被彻底赶下宝座，或者为了保全王位而接受各种限制条款，做一个有名无实的君主。面对如此微妙的形势，他决定采取拖延战术。一面维持新教信仰，留住胡格诺派信徒，一面以改宗的希望争取温和派天主教徒，用积极有为的行动和胜利把两派势力吸引在自己身边。他希望，对抗天主教联盟的战争能让他们逐渐养成同仇敌忾的情感，不再纠结于宗教问题；或者，等到他在战场上取得一定优势，并且与教会高层协商过后，可以在适当时间以较为体面的方式迈出改宗的那一步——要知道，这个决定在两派人士眼里起初必定显得卑鄙而又可疑。

亨利四世
倒向
天主教

当人们仅仅因为一般性的说服或先入之见而相信某种教义时，他们很容易被任何动机或权威诱导，在这些玄妙问题上改变自身信仰。英国人就是一个例子：他们在若干朝代里，通常毫无顾忌地随从本国君主来回摇摆的宗教信仰。而法国则有所不同，在那里，信仰原则久被奉为不同宗派的标志，在你死我活的党争中，各自的宗教信仰因仇恨得以固化，因此不那么容易动摇。亨利最终确定无疑地得出判断，他若不立即改宗，本阵营中的天主教徒将彻底弃他而去。胡格诺派也从经验中学到了功课，他们清楚地看出，亨利要想安邦定国，离弃他们是绝对必要之举。这种观念在他们当中影响甚广，据萨里公爵（duke of Sully）声称，就连胡格诺派神学家都在辩论和会议中故意落败，好让国王更易相信该派信条理据薄弱，从而更真心实意、至少是更体面地改弦易辙，拥抱对自身利益大有裨益的宗教信仰。在如此敏感的问题上自我否定，倘若在神学家眼中显得不可思议，至少对于亨利这样一位没受过多少神学教育并且希望保持真诚的君主来说，于不知不觉中令自身观念贴近其事业成功之必须，相信唯一能助他执掌王权的那一派信条最合乎道理，却是一件相当自然的事。于是，万事俱备之后，这一大事件即正式揭幕：亨利国王宣告弃绝新教信仰，受到本阵营的法国神父隆重接纳，投入天主教会的怀抱。

伊丽莎白本人信奉新教，主要是因其利益所在，也源于她特定的出身背景。终其一生，她似乎都对天主教迷信抱有一定好感，至少相当欣赏天主教的古老仪典。然而此时她却装模作样地对亨利改宗一事表示深恶痛绝，她致信亨利，愤怒地斥责他为利益改变信仰。不过，她知道天主教联盟和西班牙国王仍是他们共同的敌人，于是大度地容其辩解，并继续出钱出兵援助法国，又与亨利缔订新约，相互承诺永不单独与敌媾和。

西班牙的阴谋之手不只伸向英法两国。腓力打着维护宗教信仰这个万灵的幌子，辅以金钱的影响力，在苏格兰煽起新的动乱，再度勾起伊丽莎白的警觉。纽博托勋爵（lord New-bottle）的弟弟乔治·克尔（George Ker）之前在秘密渡海赴西班牙途中被截获，由他身上搜出的文件揭露了一起天主教贵族勾结腓力的危险阴谋。昂古斯伯爵、埃罗尔伯爵（earl of Errol）和亨特利伯爵这三个强大家族的首脑都与西班牙国王结成同盟，腓力承诺出兵苏格兰，三位伯爵答应举全部兵力响应，双方合力在苏格兰复辟天主教，再

苏格兰
局势

292

共同进军英格兰, 在那一国实现同样的目标。[1]格拉厄姆·芬特里 (Graham of Fintry) 也参与了这一阴谋, 他被抓获, 经公审后被处决。伊丽莎白派伯勒勋爵 (lord Borough) 出使苏格兰, 敦促詹姆斯同样严厉地惩处三位伯爵, 罚没他们的产业, 并入王室名下, 一来可以扩张自己的领地, 二来可以震慑全体臣民, 以儆效尤。这个建议自然是合理的, 只是詹姆斯的财力、权威有限, 难以执行。他希望伊丽莎白出人出钱助他一臂之力, 然而后者虽有理由将打击三位天主教伯爵视作双方共同的事业, 却铁了心不肯给他半点援助。其实, 她资助法兰西国王和尼德兰联省费用的十分之一便尽够实现这一目的, 而这对于她的安全有着更直接的重要影响。[2]但是, 她似乎始终对詹姆斯心存某种程度的恶意, 她恨他, 因为他既是她的继承人, 也是她的仇敌暨竞争对手玛丽的儿子。

　　伊丽莎白非但不帮助詹姆斯打击天主教谋反者, 反而纵容犯上作乱的博斯韦尔伯爵, 令詹姆斯越发不得安生。[3]那位苏格兰贵族乃是詹姆斯五世私生子的后裔, 他曾不止一次地试图劫持国王, 因谋逆行径被逐出王国, 托庇于英格兰, 得到女王暗中保护, 此后便潜伏于边境一带自家势力范围内, 预谋新的暴力活动。后来他终于劫驾成功, 并在英国大使的斡旋下, 将屈辱的条款强加于詹姆斯国王。但詹姆斯随即借助全国大会的权威, 废除了暴力胁迫下签署的协议, 再次驱逐博斯韦尔, 后者再度流亡英格兰。伊丽莎白假作不知博斯韦尔藏身于何地, 从未履行两国之前的协议, 将所有

293

---

① Spotswood, p. 391. Rymer, tom xvi. p. 190.
② Spotswood, p. 393. Rymer, tom. xvi. p. 235.
③ Spotswood, p. 257, 258.

苏格兰叛国分子和逃犯交给詹姆斯国王。苏格兰国内局面混乱不堪，加上顽梗的神职人员从中推波助澜，令惩办三位天主教伯爵之事一直悬而不决，但国会最终通过了针对他们的褫夺私权法案，国王准备亲自出马，以武力执行该法案。那三位贵族虽然击败了奉王命讨伐他们的阿盖尔伯爵，却被詹姆斯国王亲率大军紧逼不舍，只得同意有条件离国。博斯韦尔勾结三位天主教伯爵之事暴露，失去伊丽莎白的庇护，只得离开英格兰，先后流亡法国和意大利，若干年后穷困潦倒地死在意大利。

伊丽莎白女王权力稳固，使她不必像詹姆斯那样，时时面临叛逆臣民的威胁。她的敌人只能通过收买叛徒、施展阴谋诡计，设法在英格兰国内制造动乱，结果总是自取其辱，被他们用作犯罪工具者也尽都落得身败名裂。宫廷御医、犹太人罗德里格·洛佩兹（Roderigo Lopez）因嫌疑被捕入狱，供认自己收受贿赂欲给女王下毒，背后主使是接替新近故去的帕尔马公爵主政尼德兰的富恩特斯（Fuentes）和伊瓦拉（Ibarra）。但他坚称自己无非是想骗取腓力的金钱，根本没打算真正执行任务。尽管如此，他仍以谋害女王的罪名被处决，女王向腓力抗议其臣僚的卑劣企图，但是并未获得满意答复。[①] 此后，又有两名英格兰叛国分子约克（York）和威廉姆斯（Williams）遭到处决，因为他们勾结伊瓦拉，策划同样险恶的阴谋。[②]

伊丽莎白没有采取以牙还牙的报复方式，而选择更加正大光

---

① Camden, p.577. Birch's Negot.p.15. Bacon, vol.iv.p.381.

② Camden, p.582.

明地复仇,她支持法兰西国王,助其最终击破天主教联盟——自从 294
亨利改宗之后,该联盟的势力便日益衰落,加速走向崩溃。诺里斯
统率英军,在布列塔尼协助王军夺取了西班牙部队驻守的莫尔莱
(Morlaix)、坎佩尔-科朗坦(Quimpercorentin)和布雷斯特(Brest)
等几座城镇。英国人尽管久享和平,但在每场战斗中都表现出强
烈的尚武精神,伊丽莎白女王虽然堪称巾帼英雄,却需频频批评将
领们鼓励部下蛮勇冒险,而不是指责他们畏怯不前。[①]英国猛将马
丁·弗罗比歇爵士与其他多位军官一起战死于布雷斯特城前。英
法原本有约在先,将莫尔莱交与英军作为屯驻地,但是法国主将德
奥蒙特公爵(duke d'Aumont)却逃避履约,在协议中插入一条,只
允许天主教徒进入该城。

公元
1595年
　　　　法王亨利久与西班牙为敌,日前他发动新一轮攻势,进占夏特
勒(Chatelet)、杜朗(Dourlens)两地,攻打康布雷,公然向腓力宣
战。此时爱尔兰爆发起义,英格兰本土再度面临入侵威胁,伊丽莎
白女王召回大部分海外部队,派诺里斯赴爱尔兰执掌帅印。此外
她见法兰西天主教联盟已近乎瓦解,该联盟的重要首脑大部分已
经与法王和解,因此觉得亨利足能凭自己的力量和勇武站稳脚跟,
遂改变策略,减少向那片土地抛洒本国臣民的鲜血和财富。

公元
1595年
　　　　尼德兰联省之前做出了一些令女王反感的举动,加上那位
悭吝的财政大臣伯利不时在她耳边抱怨,所以女王便有心削减对
尼德兰的援助。她甚至派大使托马斯·博德利爵士(Sir Thomas
Bodley)正式要求联省全额偿还她的援助款。联省政府一面据理

---

①　Camden, p. 578.

力争，声称双方有约在先，在缔成和平之前不必清偿这笔钱，同时又百般恳求，陈说他们眼下的困窘境地，面对占据绝对优势的西班牙人，连筹措作战经费都困难，更难省出钱来偿还债务。经过反复磋商，双方签订了一份新条约，尼德兰联省承诺：立即接手担负起英国援军的花销，计每年四万镑；每年付给女王两万镑，连续偿还若干年；拨出一定数量的船只协助女王的海上行动；此外，不经女王首肯，绝不与他国签订任何和约或协定。他们还承诺，一旦与西班牙缔和，便开始每年向女王支付十万镑，连续支付四年，前提条件是：一、用这一偿债方案代替英方提出的一切要求；二、英方向尼德兰增派四千援军，费用由联省自行负责。①

伊丽莎白女王手中掌握着联省先前抵押的几个城镇，可以有力地遏制联省不断增长的势力，她把镇守弗卢辛的重任交托给弗朗西斯·维尔爵士（Sir Francis Vere），这是一位勇将，在低地国家英勇作战而崭露头角。埃塞克斯本来也想争取这个荣耀的职位，但女王把维尔排在他之前。尽管埃塞克斯在民众中的声望日隆，女王对他也越发青睐有加，但她在拔擢廷臣方面向来十分保守，这次也认为拒绝他的要求更为妥当。伊丽莎白与法王亨利签署了一份新协议，按约派遣托马斯·巴斯克维尔爵士率两千英军渡海赴法。英法双方在协议中约定了一些互助条款，并重申了之前的所有约定。

这支英国援军的一应花销都由法王亨利负责，但亨利认为这一大笔开支很值得，因为英国人在共同抗敌的沙场上表现勇猛，声誉卓著，屡屡助他力克强敌。在蒂尔瑙特（Tournholt）的一场大战

公元
1597年

---

① Camden, p.586.

中，莫里斯亲王率联军夺得胜利，其中弗朗西斯·维尔爵士和罗伯特·西德尼爵士麾下英军建功不小，当天的胜利普遍被归功于他们的神勇和高度纪律性。

海上战绩　　　伊丽莎白女王在法兰西和低地国家对腓力开战，为之付出了大量鲜血和财富，尽管如此，对腓力最沉重的打击却是在海上，这样的攻势每逢航海季节都如期展开，几乎从未间断，有些是由女王钦命皇家海军发动的，还有一些是英国臣民的个人行为。1594年，著名航海家约翰·豪金斯爵士（Sir John Hawkins）之子理查德·豪金斯（Richard Hawkins）拿到女王颁发的委任状，率三艘船扬帆启航，计划经麦哲伦海峡前往南海。可惜这次航行颇不顺利，他本人也在智利沿海被俘。同一年，詹姆斯·兰开斯特（James Lancaster）率领伦敦商人资助装备的三艘船和一艘中型舰载艇出海，他运气很好，俘获了三十九艘敌船，但他还不满足，又攻打巴西的费尔南堡（Fernambouc），因为知道该地当时囤有大量财货。当他们的船靠近岸边时，只见岸上早有大批敌军严阵以待，兰开斯特毫无惧色，指挥最健壮的手下分乘小艇奋力划向岸边，突击登陆，将敌阵截成几段。如此大胆的部署，令己方将士只能背水一战，拼尽全力厮杀；敌军也被他们这股气势吓倒，稍作抵抗便逃之夭夭。他凭着这样的英勇夺得财宝，满载而归。沃尔特·雷利爵士此前因私通女王驾前侍女而再度失宠，锒铛入狱，1595年，他刚刚恢复自由，便在永不安分、追求冒险的天性驱使下，摩拳擦掌准备大干一票。第一批西班牙冒险家在墨西哥和秘鲁的成功已经令全欧洲陷入狂热，时人普遍认为，在探险家足迹未至的南美内陆圭亚那（Guiana）地方，埋藏着大量矿产和珍宝，远远超过科尔特兹和皮

296

萨罗当初的发现。雷利其人一向善于空想、有些不切实际，他自筹经费，踏上了寻找财富乐园的征程。他先是占领了特立尼达岛（isle of Trinidado）上一座名叫圣约瑟（St. Joseph）的小镇，在那里一无所获，随后他离开海船，乘小艇溯奥鲁诺科河（river Oroonoko）一路上行，但仍然没能如愿找到任何财宝。他回国后出版了一本圭亚那探险纪实，其中充满无稽之谈和最明显的谎言，实乃空前绝后、冠绝古今。①

同年，弗朗西斯·德雷克爵士和约翰·豪金斯爵士共同承担了一项更重要的使命：攻击西班牙在美洲的各个殖民点。他们的船队包括六艘皇家海军舰船，还有二十艘自费或由其他私掠冒险家出资装备的船只。托马斯·巴斯克维尔爵士受命指挥随船的陆军。他们最初计划攻打波多黎各（Porto Rico），因为有情报说，一艘满载财宝的卡拉克大帆船正停泊在那里。但是他们的保密工作没做好，一艘掉队的舰载艇被西班牙人俘获，泄露了英国舰队的战略意图。西班牙人在波多黎各岛严阵以待，英国舰队的攻势虽然勇猛，还是损兵折将，败退下来。未几，豪金斯去世，德里克继续率队前行，来到位于达里恩地峡（isthmus of Darien）②的诺姆布雷德迪奥斯（Nombre di Dios）。他率部在这里登陆，试图由此进军巴拿马，掳掠财宝，或者，如若条件可行的话，可以占领该地并筑垒设防。不过，这次他却没有第一次远征的好运眷顾。西班牙人汲取以往的经验教训，加固了沿途工事，并在林中部署兵力，不断

297

---

① Camden, p.584.
② 巴拿马地峡的一部分。——译者

发动袭扰，英军防不胜防，只得两手空空地撤回船上。德雷克抵不过恶劣的气候、征途疲惫以及失望的打击，患上瘟热病，不久便撒手人寰。托马斯·巴克斯维尔爵士接掌状态低迷的舰队，在古巴附近与一支西班牙舰队交手，战绩乏善可陈，随即返航英国。盘点这次远征的结果，西班牙人遭受了一些损失，而英方一无所获。①

英国人在西印度地区的冒险无所建树，促使他们把目光转向西班牙在欧陆的领地，他们听说，腓力正在全力备战，准备对英格兰发动新一轮侵略。英方在普利茅斯港集结装备了一支庞大舰队，共有一百七十条船，其中包括十七艘主力战舰，其余均是附属船和小型船只。尼德兰人又派来二十艘船作为增援。不算尼德兰人，整只舰队共有六千三百六十名将士，一千名志愿者和六千七百七十二名海员。由埃塞克斯伯爵出任陆军指挥官，海军高级上将埃芬汉姆勋爵出任海军指挥官。上述两位将领都自投巨资装备舰船，这是伊丽莎白一朝的流行风气。托马斯·霍华德勋爵、沃尔特·雷利爵士、弗朗西斯·维尔爵士、乔治·卡鲁爵士(Sir George Carew)，以及柯尼尔斯·克利福德爵士(Sir Coniers Clifford)都随军出征，组成作战参谋团。②

舰队于1596年6月1日扬帆出港，一路顺风顺水，按照舰队启航前交予各舰长的密令，驶向预定集结地点加的斯。他们派出若干武装附属船在前开路，拦截一切可能给敌人通风报信的船只。在加的斯附近，他们幸运地截获一艘爱尔兰船，从船员口中获悉，

298

---

① Monson, p. 167.

② Camden, p. 591.

加的斯港内泊满商船，财货可观。当地西班牙人毫无防备，日子一派安泰。这个情报令整个舰队深受鼓舞，对胜利满怀期待。

英军首先尝试在加的斯岛西部的圣塞巴斯蒂安(St. Sebastian)登陆未果。参谋团经过审议，决定对港内大小舰船发动攻击。有人认为此举未免轻率，埃芬汉姆勋爵本人一向作风审慎，对这次行动颇有顾忌。埃塞克斯却是狂热的主战派，闻听行动方案终获拍板，他竟兴奋得一把扯下帽子抛进海里。不过，埃芬汉姆随即告诉他：女王担心他的安全，怕他年轻气盛鲁莽涉险，特颁一道密旨，不准他担任先锋官，这让埃塞克斯备感郁闷。[①]海军上将好说歹说，迫使埃塞克斯做出保证，开战后留在舰队中央位置。打前锋的任务落在沃尔特·雷利爵士和托马斯·霍华德勋爵肩上。但埃塞克斯一旦临阵接敌，便把对海军上将的承诺抛在脑后，一马当先直扑战斗最激烈的地方。英军将士个个奋勇，杀敌建功的渴望、对财富的贪婪、对西班牙人的仇恨在他们胸中熊熊燃烧。敌舰很快就抵不住攻势，不得不拔锚后撤，退向近岸，仓皇中很多船只撞滩搁浅。埃塞克斯随即指挥部下在潘达尔(Puntal)要塞登陆，进逼加的斯，一鼓作气攻下此城。埃塞克斯的恢弘气概毫不逊于其勇武，他下令停止杀戮，极其人道地对待俘虏，甚至不乏友善仁慈。英军在该城夺得丰厚的战利品，却错失了一笔更大的财富——西班牙舰队主将梅第纳公爵下令放火烧船，以免船只落入敌手。据统计，西班牙人此战的损失高达两千万杜卡特金币，[②]此外，一

①　Monson, p.196.

②　Birch's Memoirs, vol.ii.p.97.

座重要城市被洗劫、价值连城的强大舰队在自家港内灰飞烟灭，令骄傲而野心勃勃的西班牙人大失颜面。

　　埃塞克斯追求荣名心如火炽，此番大捷在他眼里不过是未来勋业的踏脚石而已。他坚持占据加的斯的计划，并保证说，只要给他四百人马外加三个月的给养，他必当固守此城，直到英格兰本土援兵抵达；但其他海员和将士们都满足于现有战绩，急于返航回家，以期稳保胜果。埃塞克斯又提出一连串进击方案，策划在亚速尔群岛（Azores）阻截西班牙卡拉克大帆船、攻打格洛林、夺取圣安德罗（St. Andero）和圣塞巴斯蒂安，但全部同样遇冷。同伴们发现实在难以把这位渴望战斗的武士拖离战场，最后只得任他率领寥寥几条船留在西班牙海岸。他对女王大发抱怨，说这些人缺乏战斗精神，女王对于他们没有截击西印度船队就直接归航也不甚满意，[1]不过加的斯一役的赫赫战功已经掩过了他们的所有失误。女王固然赏识埃塞克斯的出众才能，但也不能不公开奖掖这次出征的其他军官。[2]埃芬汉姆被晋为诺丁汉伯爵，埃塞克斯气得火冒三丈。[3]授封特许状前言中写道，授予其人上述新荣衔，乃因他在攻夺加的斯、摧毁西班牙舰队的战斗中为国建勋，殊可褒奖。而埃塞克斯声称这份功劳当归自己独揽，为此，他向诺丁汉伯爵或其任何子嗣或亲属提出一对一决斗，以捍卫自己的主张。

　　次年的行动没有这般好运相随，但由于西印度船队是在间不

300

---

①　Birch's Memoirs, vol. ii. p. 121.

②　Camden, p. 593.

③　Sidney Papers, vol. ii. p. 77.

容发的危急情势下堪堪甩掉英国人而脱险，腓力有理由看到，英国人凭借强大的海上实力和地理位置优势，令他身陷极大的危险和不利处境。英国女王接到情报，说西班牙舰队虽在加的斯一役被打得七零八落，但他们此时正在费罗尔（Ferrol）和格洛林组织舰队，并向上述两地调动部队，企图突袭爱尔兰。于是女王决心斩断敌人的行动，争取将敌方舰队摧毁于港内。她组织了一只庞大舰队，船只总数达一百二十艘，包括十七艘皇家海军的大型战舰，四十三艘中等舰船，余者皆为附属船和粮船。女王征募五千新军随船出海，又加上弗朗西斯·维尔爵士从尼德兰带回的一千老兵。水陆总指挥埃塞克斯伯爵亲率一个中队，托马斯·霍华德勋爵和沃尔特·雷利爵士分别出任另外两个中队的水师副将。蒙特乔伊勋爵（Lord Mountjoy）任埃塞克斯麾下陆军统领。任命维尔为陆军元帅，乔治·卡鲁爵士为海军上尉主持军械事务，克里斯托弗·布朗特爵士（Sir Christopher Blount）为一级上校；拉特兰伯爵（earl of Rutland）、南安普顿伯爵（earl of Southampton）、格雷勋爵（lord Grey）、克伦威尔勋爵（lord Cromwell）、里奇勋爵（lord Rich）和其他多位贵族都以志愿者身份登船从征。埃塞克斯慷慨陈词，声言必定誓死相拼，务求彻底消灭威胁英格兰的新无敌舰队。

　　英国舰队威武雄壮，从普利茅斯扬帆出海，但一出港便遭遇暴风，被吹得四散漂流。待舰队重新集结完毕，埃塞克斯发现粮草消耗过大，随船将士太多，恐难长久维持。于是，他遣散大部分部众，只留下维尔率领的一千老兵，并取消了进攻费罗尔和格洛林港的计划，仅打算截击西印度船队，这本是行前制定的次要目标，如今升格成了主要目标。

7月9日

301

由于当时的航海技术所限,西印度船队的往返航程必须遵循固定航线、在固定的航海季节行船,并且总是在沿途的几处岛屿停靠,补充淡水和给养,亚速尔群岛就是其中一个补给点。算来值此前后,西印度船队差不多正该出现在那一带海域。埃塞克斯改变航向,驶向亚速尔群岛,他告知雷利,预备一到那里就对其中的法亚尔岛(Fayal)发动攻击。由于一些偶然原因,各中队在海上分散前进,雷利最先到达法亚尔近海,他等待了一段时间之后,觉得最好是单独发动进攻,以免耽延太久,岛上军民趁机加强防卫。雷利旗开得胜,但这大大触怒了埃塞克斯,他醋意大发,指责雷利存心与主将抢功。他将西德尼、布莱特、贝里等几位参加此次行动的军官撤职查办,若不是托马斯·霍华德勋爵从中调解,劝说心高气傲的雷利向埃塞克斯低头,恐怕他还要同样处置雷利本人;埃塞克斯本是宽厚之人,只是性急冲动,他不久便接受安抚,重新接纳重用雷利,并恢复了另外几名军官的职务。[1]一场争执似乎已告平息,然而两位勇将之间就此埋下了不和的种子,成为他日反目成仇的肇端。

接下来,埃塞克斯排兵布阵,准备截击西印度船队。威廉·孟森爵士(Sir William Monson)指挥的那条船位于整个阵列最远端,刚好与西印度船队迎头相遇,他向舰队发出了约定的信号。这位干练的指挥官在其回忆录中将埃塞克斯此役功败垂成归因于缺乏航海经验,对于后者所犯错误的解说也相当合理而中肯。[2]西

---

① Monson,p.173.

② Ibid.p.174.

302 班牙人一见敌人气势汹汹地扑来，便张满帆篷全速逃向特塞拉岛，在英国人追上他们之前躲进了壁垒坚固的安全港安格拉（Angra）。埃塞克斯只截住三艘敌船，不过所获战利品甚丰，足可抵偿此番远征的所有开销。

　　舰队返英后，国人争说他们功亏一篑的原因，一时间闹得满城风雨。尽管朝臣们各有偏私，有的支持埃塞克斯、有的站在雷利一边，但民众普遍热爱埃塞克斯勇武热情、慷慨大度，倾向于为他的一举一动辩护。女王既钟爱这一个又敬重那一个，在他们之间保持着某种中立态度，尽量不偏不倚，让两方平分荣宠。伯利勋爵的次子罗伯特·塞西尔爵士是位前程远大的廷臣，与雷利过从甚密，女王越过埃塞克斯举荐的托马斯·博德利爵士，封塞西尔为国务大臣。不过，她又授予埃塞克斯王室典礼官（earl Marshal of England）的荣衔，以示安抚。该职位自什鲁斯伯里伯爵去世后，一直空缺至今。埃塞克斯或许可以从这一举动中看出女王根本无意给予他完全凌驾于对手的宠遇，从而明白节制谦抑的必要。不过，他素来心高气傲，完全不知收敛；他的行事风格也过于坦诚直白，不适应宫廷里钩心斗角的那一套，而且动辄意气用事，在欣赏他的人眼里显得越发可亲可爱，却给对手平添了攻击他的把柄。

　　对西班牙的战事尽管连连告捷，却也倾尽了王室内帑，女王不得不再度召集议会。在本届议会上，律师耶尔弗顿（Yelverton）10月24日当选下议院议长。① 伊丽莎白特地借掌玺大臣托马斯·埃格顿爵

---

　　①　参见本卷卷末注释［EE］。

士(Sir Thomas Egerton)之口告知议会,有必要授予女王一笔补助金。她表示,过去发生在欧洲的战争,交战各方所争夺的往往无非是几个城镇,最多不过是某个省份,但在眼下这场与西班牙的斗争中,后者的目标别无其他,一心谋求剥夺英格兰的宗教信仰、自由和独立。然而迄今为止,尽管魔鬼、教皇、西班牙暴君和所有敌人用尽了一切歹毒手段,她却依然保有上帝所赐的这些祝福。在这场对抗中,她所支出的款项已然三倍于议会的供给,不仅用尽了王室常规岁入,还不得不卖掉多处王室领地。她毫不怀疑,她的子民乐于承担举国抗敌所需的少许税费,为这一深深关乎自身荣誉和利益的事业略尽绵薄之力。[①]议会批准授予女王三笔补助金和一项十五分之六税的征税权;四年前,议会也曾授予女王同样的资助,但如此大的额度在当时显得十分出格,以致议会特地投票通过决议,规定今后不得将此引为先例。

在本届议会上,下议院两次就某些细枝末节跟上议院放胆争执,这是他们日后鼓足更大勇气向王室特权发起蚕食的前奏。他们抱怨说,上议院的老爷们倨傲无礼,竟然坐着接受下议院的传信,也不脱帽;掌玺大臣做出回复时同样是一副漫不经心的姿态。但上议院洋洋自得地证明,无论按照习俗还是议会成例,下议院诸君都无权享受更高的礼敬。[②]上议院就下议院呈交的一份议案增补了几个修正条款,写在一张羊皮纸上,随议案原文一道交还下议院。这一有违常例之举令下议院大为光火,他们声称,上述条款应

---

① D'Ewes, p.525, 527. Townsend, p.79.
② D'Ewes, p.539, 540, 580, 585. Townsend, p.93, 94, 95.

当用纸张誊写，而不是羊皮纸，并且为此投诉了上议院。上议院回复道：想不到堂堂下议院竟为这等鸡毛蒜皮之事发起投诉，那些修正条款无论写在羊皮纸上还是纸上、白纸黑纸还是褐纸，都无甚要紧。这话似乎语带嘲讽，令下议院感到受了冒犯，于是再度投诉，但未获任何满意结果。[①]

304 下议院还向女王呈递了一份请求状，要求整治已成痼疾的垄断现象；他们收到女王亲切和蔼但相当泛泛的答复，并为此向女王感恩称谢。[②]然而女王并不想过分鼓励此类请求，遂在议会闭幕致辞中告诫他们，"在专营许可权的问题上，希望忠君爱主的臣民不要夺走属于朕的特权，此乃王室花园中最艳丽的花朵、君王冠冕上最大最璀璨的宝珠，请将这些事务留给朕处置"[③]。本届议会上下议院亦对宗教事务高等法院的某些事务提起关注，但在取得女王陛下事先许可之前，一直隐忍不言。[④]

伊丽莎白有理由预见到，如今来自议会的资助对她已经不可或缺，超过以往任何时候；此外，对西班牙的战争重担今后将主要落在英格兰肩上。亨利已经接受了与腓利议和的提案，但在展开谈判之前，他将此事通报了盟友英国女王和尼德兰联省，并表示，如若可能，希望签署共同协定，达成普遍和平。英格兰和尼德兰分别遣使赴法，英方派出了罗伯特·塞西尔爵士和亨利·赫伯特（Henry Herbert），尼德兰方面的使臣是贾斯廷·拿骚（Justin

公元
1598年

---

① D'Ewes, p.576, 577.
② Ibid. p.570, 573.
③ Ibid. p.547.
④ Ibid. p.557, 558.

Nassau) 和约翰·巴内维尔特 (John Barnevelt)。亨利告诉几位来使,他自幼在烽火连天、危机四伏的环境中长大,平生随时随地处于战争或备战状态,他的机敏神武已在沙场上屡获证明,没人能够怀疑,只要他愿意,完全可以继续一贯的戎马生涯,直到挫败共同之敌、彻底打垮他们,使之再不能威胁他和他的盟友。他说,除了最无可抗拒的必要情况,什么也不能让他产生与腓力单独媾和之念,或者接受任何不完全符合所有盟友意愿的安排——无论是一己私利还是本邦臣民的利益,都无法诱使他采取这种做法。如今他的王国被连绵近半个世纪的动乱和内战荼毒得残破不堪,亟需休养生息,待恢复元气后方能自力更生,也更有能力支持盟友。等到民心安稳、习于顺服,王国财政走上正轨,农业和手工艺重现生机,法兰西将能有效地帮助盟友,并充分报答她在急难时获得的一切援助,而不是像现在这样,成为盟友的重负。如果说目前形势下由于西班牙的野心作梗,各盟国无法达成他们认为合理的谈判条件,那么他希望自己不久便能站到更有利的地位,更有效地为他们斡旋,并且拥有更强大的最终话语权。

305

　　几位来使心下明白,上述理由并非虚言,因此他们并未过于激烈地谴责法方的举动,他们也看出,亨利的心意已定,无可变更了。尼德兰联省知道,法王出于利益考量绝不会坐视他们灭亡,遂接受了后者的私下保证——就算议和成功,仍会一如既往地在人力财力上援助他们——高高兴兴地与之保持亲善关系。亨利最关切的则是安抚伊丽莎白,为他单独议和的毁约行为求得宽谅。他由衷地敬佩这位女王,称道她为人处世的方式,并且深深感激她在自己处境艰危时慷慨施以援手。他千方百计为自己迫不得已而采取的行动向女王致歉，并试图予以弥补。但是由于西班牙拒绝承认尼德兰为自由邦国，而伊丽莎白坚决不肯撤开盟友议和，亨利只得在韦尔文（Vervins）单独与西班牙缔定和约，收回了内战期间被西班牙占据的所有领土，也为自己争取到余暇整顿国内局面。亨利的和平治国能力不在其军事天才之下，他躬行节俭，施政章法得当、明智合宜，时隔不久便使残破凋零、民不聊生的法兰西呈现欣欣向荣之态，超过以往任何时候。

《韦尔文和约》

　　伊丽莎白女王知道，只要自己愿意，也能随时以公平的条件结束战争。腓力对她没有任何要求，巴不得能摆脱这个屡屡挫败他、并且仍有实力对他施加重击的劲敌。朝中几位最睿智的谋臣（尤其是财政大臣伯利）建议女王与西班牙议和，力陈此举将给王国带来安宁、安全保障，并节约开支，凡此种种好处，重于任何军事胜利。然而，这位意气风发的女王虽然起初反对开战，如今既已大大占得上风，似乎又变得不肯罢手了。她认为，英格兰所处的地理位置和既往的胜利足以保证她免遭危险的入侵，此后的战事应以突袭和海上征伐为主，在这方面，己方的优势无可置疑。再者，眼下腓力在西印度群岛实力薄弱，英国有望从这片地区夺得长远的好处；英国年复一年在海上劫掠西班牙运送财宝的船只，每次胜利固然是短暂的，但胜果却十分可观，并且有着持久的前景。另外，腓力已经与法国握手言和，她若也接受和解，那么腓力就能腾出手来全力打击尼德兰起义诸省，后者虽然靠着贸易和良治使得自身实力突飞猛进，但倘无盟友相助，仍然抵不过西班牙这个强悍的对手。既然她当初是为了捍卫这个盟友而挺身参战，若在为其争得更大安全保障之前便半途弃之而去，既意味着战略风险，从道义上讲也是不光彩的。

这些理由都是埃塞克斯伯爵频繁向她灌输的。埃塞克斯渴望荣誉且武略出众，因此强烈企盼战争持续下去，好让他有机会建功沙场、显耀人前。他和伯利勋爵本来就是对立面，在此情形下两人越发坚决地各持己见，相争不下；不过，由于埃塞克斯本人更受女王宠爱，他的建议也甚合女王的心意，因此这位宠臣似乎日益压倒财政大臣，风头正劲。倘若他的审慎自律能够与其光彩照人的良才美质相媲美，那么他定能牢牢保有女王的信任，任何敌手都无法诋毁他的名声。但他生来心高气傲，受不了曲意逢迎那一套，而女王的性情偏偏就爱这一套，并且一向惯于从全体臣下那里获得这般待遇。有一次，两人因为爱尔兰总督人选一事起了争执，埃塞克斯激愤之下全然忘却了人臣的义务和礼节，态度轻蔑地转身背对女王。女王受此冒犯，登时大发雷霆，挥拳猛击他的耳畔，冲口叱其无礼。此时伯爵理当念及她的性别和身份而服软，但他却不自收敛，反而手拍剑柄发誓说，即使面对亨利八世本人，他也绝对无法忍受这种对待，并且当即负气拂袖而去。御前大臣埃格顿(Egerton)偏爱埃塞克斯，力劝他以合宜的态度检讨自身的失检行为，切勿执意抵牾君上，放弃服务邦国的职责，令亲者痛而仇者快。但埃塞克斯被这份羞辱深深刺伤，他似乎认为，来自女人的伤害尚可宽谅，但若来自君王，便是致命的奇耻大辱。他表白道："如果我蒙受了最可耻的侮辱，宗教要强迫我宽容为怀吗？上帝是这样要求的吗？我若拒绝就是不虔诚吗？为什么？难道君王就不会犯错？臣民就没有蒙冤受屈的时候？属世的权柄难道是无限的吗？请原谅，阁下，我绝对无法接受这样的原则。就让所罗门的弄臣们嬉笑着接受掌掴吧！就让那等念着从君王身上牟利的卑劣小人浑似不觉地忍受主子的伤害吧！就让他们去承认属世的无限权力，而不相信天国的无限永恒吧！"（此话可能暗讽沃尔特·雷利爵士的行事为人，其人素有不虔之名。）"至于我，"埃塞克斯接着说，"我的心感到自己蒙受了屈辱。我的头脑告诉我，我的理由正当。无论发生什么，世间一切权力现在或未来可能加于我的所有逼迫，都压不过我在承受逼迫时表现出的力量和坚忍顽强。阁下，您的来信开头写道，我是当局者迷，您是旁观者清。但请恕我直言：既然您只是旁观者，而我则是亲历，那么我的切身感受必定比您更多。"[①]

　　埃塞克斯将这封激昂的信展示给身边友人，他们又轻率地将信的抄本散布到外间。然而女王对他眷爱有加，并未在意这份追加的挑衅，伯爵很快复宠，而且，女王对他的情感似乎因这次短暂的反目而更见火热。值此前后，埃塞克斯的宿敌伯利亡故，这似乎越发确保了他能长保女王的宠信。事实上，自此之后埃塞克斯的地位已经根深蒂固，除了他本人的轻率不智，再没有什么能够撼动他。伯利勋爵高寿而终，并且拥有极罕见的好运，能够同时得到君王和人民的深切哀悼。他本出身微末，全凭一点一滴的劳绩积累，逐渐升至高位；他虽从未对女王拥有绝对的无限影响力，但是近四十年来，却始终被视作女王驾前的肱股重臣，她对别人的恩宠盛眷亦从未盖过对这位能臣的信任。想当年伊丽莎白之姐玛丽在位时，凡与这位年轻公主交好者随时可能面临不虞之灾，但他却有这

———————

　　① 　参见本卷卷末注释［FF］。

般慷慨之心（或出色的判断力），不离不弃地追随她，因此，伊丽莎白登基后深觉自己理当知恩图报，长久善待这位忠良。伯利在交际、口才和想象力方面似乎并无耀眼的才华，其过人之处主要在于扎实的理解力、正直的为人和勤勤恳恳的工作作风——这些优点虽不总能将人推上高位，却足以让人胜任高位。在本朝所有大臣当中，只有他给后代留下一笔可观的资财，这笔钱不是凭着压榨掠夺得来，而是他正常的官俸收入，靠着平日节俭积攒起来的。

8月8日 这位能臣最后一次为国效力，乃是与尼德兰签订了一份新协定。尼德兰人在某种意义上说被法兰西国王所遗弃，故而巴不得与英国女王保持联盟，乐于接受她提出的任何条件。尼德兰人对女王的欠款总额估定为八十万英镑，他们承诺于战争期间每年偿付三万英镑，直到偿清四十万英镑为止。他们还承诺，英格兰继续与西班牙交战期间，几座抵押城镇的驻军军费由他们负责。如果西班牙对英格兰本土、怀特岛、泽西岛或锡利群岛发动侵略，尼德兰将派出五千步兵、五百骑兵支援女王；女王若装备海军讨伐西班牙，尼德兰人将以同等数量的船只相助。[①]该协定每年可为女王减免开支十二万英镑。

女王正为失去忠心而贤能的大臣惋惜不已，不久又传来她的头号劲敌腓力二世的死讯，后者长期以来饱受多种病痛的折磨，终以老迈之年驾崩于马德里。这位高傲的君主盼望与尼德兰反叛臣民达成和解，却不愿以自己的名义为此做出必要的让步，便把低地诸省的宗主权移交给女儿，将她嫁给阿尔伯特大公（archduke

---

① Rymer, vol.xvi.p.340.

Albert）。不过，公主将来有无子嗣尚难预料，倘若公主无后，届时尼德兰领地仍将归于西班牙王室名下；鉴于这一点，尼德兰联省方面认定腓力此举是换汤不换药，因此依然不屈不挠地坚持抗击西班牙军队。欧洲其他国家也不认为布鲁塞尔和马德里的宫廷有何不同，加上法兰西暗中作梗、英格兰公然敌对，和腓力在世时一模一样，令阿尔伯特难有什么作为。

第四十四章　伊丽莎白女王（七）

爱尔兰局势—蒂龙叛乱—埃塞克斯出征爱尔兰—埃塞克斯劳师无功—埃塞克斯返英—埃塞克斯失宠—埃塞克斯的密谋—埃塞克斯起事—审判、处决埃塞克斯—法兰西事务—蒙特乔伊建功爱尔兰—击败西班牙和爱尔兰联军—议会召开—蒂龙投降—女王病逝—女王驾崩—女王性格点评

公元
1599年
爱尔兰
局势

　　从表面看来，英国统治爱尔兰已经长达四百年之久，但是可以肯定地说，直到此时其统治权仍是有名无实。爱尔兰王公贵族派系林立，他们面对自身无力抗拒的强权，自是表面顺迎，但只要没有英国常驻武装随时随地约束他们为宗主尽忠效力，他们便恢复了旧时的放纵自恣。英国驻爱尔兰当局实力太弱，并不足以将秩序和服从引入这片蛮野之邦，但总算有能力压制野心勃勃的本土豪强坐大；它虽不能建立真正意义上的文明政制，却能阻止爱尔兰人通过联合或借助策略兴起此类政制。① 311

　　英国人治理该岛的种种制度也同样荒谬不堪，仿佛根本没想过如何在被征服地区长久维持统治。

---

　　① Sir J.Davies, p.5, 6, 7, &.c.

此时英格兰举国上下醉心于征法大业，把其他一切统统抛在脑后（这桩计划非但绝无可能成功，实际上还会造成极大损害），殊不知他们正该乘时应势巩固在爱尔兰的基业，倘能如此，假以时日必能获取丰盛的财富、荣耀和安全。在爱尔兰的少量英国驻军永远缺粮欠饷，鉴于爱尔兰岛内无钱可征，当局就特准士兵免费进驻当地居民家中。这样的掠夺和傲慢，越发激化了征服者与被征服族群之间普遍的仇恨。爱尔兰人毫无安全感可言，由此滋生出绝望，更助长了这群化外之民天然的懒惰倾向。

然而，英国当局还在变本加厉地推行这种毫无头脑的暴政。他们非但不设法教化爱尔兰人接受征服者更先进的文明习俗，反而不顾爱尔兰人的恳请，拒绝赋予他们英国法律规定的权利，处处给他们打上异族、敌人的标签。爱尔兰人被逐出法律保护之外，就只有通过暴力手段寻求安全，他们逃离危险四伏的城市周边地区，藏身于沼泽森林，以躲避暴虐宗主的欺凌。他们被当作野兽看待，也就真的变成了野兽；复仇的狂热和不羁的野性两相结合，使他们变得一天比一天更难对付、也更危险。[①]

历代英王都认为，征服这些散居的爱尔兰人所需的主要是时间和耐性，却不能带来多少军事荣誉，因此他们乐于将这项任务委托给私人冒险家，后者自费招兵买马，绥平爱尔兰岛内各省，从中牟取利益。这些征服者以领主自居，在各自的地盘上设立司法管辖权，形同诸侯，他们不听当局号令，随心所欲地交战、议和；又以军法管制被征服的爱尔兰人，继而逐步将这一套加诸曾经帮助他

---

① Sir J. Davies, p. 102, 103, & c.

们完成征服的当地英国人头上。待到自身权威根深蒂固，他们感到英国的制度章程不如野蛮的统治方式有利，便干脆抛弃了母邦的服装、语言、习俗和法律。①

一直以来，英格兰这种缺乏智慧的措施令附属国百姓深陷于凄惨境地，颇似当初罗马人凭借练达策略和势不可当的勇力将文明和奴役带到西欧、北欧地区之前当地土著的景况。甚至时至十六世纪末叶，当所有基督教国家都醉心于陶冶形形色色文明的生活艺术之时，爱尔兰这个气候温和、土地肥沃、交通便利、拥有众多良港的小岛却仍未开化，岛民的风俗习惯比蛮族更野蛮，简直可以说是彻头彻尾的野人。②

16世纪初，正当欧洲其他民族被锐意求新的激情席卷着，投入蓬勃兴起并持续至今的改革和宗教论争大潮，爱尔兰人却囿于自身的极度野蛮无知，始终如死水一潭。古老的迷信、祖辈传袭下来的习俗和规矩，夹杂着大量荒诞不经的观念，始终在爱尔兰人心目中占据着不可撼动的统治地位。别的姑且不论，单只英国宗教改革的先例就足以让心怀偏见和不满的爱尔兰人对其深恶痛绝。因着宗教仇恨，使得双方在习俗、法律和利益上固有的对立越发火上浇油。绥定爱尔兰、教化此邦民众的任务一天比一天显得困难，几无可行性。

爱尔兰人切齿痛恨英国人，一个实例是：克兰里卡德伯爵(earl of Clanricarde)的两子发动叛乱，竟将阿森莱(Athenry)全镇居民

---

① 　Sir J. Davies, p. 133, 134, & c.

② 　参见斯宾塞(Edmund Spencer, 1552—1599)在《爱尔兰现状一瞥》(A View of the Present State of Ireland, c. 1596)中所描摹的爱尔兰状况。

（尽管他们都是爱尔兰人）杀光屠尽——只因他们转而遵从英国的
习俗，接受了较其祖辈更文明的生活方式。①

313　　　整个爱尔兰的岁入通常只有六千英镑。②伊丽莎白女王尽管
啧有烦言，③但一般会从英国汇来两万镑以资补贴。爱尔兰当局靠
这笔微薄的收入维持着一千常备军，一旦遇有紧急情况，部队规模
可扩充至两千人。④这支队伍的实力与任务目标太不相称，难怪他
们非但无力平靖这个悖逆的王国，反倒越发触怒当地人，激起连
绵不断的叛乱，以致民族仇恨越燃越旺，更助长了爱尔兰的混乱
局面。

　　　1560年，沙恩·奥尼尔（Shan O'Neale，爱尔兰人称之为"伟
大的奥尼尔"）率其强大部落在阿尔斯特（Ulster）地区发动叛乱，
但在几次小规模战斗之后，他很快向当局投降，并承诺今后效忠于
女王，遂得赦免。⑤这次轻易逃脱惩罚，促使他在1567年再次起兵
反叛，但在爱尔兰总督亨利·西德尼爵士（Sir Henry Sidney）紧紧
追击下，退至克兰迪博伊（Clandeboy）；他没有选择向英军投降，
而是投奔了时常侵扰该地区的苏格兰岛民。苏格兰人因旧日冲突
怀恨在心，违背东道之义，假意邀请他参加节日庆典，趁机杀之。
奥尼尔平生以骄傲、强暴、纵情酒色，以及对英国人的刻骨仇恨闻
名于世。据说他曾经下令处死几名部下，只因他们想按英国人的

---

①　Camden, p.457.
②　Memoirs of the Sidneys, vol.i.p.86.
③　Cox, p.342. Sidney, vol.i.p.85, 200.
④　Camden, p.542. Sidney.vol i.p.65, 109, 183, 184.
⑤　Camden, p.385, 391.

方式吃面包。[1]他虽然如此激烈地反对奢侈,却极度沉湎于放荡生活;每每因纵情酒色而发起烧来,他便把身子浸在泥潭里,以熄灭过度荒淫煽起的内火。[2]这个高傲的蛮酋就过着这样的生活方式,伊丽莎白曾经有意恢复他蒂龙伯爵的荣衔,但他不屑一顾,径自以阿尔斯特国王的尊号自居。他还常说,纵然女王是他的宗主,但她若不首先俯首求和,他绝不会与之议和。[3]

亨利·西德尼爵士是几朝以来最有智慧、最积极有为的爱 314 尔兰总督之一;[4]他在任十一年,期间克服重重困难,努力抑制当地人根深蒂固的悖乱倾向,取得了一些进展。1569 年,德斯蒙德伯爵掀起的内乱给他造成很大麻烦,此事起因于德斯蒙德与奥蒙德伯爵之间的世仇,后者是唯一矢忠于英国王室的爱尔兰名门贵胄。[5]1570 年,托蒙德伯爵(earl of Thomond)试图在康诺特(Connaught)起兵造反,但事前败露,托蒙德被迫逃往法兰西。另一位流亡分子斯塔克利(Stukely)在教宗额我略十三世(Gregory XIII)面前大得宠信,他花言巧语鼓动教宗支持赶走英国人、立教宗之侄博昂·贡巴尼奥(Buon Compagno)为爱尔兰国王的计划;紧接着,斯塔克利便从所谓的新国王处接受了伦斯特侯爵(marquiss of Leinster)的封号,仿佛该计划已经大功告成一般。[6]接着,他动身前往西班牙,受到腓力的

---

① Camden, p.409.

② Ibid. p.409. Cox, p.324.

③ Ibid p.321.

④ Cox, p.350.

⑤ Camden, p.424.

⑥ Ibid. p.430. Cox, p.354.

鼓励和重赏。腓力意图利用此人给伊丽莎白造成搅扰，但斯塔克利却没有兴趣兑现自己对西班牙国王的堂皇承诺，他躲到葡萄牙，追随唐·塞巴斯蒂安（Don Sebastian）去讨伐摩尔人，在此番大胆而倒霉的远征中与那位英勇的国王一道殒命沙场。

隔了一段时间，格雷勋爵接任爱尔兰总督。1579年，德斯蒙德伯爵在西班牙和意大利援军支持下再次发动叛乱，但被当局扑灭。几年后，康诺特总督理查德·宾汉姆爵士（Sir Richard Bingham）采取严厉而公正的施政措施，试图遏制部族首领暴虐欺压附庸的现象，结果激起伯克（Bourk）家族叛乱。[①]伊丽莎白女王发觉爱尔兰是个极其沉重的负担，她尝试了若干办法，试图提高此邦的秩序和服从性。她鼓励第一代埃塞克斯伯爵（就是日后那位著名宠臣之父）前往爱尔兰，征服和垦殖克兰迪博伊、费尔尼（Ferny）和其他一些刚刚收复的地方，可惜伯爵出师徒劳无功，不幸死于瘟热病，人们都说他是由于饱受挫折郁闷成疾而死。女王在都柏林建立了一所大学，旨在将艺术和学识引入爱尔兰，教化土著。[②]但是爱尔兰当局最失算的一个举措，要算1585年时任总督约翰·佩洛特爵士（Sir John Perrot）做出的决定：他将阿尔斯特的爱尔兰居民武装起来，想让他们在没有政府协助的情况下，独力抵御苏格兰岛民的频繁侵扰；[③]就在同一时期，腓力邀请众多爱尔兰士绅赴尼德兰参战，捍卫共同的天主教信仰——于是，爱尔兰拥有了

---

① Stowe, p.720.

② Camden, p.566.

③ Nanton's Fragmenta Regalia, p.203.

大批训练有素、武器在手的军官和士兵,足以对英国构成威胁;自
此之后,爱尔兰人便有能力以更正规的作战方式跟向来的主子对
抗了。

休·奥尼尔(Hugh O'Neale)是沙恩·奥尼尔的侄子,他本已
被女王封为蒂龙伯爵,却不愿安享泰平,宁愿野蛮恣肆、称霸一方,
他杀害了沙恩·奥尼尔之子也就是自己的堂弟,继而被拥为本部
族的首领。他不遗余力地四处煽动,希望借动乱削弱或推翻英国
人的统治。此人惯以背信弃义和残暴著称,这些缺点是未开化族
类中十分常见的;此外他又颇有勇敢的名声——在野蛮族群动荡
无序的生活中,勇敢是一种必要美德,但因缺乏荣誉原则的支撑,
这种美德通常比在文明人群中更易崩坏。在这种性情驱使下,蒂
龙暗地鼓动马奎尔(Maguires)、奥多内尔(Odonnels)、奥罗克斯
(O'Rourks)、麦克马洪(Macmahons)和其他部族掀起叛乱。另一
方面,他坚信自己的虚伪誓言和承诺足能博得当局的信任,遂大
胆以身为质,将自己交在威廉·拉塞尔爵士手中——后者于1594
年被派往爱尔兰担任总督。这位总督不顾军事长官亨利·巴纳
尔爵士(Sir Henry Bagnal)的劝谏和抗议,执意放虎归山。蒂龙
回到自己的地盘后,决心公开发动叛乱,不再仰赖英政府的宽宏
(或者说欠缺斗争经验)。他勾结西班牙人,获得武器弹药供应;[316]
他又将所有爱尔兰部族首领团结在自己周围,成为英国人的可怕
劲敌。

爱尔兰土著极端贫困,乡间除了牛和燕麦几无所产,当敌军逼
近时,当地人很容易把这些粮食、牲畜隐藏起来或驱赶到四野。又
因伊丽莎白女王不愿拨款支持爱尔兰战事,英军每每乘胜将叛军

赶入沼泽、林莽和山寨之后，便难以继续推进。出于这些考虑，英国总督约翰·诺里斯爵士乐于听取蒂龙提出的任何休战或和解建议。就这样打打停停拖了好几年，那位勇将最终发现自己中了敌人的奸计，平叛大业一无所成，有负一世英名，懊恼之下他患上热病，终至郁郁而亡。接掌总督职权的亨利·巴格纳尔爵士运气更糟：他挥师挺进，欲解黑水要塞（fort of Black-water）之围，不料被优势之敌包围。此时英军火药库意外起火，部众丧胆溃逃；尽管骑兵统领蒙塔古率部阻止了叛军的追杀，但是此役共有一千五百名英军将士命丧沙场，主将巴格纳尔本人也在其中。爱尔兰人赢得这场非同寻常的胜利，士气为之大振，又缴获了大量武器弹药，蒂龙的名声从此越发响亮，俨然成为国家的拯救者、爱尔兰自由的守护神。[1]

　　英国枢密院这才发觉，爱尔兰叛乱已经发展到极危险的境地，此前的种种怀柔政策——对叛乱分子休战、给予安抚，允许他们交出部分劫掠物来换得赦免——只会助长他们犯上作乱的心气。于是，他们决心采取更有力的措施推进平叛战争。女王属意的爱尔兰总督人选是蒙特乔伊勋爵查理·布朗特（Charles Blount, lord Mountjoy），此人虽说一向潜心于书本和学问，不谙武事，但女王认为他的才干堪当此任。然而，年轻的埃塞克斯伯爵一心渴望军功荣名，想为自己争得这一职位，极力反对任命蒙特乔伊。他声称，必须选派一位富有战争经验、老练政务、声望素养更高的人来担任

---

　　[1]　Cox, p.415.

这一要职。大家都认为，这番描述所指的正是他本人。[1]这个心愿刚一表露，埃塞克斯的政敌们便齐声大力支持，甚至比他的朋友们更显热忱。伯爵的许多朋友认为，他绝对不应接受任何让他远离宫廷的任命，除非只是暂别一时，否则势必妨碍他继续取悦于女王，培植女王对他那种极其明显的个人偏爱。[2]他的政敌则希望他离开之后，女王会淡忘他的人格魅力和迷人的谈吐，而他那急躁傲慢的脾气很快就会激起她的反感——因为这位女王向来要求所有臣仆绝对恭顺、俯首帖耳。但埃塞克斯却无法接受这样审慎的意见；至于伊丽莎白，她一方面急欲平定爱尔兰叛乱，另外也非常欣赏埃塞克斯的英雄气概，遂欣然同意任命他为爱尔兰总督。为了进一步鼓励他建功立万，女王在委任状中授予他极广泛的权限，超过此前任何一位爱尔兰总督：他有权随心所欲地决定开战、停战，赦免反叛分子，任命爱尔兰国中一切要职。[3]为了确保他得胜，女王征募了十六万步兵、一万三千骑兵，后来又增加到二十万步兵、两千骑兵，大有一举击溃叛军、彻底平定爱尔兰之势。埃塞克斯的众多政敌（包括诺丁汉伯爵、罗伯特·塞西尔爵士、沃尔特·雷利爵士和科巴姆勋爵等人）都不曾以任何方式阻挠备战，只盼女王对胜利的期望越是高涨，未来在现实操作中就越难获得满足。出于同样的原因，他们并不反对埃塞克斯众多热情的朋友到处散播对他的溢美之词，反而乐于推波助澜——吹捧他才华横溢、禀赋高雅、英雄气度、慷慨恢宏，而且出身高贵；目睹举国民众对这位贵族的狂

埃塞克斯
出征
爱尔兰

318

① Bacon, vol.IV.p.512.

② Cabala, p.79.

③ Rymer, tom.XVI.p.366.

热爱戴，他们也没有一丝不快。这班狡猾的政客早就用心研究过埃塞克斯的性格，并得出结论：他那坦荡、无畏的心灵一旦在挫折中得到磨炼，习得隐忍和韬略，必将变得所向无敌。因此他们决定，宁可给这张已经鼓得太满的帆篷再添一股劲风，径直将其推入危险境地；然而伯爵本人对于前路的危险却似乎毫不在意。[①]为了进一步利用他的轻率大意，他们安插了许多暗探，监视他的一切行动和言论。埃塞克斯天生性如烈火，即便在敌手环伺的宫廷里也不会伪装掩饰，当他自以为身边全是朋友的时候，就越发快言快语直抒胸臆，免不了给恶意的怀疑构陷留下把柄。

三月，埃塞克斯在民众的欢呼声中离开伦敦，更令他面上有光的是，他身后簇拥着众多贵族士绅，他们出于一片爱戴之情，甘愿与这位名将同生共死，在他手下追逐荣耀、经受沙场历练。埃塞克斯抵达爱尔兰后，初次行权便失之轻率，尽管十分仁厚慷慨，而这两方面都很符合他的性格。他任命自己的密友南安普顿伯爵为骑兵统领，后者此前由于瞒着女王私自成婚而触怒了伊丽莎白，她曾责令埃塞克斯，不得授予南安普顿任何官职。女王听闻埃塞克斯违背王命，当即加以训斥，命他收回对南安普顿的任命。但是埃塞克斯凭空臆断，以为自己先前为南安普顿力争而陈述的理由已经说服了女王，因此竟然鲁莽地出言抗议女王的第二次命令。[②]直到她再度重申前命，他才服软免去朋友的职务。

319　　埃塞克斯在都柏林登陆后，即与爱尔兰议会共商平叛策略。

---

① Camden. Osborne, p. 371.

② Birth's Memoirs, vol. ii. p. 421, 451.

埃塞克斯
劳师无功

这里他犯下一个大错，以致日后全部功业尽毁于此。他在英格兰时，总是批评前几任爱尔兰总督要弄手腕拖延战事，采取零敲碎打的作战方式使部队饱受骚扰，并且频频应叛军的要求休战和停火，令后者有暇重整旗鼓、卷土重来。[1] 根据上述观点，他坚决主张立即挥师挺进阿尔斯特，打击主要敌人蒂龙；而且，他已经据此拟定了相应的作战指令。但是众位爱尔兰大臣劝说道，此时季候尚早，不宜出兵；另外，爱尔兰北方人通常藏身在沼泽之中，这时节沼地最是泥泞难行，大军无法通过。故此，为今之计不如先行讨伐蒙斯特。该建议背后的小算盘是：他们当中不少人在蒙斯特拥有产业，希望借此将敌军逐出那片地区。[2] 后来，当他们发现这一举措造成的不良后果时，又出于同样自私的动机，迅速否认前言、撇清自己。[3]

　　埃塞克斯率部出征，蒙斯特的所有叛军尽数被扫清，要么投降、要么逃往邻近省份。然而爱尔兰人眼见王师声势浩大，由此断定女王决意彻底征服甚至完全消灭他们，遂鼓起同仇敌忾的精神奋力反抗。英军刚一撤离蒙斯特，当地人便再度掀起叛乱，并与其他地方的同胞重新结盟。与此同时，英军将士由于长途跋涉的疲惫，加之不适应当地气候，纷纷病倒；七月中旬返回都柏林时，部队减员数量惊人，营中士气更是遭受严重挫折。因为英军虽然赢得几场次要战役，击败了卡希尔勋爵（lord Cahir）等对手，然而在几番对阵中，遭到他们素来蔑视的爱尔兰人出乎意料的顽强抵抗，

320

---

[1]　Birch's Memoirs.p.431. Bacon, vol.iv.p.512.

[2]　Ibid.vol.11.p.448.

[3]　Winwood, vol.i.p.140.

军心不免动摇；此外部队组建未久，都是些没有经验的新兵，在格林斯(Glins)一战竟被弱势之敌击败溃逃。埃塞克斯因部众的丢脸行径勃然大怒，下令撤了全体军官的职，并抽杀了十分之一的士兵。[①]这一严厉处罚虽有必要，却是威吓过甚，以致将士意气消沉，越发厌战。

　　转眼作战季节已过大半，英军一直在无关紧要的小规模战斗中蹉跎时日，女王闻讯大为恼怒；更令她诧异不解的是，埃塞克斯的用兵方式居然跟几位前任一模一样，而那正是他本人曾经严厉批评的，他也明知这与女王的目的和意图截然相反。埃塞克斯为了让将士休养生息，从疾病和疲劳中恢复过来，命令主力部队驻扎勿动，他本人率一千五百人的小股部队进军欧菲丽郡(Ophelie)，平定奥康纳和奥默尔两大家族的反叛，迫使他们降顺。但是当他回师都柏林时，发现部队减员极其严重，便致信英国枢密院报告当下状况，并告诉他们，如果不即刻增派两千援兵过来，他根本无法在这个作战季节对蒂龙发动任何攻势。女王不想给他借口继续拖延行动，立即如数发来援军。[②]埃塞克斯终于开始集结兵力，向阿尔斯特进军。然而他手下部众极度厌战，畏惧蒂龙的声威，有许多人装病，更有不少开小差的；[③]埃塞克斯发现，在拨出必要的戍防军力之后，他手上只剩区区四千人可用于攻打叛军。尽管如此，他仍然率领这支小部队继续挺进。但他很快就意识到，叛军虽然数量占优，却一力闪避，不肯与英军决战，而眼看时近秋冬，自己已经

---

① Cox, p.421.

② Birch's Memoirs, vol.ii.p.430. Cox, p.421.

③ Sydney's Letters, vol.ii.p.112, 113.

不可能给予对手任何有效打击。这时蒂龙派人送信过来,要求与
他见面谈判,埃塞克斯便同意了;会面地点定在两军大营附近。两
位主将都没带随从,二人隔河相见,蒂龙骑马涉入河中,直到水没 321
鞍鞯处,埃塞克斯则稳立于对岸。晤谈过程中,蒂龙对总督大人表
现得极其恭顺,半小时后,双方达成停火协议,以六星期为限,期
满可以续约,直到次年五月一日为止;但任何一方可以在提前两星
期发出警告的前提下,打破停战状态。[1]埃塞克斯还收到蒂龙的和
平要约,其中夹杂了许多无理和过分的条件。这件事后来似乎给
人们提供了某些怀疑的根据,认为他自此与敌方建立了说不清道
不明的联系。[2]

　　伊丽莎白女王自登基以来规模最大、投入最多的一次远征就
这样出乎意料地黯然收场,令她对埃塞克斯恼怒之极,伯爵的其他
一些做法更使这种厌恶感火上浇油。他频频致信女王和枢密院,
字里行间充满愠怒急躁的情绪,抱怨政敌手段阴狠,哀叹他们的诽
谤无疑会被主上听信,处处流露出狂妄自大、不安本分的心迹。女
王刻意将她的不满明白告知伯爵,但命令他留在爱尔兰,未获许可
不得擅自离开。

　　埃塞克斯闻知伊丽莎白对他不悦,同时有消息传来:他的政敌
罗伯特·塞西尔爵士升任王室监护法庭法官,而这份美差正是他
本人想望已久的。他怕自己若是继续远离宫廷,会被女王彻底疏
远。他仓促拿定主意,要效法女王昔日宠臣莱斯特伯爵的成功先

---

[1]　Sydney's Letters, vol. ii. p. 125.

[2]　Winwood, vol. i. p. 307. State Trials. Bacon, vol. iv. p. 514, 535, 537.

例：当初身在尼德兰的莱斯特听说女主对他的表现极为不悦，便大胆抗命乔装潜回英格兰，当面道歉、甜言蜜语哄得女王欢心，安抚了她的怒气，更明里暗里施加影响，粉碎了政敌的一切企图。[1] 埃塞克斯在盘算中更多考虑到情况的相似性，而没有虑及自己和莱斯特的性格差异，就这样拿定主意，即刻动身返回英格兰。他一路兼程，在任何人知晓他的意图之前抵达宫廷。[2] 埃塞克斯不顾自己风尘仆仆、满身泥污和汗水，急步登上楼梯，穿过接待厅，进入枢密室，脚步不停，径直闯进女王的卧室。女王刚刚起床，未及梳妆，头发披散在脸旁。他双膝跪倒在女王面前，亲吻她的手，两人密谈良久。埃塞克斯受到女王和悦的对待，有人听见他在离开时表示心满意足，还说：感谢上帝，自己在国外经受了那么多困难和风暴，终于回家得享甜美安宁。[3]

但是，伊丽莎白的和悦态度仅仅来自宠臣意外出现在眼前所引发的惊讶和刹那欢喜。随后她有暇细想时，他犯下的所有过失便又涌上心头。她认为有必要严加惩戒，制服那个飞扬跋扈的桀骜灵魂——他倚仗女王的偏爱，在枢密院争夺主导地位，又妄图独占君宠，并且在关键要务上无视王命和指示擅自行动。当天下午埃塞克斯再次入宫觐见时，发现女王的态度大变。女王命他待在自己的房间不得外出，又安排他先后两次接受枢密院的质询。尽管他的回答镇定而又恭顺，她还是将他软禁起来，由掌玺大臣埃格顿负责看管，不得与任何人接触，甚至不准与伯爵夫人见面或通

埃塞克斯返英

埃塞克斯失宠

①　Birch's Memoirs, vol.6.p.453.

②　Winwood, vol.i.p.118.

③　Sydney's Letters, vol.ii.p.127.

信。埃塞克斯低首下心，多番表示卑顺和懊悔，毫无怨愤之意。他剖白自己完全顺服女王的意志，宣称今后要退隐乡间，远离宫廷和政务，过默默无闻的生活。他虽在表面上彻底放下了争雄之志，但失意的懊恼、政敌的胜利却在暗中噬啮他那颗骄傲的心。他患上瘟热病，病势沉重，似乎性命难保。

　　女王一直向全世界、甚至也向伯爵本人宣称，这番严厉惩治旨在矫正他的毛病，而不是要毁掉他。[①]闻知他病倒，她大为紧张，特命八位最富声望和经验的医生为他会诊，听得回报说伯爵病情堪忧，她又派詹姆斯医生（Dr James）给他捎来肉汤并一条口信（她或许认为这比肉汤更有价值），她说：若不是碍于身份，她很想亲自前来探望。当时侍立在旁的诸君察言观色，过后评论说，女王说这句话时，双眼蓄满泪水。[②]

　　女王对埃塞克斯有回心转意的迹象，这消息一经传出，对于伯爵的政敌是个明显的警报。特别是沃尔特·雷利爵士——这位爵士反对埃塞克斯态度最激烈、也是其政敌当中野心最盛的人物——他眼见形势突然逆转，情急之下竟也病倒了。女王只得给予他同等待遇，捎去口信好言安慰，祝他早日康复。[③]

　　女王的"灵丹妙药"在这对雄心勃勃的冤家对头身上效力同样显著。此时埃塞克斯伯爵夫人已经获准前来陪侍，伯爵又对前途燃起希望，因此病情迅速好转，已经度过了危险期。有人在伊丽

---

① Birch's Memoirs, p.444, 445. Sydney's Letters, vol. ii. p.196.
② Sydney's Letters, vol. ii. p.151.
③ Ibid. p.139.

莎白耳边进谗，说埃塞克斯此番纯属装病，只为博取她的同情；[1]女王听信此言，对埃塞克斯复又冷若冰霜。新年来临，埃塞克斯写信给女王，按照当时廷臣的惯例赠她一份厚礼。女王展读了他的信，但将礼物原封退回。[2]不过，这般严厉态度维持一段时间之后，女王下旨允许伯爵迁回自己府中休养。尽管伯爵还在软禁中，禁止与任何人接触，但他仍对这一宽大处理深深感恩戴德，修书向女王致谢。"这份更进一步的仁慈，恍如陛下纶音盈耳，对我说：'你不能死，埃塞克斯。我虽对你的过失加以惩戒，为了你的好处将你降卑，然而有朝一日我仍要启用你。'而我那俯伏的灵魂如是回应道：'我企盼着那幸福的日子。'为了那一天，我将谦卑、耐心而愉快地承受灵魂与肉体的一切苦难。"[3]埃塞克斯伯爵夫人本是弗朗西斯·沃辛汉姆爵士之女，她和丈夫一样，拥有高雅的文学品位。在这段充满焦虑和期待的日子里，埃塞克斯的主要安慰就来自她的陪伴，与她共读那些富于教益和娱乐性的名家著作——伯爵一向钟爱这些书籍，即使在权势巅峰时期也时时揽读，从未全然懈怠。

　　这时节发生的几桩事件继续刺激着女王，使她对埃塞克斯余怒难息。从爱尔兰收到的每份报告都令她越发认定，埃塞克斯在那边处置失当，徒耗大量的兵力和钱财用于无足轻重的琐屑目标。蒂龙非但没有被剿平，反而在短短三个月内就撕毁了停战协议，联合奥唐纳（O'Donel）和更多反叛首领，几乎把战火燃遍整个爱尔兰。他吹嘘自己必能从西班牙获得人员、金钱和武器供给；又以天

---

① Sydney's Letters, p. 153.

② Ibid. vol. ii. p. 155, 156.

③ Birch's Memoirs, p. 444.

主教信仰的捍卫者自诩。时任教宗克雷芒八世(Clement Ⅷ)为勉励他投身于如此正义的事业，特地赠予他一支经过祝圣的凤凰羽，他总是得意扬扬地公开炫示。[①]为了遏制蒂龙的势力扩张，女王重拾当初的打算，任命蒙特乔伊为爱尔兰总督。蒙特乔伊是埃塞克斯的密友，他本希望伯爵能够重新掌政爱尔兰，因此他起初借口健康不佳，恳切地极力推辞，然而女王勒令他接受了这一任命。蒙特乔伊到任之初，发现爱尔兰的形势几乎令人绝望，但他是个充满才干和勇气的人，毫不灰心丧气，即刻挥师讨伐蒂龙，进军阿尔斯特。英军直插该郡腹心，剑指叛军主要根据地。蒙特乔伊在德里(Derry)和蒙特诺里斯(Mount-Norris)两地修筑工事，扼制爱尔兰人；在随后的对阵中，他将爱尔兰人打得四散溃逃，被迫躲入树林和沼泽藏身。他又派乔治·卡鲁爵士讨伐蒙斯特，同样取得了胜利。蒙特乔伊连战连胜，局面开始出现转机，女王在爱尔兰的权威得以重新树立起来。

　　蒙特乔伊的胜利反衬出埃塞克斯的无能，令伊丽莎白越发疏远了那位昔日宠臣。更令女王反感的是，国内民众偏爱埃塞克斯，先入为主地夸大他的美质良才，为他被逐出宫廷、失去自由的遭遇鸣不平。许多谣言在民间秘密流布，毁谤塞西尔、雷利以及埃塞克斯的所有政敌。埃塞克斯素来深得民心，如今的糟糕境遇似乎非但没有令他声望受损，反倒越发助长了他的人气。伊丽莎白为了向公众显明处置埃塞克斯的公正性，多次表示打算将他交付星室法院审裁，不过，她的严厉最终还是被柔情所胜，只让他在枢密院

325

---

① Camden, p.617.

接受聆讯。总检察长柯克（Coke）对伯爵提起指控，态度冷酷、傲慢无礼——那位大律师向来如此对待不幸的人。他在指控书中极力夸大埃塞克斯执掌爱尔兰期间的所有过犯：无视女王的禁令，任命南安普顿为骑兵统领；放弃讨伐蒂龙的大业，改征伦斯特和蒙斯特两省；滥封太多骑士；密会蒂龙；并且不顾女王陛下的圣旨，突然从爱尔兰返回。他又夸大其词地指控，伯爵允许蒂龙提出种种极具侮辱性的议和条件，称这些条件可耻且可憎，包括要求公开宽容偶像崇拜、赦免他本人及所有爱尔兰反叛分子，尽数退还他们被没收的土地和财产。[①] 副检察长弗莱明在发言中强调，伯爵在爱尔兰留下一个难以收拾的烂摊子。在控告环节的最后，本朝初年出任掌玺大臣的尼古拉·培根爵士之子弗朗西斯·培根当堂出示了伯爵亲笔信中的一些不忠言辞。

　　埃塞克斯在自辩环节态度极尽顺服谦卑，放弃一切辩白的借口，[②] 声称他已下定决心，无论现在或其他任何情况下，绝不与自己的君主争执。他表示，他既已与世俗一刀两断，摒弃了一切雄心大志，便可毫无顾忌地坦承自己因年轻、愚蠢和种种弱点而犯下的每一桩失败或过错。他深深痛悔于自己对女王陛下的冒犯，这种内在的痛楚远超过一切外在的十字架和苦难。无论陛下乐意判他怎样的罪名，他都毫不犹豫地顺服并公开认罪。他愿承认一切，但只有一点，他宁可失去性命也要维护到底——那就是，他要坚持表白对女王陛下忠诚、纯洁的心和真挚的爱，自始至终他都真心实意地

326

---

① Birch's Memoirs, vol. ii. p. 449.

② Sydney's Letters, vol. ii. p. 200.

渴望为陛下尽自己的绵薄微力。假如枢密院能在这一点上对他宽大为怀，他甘心乐意承受任何罪名和判决。这样一份服罪发言，声声雄辩、字字悲切，令在场的许多人不禁落泪。[1]全体枢密大臣在给出裁断意见时，均毫不犹豫地待伯爵以公正，认定他并无悖逆企图。就连他视作死敌的塞西尔也用尊重和人道的态度对待他。最后，由掌玺大臣宣布枢密院一致通过的判决书："倘若此案由星室法院审理，那么我必裁决对案犯处以该法庭有史以来最高额度的罚金，加上无期徒刑——按照伯爵的身份地位，当在伦敦塔终身监禁。然而，既然我们现在置身于另一地点，审理过程又以施恩为原则，故而我的判决是：自即日起，埃塞克斯伯爵不得再履行枢密大臣、王室典礼官、军械总管之职；伯爵应返回本府，闭门思过，直到女王陛下按照自己的意旨撤销此项及其余各项裁决。"[2]坎伯兰伯爵对该判决略表反对，他说：自己或许需要更多时间仔细考虑，才有可能认同这个判决；在他看来这样的判决多少有些严厉，倘若以此为例，任何统帅都很容易招罪。不过，他补充道，他信任女王陛下的仁慈，故而同意其余部分。伍斯特伯爵援引几句拉丁语诗句表达了他的看法，大意是：凡得罪众神的，即使倒霉亦被视作犯罪，偶然事件不能构成冒犯神明的借口。

弗朗西斯·培根后来荣登高位，更以高超的科学天分而闻名于世。他本是塞西尔家族的至近亲戚：是伯利勋爵的外甥、现任国务大臣罗伯特·塞西尔的表弟。但是，尽管他才华出众，却没从两

327

---

① Sydney's Letters, vol.ii.p.200, 201.
② Birch's Memoirs, vol.ii.p.454. Camden, p.626, 627.

位权倾朝野的亲戚处获得多少庇护，投身法律界也一直未得显达。然而埃塞克斯却识才爱才，他与培根结交甚密，曾经热心为其谋求副检察长的职位，惜未成功；后又赠他一块价值一千八百英镑的地产，以安慰朋友的失望。①公众自有理由不谅解培根出庭指控恩主的行为，尽管他这样做是奉了女王的命令。但女王却十分满意培根的表现，又交给他一个新任务，要他把当天的庭审经过记叙成文，以飨公众，展示她的公正与宽仁。培根虽然缺乏坚定的品性，但不乏人性，他以极具同情的笔触写成此文，尤其是精心描摹了伯爵在自我辩护中表现出的一片忠忱顺服之心。当培根为女王朗读文稿时，女王听到此段微微一笑，对他评论道：她看得出，旧日恩情不是那么容易忘掉的。他答道：希望陛下是以此言自况。②

　　事实上，全世界都预期埃塞克斯很快就能官复原职；③或许，如同情侣争吵又和好后常有的情形那样，伯爵在女王面前还能多占一分风头，复宠后会比先前更得意。当他们看到，伯爵虽然依旧不得在宫廷露面，④却继续担任王室御马官之职，并且恢复了自由，可以随意拜客会友，便更加深了这种判断。埃塞克斯本人仿佛决意保持迄今为止大获成功的做法；女王之前对他的种种惩戒，也正是为了让他养成这样的行为习惯。他致信女王，在信中亲吻女王陛下的玉手和她手中正误纠谬的权杖。但他表示，除非她屈尊允许他觐见——这曾经是他幸福和乐趣的主要源泉——否则他将永

---

① Cabala, p.78.
② Ibid.p.83.
③ Winwood, vol.i.p.254.
④ Birch's Memoirs, vol.ii.p.462.

远无法恢复往日的欢乐。他写道,如今他已决心痛改前非,要隐居乡野,像尼布甲尼撒那样,"'放逐郊野与兽类同居,吃草如牛,身被天露滴湿',①直到女王陛下按她自己的意愿重新接纳我"。女王对这些深情表白颇为满意,回复说:她衷心希望伯爵的行为能够如其所言,又说他考验她的耐心已经很久了,现在该由她来考验一下他的顺服。如果换作她的父王,绝不会宽赦这样的顽梗。不过,倘使痛苦的熔炉收效如此之好,她从此要对自己的化学水平刮目相看了。②

埃塞克斯伯爵持有一份甜葡萄酒的专营权,眼看临近到期,他耐心等待女王御准续期,并把此事看作自己的人生关键点——这将决定他是否还有希望恢复昔日荣耀和权势。③然而,伊丽莎白虽然仪态彬彬,秉性中却有倨傲、严厉的一面,加上埃塞克斯的敌人每日环绕在她身边,时时寻机游说,称那位伯爵的傲气尚未除净,为稳妥起见,必须进一步予以试炼,方能再赐恩宠。因此,女王拒绝了伯爵的请求,甚至以轻蔑的口吻补充说,对待不服羁勒的畜类,就不应将牠喂饱喂足。④

埃塞克斯的密谋　这份变本加厉的苛刻,最终导致那位年轻贵族走向毁灭,也给女王本人带来了无尽的悲伤和烦恼。长久以来,埃塞克斯极其辛苦地按捺自己骄傲的心气,如今耐心已然耗尽;这番拒绝令他感到女王对自己完全冷酷无情,火爆脾气当即发作,冲破服从和审慎原

---

① 引自《圣经·旧约》但以理书4章33节。——译者
② Camden, p.628.
③ Birch's Memoirs, vol.ii.p.472.
④ Camden, p.628.

则的一切约束，决心快意恩仇，跟敌人拼个鱼死网破。他在恩宠最
盛的时候，也惯常以强硬态度要挟女王，由于这种做法迁就了他自
己的脾气，有时还能达到目的，所以他便轻率地认定，这是操控女
王的唯一适当手段。[1]此时伯爵已陷入绝望，遂越发不管不顾，彻
底放纵自己的狂暴性子，抛开外表的一切忠顺姿态。他醉心于公
众对自己的偏爱，这时重新行动起来，千方百计邀取人心；他的府
上整日高朋满座，与其身份处境极不相称。他凭借原来的职务关
系，与军界过从甚密，现在又格外降贵纡尊，结交、招揽了大批亡
命徒，希望有朝一日能用得上这些人。他在暗地里谋求天主教徒
的信任，但主要还是依靠清教徒，公开讨好他们，而且似乎全盘接
受了清教徒的生活方式。他经常邀请该教派最知名的传道人来自
己府上，在自己家中每日举行祷告、开布道会，并邀请全伦敦的狂
热信徒来参加这些崇拜活动。当时英国社会的流行趋势就是如此：
这些狂热的宗教娱乐活动取代了古时候博取民心的惯用方法——
宗教节庆和盛大的公共庆典，最适宜野心勃勃的领袖人物有效地
迎合民众。另外，清教传道人经常在布道中向听众灌输抵制世俗
政权的教义，这就为埃塞克斯暗中筹谋的造反计划预备了人心。[2]

　　不过，埃塞克斯伯爵最失慎的地方还是他那直统统的脾气，这
桩计划的难度和危险性极高，以他的性格根本不足以成事。他说
话总是口无遮拦，甚至在人前议论女王已经老朽，头脑跟身体一样

---

[1]　Cabala, p.79.

[2]　Birch's Memoirs, vol.ii.p.463. Camden, p.630.

扭曲得不成样子。[1]一些当初被埃塞克斯藐视而怀恨在心的宫廷贵妇把他的话透露给女王，并从中挑拨，令女王对他怒不可遏。伊丽莎白在这方面一向敏感，她虽已年近七旬，却仍喜听廷臣[2]甚至外国使节[3]奉承她的美貌，即便再良好的判断力也无法治愈这份荒谬的虚荣心。[4]

330

埃塞克斯的另一举动更令女王万分恼怒，甚至比嘲笑她年老色衰对她的刺激更甚：那就是，他试图暗中勾结女王的继承人——苏格兰的詹姆斯国王。这一年，高瑞伯爵谋反，幸而叛党计划不周，詹姆斯间不容发地逃过一劫。然而，那些悖骛的教牧甚至在国王获救之际仍要寻衅，他们无视最无可争辩的证据，当面坚称所谓阴谋纯属子虚乌有。詹姆斯对骚动争闹的本国臣民不胜其烦，渴盼着继承英格兰王位；随着伊丽莎白女王日渐年迈，这份渴望也越来越强——英格兰王位将给他带来巨大的权力和荣耀，同时他也希望，继位之后治下臣民更加驯良恭顺。他与欧洲各国宫廷接触，争取他们的友情和支持，就连罗马教廷和西班牙宫廷也没落下。他讨好天主教徒，尽管不曾做出明确承诺，但还是让他们心存指望，期待他继承英格兰王位后，给予他们更多自由。在所有欧洲君主当中，他独独不敢在伊丽莎白面前提及自己的继承权。他深知，虽说女王年事已高，有可能因此而想到立储问题，但她永远无法坦

---

① Camden, p.629. Osborne, p.397. Sir Walter Raleigh,《议会特权》(*Prerogative of parliament*), p.43.

② Birch's Memoirs, vol.ii.p.442, 443.

③ Sydney's Letters, vol.ii.p.171.

④ 参见本卷卷末注释［GG］。

然无惧地预想自己的死亡，故此迟迟不肯立储，决意让他和所有王位竞争者都完全仰赖于她。

埃塞克斯就母系血统而论属于王室后裔，其党徒中有些乐观分子十分鲁莽地将他列入王位继承人之列，但伯爵态度谨慎，他特地派亨利·李（Henry Lee）秘赴苏格兰，向詹姆斯保证说，自己无心觊觎王位，并且决心穷尽一切手段促成女王立即宣布立詹姆斯为储君。詹姆斯对这个提议表示欢迎，但并不赞成埃塞克斯拟采取的暴力手段。埃塞克斯向爱尔兰总督蒙特乔伊谈过他的打算，鉴于他本人深得朋友们的衷心爱戴和追随，因此甚至说动了品行正直、审慎的蒙特乔伊认真考虑带兵返回英格兰逼宫，迫使女王宣布立苏格兰国王为储。[①] 尽管詹姆斯否绝了这一危险举措，但是埃塞克斯以其急不可耐的冲动，仍然力劝蒙特乔伊不要放弃原计划。但总督大人认为，这等激烈手段若有詹姆斯这位苏格兰在位君主、英格兰王位第一顺位继承人的支持，尚可被目为审慎、甚至不无理据；但此事若是出于臣子，便是鲁莽和犯罪。因此他断然拒绝合作。不过，埃塞克斯和苏格兰宫廷之间暗中依然保持着亲密的联络，伯爵除了极力讨好詹姆斯以外，还把自己的对手统统说成阻碍后者继位的敌人、西班牙利益的忠实走狗，西班牙公主那荒诞无稽的继位主张的支持者。

西班牙公主和阿尔伯特大公此前向伊丽莎白女王提出过和平倡议，双方选择了中立城市博洛涅（Boulogne）作为会谈地点。英国驻法大使亨利·内维尔爵士、赫伯特、埃德蒙兹（Edmondes）以

---

①　Birch's Memoirs, vol. ii. p. 471.

及比勒奉命作为英方谈判代表前往该地，与苏尼加（Zuniga）、卡里略（Carillo）、理查多特（Richardot）及费尔海根（Verheiken）等几位

5月16日

西班牙大臣并大公本人展开磋商。但是会谈很快便因礼仪之争而宣告破裂。在欧洲各国当中，英格兰的地位历来高于卡斯蒂尔、阿拉贡、葡萄牙以及组成西班牙王国的其他邦国；伊丽莎白坚称，这项古老权利不能因上述诸邦并入西班牙而失效；西班牙王国目前固然在国土面积和实力上超过英国，也不能无视自古以来的统绪而妄自尊大，因为只有古代传承才是确定不同王国以及贵族世家之间优先次序的唯一持久、正规的基础。女王声称，为了表达己方的和平诚意，她可以退让一步，承认西班牙与英格兰平起平坐的地位。但是西班牙人素来倨傲，哪怕面对法国也要争个上位（而英格兰一向奉法国为尊），闻言当即中断会谈拂袖而去，声称他们的优先权得不到承认就不回来。[①] 在这次流产的和谈预备期间，海军上将诺丁汉伯爵（earl of Nottingham）、财政大臣巴克赫斯特勋爵和国务大臣塞西尔流露出主和倾向，但是英格兰举国上下都陶醉于既往的胜利，梦想着征服、掠夺，普遍反对议和，因此，像埃塞克斯这样深孚众望的人物能够轻易向民众灌输一种意识，认定这些大臣向西班牙出卖了本国利益，甚至可以毫无顾忌地接受来自敌国的统治者。

公元
1601年

　　但埃塞克斯并不满足于诽谤政敌，他又进而部署更猛烈的攻势，意图彻底毁灭他们。这一切主要出于其秘书卡夫（Cuffe）的怂恿——此人生性大胆而又傲慢，很能支配他的主子。不满分子组

① 　Winwood's Memorials, vol. i. p. 186—226.

（右侧页边码：332）

成了一个特别议事会，经常在德鲁里大宅(Drury-house)集会，成员包括宅邸的主人查理·达弗斯爵士(Sir Charles Davers)、南安普顿伯爵、费迪南多·戈杰斯爵士(Sir Ferdinando Gorges)、克里斯托弗·布朗特爵士、约翰·戴维斯爵士(Sir John Davies)和约翰·利特尔顿(John Littleton)。埃塞克斯吹嘘说，效忠他的贵族、骑士和知名士绅共有一百二十人之多，此外他更坚信自己在民众中的威望。他自恃本阵营势力强大，策划了若干秘密行动方案，向同党们传达。它们统统是盲目的愤怒和绝望的产物，其中就包括武装暴动计划。伯爵与党羽们商议举事的方式，询问他们的意见：届时应当首先占领王宫还是伦敦塔？或者同时攻取两处？大家一致认为应当首先占领王宫，并讨论了具体实施方案。他们商定：由克里斯托弗·布朗特爵士率一队精兵控制各个宫门，戴维斯负责控制接待厅，达弗斯负责控制侍卫室和觐见室，埃塞克斯伯爵则率部分党羽经皇家马厩闯宫面见女王，以最谦恭的态度恳乞清君侧、除奸佞，迫使女王降旨召开议会、集议确定新的政府架构。①

〔埃塞克斯起事〕

333

这些铤而走险的计划正在紧锣密鼓地酝酿，女王这边也听到风声，发觉不少疑点。她吩咐财政大臣之子罗伯特·萨克维尔(Robert Sacville)去埃塞克斯伯爵府上走一趟，名为拜访，实则探查有无可疑人等聚集、有无筹备叛乱的异常迹象。此后不久，埃塞克斯接到通知，召他赴财政大臣府上参加枢密院会议。他正在狐

〔2月7日〕

---

① Camden, p.630. Birch's Memoirs, vol.ii.p.464. State Trials.Bacon, vol. iv.p.542,543.

疑，思忖此事与那个不速之客萨克维尔的到访是否有关，这时有人送来一纸秘笺，警告他注意自身安全。于是他得出结论：阴谋已经败露，至少是被怀疑了。他有理由担心自己面临严厉惩处，至少是再度锒铛入狱。因此，他借口有恙在身向枢密院告假，并立即给亲密盟友传信，在此紧急关头征寻他们的建议和协助。他们计议着，眼下该当如何：要么放弃一切计划、逃离英格兰；要么集合当前能够纠集的全部武装力量，立即攻占王宫；或者发动伦敦市民起来支持伯爵——众所周知，他们极其爱戴埃塞克斯伯爵。埃塞克斯声言反对第一个方案，表示自己甘愿承受任何命运，绝不忍辱投身流亡生活。由于准备不足，攻占王宫的计划看来不切实际，尤其是他们的阴谋似乎已被女王察觉，听说宫廷卫队的人数已经增加了一倍，以防不测。如此看来，现在已经别无他路可走，只能依靠伦敦市民的支持了。大家正在讨论这个决定的审慎度和可行性，忽有一人进入，仿佛特为解决这一难题而来似的，带来伦敦市民效忠的保证，并言之凿凿地让他们大可放心在此基础上制定任何计划。埃塞克斯在他向来的一切狂妄计划中，主要依恃国人的爱戴来为自己打气。按他的天真幻想，以为单凭民众的好感，就能推翻伊丽莎白的统治，殊不知女王的基业历经时间考验稳固如山，其理政智慧备受尊崇，又有充沛活力作为后盾，深得臣民爱戴，正乃众望所归。他们当即定下了鼓动伦敦城造反的疯狂计划，约定次日行动，又给埃塞克斯的所有朋友送信，声称科巴姆和雷利策划谋害伯爵，请求他们挺身相助。

334

2月8日　　　第二天，南安普顿伯爵、拉特兰伯爵、桑迪斯勋爵(lord Sandys)、蒙蒂格尔勋爵(lord Monteagle)齐聚埃塞克斯伯爵府，在场的还有大约三百名身份尊贵、家境富有的绅士。埃塞克斯对他们声称，敌人暗中策划，谋算他的性命。他对一些人说，他要扑倒在女王脚前，乞求她的公正和保护；对另一些人，他又吹嘘自己在伦敦的人脉，断言无论发生什么情况，这永远是他最可靠的资源。女王早通过线人获悉了他们的计划（据推测是费迪南多·戈杰斯爵士向雷利报的信），并已命令伦敦市政长官安排市民做好应变准备。接着，她派掌玺大臣埃格顿偕伍斯特伯爵、审计官威廉·诺利斯爵士（Sir William Knollys）和首席法官波帕姆（Popham）前往埃塞克斯府，问询这般异乎寻常的骚动所为何来。他们好不容易才从一个边门进入，但除了管钱袋的人之外，随行的仆从全被拦在府外。双方见面，起了一番争吵：几位来使要求埃塞克斯的众家臣事君以忠、放下武器，被众人团团包围，气势汹汹地威胁。埃塞克斯伯爵发现事态已经无可挽回，决定把几位来使扣在自己府中，继续执行原计划。他率领大约二百名随从冲上街头，只携带行剑作为武器；队伍向城内进发，贝德福德伯爵和克伦威尔勋爵在中途与他们会合。埃塞克斯一路高呼："为了女王！为了女王！奸党要谋害我！"他们往治安官史密斯的住宅进发，伯爵对此人的协助抱有厚望。大批市民惊奇地围拢过来，尽管伯爵极力宣称，英格兰即将被国贼出卖给西班牙公主，呼吁他们立即拿起武器，惟此方能助他一臂之力，但围观者当中无人响应。治安官听说队伍抵达自家前，即从后门溜走，躲躲闪闪跑去找市长。这期间，埃塞克斯观察到市民的漠然态度，又听说自己已被坎伯兰伯爵和雷利勋爵宣布为逆贼，开始泄了气，想退回自己府中。这时他发现回家的道路均被封锁，约翰·利维森爵士

(Sir John Levison)率领市民在各处设置了路障、严加把守。伯爵试图强行冲卡，结果，与他交情深厚的年轻绅士特雷西(Tracy)以及两三名伦敦市民在打斗中丧命。伯爵本人和少数同党(大多数人都悄悄溜走了)退至河边，乘小船回到埃塞克斯府。他到家时发现，自己之前派去向掌玺大臣和其他几位枢密大臣谈条件的戈杰斯已经把这些人释放了，并跟随他们去了宫廷。现在埃塞克斯陷入绝望，似乎决计听从桑迪勋爵的劝告，宁可仗剑在手，英勇战斗到最后一息，而不愿卑屈地死在刽子手刀下。但他随后跟围攻者进行了几番谈判，先是要求人质，又提出议和条件，均无所获，最终选择了无条件投降，只要求获得礼待和公平公正的审判。[1]

2月19日
审判埃塞
克斯伯爵　　在这场骚乱中，女王始终表现得非常冷静沉稳，仿佛只是旁观路人争吵，与己毫无干系。[2] 她很快降旨开庭审判几名主犯。由巴克赫斯特出任上议院特别刑事审判长，审判埃塞克斯伯爵和南安普顿伯爵，陪审团成员包括二十五名上议院贵族。案犯罪行昭彰，无可辩驳。除了众所周知的武装暴乱之外，他们在德鲁里大宅集会谋逆一事亦是证据确凿、板上钉钉。费迪南多·戈杰斯爵士出庭作证。拉特兰伯爵和克伦威尔勋爵、桑迪斯勋爵、蒙蒂格尔勋爵，以及达弗斯、布朗特、戴维斯诸人的供词，则按当时惯例只向贵族陪审团宣读。埃塞克斯的密友们不无尴尬和反感地看到，后者一口咬定自己清白无辜、用心良善，并且出于强烈的报复心，毫无理

---

① Camden, p.632.
② Birch's Memoirs, vol.ii.p.469.

336 由地指控国务大臣塞西尔是襄助西班牙公主谋夺英国王位的内奸国贼。这一指控全在塞西尔意料之内，他出庭反驳，要求埃塞克斯拿出切实证据来，结果经法庭审查，这些所谓证据都是极其牵强的无稽之谈。[1]判决宣布之时，埃塞克斯在发言中似已不抱任何指望，惟期一死。但他补充说，倘若女王感觉他态度刚硬、仿佛对女王的仁慈不屑一顾，他将十分遗憾，但他认定自己绝不会低声下气乞求这份宽赦。南安普顿伯爵的表现则相对温和顺服，他以谦卑得体的方式恳请各位贵族从中斡旋，引动了在场每个人的同情。

对埃塞克斯的审判过程中，最引人注目的情节是培根当庭指证伯爵有罪。培根不是刑事律师，因此并无义务在这场审判中出力。但是，为了赢得女王青睐，他毫不念及伯爵对自己恩深义重，落井下石，积极参与剥夺这位昔日朋友和恩主的性命。他说，埃塞克斯的行为好比古代雅典的庇西特拉图（Pisistratus），此人用刀割伤自身，骗人相信是对手逞凶要害他性命，他因此得到了一支卫队，后来就靠这支卫队颠覆了国人的自由。

狱中的埃塞克斯在孤独省思中度过一段时日之后，他那颗骄傲的心终于降服下来；征服他的不是死的恐惧，而是宗教情感。从前他曾试图利用宗教作为实现个人野心的工具，然而此时这份虔诚却压倒其他一切动机和考量，牢牢占据了他的心灵。他的属灵导师劝告他说，除非彻底坦白他的不忠，否则无法获得上天的赦免。于是，他向枢密院交代了他所有的犯罪图谋，以及他与苏格兰国王的通信。他甚至不为几个最亲密的朋友遮掩——比如当初

---

① Bacon, vol.iv.p.530.

被他拉入密谋的蒙特乔伊勋爵。他试图用这样的赎罪行为来平息此时内心的悔恨，倘若换作他一生中其他任何时期，必定把这些行为看得比他所忏悔的图谋本身更可指责。[1]特别值得一提的是哈里·内维尔爵士，一位品格优异的人，被他指称与叛党通谋。这位绅士似乎从未响应过他们一伙提出的叛乱方案，论其罪过也仅限于没有揭发伯爵的逆谋而已——可以想见，每个有荣誉感的人都自然而然地对告密抱有极度反感。[2]尽管如此，内维尔却被投入监狱，受到严重迫害。不过，女王看到蒙特乔伊是个能干而成功的将领，便为邦国大业隐忍了私愤，准其继续留任。

　　伊丽莎白极善装腔作势，博取仁慈的美誉。她这一朝每逢人命关天的重大决断之际，她总是故作踌躇不定。然而埃塞克斯当前的处境却唤起了她的满腔柔情，令她久久陷于真正的焦虑踟蹰之中。爱与恨、骄傲与同情、对自身安危的关切和对宠臣的关怀不停地在她心头争斗。在这段时间里，她的处境或许比埃塞克斯更值得怜悯。她签署了对埃塞克斯的处决令，转而又撤销了它；她再次下定决心处死他，又再度心软。埃塞克斯的政敌们告诉她，伯爵现在惟求一死，并且坚称只要他活着，她就永远没有安全保障。伯爵的忏悔和对女王的关切表现似有可能重新唤起她长久以来对那不幸囚徒的眷眷情意，令对手的进言起到适得其反的效果。但她最后之所以能硬起心肠，主要缘于他所谓的倔强：伯爵始终不肯如她时刻期待的那样，乞求她的恩赦。她终于批准了对他的处决令。

----

① Winwood, vol. i. p. 300.

② Ibid. vol. i. p. 302.

伯爵在临死前并未表现出恐惧，而更多的是忏悔和虔诚，并且心甘情愿地承认自己承受的判决是公正的。依照伯爵本人的要求，行刑在伦敦塔秘密进行。他说，他担心在最后时刻民众的热爱和怜悯会唤起他内心的骄傲，而在承受天罚之际，自己唯一适当的情感就是谦卑。① 而女王无疑认为，出于审慎，有必要避免让公众目睹如此悲伤的场面。行刑当日，沃尔特·雷利爵士特地赶到伦敦塔，从一扇窗口观看埃塞克斯被处决。他早已被公众普遍厌憎，此举更给他招来极大的骂名。人们认为，他这样做就是为了亲眼目睹敌人的死，引以为快。无论他怎样找借口解释，但如此心胸狭隘的行径根本无法取得公众宽谅。此人的残酷和敌意还体现在，他曾力促对埃塞克斯处以死刑，甚至当塞西尔都动了怜悯心的时候，他仍然不依不饶。② 据认为，正是这种苛酷驱使他做出上述有失男子汉气概的举动。

　　埃塞克斯伯爵年仅三十四岁，就被自己的鲁莽、轻率和狂暴早早断送了性命。对此，如同在其他许多情况下那样，我们不能不感叹人性的无常：一个人拥有如此之多的高贵品质，慷慨、诚挚、友善、勇敢、雄辩、勤勉……却在生命的后半程放纵激情任意妄为，结果不仅毁了自己，还带累诸多友人走上不归路。女王对他的温情和爱慕令他过早地荣誉加身，总体说来，这似乎是造成他不幸命运的主要原因。他自恃深得女王偏宠，以及自己超凡的良才美质，以高傲的态度对待女王，超过了她的爱和尊严所能容忍的极限。

---

① 巴洛博士(Dr. Barlow)就埃塞克斯死刑发表的布道词。Bacon, vol.iv.p.534.
② Murdin, p.811.

女王年事已高,在这个岁数上缠绵多情,在他眼中自然显得可笑,甚至令人作呕。伯爵口无遮拦,将心事轻与人言,轻率吐露了自己对她的感觉。女王曾经多次对他回心转意(这份感情他一直利用到最后),他因此越发有恃无恐,一次次发起新的挑衅,直到彻底突破了她忍耐的底线。他忘记了,她内心尽管充溢着女性的柔情,但占据上风的归根到底还是一颗王者之心。

　　埃塞克斯的一干同党,包括卡夫、达弗斯、布朗特、梅里克(Meric)和戴维斯,都被审判定罪,除戴维斯一人之外,他们所有人均被处死。女王下旨赦免了其他参与者,因为她被说服,相信这些人之所以卷入事件,仅仅是出于对伯爵的友谊和对其安危的关切,对于后者的犯罪意图懵然不知。南安普顿伯爵好不容易才保住一条命,但一直被羁押在监,直到本朝终了。

　　苏格兰国王唯恐自己与埃塞克斯之间的通信败露,触怒伊丽莎白,便派马尔伯爵和金洛斯勋爵(lord Kinloss)出使英格兰,朝贺女王安然度过最近的暴乱和阴谋事变。詹姆斯密嘱二人暗中打听,女王是否采取了任何措施,准备将他逐出王位继承序列?并嘱他们考察贵族首脑和枢密大臣们的倾向性:一旦女王驾崩,他们将会支持何人继承大统?[①] 两位使臣发现,英格兰人心所向大大有利于詹姆斯。他们甚至跟国务大臣塞西尔取得了联络。自从埃塞克斯倒台之后,塞西尔权倾朝野,再也无人能对他构成制约。[②] 国务大臣深谋远略,决定及时争取王位继承人的信任。他知道伊丽

---

① Bitch's Memoirs, vol.ii.p.510.
② Osborne, p.615.

莎白在关乎权位的事情上多么敏感，因此将暗附詹姆斯一事小心
瞒过女王。但他后来公开声称，这种联系对女王再有利不过，因为
苏格兰国王一旦凭着无可置疑的继位资格和英国臣僚的支持稳居
储嗣地位，他就不大可能再给现任君主增添麻烦。他还劝告詹姆
斯国王保持耐心，静待时间为他敞开通向王座的大门，现在没必要
催促他的朋友们铤而走险，那样反而会让他们完全丧失为他效力
的能力。詹姆斯生性公正随和，因此毫不费力地接纳了这个方案。[①]
就这样，英格兰民心悄无声息地一致倾向于承认苏格兰世系的继
位权。埃塞克斯之死结束了党争，对于顺利确立国本可以说有益
而无害。

　　法兰西国王对詹姆斯素无好感，他出于显而易见的理由，反
对英格兰和苏格兰联为一体。[②] 他吩咐驻英大使暗示塞西尔，假
如英国方面设法挫败苏格兰国王的继位企图，亨利愿意给予配合。
不过，鉴于塞西尔对于该计划一直表现出不以为然的态度，法国宫
廷便没有采取进一步行动。于是，唯一有可能阻挠詹姆斯继位的
外国势力就这样迫于形势默许了此事。[③]这年夏天，法王亨利进行
了一趟加来之旅；伊丽莎白女王听说后，特意前往多佛，希望能面
晤这位她非常喜欢和尊敬的国王。亨利对她亦是惺惺相惜，十分
乐于接受这个提议，但由于遇到许多实际困难，双方只得暂且搁置
会面计划。不过，伊丽莎白先后给亨利写了两封信，一封由埃德蒙
兹转交，另一封由罗伯特·西德尼爵士送去。她在信中表示，希望

（左侧页码：340）

（右侧旁注：法兰西事务）

---

①　Spotswood, p.471, 472.

②　Winwood, vol.i.p.352.

③　Spotswood, p.471.

能与法王完全信任的某位大臣商讨一件重大事宜。于是，法王派驾前宠臣、首相罗斯尼侯爵（Marquess Rosni）乔装前往多佛，那位能干的政治家后来在回忆录中一五一十地记载了他与伊丽莎白女王会晤的详情。女王构想了一个计划，欲同亨利携手共筑欧洲新体系，在奥地利家族的废墟之上奠造新邦，从而确立持久的势力均衡。她甚至能够未雨绸缪地预见到盟友实力坐大后可能带来的危险，打算让尼德兰十七省全部联合为一个共和国，形成一道永久屏障，抵御法兰西和西班牙王国危险的势力增长。亨利本人长期以来也在思考这样一个反对奥地利家族的计划，当罗斯尼发现伊丽莎白和自己主上的想法不谋而合——不仅在大局观上如此，甚至构想了相同的实施方案——他不禁连声惊叹。但此时法兰西国内局面初定，百废待兴，亨利还无法腾出手来开启这桩大业。罗斯尼说服女王，有必要将联手打击奥地利家族的计划推迟几年。罗斯尼告辞而去，对于伊丽莎白可靠的判断力和杰出才智充满应有的钦佩，认识到这位女王博得全欧洲的崇高赞誉，实属名不虚传。

　　女王雄才大略，制定了如此宏大的战略蓝图，考虑到她已是垂暮之年，又操心于爱尔兰事务，这一点就更显得不同凡响。爱尔兰那边虽有能臣良将统御，胜绩斐然，但局面依然纷乱，女王陛下不得不拨出很大一部分军力加以应对。爱尔兰战事糜费甚巨，给女王的微薄岁入造成沉重负担。大臣们素知女王性情节俭，因势利导提出一种撙节开支的权宜方案；女王起初反对这样做，但最终还是采纳了他们的建议。大臣们奏告女王：每年从英格兰汇到爱尔兰的大笔军饷，经过必要的流通过程，最终流入叛军之手，这样他们就有了钱从海外购买武器和军火，鉴于爱尔兰极度贫困、一切有用的商品均告匮乏，叛军若没有这个财源，断乎找不到别的途径筹钱购置军火。他们建议女王用劣币支付军饷，并且断言，此举不仅能大大节约开支，而且由于这些劣币出口无利可图，故而根本不可能流入外国市场。一些更明智的阁臣则坚持认为：倘若参照原价值按比例提高将士们的薪饷，爱尔兰叛军必定也能从中同等获益；倘若不给将士提薪，就会带来哗变风险，因为无论这些成色不足的金属片上所铸面值如何，将士们很快就会从经验中发现朝廷耍花招克扣了他们的饷银。①尽管伊丽莎白女王时常自诩她在位期间通过确定国家铸币标准，纠正了之前几朝铸币严重贬值的弊政，并且绝少在这个敏感问题上标新立异，但她还是禁不住被财务大臣似是而非的论点诱惑，批准铸造了一大批劣币，用于支付驻爱尔兰部队的薪饷。②

　　爱尔兰总督蒙特乔伊精明强干，他预见到部队哗变的危险，便立即率军出战，要通过严格的纪律约束和频繁与敌交战来消除隐隐露头的矛盾。他修建了几条军用道路，又在莫赫里(Moghery)筑起一座要塞；他把麦克吉尼斯(Mac-Genises)逐出勒卡尔(Lecale)；他频频发动小型攻势，袭扰驻扎在阿尔斯特的蒂龙；还不分季节地在全境到处破坏爱尔兰人的粮食供应，企图饿死被迫躲进树林、荒沼的爱尔兰人。与此同时，亨利·道克雷爵士(Sir Henry Docwray)率领的另一支英军攻取了德里城堡，驻军纽顿(Newton)

（蒙特乔伊建功爱尔兰）

---

① Camden, p.643.
② Rymer, tom.xvi.p.414.

和埃霍格(Aihogh)，又占据了巴利香农(Balishannon)附近的多尼戈尔修道院(monastery of Donnegal)，派兵进驻，抵御奥唐纳(O'Donnel)麾下爱尔兰叛军的进攻。乔治·卡鲁爵士在蒙斯特省也没闲着，他捉住了挂名伯爵德斯蒙德，将他与另一位爱尔兰酋长弗洛伦斯·马卡蒂(Florence Macarty)一并押赴英伦。他还逮捕了多名嫌疑分子，向另一些人索取人质。在获得来自英格兰本土的两千援兵之后，他挥师进入柯克(Corke)，运去大批武器给养，严阵以待，防备西班牙人迫在眉睫的入侵。总督大人接到南方诸省面临危险的警报，便停止追击已经深陷困境的蒂龙，率部回防蒙斯特。

9月23日 最后，西班牙侵略军在唐·胡安·达奎拉(Don John d'Aquila)率领下进抵金塞尔(Kinsale)城下。戍守该城的理查德·皮尔西爵士(Sir Richard Piercy)手下只有一百五十名将士，眼见敌军势大，只得弃城而走。西班牙人共有四千之众，爱尔兰人也心向入侵者，期待摆脱他们痛恨的英国统治。引起他们怨望的一个主要原因是当局在司法中引入了陪审团制度，①尽管这一制度最有利于维护公平和自由，英格兰法律也因之理直气壮地闻名于世，但是爱尔兰岛民却对此深恶痛绝。爱尔兰人自认为是西班牙人的后裔，对西班牙人抱有极大的好感，共同的天主教信仰也成为他们投向入侵者的理由。达奎拉在爱尔兰以"维护天主教信仰的圣战将领"自居，他极力游说爱尔兰民众，称伊丽莎白已被教宗连下几道诏书罢黜王位，其属下臣民对她的效忠誓言均被解除，西班牙人此番兴师而

① Camden, p.644.

来，为的就是从魔鬼统治下解救爱尔兰人。[1]蒙特乔伊发现，必须采取积极有力的行动，才能阻止爱尔兰全面叛乱。他集结军队，在陆上对金塞尔形成包围，同时理查德·莱维森爵士率一小队海军，在海上封锁该城。行动刚刚展开，就听说阿方索·奥坎波（Alphonso Ocampo）又率领一支为数两千的西班牙部队登陆，攻占了巴尔的摩（Baltimore）和贝雷哈文（Berehaven）。蒙特乔伊只得派乔治·卡鲁爵士分兵前去抵挡。与此同时，蒂龙与兰德尔（Randal）、麦克萨利（Mac-Surley）、凯利的蒂雷尔男爵（Tirel baron of Kelley）以及其他多位爱尔兰酋长都已率全部兵力投靠了奥坎波，正急急赶来欲解金塞尔之围。总督大人通过截获的信件洞悉了敌方意图，提前做好迎战准备。在获得莱维森及所部六百名海军增援之后，总督大人排兵布阵，在敌人必经之路上占据了有利地形，只留部分骑兵作为机动力量，以防达奎拉和城内西班牙守军发动突袭。蒂龙率领一支由爱尔兰人和西班牙人混编的先头部队渐渐走近，惊见英军严阵以待，他当即呼哨示意后撤；总督大人传令追击，英军将这支先头部队冲得七零八落，趁势直扑敌军主力部队，击溃了他们，杀敌一千二百人。[2]奥坎波被俘，蒂龙逃到阿尔斯特，奥唐纳则亡命西班牙。达奎拉发现自己已经山穷水尽，只得与英方协商有条件投降，任由总督予取予求，他在投降文书中同意交出金塞尔和巴尔的摩，并承诺率部撤离爱尔兰王国。这次大捷，加上凯里总督威尔莫特（Wilmot）和罗杰·哈维、加文·哈维（Roger and

---

[1]　Camden, p. 645.

[2]　Winwood, vol. i. p. 369.

Gavin Harvey)两兄弟在别处所取得的胜利,使得爱尔兰叛军意气消沉,英政府平靖爱尔兰的事业终于迎来一线曙光。

　　爱尔兰战事虽然传来捷报,却给女王造成极为沉重的财政负担。议会的拨款仅是杯水车薪,还总是被视作对王室的重大妥协;女王已经在生活上极度克俭,迫于压力只得采取其他权宜之计,比如变卖王室领地和珠宝,[1]向民间借贷,[2]筹款资助这项对于英格兰王国荣誉和利益攸关的事业。出于事务所需,她不得不再次召集议会。在本届议会上可以看出,女王虽已迅速苍老,又因埃塞克斯被处决的不幸事件而民望大损,以致当她公开露面时,民众不复像往常那样爆发出阵阵欢呼,[3]但她凭着那股生龙活虎的个人气势,依然君威不减,王权跟从前一样至高无上、不受任何辖制。

　　伊丽莎白女王活跃有为,本朝在民事和军事领域涌现出大批杰出人才。女王因财力所限,无法对他们论功行赏,便效法前朝先例,采取了一种变通手段——只是做得越发变本加厉,乃至发展到了极端。她将许多商品的专营权授予身边仆从和廷臣,后者再转手出售给二级买主,这些买主遂有权任意抬高商品价格,大大妨害了王国商贸、制造业和行业竞争的正常发展。这些被垄断专营的商品数量之多、地位之重要,实在令人吃惊。其中包括:小粒葡萄干、盐、铁、火药、纸牌、小牛皮、兽皮、牛腿骨、牛胫骨、鲸油、各种布料、陶土、八角、醋、海煤、钢、烈性酒、刷子、罐子、瓶子、硝石、铅、语法书、油、炉甘石、鲸脂油、玻璃制品、纸张、淀粉、锡、硫磺、

344

10月27日
议会召开

---

① D'Ewes, p.629.

② Ibid.

③ Ibid. p.602. Osborne, p.604.

新的帷幔、沙丁鱼干，铁制军械、啤酒、号角、皮革的运输，以及西班牙进口羊毛、爱尔兰进口纱线，等等。这些仅仅是划入专营的一部分商品而已。[①]当这份商品名录在下议院宣读时，一位议员嚷道，"这份单子里难道没有面包吗？""面包？"所有人都惊愕地面面相觑。"没错，"他回答道，"我敢保证，如果这样迅速发展下去，等不到下届议会召开，面包就要被纳入垄断专营了。"[②]这些手握专营权的垄断者贪得无厌，在有些地方，他们径自将盐价从原来的每浦式耳十六便士抬到十四、十五先令。[③]如此暴利自然会引来贩私分子，为打击争利者，专营权所有人倚仗枢密院批准的强制执行权，随心所欲地压榨民众，任意指控他人侵犯专营权、借以勒索钱财。[④]比如，硝石专营商有权闯进各家各户，在马厩、地窖和任何他们怀疑私藏硝石的地方大肆搜查、破坏，惯常向那些希望破财免灾的人家索要贿赂。[⑤]这种政策令国内商贸遭受全面抑制，勤勉经营完全没有立足之地；另一方面，对外贸易的各个领域都被垄断公司包揽，对货品随意定价买卖。

　　这些弊政在当时令人忍无可忍，其严重恶果亦是史无前例。上届议会召开时，便已将此事列入讨论，并且向女王呈上请愿书，抗议滥授专营权的问题。但是女王不顾民众呼声，执意保护专营权持有人。在本届议会上，下议院提出议案，要求废止所有专营权；

---

① D'Ewes, p.648, 650, 652.

② Ibid. p.648.

③ Ibid. p.647.

④ Ibid. p.644, 646, 652.

⑤ Ibid. p.653.

鉴于前番向女王上书请愿无果,这次他们坚持要求立法,作为纠正弊端的唯一可靠途径。另一方面,众廷臣则坚称此事关乎王室特权,下议院唯有以最谦卑恭谨的态度恳请女王陛下仁慈施恩,否则断无成功的指望。上述两个议案由朝臣和乡绅平等提出并得到双方认可、在下议院被提起,在认同民权和在伊丽莎白女王治下所享 346 自由权利的时人看来着实非同寻常。议员们断言,宽赦和严饬的权柄均握于女王陛下之手——她可以凭此权力放开法律法规的限制,同样可以凭此权力禁止法律许可的行为。[①] 对于王权,不得推究、争论或审查,[②] 甚至不容许任何限制。[③] 在英格兰这样的绝对君主制下,君主具有某种神性。[④] 试图用法律或法令束缚女王的双手是徒劳的;因为她可随意运用君主的特免权,摆脱法律的制约。[⑤] 即使在某部法令中增添一个排除女王特免权的条款,她照样可以先免除该条款的效力,再免除该法令的效力。[⑥] 所有这些发言,按照我们目前关于议会制度的观念来看,放在英国下议院这个场合简直不成体统,倒更适合土耳其咖啡馆。一番论争之后,女王意识到垄断专营如此招人痛恨,很可能因之掀起轩然大波,便召见了议长大人,要他转告下议院,她会立即取缔那些为祸最烈、令百姓不堪重负的专营许可。[⑦]

---

① D'Ewes, p. 644, 675.
② Ibid. p. 644, 649.
③ Ibid. p. 646, 654.
④ Ibid p. 649.
⑤ Ibid.
⑥ Ibid. p. 64, 646.
⑦ 参见本卷卷末注释［HH］。

女王陛下如此仁慈、屈尊恤下，令整个下议院惊讶、钦佩、感激不已。一位议员噙着热泪说，哪怕听到赐予他永恒福乐的判词，也比不上此刻叫他欣喜若狂。[1]另一位议员表示：这消息来自神圣的女王，有如天上妙音，吾等当以对待福音的态度来感恩领受，将其铭刻在心版之上。[2]他又说，正如神的荣耀不能分与他人，他们如今的繁荣幸福也都是拜女王一人所赐。[3]下议院投票决定，由议长偕一个委员会请求觐见女王陛下，当面叩谢女王陛下对臣民的慷慨让步。

当议长一行被引至女王面前，他们全体双膝跪倒，良久保持着这个姿势，直到女王觉得差不多了，开口吩咐平身，他们才站起身来。[4]议长代表下议院向女王陛下表达感激之情，因为她那神圣的双耳永远张开聆听她子民的祈求，她那赐福的双手永远伸出来解救她子民的疾苦。议长禀告女王陛下：下议院众臣满怀忠忱和感恩地承认，不待他们发出吁求，女王陛下早已为之计深远，以她那无尽的恩典、当受一切颂赞的良善时刻看顾他们的福祉。女王陛下洪恩丰沛，远远超过他们所求所想，更是他们不配领受的。他说，信守承诺永不改变本是神的属性，也同样适用于女王；女王陛下纯全至真、恒久坚贞、全然良善。他最后总结说："女王陛下洪恩，

---

① D'Ewes, p. 654.

② Ibid. p. 656.

③ Ibid. p. 657.

④ 据Hentzner的旅行笔记所记，凡在伊丽莎白女王驾前奏对者无人不跪，不过她偶尔会挥手示意一些人起来。不仅如此，只要她的眼光转向哪边，那厢的人便齐齐跪倒。（她的继任者最先允许廷臣免去这种礼仪，因为他不行使专制权力，所以放弃了专制的仪文。）甚至伊丽莎白女王不在场的时候，围绕在女王桌边的人（尽管他们都身份尊贵）无论入席或离席前都要行跪礼，而且经常施礼三次。

臣等衷心感戴，无论言语还是任何外在举动都不足以道之万一。惟有满怀赤诚和感激，将我们的拳拳忠忱和感恩之心呈于陛下脚前，为捍卫陛下的安全，我们甘愿流尽最后一滴血、战斗到最后一息。"[①]女王十分耐心地听取了这番话，其中满篇阿谀之辞，把她吹捧得有如至高神明一般。她随即做出回复，言语间充满对臣民的殷殷柔情，倘若联想到她此前刚刚施展过霹雳手段，当下也只不过出于必须才舍弃严苛而转向宽柔，那么她这番表态就未免透出一丝虚情假意来。这一关键事件就这样皆大欢喜地收场了。伊丽莎白审慎地及时让步，放弃手中部分特权，成功维护了自身尊严，更使举国臣民对她的爱戴经久不衰。

下议院授予女王的资助空前丰厚：共计有四项补助金和八项十五分之一税。他们不等在专营权问题上获得任何满意答复（他们恰如其分地将此事视作关乎国民利益和福祉的最为重大的议题），就投票通过了这些项目，表现出一片忠忱之心。假设他们拖延批准补助金，试图要挟女王就专营权问题做出让步，以女王的高傲心性，这种制约和猜忌的表现足以让她断然拒绝他们的一切请求，并促使她更激烈、更专横地行使手中王权。

本朝事件所余为数不多，也不甚重要。女王见西班牙人煽动、协助爱尔兰叛乱，给她制造了太多麻烦，遂定意还以颜色，让他们自顾不暇。她装备了一支舰队，共有九艘船，交由理查德·莱维森爵士（Sir Richard Levison）指挥，威廉·孟森爵士为副将，开赴西班牙沿海。主将莱维森率部分船只在海上遇见几艘满载财货的西

[①]　D'Ewes, p. 658, 659.

班牙大帆船，可惜实力有限，未能发动进攻。副将孟森也遇到几艘宝船，但出于同样原因让它们跑了。这两位英勇的海军将领不愿空手而归，决定进攻葡萄牙港口塞里姆勃拉(Cerimbra)，因为他们接到情报，一艘满载财宝的卡拉克大帆船正泊于港内。海港有城堡戍卫，并驻扎了十一艘弩炮战船，又有大批武装民兵出现在海岸上，据信为数达两万之多。尽管存在上述阻碍，加上风向和潮水造成的困难，但英国舰队强攻突入港口，拆除了城堡中的大炮，港内的弩炮战船有的被击沉、有的被焚毁，有的逃之夭夭，那艘卡拉克大帆船被迫投降。[1]将士们带着俘获的宝船返回英格兰，经评估，战利品价值高达一百万杜卡特。[2]西班牙人损失惨重，而对伊丽莎白而言，这笔进项意义尤为重大。[3]

　　自从击败蒂龙、赶走西班牙人之后，爱尔兰事务很快得到解决。蒙特乔伊勋爵兵分多路，扫荡各地叛乱武装。他在查尔蒙特(Charlemont)修筑城堡，又建造许多小型要塞，扼守爱尔兰全境所有交通要道，以爱尔兰叛军的实力，面对这些城堡要塞只能望洋兴叹。亨利·道克雷爵士和阿瑟·奇切斯特爵士(Sir Arthur Chichester)频频出击，迫使叛军疲于奔命，没有任何喘息之机。许多酋首在森林、沼泽中藏匿一段时间之后，不得不俯首乞降，接受总督开出的任何条件。蒂龙本人通过弟弟阿瑟·麦克-巴伦(Arthur

公元
1603年

---

① 　Monson, p.181.

② 　Camden, p.647.

③ 　这一年，西班牙人开始围攻奥斯坦德(Ostend)，守将弗朗西斯·维尔爵士英勇顽强，固守此城五个月。联省议会随即派来一位新总督，接替了他的职务。围城总共持续了三年，丧生者总数高达万人。

Mac-Baron) 请求有条件投降；但蒙特乔伊拒绝接受，要求蒂龙必

蒂龙投降 须无条件投降，交出身家性命，完全仰赖女王的仁慈。蒂龙现身于米尔丰特 (Millefont)，向总督大人投降，其装束举止与当前处境十分相符。蒂龙极尽低声下气地亲口认罪之后，就被蒙特乔伊羁押起来，后者打算将俘虏押赴英格兰，听凭女王陛下发落。

女王病倒 但此时伊丽莎白已经无力享受胜利的欢欣了。她陷入深深的抑郁之中，无论是个人福运带来的所有优势，还是昌盛王朝的无上荣光，都丝毫不能缓解或平息这份抑郁。有人认为女王是因颁旨宽赦蒂龙一事郁郁不乐：她向来决意给予叛乱头子蒂龙应有的惩处，但是后者买通朝中诸位大臣，设法让女王违心签署了一纸赦令。另一种更有可能的推测是，女王发现宫廷内部有人与她的继承人苏格兰国王暗通消息，又觉得自己年迈体衰受到怠慢，因此陷入抑郁。然而还有一种解释，长期以来被史家斥为浪漫空想而不予置信，但最近的一些发现似乎可以证实此言并非无中生有：① 那就是，值此前后发生的某些事件使女王对埃塞克斯的爱死灰复燃，她对自己轻率签发对伯爵的死刑令痛悔万分，满心悲伤。

当初埃塞克斯伯爵远征加的斯得胜归来，发现女王对自己宠眷日隆，便不失时机地抱怨说：他为女王奔走效力，不得不经常睽违圣颜，如此难免令那起小人有了可乘之机，时时在女王面前谗言毁谤他。这份柔情妒意打动了女王的心，她赐给伯爵一枚戒指作 350

---

① 参见 Birch's Negociations, p.206 及 Memoirs, vol ii. p.481, 505, 506, &. c 就这一惊人事实所收集的多种证据。

为爱的信物，向他保证说：无论他失宠到什么地步，无论她如何听信谗言而见责于他，只要他奉上这枚戒指，她一见此物即会忆起往日柔情，怀着耐心和同情听取他的申辩。埃塞克斯历经种种不幸遭际，仍将这件珍贵礼物一直存到最后关头；但在受审、定罪之后，他决心作一尝试，遂将戒指交给诺丁汉伯爵夫人，托她转交女王。这位伯爵夫人被丈夫（他是埃塞克斯的死敌）说服，没有履行这一托付。伊丽莎白一直期待宠臣最后向她发出爱的吁求，却始终盼而不得，便将这归咎于他无可挽回的执拗，经过反复耽延、多番内心交战之后，终于在愤怒和策略考量驱使下，签署了对他的死刑令。后来，诺丁汉伯爵夫人病入膏肓，眼看死期临近，对自己的行为懊悔不已，她请求女王亲往探视，当面乞求女王的饶恕，并透露了这个致命的秘密。女王闻言震惊，勃然大怒。她揪住床上垂死的伯爵夫人来回摇晃，冲她喊道：上帝或许能饶恕，但她决不饶恕！女王怒冲冲拂袖而去，自此便陷入无可救药的深重抑郁。她拒绝一切安慰，甚至不肯进食。她躺卧在地上，情绪阴沉，一动不动，沉浸在痛苦的思绪中，宣称生活和生命本身对于她已经成了不堪忍受的重负。她难得说几句话，出言尽是吐露内心的悲伤，并不在乎让人知道。不过，叹息和呻吟是她发泄哀恸的主要方式，但它们只能表达、却无法平息和纾解她的痛苦。整整十天十夜，她躺在地毯上，倚着侍女们送来的垫子。任凭御医们百般劝说，她都不让人抬她上床，更不肯尝试他们推荐的任何疗法。[①]她那虚弱的身体终于承受不住心灵的长期煎熬，眼看大限将至。枢密院召集会议，

---

① Strype, vol.iv.No.276.

委派掌玺大臣、海军事务大臣和国务大臣就继承人一事请女王的示下。女王气息微弱地说,自己手握帝王权杖,只能传诸王室裔胄。塞西尔请求她更明白地解释己意,她补充道,想要一个王者承袭大位,除了她的至近宗亲苏格兰国王,还能是谁呢?继而,坎特伯雷大主教劝告她集中心神思想上帝,她回答说她是这样做的,她的心神片刻都没有离开上帝。不久她就说不出话了,神志丧失,陷入昏迷状态,数小时后安然逝去,没有抽搐或挣扎。伊丽莎白女王享年七十岁,在位共四十五年。

女王驾崩
3月24日

当夜乌云密布,一道强烈的光芒划过,耀花了全欧洲的眼睛。纵观历史,罕有重要人物如伊丽莎白一般饱受故人的诋毁和朋友的吹捧,也几乎无人像她这样,博得后世的一致公认,享有坚实的声誉。超长的执政时间,加上她那鲜明的个性,帮助她战胜了一切偏见,迫使批评者大大降低谩骂的调门,也让崇拜者的颂圣谀辞多少有所收敛,最终得以超越政治歧见、更超越宗教仇恨,塑成了对于这位女王平生作为的一致评价。她的活力、坚毅、慷慨、明察、警觉和高超的词令,无不堪配最高的赞誉,纵观古往今来的君王似乎可以说无出其右者。倘若她对待臣民能够少些严厉专横,多一点真诚和宽容,便可谓至臻完美。她以强大的意志力控制自身活跃而强势的性格特质,避免超出合宜尺度:她富于英雄气概却不流于鲁莽,素性节俭却不堕于贪婪,她付出友谊而不带偏私,积极进取但并无躁动的湍流和虚妄的野心掺杂其中。但是对于自己性格上的一些小缺点,如喜欢与人比美、贪求称颂、爱中的嫉妒心、时时喷薄而出的暴烈脾气,她并未同样着意防范,自我约束也不是很成功。

女王性格
点评

352　　　伊丽莎白非凡的治国才能不偏不倚地基于她的性情和能力。她天生自控力超强，很快就获得了对臣民的绝对支配权；她以诸多真正的美德赢得他们的敬仰，同时也凭借造作的假象博取他们的爱戴。在历代英格兰君主当中，很少有人即位时处境比她更艰难，更没有一位能像她这样，把王国治理得方方面面都如此成功、如此繁荣昌盛。她虽不懂得处理宗教分歧的真正秘诀在于宽容之道，却能以出众的审慎保护自己的臣民，使英格兰未像周遭邻国那样，陷于宗教纠纷带来的混乱和动荡。她的对手乃是欧洲最强大也最活跃有为、雄心勃勃、纵横无忌的几位君王，但她却以自身的勃勃气势给这些强邻留下深刻印象，同时丝毫无损于自身的伟大。

　　伊丽莎白的朝堂之上智臣勇将层出不穷，分享她成功的礼赞，然而他们非但不曾夺走女王应得的荣耀，反而越发增添了她的荣光。他们所有人都是承她慧眼提携才升上高位，成为国之栋梁，并得到她始终如一的坚定支持。任他们如何能力超群，却从来无法对她获得任何僭越的支配权。无论在家、在朝还是面对整个王国，她都同样保持着女主身份。她内心里被柔情的强大力量所支配，但是理性的力量却更胜一筹；在二者的搏斗中，她虽为胜利付出了明显的代价，但这只能表明她的意志是何等坚定、她的志向是何等高远。

　　这位女王的盛名虽然超越了党争和宗教派系的偏见，却仍暴露于另一种偏见之下。该偏见由于发乎自然，故而更加持久，并且根据我们看待她的不同视角，既有可能大大夸张褒扬、也有可能贬损她的人格光彩。这种偏见是基于对她性别的考虑。当我们把她作为一个女人来看待，往往对她的卓越品质和超凡能力叹为观止，但我们也很容易倾向于要求她具备些许温柔的性情、宽容的秉性，以及女性特有的和婉柔弱。然而，要评价这位女王的功绩，真正恰当的方法是抛开这一切考虑，单单把她视作一个被置于掌权者地 353 位、受托治理人类的理性存在。我们发现很难把她想象成一位妻子或家庭主妇，但是尽管存在某些重大的例外情况，她作为人君的素质却无可争议地博得了一派喝彩和赞许。

附录三

英格兰政制—岁入—商贸—军力—社会习俗—学问

　　我们中间那个以拥护自由和民选政府著称的党派，长期放任
自己对继后几朝君主的偏见，无限褒扬伊丽莎白的美德和智慧。
他们对本朝史实极度无知，竟至于赞美她尊重宪法，敏于关注臣民
的自由和特权——殊不知这正是她身上最欠缺的品质。不过，鉴
于党派偏见几乎不可能长期遮蔽如此明显且无可否认的事实，而
今已然出现了一种危险倾向：公众有可能走向相反的极端，心怀厌
憎看待这位女王，因她行使王权的方式与我们现在对于合法宪政
的一切理念完全背道而驰。然而，伊丽莎白所主张的特权不过是
历代先王的传承；她相信臣民没有资格较其先辈享受更大自由，而
且她还发现，他们完全驯顺于她的专制统治。她若跟这种赋予自
己无限权威的体制过不去，岂非有违自然？在权力的具体行使过
程中，永远不应忘记一个问题："怎样做是最好的？"；但在现有体
制成员间一般权力分配中，除了"既有惯例如何？"，几乎再无
余地提出任何其他问题。君主自愿放弃权力，在历史上几无先例。
凡是放弃权力者，无不经历一番挣扎抵抗，最后才心不甘情不愿地

被迫放手。如果在既定惯例以外独辟蹊径，另创一套规则，势必招 355
来无休无止的派系纷争。此外，尽管许多国家的体制——尤以英
国为最——曾在剧烈变革的推动下有所进步，但是我们对那些为
民争权的爱国志士的赞美理当有所保留，并且绝对不应对坚持古
制者抱有丝毫敌视。[1]

　　要想了解英格兰古代政制，再没有哪个时期比伊丽莎白一朝
更值得研究。这位女主拥有的特权几乎从未遭遇任何争议，故而
她行使特权也毫不踌躇。伊丽莎白性格专横，远超后继几朝君主，
因此她频频以横暴姿态行使权力，将威权发挥到极致。而她深受
臣民爱戴，足以证明她并未侵害民众既有的自由。她最著名的一
些施政举措都有充足的证据存留至今。尽管这些证据的来源均超
出普通史家的记载范围，但唯其如此才更能说明其真实性，并有力
地证明了她的行权举动在时人眼中不过是普普通通的施政过程，
因为同时代史家并不觉得有什么地方异乎寻常，值得记录在册。
如果说她的施政与过往世代有何不同，似乎只能说此前各朝民众
的顺服程度甚至比伊丽莎白时代还要高。[2]我们在此倘对一些古 356

---

　　① 这里所说的古制是指现今的自由体制奠立之前普遍实行的制度。在更古老的
制度下，民众享有的自由可能比都铎王朝治下更少，然而君主拥有的王权也同样不及都
铎时代。那时贵族实力雄厚，强有力地制约着王权，乃至对君主构成威压。但还有一种
更为古早的制度，即《大宪章》签订之前的制度。那时无论民众还是贵族都没有任何常
规意义上的特权，若逢能主在位，国家大权几乎出其一手独揽。英国的政制和所有其他
国家一样，一直处在不断波动起伏的状态。

　　② 1569年，国务大臣塞西尔在其回忆录中论及王国状况，有这样一段话："随之
而来的是对国内政策的服从性衰退，与昔日所有低等级人群对较高等级的恐惧敬畏形
成极大反差。任何明智审慎之士面对这种情形，眼见这股不顾一切寻求革新的潮流，都
不免骇然。"Haynes, p.586. Again, p.588.

老的王室特权加以阐释，并揭示昔日英格兰君主强大权力的来源，看似并无不妥。

英国王室最古老、最牢靠的一项特权工具就是星室法院。它拥有无限自由裁量权，可对被告处以罚款、监禁和肉刑，其管辖权限广及一切不受普通法制约的罪错、不敬，以及妨害治安和良好秩序的行为。该法庭的成员包括枢密大臣和法官，他们所有人的职位统统由国王随意任免；当国王陛下亲临法庭时，他就是唯一的法官，其他人只能从旁提出建议。在任何政府中，只消这样一个法庭就足以终结所有规范、合法、精确的维护自由权利的设计。因为有谁胆敢跟王权和大臣们作对呢？在如此专制的司法制度下，又有谁不惮危险，立志成为自由的守护者？我深感怀疑，现今欧洲的众多君主专制国家当中，可有哪一国存在如此非法、如此专横跋扈的审裁机构？

宗教事务高等法院是一个更可怖的审裁机构。这既是因为它所认定的异端罪比任何民事犯罪都更难以界定，也因其审讯和宣誓管理办法违背了一切最浅显的正义和公平理念。该法院经常做出罚款和监禁判决；大批拒奉国教的教牧被判免职或停职，人数一度高达英格兰神职人员总数的三分之一。[1]伊丽莎白女王曾在一封致坎特伯雷大主教的信中明确表示，她决心"不允许任何人偏离权威机构以及她本人颁布的法规、禁令所限定的正道，不得偏左也不得偏右"[2]。

---

[1]　Neal, vol. i. p. 479.

[2]　Murden, p. 183.

但是还有一种比上述两者更迅速、更专制也更横暴的审裁方式，那便是启用军事管制法。每逢国内发生暴动或骚乱，王室就会采取这种措施；在那个时代，该法令的权力行使对象不仅限于军人，更包括全体人民。只要被本郡宪兵司令、治安长官或其助理无端怀疑，任何人都可能被当作叛乱分子、协助或教唆叛乱分子遭受惩处。培根勋爵说过，依照普通法审理埃塞克斯伯爵及其同党实乃对其开恩，因为此案本可以并且应当依军法严惩。[1]我们见过玛丽女王启用军事管制法捍卫天主教正统的实例。在平定北方叛乱之后，伊丽莎白女王曾经致信萨塞克斯伯爵（这封信一直存留到今天），女王在信中严厉斥责那位伯爵，因为她没听说后者动用军法诛杀任何叛党，[2]尽管我们知道，将近八百人因受那次小规模叛乱牵连而罹祸。历代英王启用军法并不总是局限于内战和骚乱时期。1552年，爱德华国王在国内未发生叛乱或骚动的情况下，授权钦命专员"依其自由裁量认定极其必要之情况下"即可启用军事管制法。[3]伊丽莎白女王也同样不吝使用该法。1573年，有个名叫彼得·伯切特（Peter Burchet）的清教徒听信他人教唆，认为斩杀敌对福音真理者是件功德，他冲上街头，遇见著名船长豪金斯，误认为是女王驾前宠臣哈顿而出手将其打伤。女王怒不可遏，下令即刻按军法惩办此人，但是几位审慎的阁臣劝道，军法通常只限于动乱时期启用，女王于是收回成命，对伯切特按普通法程

---

① Vol. iv. p. 510.

② MS. of Lord Royston's from the Paper Office.

③ Strype's Eccles. Memoirs, vol. ii. p. 373, 458, 9.

序审理。① 不过,她在行使这种权力时并不总是如此有节制。在保留至今的伊丽莎白女王一朝史料中有一份公告,女王在其中下令动用军法惩处凡从海外偷带教宗敕令乃至一切禁书和小册子入境者;② 敕令各郡治安长官及其助理任意处罚此类罪犯,任何人不得质疑,"即使任何法律法规中存在任何相反的条文"。我们从现有史料中得知,她还做出过比这更出格的举动。当时伦敦街头充斥着流浪汉和暴徒,市长大人一直竭力试图平靖治安,星室法院也行使了权威,对这些暴徒绳之以法;但是女王陛下发现上述措施成效甚微,便下旨启用军事管制法,任命托马斯·威尔福德爵士(Sir Thomas Wilford)为宪兵司令:"授权并责成其按照伦敦或周边各郡治安法官的指令,对按军事管制法规定应予迅速处决之人犯施行逮捕并带走,并在上述治安法官在场的情况下,遵照军事管制法的规定,在绞刑台或绞刑架上,或在上述叛逆而屡教不改之罪犯的作案地点附近予以公开处决。"③ 私以为,如此这般的权力行为实乃天下难寻,除非远赴莫斯科公国或可一见。爱德华四世国王颁给里弗斯伯爵(Earl Rivers)的高级治安官特许状证明了该职务的性质:其权力是无限、永久的,无论在和平时期还是战争及叛乱时期都同样有效。在爱德华六世一朝,议会承认治安官法庭和军事法庭的管辖权属于王国法律的一部分。④

---

① Camden, p.446. Strype, vol.ii.p.288.

② Strype, vol.iii.p.570.

③ Rymer, vol.xvi.p.279.

④ 7 Edw.VI.cap.20. 参 见 Sir John Davis, The question concerning impositions, tonnage, poundage, prizage, customs, & c. fully stated and argued, from reason, law, and policy dedicated to King James in the latter end of his reign, p.9。

星室法院、宗教事务高等法院和军事法庭虽说都是武断专横的审裁机构，但在表面上还打着审判的幌子，至少会给出判决；但在那个年代还有一种普遍存在的严厉处罚，无需任何其他权威许可，只要国务大臣或枢密院一纸令状，[1]就可在任意时间将人投入任意一座监牢。逢到局势紧张时期，所有监狱都塞满国事犯，这些背负怀疑的倒霉蛋有时被关入地牢，镣铐加身，遭受最残酷的对待，无法获得任何法律救济。

这种做法是一种间接的酷刑，至于拉肢架，在一般执法过程中固然不被允许，[2]但在审讯疑犯时，经常由国务大臣或枢密院授权批准使用。就连威尔士边区政务委员会也得到枢密院授权，在他们认为适当的任何时候使用酷刑。[3]培根勋爵曾经讲过一个故事，极有力地证明了动用拉肢架是何等容易。这里不妨引用他的原话："女王陛下对海沃德(Haywarde)恼怒万分，因为他将一本书题献给埃塞克斯伯爵，书中讲的是亨利四世登基初年的故事。女王认为此书蓄意煽动，向民众灌输胆大妄为、分裂夺权的观念。[4]女王说，她觉得书中包藏反意，并且问我能不能从中找出证据，定他个叛逆罪？我回答说，叛逆罪的证据确实找不出，但是重罪的证据倒有不少。女王陛下急切地追问，在哪里？我对她说，作者显然犯有

---

①　1588年，伦敦市长因数名市民拒绝其借贷请求，便将他们关进监狱。Murden, p.632.

②　Harrison, book ii. chap. 11.

③　Haynes, p.196. 更多相关内容参见 la Boderie, vol.l. p.211.

④　据我们理解，海沃德那本书的用意似乎恰恰相反。因为书中原文照录了卡莱尔主教的著名演说，其中明白无误地阐述了绝对服从的原则。但伊丽莎白女王在此问题上是极难取悦的。

剽窃罪:因为他大量摘录塔西佗的句子,直接译成英语塞进自己的
书里。还有一次,女王陛下一口咬定此书绝非出于海沃德笔下,背
后必定有个居心叵测的真正作者。她愤愤地说,要将海沃德送上
拉肢架,逼他交代幕后作者。我回答道:不,陛下,海沃德是个博士,
与其拷问他的身体,不如拷问他的文风。给他笔墨纸张和参考书
籍,吩咐他续写书中故事,然后由我来担任审判官,对比前后风格,
判定他究竟是不是真正的作者。"①请看,若不是培根的仁慈,或者
更确切地说是他的机智,此书作者——一个学者——就会因为一
个完全无辜的举动被送上拉肢架。其实他错就错在向慷慨赞助学
界的埃塞克斯伯爵题献了一本书,偏偏正逢那位爵爷见憎于女王
陛下之时。

　　女王陛下欲以叛逆罪审判和惩办海沃德,这个威胁很容易变
成现实,尽管他的书纯然无害。然而如此深重的恐惧悬于国人头
顶,当宫廷定意判处一个人有罪,没有哪个法官敢于判其无罪开
释。按照当时的惯例,审判中不设被告与证人对质的环节,使皇家
律师对被告拥有一切可想象的优势。事实上,在所有这些朝代里,
从未有过君主或大臣在诉讼中落败的例子。陪审团胆小怕事,法
官可以随意任免,他们对王的意志永远是唯唯诺诺。那时候,宫廷
惯常随心所欲地对陪审团成员施以罚款、监禁或其他惩罚,可能毫
无来由,也可能是发现某个裁定违背了依附于他们的法官的意志。
因此,当时的陪审团制度显然无法保障臣民的自由。

　　强制征兵权(无论海军还是陆军)是另一项完全有悖自由的王

---

① Cabala, p.81.

室特权：王命一下，任何人都必须接受无论多么卑微或不适合自己的职位。奥斯本(Osborne)曾经这样记述伊丽莎白行使这项特权的方式："一旦发现有人碍手碍脚，她就会适时地挪去障碍，给他一个需要担责的海外职位，或者安排他在国内服役，丢给他一个没人愿做的差事。"有些君主信奉"收买敌人胜于奖赏自己人"这一错误信条，之所以说它错误，是因为在实践中收效极差，而伊丽莎白反其道而行之，结果却好得多。[1]随后两朝君主的做法受到奥斯本的苛责，究其原因，一来因为他们的处境极其困窘，也因他们的性情比伊丽莎白宽柔许多。另一方面，可想而知，强制征兵权在下层常被滥用，官员们经常借着免除兵役的由头向人勒索钱财。[2]

在这方面，那个时代英格兰的政制有些类似于现今的土耳其，尽管在其他诸多方面差异很大。君主执掌一切权力，唯有征税权除外。而这项限制缺少了其他特权的支撑，似乎反倒给民众造成弊害，在上述两国皆然。在土耳其，苏丹没有征税权，只得允许地方帕夏和省长们强取豪夺，然后再向他们逼索贡礼，或干脆没收他们的财产；在英格兰，女王没有征税权，便通过设立垄断制度，颁发专营许可状敛财。这项发明为害甚烈，倘若女王以自己的步调将此政策持续进行下去，积年累月，英格兰这个财富、艺术和商贸中心到现在恐怕要退化成摩洛哥或北非沿海回教地区的工业荒漠了。

我们还进一步观察到，这项宝贵的特权之所以有价值，只因它

---

[1]　Page 392.

[2]　Murden, p.181.

后来证明了议会争取其他特权的手段在伊丽莎白时代及之前几朝以某种间接的方式受到相当严重的侵夺。伊丽莎白经常向臣民硬行借贷，随心所欲而且极不平等地强加于人，引起强烈反感。因为尽管借款会按期偿还（实际上这种情形很少见），[1]但借钱给君主是没有利息的，对于出借者来说这种损失可谓切肤之痛。[2]

现存史料中还有一份伯利勋爵的建议书，他提出向民众普遍借贷，相当于征收补助金。[3]该计划可使国人更平等地分担税负，但这等于变相地不经议会批准征税。值得注意的是，那位睿智的大臣提出上述计划时，王国并无任何必要的急需。此举与亨利八世所行如出一辙；理查一世也是这样，当时议会掣肘令他恼怒，财政又困窘万分，他便出此下策，惹得国人怨声载道。

恩税是那个时代搜刮民脂民膏的另一项发明。在国人眼中，此举并不违反常规。1585年时，下议院授予伊丽莎白女王一项恩税，女王十分慷慨大度地予以谢绝，因为当时并无用钱之处。[4]此外，玛丽女王曾经凭一纸枢密院令，增加某些领域的关税；她的妹妹也效法其例。[5]西班牙入侵时期朝廷曾经征收造船费，命令几处港口自筹费用装备规定数量的船只。英伦民众保家卫国热情高涨，

---

[1]　Bacon, vol. iv. p. 362.

[2]　理查二世登基次年立法规定：君主凭加盖王玺之令状向臣民提出借贷要求，臣民若有正当理由拒绝，君主应予采信，无需进一步传唤、逼索。参见Cotton's Abridg. p. 170. 该法确认了君主拥有向臣民索借钱款的特权；至于何为"正当理由"，仍然听凭君主裁夺。

[3]　Haynes, p. 518, 519.

[4]　D'Ewes, p. 494.

[5]　Bacon, vol. iv. p. 362.

一些港口城市(特别是伦敦)纷纷加倍完成指派的任务。[①] 每逢为 362
爱尔兰、法兰西或低地国家战事招兵买马时,女王都指令各郡自费
征募兵员、为他们提供武器和制服,并负责将其运往出发港。按当
时的常规,贵族和有头有脸的士绅还要在新年向女王进献节礼。[②]

王室征发和征购特权同样是征敛手段,随心所欲、充满不公和
压迫,令整个王国不堪重负。牛津和剑桥两所大学曾获宽免,在其
周遭五英里范围内禁止王室采办活动,该政策被时人视为莫大的
优待。伊丽莎白女王在登基之初的几年里,曾经运用这项特权为
海军筹集粮草储备。[③]

在所有征敛手段中,监护权仍然是最正规合法的一项王室特
权。然而,它是封建隶属制度的一大标志,对所有显赫世家都构成
压迫。当某家族领地传至女性继承人手上,君主有权随意为她指
婚。若继承人(无论是男是女)年幼,在其成年之前,领地全部收益
都归君主所有。君主打赏廷臣或宠臣的一个常用方法,就是将富
庶领地的监护权授予他们。

强权用以勒索金钱的发明永无止境,而民众却在想象中认定,
限制王室征税权便能保护自己的财产不受侵犯。斯特赖普[④] 收藏
了一份伯利勋爵致女王陛下和枢密院的发言稿,其中一些细节足
以让今人大跌眼镜。[⑤] 伯利提出,女王陛下应当设立专门法院,匡

---

① Monson, p.267.
② Strype's Memoirs, vol.i.p.137.
③ Camden, p.388.
④ 约翰·斯特赖普(John Strype, 1643—1737),英国 历史学家。——译者
⑤ Annals, vol.iv.p.234, & seq.

正一切弊政,授予钦命专员覆盖整个王国的普遍调查权。他向女王进言称,这种措施早有先例可循,她那睿智的祖父亨利七世便借此大大增加了王室岁入;他建议,新设法院的运作应当"遵循法律规定的方向及正常程序,并遵从女王陛下至高无上的管辖权和绝对权威,此乃法律生发之源头。"一言以蔽之,他指望该机构的设立能大幅增加王室财富,较之亨利八世取缔修道院、没收教会资产的巨额所得有过之而无不及。我认为,对于伯利勋爵这个计划根本无须置评。一位睿智善良的大臣能向君主提出这种建议,说明他们置身其中的政制必定专制到极点。

商品禁运是英国王室运用特权榨取民脂民膏的另一手段。这种情况在玛丽一朝已有先例。伊丽莎白在加冕前向海关签发过一道命令,禁售所有进口红色丝绸,务必先行供应宫廷。[①] 毫无疑问,她指望受此禁令约束的商人与宫廷交易时会给出十足优惠的折扣。

议会号称拥有立法权和批准王室补助金的权力,但在那个时代,这些特权同样无足轻重。伊丽莎白女王明令禁止他们染指国家大政和教会事务,并且公然将那些胆敢抗旨的议员投入监狱。她在位期间,几乎没有哪届议会不曾发生过这种专制行径。

当君主拥有普遍承认的特免权,议会的立法权便沦为一句空话——君主动用特免权,可以使一切法律归于无效。这种权力的行使也是建立垄断的间接手段。假使法律对某一制造领域设限,而君主开恩特免一个人可以不遵此令,实际上等于授予他对该商

---

① Strype, vol.i.p.27.

品的垄断经营权。① 当时最激起普遍民怨的情形,莫过于君主频频动用特免权干预刑事司法。②

　　而事实上,王国立法权完全掌握在君主手中,后者通过王室公告可以影响任何事务,哪怕是最重要的事务;星室法院也着意监督落实王室公告的执行,比监督法律的实施更加一丝不苟。这些王室公告的事由往往十分琐屑,甚至可笑。例如,伊丽莎白女王讨厌菘蓝的气味,遂下达敕令,禁止任何人栽培这种有用的植物。③ 她还讨厌当时流行的长剑和高高的飞边领,于是派官员四处查看,凡不合规定尺寸的长剑高领一律折断、剪短。④ 此举跟彼得大帝迫使臣民改变着装的手法如出一辙。

364

　　女王禁止国人说预言、禁止举行狂热的祈祷和宗教集会,该旨令的理据较上述种种更为充分,但仍显明了她那无限的特权。不经她的许可,任何数目的人不得聚在一起读经、讨论教义,即便以非常正统的方式也不行。

　　还有许多其他种类的特权,与准确或正常意义上的"享受自由"格格不入。比如,贵族成婚必须得到君主恩准。南安普顿伯爵曾被女王长期监禁,只因他私娶了埃塞克斯伯爵的表妹。⑤ 任何人不经君主批准,不得随意旅行。据说威廉·埃弗斯爵士(Sir William Evers)曾私自拜访苏格兰国王,因此招致女王的严厉惩

————————

①　Rymer, tom. xv. p. 756. D'Ewes, p. 645.

②　Murden, p. 325.

③　Townsend's Journals, p. 250. Stow's Annals.

④　Townsend's Journals, p. 250. Stow's Annals. Strype, vol. ii. p. 603.

⑤　Birch's Memoirs, vol. ii. p. 422.

处。① 君主甚至将一切对外贸易纳入其至高无上、不受制约的权柄管辖范畴,不经君主批准,任何人不得出入王国,也不准进出口任何商品。②

伊丽莎白女王在位第十三年,议会呈文赞美女王不效先王旧例,不以特别授权令打断司法进程。③ 这种做法是专制权力最具标志性的体现,古今君主滥权莫此为甚。伊丽莎白女王能在这一点上自我约束,非常值得称道。不过,她的克制绝对谈不上持之以恒。据公共档案记载,她多次颁发授权令,豁免特定人员免受法律诉讼和起诉。④ 女王宣称,这些令状乃是依据她所拥有的王室特权而颁发的,关于这一特权断乎不允许任何争议。

365　　债权人向法庭起诉追讨正当债务,触怒贵族或枢密大臣而被投入监牢,在伊丽莎白女王治下司空见惯,或许此前各朝亦是如此。那不幸的人即便打赢了官司,通常也不得不舍弃钱财以换取自由。同样,有些人刚被法官裁决从监狱中释放,便又被抓走关押在秘密地点,没有指望获得救助。就连法院官吏和警官执行有利于债权人的令状,也会遭受惩罚。而且,他们往往派遣残忍贪婪的差吏传达枢密院及宗教事务高等法院的召令,将人带到伦敦拘禁起来,使之被迫撤诉,还要支付一大笔钱作为差吏的辛苦费。伊丽莎白女王在位第三十四年,法官们曾向女王陛下抱怨此类事件频频发生。这种极端恶劣的暴虐行径大约在伊丽莎白时代以后便

---

① Birch's Memoirs, vol. ii. p. 511.
② Sir John Davis's question concerning impositions, passim.
③ D'Ewes, p. 141.
④ Rymer, tom. xv. p. 652, 708, 777.

不复见，因为此后议会呈上的权利请愿书中再没提到这方面的事例。[1] 在伊丽莎白一朝，即使以保护民众、抵御上层暴政为己任的法官们也明确认可，奉女王陛下特旨拘押在狱者不得保释。

不难想见，在这种政制下，通过法律途径从君主手中谋求公义是不可能的，除非后者愿意施予。1592年，雷利和弗罗比歇在海上冒险中俘获一艘满载财宝的西班牙卡拉克大帆船，价值高达二十万英镑。女王在这次远征中占股只有十分之一，然而面对丰厚到远远超乎所想的战利品，她决心不光满足于接受原有份额。雷利谦卑而诚恳地乞请女王陛下接受十万英镑的孝敬，以回应其一再要求或者毋宁说是勒索，他声称，所有股东自愿进献给女王八万英镑，古往今来君主从臣民收受的礼物没有比这更厚的了。[2]

女王在施政中不尊重自由，这并不足怪，因为议会本身在立法过程中亦全然无视自由。议会颁布了多部迫害天主教徒和清教徒的法律，与自由精神截然相悖；他们使大量民众暴露于神职人员和宗教偏执狂的暴政之下，致使国人习惯于最可耻的屈从。他们授予女王无限的至尊权力，更有甚者，还承认这是她承自历代先王的固有权力，此乃他们甘心为奴的又一证明。

伊丽莎白女王在位第二十三年立法规定，发布煽动性言论反对女王者以死罪论处，这也是一条相当暴虐的法令；当局在运用此法时，行动的暴虐程度往往并不稍逊。清教牧师尤德尔(Udal)的遭遇就是个例子，即使在那个专制时代，此案也显得格外刺目。尤

---

[1]　Rushworth, vol.1.p.511. Franklyn's Annals, p.250, 251.

[2]　Strype, vol.iv.p.128, 129.

德尔出版了一本书,名为《属灵操练之外在展现》,在书中猛烈抨击主教专权。尽管他小心翼翼地隐去真名,但仍招来怀疑,被捕入狱,继而面临审判。法庭声称,主教们是女王陛下统治机构的一部分,反对他们实质上就是攻击女王,依法构成死罪。尤德尔蒙受的不公待遇还不止这一端。法官只允许陪审团裁断尤德尔为该书作者的事实是否存在,此外既不准考察他的意图,也不准探究书中字句的含义。皇家律师在举证环节没有安排一个证人出庭,只宣读了两位缺席证人的证词,其中一人说,尤德尔亲口说过他就是作者,另一人说尤德尔的一个朋友曾经这样讲过。法庭不准尤德尔出示任何无罪证据,他们声称,不得提交任何不利于王室的证据。[①] 他们要求他当庭宣誓,声明自己不是该书作者。尤德尔拒绝宣誓,便被判为他有罪的铁证。几乎不用多说,尽管审判过程存在诸多不公,陪审团仍然判处尤德尔死刑。因为圣意如此,他又焉能脱逃? [②] 判决未及执行,他便死在狱中。

彭利(Penry)一案的苛酷程度更甚,如果这也能拿来比较的话。此人是热忱的清教徒,更确切地说,属于布朗派(Brownist),这是清教的一个小教派,后来发展壮大,得名"独立派"(Independants)。彭利化名马丁·马普里莱特(Martin Marprelate)写过一系列抨击教会体制的小册子(*Theses Martinianae*),字里行间充满低俗和激烈的讽刺。他在隐匿数年后被抓获。鉴于反煽动性言论法明文规定,应在犯罪行为发生一年内对罪犯发起审判,

---

① 直到革命之后,"被告有权合法提交不利于王室的证据"的规则才得以充分确定。参见Blackstone's Commentaries, vol.iv.p.352。

② State Trials, vol.i.p.144. Strype, vol.iv.p.21.Id.Life of Whitgift.p.343.

当局无法根据早些年出版的著作给他定罪, 便拿他口袋里搜出的几张纸来做文章, 指控他散发煽动性材料。[1]掌玺大臣帕克林还罗织罪名控告他说, 这些材料"只承认女王陛下在宗教和民事领域的立法权, 却绕开'制定、颁布、确立、签署'法律等暗指女王陛下绝对权威的惯用提法"。[2]彭利因此被定罪、处死。

我们已经看到, 君主"最绝对的权威"(此乃掌玺大臣的原话)建立在二十多项王室特权的基础之上, 这些特权如今已被废止, 其中每一项都与臣民的自由水火不容。然而, 还有一种力量比上述特权更能有效地确保臣民屈身为奴, 就是那个时代的既定法则, 它赋予君主无限且不可剥夺的权柄, 将其视作一切法律的源头, 任何人不得为之设限。当局颁行布道集供教牧们使用, 要求每个礼拜日在所有教会宣读, 普遍灌输对君主盲目且无限的消极服从, 臣民无论出于任何理由或借口, 哪怕在最微不足道的条款上违背君主意志, 皆为非法。此事在后续几朝激起物议沸腾, 原因是一些宫廷牧师获准传讲上述信条, 但这些讲道内容与经过君主和枢密院公开承认并在全国范围内颁布的权威论述差异极大。[3]在伊丽莎白时代及之前各朝, 国人耳濡目染并完全接受上述法则, 凡有反对者即被视作明目张胆煽动叛乱, 甚至得不到舆论的赞誉和认可——当时人们冒着莫大危险和困难反抗暴政, 所能指望的支持无非如

368

---

① Strype's Life of Whitgift, book iv. chap. 11. Neal, vol. i. p. 564.

② Strype's annals, vol. iv. p. 177.

③ 1584年, 神职人员吉福德因宣扬对世俗统治者的有限服从而被停职。Neal, vol. 1. p. 435.

此。① 直到下一个世代,自由的崇高法则才开始生根发芽,并托庇于清教徒的荒谬言行而广泛传播,在民众当中流行开来。

值得一提的是,此前的英国政制虽在许多方面属于绝对君主制的范畴,却未获得通常被归因于该制度的优势,即治安更有序、执法更严明。斯特莱普(Strype)收藏的一份法庭文件可以佐证这一事实,② 该文件出自萨默塞特郡一位著名治安法官的笔下,成文时间是1596年,此时伊丽莎白女王一朝已近终结,据信这位女王的权威已然历经时间考验而充分巩固,她的统治之道也在长期实践中越发精进。文件描述了当时萨默塞特郡的普遍乱象。作者称,该郡一年有四十人因抢劫、盗窃和其他重罪被处决,三十五人被烙手,三十七人被判鞭刑,另有一百八十三人被释放。作者认为被释放者都是恶劣到无可救药的刁民,绝不可能学好,因为他们拒绝做工,也没人愿意雇用他们。他指出,尽管起诉案件数量众多,但郡中仍有五分之一的重罪犯未受审判,其中大多数人之所以能逃脱惩罚,要么是因为案犯本人老奸巨猾,要么是治安法官疏于职守,或是民众愚蠢的宽容所致。无数品性恶劣的闲散流民四处游走劫掠,令可怜的乡民不堪其扰,只得时刻警醒,看牢自己的羊圈、牧场、树林和麦田。英格兰其他各郡的情况也不比萨默塞特好,很多

---

① 值得注意的是,在莎士比亚所有的历史剧中,对于若干个朝代的风俗、人物乃至事件都给予精确入微的再现,却几乎从未提及"公民自由",尽管一些自称的史家把它想象成古代一切争执、叛乱和内战的因由。悲剧《理查二世》中有段以辞藻繁丽著称的英格兰颂,其中细数了英格兰的种种优点,却无一语言及此邦的政体有别或优于其他欧洲王国。我们无法想象,这样的遗漏会出现在王政复辟时期以来,至少是光荣革命以来的任何一位英国作家笔下。

② Annals, vol.iv.p.290.

地方甚至更糟。算来每个郡境内至少有三四百名身强力壮的流浪汉靠着偷窃和打劫为生，他们有时结成团伙，最多可达六十人，对居民发起劫掠。他还说，若能设法把这些家伙召聚起来，令其忠顺臣服，足能形成一支大军，与女王陛下最强大的敌人对阵。就连地方官也受到恫吓，不敢对这些人执法；现实中有一些治安法官在下达判决之后，又迫于罪犯同伙的威胁，亲口叫停判决的执行。

　　1575年，女王对议会抱怨执法不力，并威胁说，治安官们若再不警醒振作，她就把这份权力授予穷人，他们会对严格执法更感兴趣。[①]事实证明，她确实说到做到。1601年，议会里怨声纷纭，反映各地治安法官巧取豪夺；一位议员痛斥某治安法官形同畜生，为贪六只鸡的贿赂就能豁免十几条刑律。[②]在伊丽莎白这样一位充满活力的能主治下，政府居然纲纪松弛、疏于维护治安，其中缘由实在令人难以揣摩。想来最有可能的原因是，王室收入微薄，女王没有足够财力雇用大量人手协助执法。[③]

　　总体而言，从祖辈先例来看，英国人没有理由钟情于绝对君主制，或是偏爱君主的无限权威和不受制约的王室特权，而看轻那高贵的自由、甜美的平等和幸福的安全感——他们今日正是凭此超越所有邦国一枝独秀于天下。如果要为那个时代的政制美言两句，充其量不过是说（这或许是实情）彼时君权虽无边界，但在行使中却效法欧洲统治之道，未曾介入行政的所有领域；特权耀武扬威的情形并不特别频繁，不致对臣民财产安全构成明显威胁，或令国人

370

---

①　D'Ewes, p.234.

②　Ibid. p.661-664.

③　参见本卷卷末注释[Ⅱ]。

彻底沦落为奴;君权独大压制了派系之争,在施政方面无论攻守进退,各项措施的落实迅速而又及时,从而形成一些自由空间,或多或少弥补了缺乏合法、确定的自由权利的状况;又因君主手下没有雇佣兵,对于君权构成一种隐性遏制,使王国政制保持在国民习以为常的适中轨道上运行。当时英格兰的状况虽在表面上近乎专制的东方君主制,实则比今日的英格兰政制更远离那种制度——因为今天的英国民众固然享有诸多法律保护,却是赤裸裸地全然暴露于君权的淫威之下,一无防御二无武装,也没有任何中间力量或独立的强大贵族势力居间庇护。

在本附录的末尾,我们要对英格兰这一时期的岁入、军力、商贸、工艺水平和学术状况作一简要介绍。

伊丽莎白女王以节俭著称,有时甚至近乎贪婪。凡能节省的花销,她是锱铢必较,就连最细微事务中的邮递费用也逃不过她的注意。[1] 她也关注一切收益,不放过任何寻常路径之外的获利机会。比如,在长达十九年间,她让伊利教区主教之位保持空缺,好掌握该教区岁入;[2] 她也惯常借提拔主教之机捞取其封地的收益。[3] 但事实上,女王从未积聚起什么财富,甚至在没有急需时拒绝过议会的补助金,从这一点来看,她的性格中似乎极少或完全没有贪婪的

---

① Birch's Negot.p.21.

② Strype, vol.iv.p.351.

③ Ibid.p.215. 女王曾给伊利教区某位主教写过一封有趣的信,保存在教区记录中。信中写道:"骄傲的主教,朕发现你迟迟未按协议行动。然而朕要你明白,朕提拔你到今日之位,也同样能让你下台。朕向上帝发誓,你若不即刻履行承诺,朕就立时剥去你的法衣。你是自取其辱。此致,伊丽莎白。"该主教似乎做出过承诺,用教区的部分土地做一桩所谓等价交易,后来也真的这么做了,却是迫于前面那封信的压力而做的。Annual Register, 1761.p.15.

成分。可是我们也绝不能由此得出结论说，她的节俭是出于爱民之心。她颁发的无数垄断专营许可状令臣民不堪重负，远远超乎正常情况下最重的税赋。她极力克俭的真正源头乃是对独立的渴求，以及对维护自身尊严的关注——倘若她不得不频频向议会求助，不免损及王者尊严。出于这种动机，女王虽卷入几场必要的战争并且取得胜利，却认为不宜向下议院索求适度的资助，相比之下还是陆续出售王室领地更为稳妥。[①]女王终生未婚也无子嗣，因此一心只想满足本朝所需，不惜让后世君主付出代价，由于这种政策加上其他一些情况造成的结果，令随后几朝的君主在毫无防备之下蓦然发现自己陷于极度困窘的境况。

在那个时代，宫廷的排场占到公共开支的很大比例。伊丽莎白身为未婚女性，除了服饰之外别无奢华支出，这就使她有能力以微薄的岁入做些大事。据说她偿清了她父王、兄弟和姐姐在世时欠下的四百万镑王室负债，这个数目在当时堪称惊人。[②]女王去世时，尼德兰联省欠她八十万镑；法兰西国王欠她四十五万镑。[③]尽管那位国王极度节俭，并且自韦尔文和谈之后一直在积蓄财富，然而任凭女王如何迫切催讨，都没能要回自己在他危难之际慷慨接济的巨额借款。女王穷尽所能，力陈爱尔兰叛乱给她造成的严重困境，总算说动他先后偿付过两笔欠款：一笔两万克朗，另一笔

372

---

① Rymer, tom.xvi.p.141. D'Ewes, p.151, 457, 525, 629. Bacon, vol.iv.p.363.

② D'Ewes, p.473. 我认为这个公共债务数额与斯特莱普(Strype, Eccles Mem. vol.ii.p.344.)的记述颇有抵触，斯氏声称，1553年王室负债总额不过三十万镑而已。我认为后一数字可信度更高。以伊丽莎白女王的全部收入都无法在十年间偿清四百万镑欠款。

③ Winwood, vol.i.p.29, 54.

是五万克朗,总共只还了这么多。① 从1589年到1593年,除了议
会微薄的双倍补助金(计二十八万镑),女王为西班牙战事花费达
一百三十万镑之巨。② 1599年,为平定爱尔兰叛乱,女王又在六个
月内支出六十万镑。③ 罗伯特·塞西尔爵士断言,爱尔兰在十年间
消耗了女王三百四十万镑。④ 埃塞克斯伯爵作为新任爱尔兰总督
出征前,女王赠给他三万镑。⑤ 据伯利勋爵统计,她赐给那位宠臣
的所有礼物,总价值当在三十万镑左右;这个数字虽有可能夸大,
却是女王对埃塞克斯深情厚意的明证! 本朝有句俗话,说"女王
吝于赏功,施恩却沛如甘霖"。⑥

　　女王的常规岁入难以确切计算,但肯定大大低于五十万
镑。⑦ 1590年,女王将关税额度从每年一万四千镑提高到五万镑,
并责令收税官托马斯·史密斯爵士(Sir Thomas Smith)返还一
部分先前收益。⑧ 这一增收建议来自一位喀麦登(Caermarthen)
先生,遭到伯利、莱斯特和沃辛汉姆的反对,但圣意已决,无人能
够撼动。伊丽莎白女王的岁入如此微薄、取自国民的供应如此之
少,却凭此成就了令人瞩目的伟业,足以证明智慧和节俭的巨大

373

---

① Winwood, vol.i.p.117, 395.

② D'Ewes, p.483.

③ Camden, p.167.

④ 见埃塞克斯伯爵辩护状附录。

⑤ Birch's Memoirs, vol.ii.

⑥ Nanton's Regalia, chap.i.

⑦ 富兰克林(Franklyn)在其编年史(p.9)中称,除监护权收益和兰开斯特公爵领
的收益(约十二万镑)之外,王国收入总计十八万八千一百九十七镑,其中似乎将王室
领地的收益计算在内。

⑧ Camden, p.558.卡姆登的这一记载与下一朝初年下议院日志中所载关税状况
相去甚远,甚至根本无法匹配。参见Hist.of James, chap.46。

效能。终其一朝，女王从议会只取得二十笔补助金，以及三十九项十五分之一税。我无法断定上述补助金的准确数额，因为补助金的数额呈不断下降之势，在本朝末年获批的补助金每笔仅有八千镑，[1]而在本朝初年则有十二万镑之多。伊丽莎白在位四十五年，如果我们推测这期间她获得的补助金总额达三百万，大致不会与实际情况出入太大。[2]据此算来，女王每年所获补助金不过六万六千六百六十六镑而已。令人惊讶的是，尽管女王的需求如此温和适度，开支如此有节制，但在争取议会资助时却是障碍重重，以致不得不出售王室领地筹钱。不过当时议会就是如此吝啬到极致——几乎到了荒谬的地步。他们把钱看得比什么都重。议员们与宫廷没有联系，在他们心目中，自己的职责只在于削减王室需索，尽可能地少批补助金。另一方面，王室认为议会的用场仅限

374

---

[1] D'Ewes, p.630.

[2] 据索尔茨伯里勋爵统计，女王所获补助金总数仅为二百八十万镑(Journ.17 Feb.1609)。詹姆斯国王估计女王每年获得的补助金额度为十三万七千镑(Franklyn, p.44)，肯定是错误的。有趣的是，我们看到自1754年开战以来，在某些阶段朝廷不吝耗资，有时短短两个月的开销就相当于伊丽莎白女王在位四十五年间从议会获得的补助金总额。与女王的宏图大业相比，这场战争后期极端琐碎的目标更使二者间的反差尤为鲜明。此外我们可以看到，这两个时期的币值基本相当。女王付给步卒的饷银为每人每天八便士。然而我们近来的妄想症已达到史上空前的地步，甚至远超十字军时代。因为，我认为没有数学甚或算术方法能证明"通向圣地的道路并非通向天堂之路"，同样无须证明的是，国家负债的无止境增长是直通国运衰败之路。不过，那一目标既已完全达到，如今再无追想往昔的必要。我们会看到，就在今年——1776年——不列颠岛上特伦特河以北、里丁以西的全部岁入已被永久性地抵押、预支殆尽。余下的那一小部分会怎样？假如那些省份被奥地利和普鲁士占领，情况会更糟吗？差别仅仅在于，欧洲可能会发生某些事件，迫使那些大国君主吐出鲸吞之地。但是再丰富的想象力也无从设想，会发生任何状况令我们的债主放弃债权，或者能让公众趁机夺取他们的收入。我们的愚蠢着实令人震惊：展望前路有无数灾难伺伏，而我们甚至完全丧失了博得同情的资格。

于提供补助金。伊丽莎白女王很少召集议会,因此深得臣民赞誉。[①]
国人并不期待议会匡正弊端,认为召开议会无非是为了确定征税
事宜。

在伊丽莎白时代以前,英格兰列王经常向安特卫普市寻求
自愿贷款。他们的信用极低,因此除了要支付百分之十到十二
的高息之外,还得把伦敦市拉入担保行列。本朝菁英人物之一、
伟大而富有进取心的商人托马斯·格雷沙姆爵士(Sir Thomas
Gresham)出面组织商业冒险家公司为女王提供贷款,随着借款按
期偿付,女王逐渐在伦敦奠立了信用,从而摆脱了对外国信贷的
依赖。[②]

不过,在1559年,女王曾经通过格雷沙姆向安特卫普市寻求
二十万镑贷款,用于改革币制,以扭转当时铸币严重贬值的状况。[③]
她极其失策地推出币制革新,将一镑原银铸为六十二先令,而非过
去的六十先令。这是英格兰最后一次篡改铸币标准。

伊丽莎白女王深知王国防务极有赖于海军实力,因此积极鼓 商贸
励商贸和航海事业。但是,由于她的专营许可制度使国内产业一
片凋敝——须知该领域的重要性远远超过外贸,并且是后者的基
础——导致她的一般性措施与期望目标南辕北辙,更难以促进国
民财富增长。众多垄断公司同样直接遏制了对外商贸。尽管存在
上述不利因素,当时的时代精神却强烈倾向于海上事业,除了对西
班牙的军事征讨之外,英国人还多番出海探索地理新发现,开辟了

375

---

① Strype, vol.iv.p.124.

② Stowe's Survey of London, book i.p.286.

③ MS.of lord Royston's from the paper office, p.295.

许多外贸新航线。马丁·弗罗比歇爵士为开拓西北航路前后三次出海，劳而无功；戴维斯（Davis）毫不气馁再次出征，终于发现了那道以他的名字命名的海峡。1600年，女王向东印度公司颁发首份专营特许执照，当时该公司股本价值七万两千镑。他们装备了四条船，交由詹姆斯·兰开斯特指挥，踏上这条新贸易路线。此番冒险大获成功，船儿满载财货归来，激励着这家公司再接再厉。

玛丽女王当政期间，通往阿尔汉格尔（Archangel）的水道被发现，与莫斯科公国的贸易就此开启。不过，直到1569年左右，双方才开始大规模贸易往来。伊丽莎白女王从沙皇处为英国取得了对莫斯科公国的独家贸易特许状，[①]并在个人及国家层面与沙皇建立了友好同盟关系。这位沙皇就是有名的暴君伊凡雷帝——伊凡·瓦西里耶维奇（John Basilides），他一直疑心臣民要起来推翻自己，谋求在英格兰觅得安全退路和庇护所。为进一步确保安全无虞，他打算迎娶英国女子，女王有心将亨廷顿伯爵之女安妮·黑斯廷斯（Anne Hastings）送往莫斯科，但那位女士闻知该国风俗野蛮，便明智地拒绝了这个牺牲自身舒适安全去笼络一个王国的计划。[②]

英国人在沙皇所授贸易专营权的鼓舞下深入该国，比以往的任何欧洲人走得更远。他们携带货物，乘坐用整棵树制成的小船沿德维纳河（Dwina）北行，连拖带划溯流而上直抵瓦洛格达（Walogda），从那里改走陆路，跋涉七天到达耶拉斯劳（Yeraslau），再沿伏尔加河（Volga）顺流而下，到达阿斯特拉罕（Astracan）。在

---

① Camden, p.408.

② Ibid. p.493.

376 阿斯特拉罕，他们建造船只，横渡里海，将他们带来的产品销到波斯。不过，这种大胆行动遇到了极大挫折，此后再未进行过二次尝试。①

　　伊凡雷帝死后，他的儿子费奥多尔一世(Theodore I)撤销了英国人垄断对俄贸易的特许专营权。伊丽莎白女王对此新规表示抗议，那位新王告诉女王的使臣：为君者理当一视同仁地对待本国臣民，对待外国人也当如此，不应将国际法规定面向所有人的贸易权变成少数人独享的垄断权利。②论到贸易观念的公平性，这位野蛮人竟然远胜于大名鼎鼎的伊丽莎白女王一筹！然而，鉴于英人首开欧洲与该国贸易先河之功，费奥多尔一世还是为他们保留了一部分特权。

　　英国与土耳其的贸易往来始于1583年。伊丽莎白女王立即将这部分贸易交给一个公司独家垄断。此前土耳其苏丹一直以为英格兰是隶属于法兰西的一个省份，③但他一听说女王的实力与赫赫威名，便热情接待英国人，甚至授予他们比法国人更多的特权。

　　伊丽莎白登基之初，汉萨同盟商人鼓噪抱怨他们在爱德华六世和玛丽两朝受到不公待遇。女王审慎答复：她无标新立异之想，会继续在他们既往享受的豁免权和特权范围内给予他们保护。他们对这个答复不满意，不久便暂时中止贸易活动，而这让英国商人拣了个大便宜，后者不失时机竭力做大做强，把持了整个贸易网络，获利丰厚。商人群体又逐渐分化成坐商和商业冒险家两大类

---

① Camden, p.418.

② Ibid. p.493.

③ Birch's Memoirs, vol.i.p.36.

别：前者固定于一处经营，后者则携带布料及其他产品游走于各邦各城，寻求好运气。英国人的成就激怒了汉萨同盟，他们出于嫉恨，无所不用其极地在各国人士中间诋毁英国商人的声誉，甚至动用影响力争取到一份皇家敕令，禁止英国人在神圣罗马帝国境内从事任何商贸活动。作为报复，伊丽莎白女王扣押了六十艘汉萨同盟的船只，这些船是在塔霍河上(Tagus)被缴获的，当时船上满载着西班牙走私货物。女王原本希望与汉萨同盟城市就所有分歧达成和解，归还这批船只；但是当她闻知对方在吕贝克(Lubec)召开了全体会议，协调打击英国贸易的措施，便下旨连船带货一并没收。只有两条船被放回，奉命捎信回去，正告同盟诸城：女王对他们的一切所作所为报以最大的轻蔑。①

当初亨利八世为装备海军，不得不从汉堡、吕贝克、但泽、热那亚和威尼斯雇用船只，但伊丽莎白在她临朝之初便做出了更好的安排：她一面为皇家海军造船，一面鼓励商人建造大型商船，遇有状况可将其改造成战船。②1582年，英格兰的海员总数为一万四千二百九十五人；③舰船总计一千二百三十二艘，其中八十吨以上的仅有两百一十七艘。孟森声称：尽管詹姆斯一世登基的最初几年航海业有所衰退，但英国商人不辞辛劳把生意做到天涯海角，④到1640年以前，英格兰海员数量较前数增长了两倍。⑤

---

① Lives of the Admirals, vol.i.p.470.
② Camden, p.388.
③ Monson, p.256.
④ Ibid.p.300.
⑤ Ibid.p.210, 256.

女王离世之际，英格兰皇家海军拥有舰船四十二艘——仅从 军力
数量上看，实力似乎相当可观，但是这些舰船当中没有一艘搭载火
炮数量超过四十门，达到四十门的只有四艘；整个船队只有两艘千
吨级舰艇，而五百吨以下者占二十三艘，其中一些仅为五十吨，有
的甚至才二十吨；船队舰载火炮总数只有七百七十四门。[1]如果考
378　虑到上述事实，我们必定感到当时的英国海军不过尔尔，根本无法
与今日之军力相提并论。[2] 1588年时，由贵族和各港口城市出资
装备的舰船当中，只有不到五艘超过两百吨。[3]

1599年，西班牙人即将入侵的警报传来，女王在两星期内装
备了一支舰队，并征募了一支部队御敌。这次突如其来的紧急军
事动员使外间对英格兰的军事实力刮目相看。1575年，王国民兵
数量总计达十八万两千九百二十九人。[4]1595年，除威尔士以外
全国兵员总数为十四万人。[5]从数量上看，英国军力十分强大；但
部队的军纪和作战经验与此并不相称。当时常有来自敦刻尔克和
纽波特的小股匪帮跨海而来，劫掠英格兰东海岸。各地民兵组织
涣散无力，根本无法胜任王国防务。在伊丽莎白一朝，朝廷首次委
任各郡治安长官。

默登先生(Mr. Murden)[6]出版了索尔兹伯里收藏品中的一份
文件，其中包含对西班牙无敌舰队入侵时期英国武装力量的统

---

[1]　Monson, p.196. 现在英国海军舰载火炮总数约为一万四千门。
[2]　参见本卷卷末注释[JJ]。
[3]　Monson, p.300.
[4]　Lives of the Admirals, vol.i.p.432.
[5]　Strype, vol.iv.p.211.
[6]　p.608.

计，与一般史家的记述有所不同。文件称，当时全国身强力壮的
男丁总计十一万一千五百一十三人，已经武装起来的有八万零
八百七十五人，其中四万四千七百二十七人接受过军事训练。必
须假定这里提到的身强力壮的男丁只包括登记在册者，否则无法
解释人数为何如此之少。然而爱德华·柯克爵士[1]在下议院发言称，
大约在同一时期他本人曾与首席法官波帕姆共同受命开展英格兰
人口普查，得出王国各类人口总数为九十万。按一般统计规律，这
一数字表明国内能够拿起武器的男丁当在二十万以上。但即使这
个数字也少得令人吃惊。我们可否假定，目前王国的人数总数较
当时增加了六到七倍？可否假定，默登统计的数字只是真正可用
的男丁数，已将天主教徒、儿童和体弱者统统排除在外？

　　哈里森（Harrison）称，1574到1575年的征兵数据显示，国内 379
适役男丁总数为一百一十七万二千六百七十四人；不过据认为这
次统计中整整三分之一的适役人口被遗漏了。这种不确定性和矛
盾性是所有此类记录的通病。这个数目虽然很大，但是同一位作
者却对人口衰减的状况多有抱怨。这种抱怨在所有地方、所有时
代都屡见不鲜。据圭恰迪尼（Guicciardini）估计，伊丽莎白统治时
期英格兰居民总数为两百万。

　　无论我们如何看待英格兰不同时期的人口消长，必须承认，从
国家债务状况来看，英格兰国力较前一世纪初增长惊人，或许可以
说超过欧洲任何其他国家。可以肯定，今日仅爱尔兰的适役人口
便超过伊丽莎白女王去世时英格兰、苏格兰、爱尔兰三国的总和，

---

　　[1]　Journ. 25 April, 1621.

这与现实并不矛盾。我们还可进一步断言,如今英格兰一个强郡便有实力发动,至少可以支撑一场亨利五世时代须倾举国之力的战争——在那个时代,维持加来这样一个弹丸小城的戍卫开支便占到整个王国一般性开支的三分之一以上。自由、工业加上善政,效力就是如此强大!

当时英国制造业水平极其低下,几乎所有种类的舶来品都令国人趋之若鹜。[①]大约1590年时,补助金账册上身家在四百镑以上者全伦敦只有四个。[②]的确,这种计算方式不能被视为准确的个人财富评估。1567年的一项调查显示,伦敦市共有四千八百五十一名来自不同国家的外国人,其中有三千八百三十八名佛兰德斯人,苏格兰人仅有五十八名。[③]后来,法国和低地国家发生的宗教迫害驱使更多外国人进入英国,王国的商业和制造业水平因而得到极大提升。[④]这一时期,托马斯·格雷沙姆爵士出资建造了一座华丽的交易所,用于接待这些客商。伊丽莎白女王亲自莅临参观,赐名皇家交易所。

语言对人们的观念影响巨大,由于一个幸运的偶然事件,"usury"一词的意义由从前泛指放贷取息转变为现在特指违法放高利贷的行为。1571年通过的一项法案严厉谴责所有高利贷,但允许以百分之十的利率放贷。法王亨利四世将这个利率标准降至百分之六点五,说明法兰西的商贸环境远胜英格兰一筹。

380

---

① D'Ewes, p.505.

② Id. p.497.

③ Haynes, p.461, 462.

④ Stowe, p.668.

据豪厄尔博士(Dr. Howell)称,[①] 伊丽莎白女王在位第三年,收到皇家丝绸作坊进献的一双黑色丝织长袜,自此之后女王再未穿过布袜。《英格兰现状》的作者[②] 写道,大约在1577年,怀表首次由德意志被带进英格兰。据说此物是纽伦堡发明的。大约1580年,阿伦德尔伯爵将马车引进英国,[③] 此前女王一直是骑马于公众场合露面,由皇家掌礼大臣作为先导。

卡姆登说,1581年时,女王在外事方面的得力干将伦道夫被任命为英格兰邮政总长,由此可见,英国邮政体系是在那时建立的。不过查理一世1635年的整顿措施可以说明,在那以前并未设立多少驿站。

1582年,汉萨同盟各城向帝国议会呈递抗议书,其中断言英格兰每年从海外进口约二十万匹布料。[④] 这个数字似有夸大之嫌。

本朝第五年,颁布了第一部济贫法。

一位明智的同时代作者肯定了当时民间流行的见解,认为圈地的增加和农耕衰退导致王国人口减少。他十分公正地将这种情况归咎于当局限制谷物出口,而羊毛、兽皮、皮革、牛脂等一切畜牧产品的出口却享有充分自由。上述出口禁令源于王室特权,非常不合理。女王曾在登基之初,一度尝试过相反的措施,收效甚佳。我们还从这位作者笔下得知,时人对百物腾贵的情况怨声载道,我

---

① History of the World, vol.ii.p.222.

② Edward Chamberlayne: *Angliae notitia*, *or The Present State of England*. London: T.N.for J.Martyn, 1673.——译者

③ Anderson, vol.i.p.421.

④ Ibid.p.424.

们今天可谓旧景重现了。①

381　　可以看出，英国确有两个时期物价飞涨：一个是伊丽莎白时代
（据统计物价翻了一番），另一个就是当今时代。在两者之间，物价
似乎呈停滞状态。似乎是因为在此期间工业增速与金银的增幅相
当，从而使商品和货币基本保持平衡。

　　本朝进行过两次开辟美洲殖民地的尝试。一次在纽芬兰，由
汉弗莱·吉尔伯特爵士(Sir Humphrey Gilbert)领衔，另一次在弗
吉尼亚，带领者是沃尔特·雷利爵士。但两次行动都不成功。所
有的英属殖民地都是在后续几朝开辟的。本朝末年，王国流通铸
币总计四百万枚。②

　　莱斯特伯爵曾经要求时任驻法大使弗朗西斯·沃辛汉姆爵士
在法国为他物色一位骑师，承诺年薪一百英镑，并负责其本人、仆
从和几匹马的生活费。"我知道，"伯爵补充说，"符合这样要求的
人选在法国能获得更高的工资，但是请他不妨再想一想，英国的一
先令价值相当于法国的两先令。"③众所周知，从那时起，一切都已
今非昔比。

　　这个时代的贵族仍在一定程度上维持着古时殷勤好客的排 社会习俗
场，豢养着大批家臣扈从。女王为节俭起见，发布王室公告要求他

----

　　① 作者简要考察了那个时代国人中间常见的若干怨言。他指出，在1581年之前
的二三十年里，物价普遍涨幅达百分之五十，有的甚至更高。他写道：老乡，你可记得，
不到三十年前，我在这镇上仅花四便士就能买到最好的猪或鹅，而今却要掏十二便士了。
那时候阉鸡三四便士一只，笋鸡一便士，母鸡两便士，p.35。而当时普通劳动力的工价
为每天八便士，p.31。

　　② Lives of the Admirals, vol.1.p.475.

　　③ Digges's compleat Ambassador.

们压缩后一方面的开支。①至于待客方面,她本人经常造访贵族府第,接受他们的盛宴款待,从而多多少少地鼓励了此类花费。②

莱斯特伯爵曾在凯尼尔沃思城堡盛宴款待女王,场面无比华 382丽,一掷千金。别的不论,据说光是啤酒就喝掉了三百六十五大桶。③伯爵斥巨资修葺这座城堡,其中屯储的武器可装备万人。④德比伯爵府上蓄养了两百四十名家仆。⑤斯陀(Stowe)曾经评论说,只有一件事能够证明这位贵族的仁慈——他满足于向佃户收取租金,不要求他们提供额外役务。这足以证明,强大的君权(几乎不可避免地)普遍支持贵族阶层鱼肉百姓。伯利虽然节俭,也没有祖传领地,但他府上的仆人却多达百名。⑥他府中常年摆设流水宴,一桌专门款待绅士,另外两桌给地位较低者,无论他在城里还是在乡下,宴席从不间断。在他身边簇拥着大批杰出人士,年金千镑的绅士扈从就有二十人,普通仆人中间也有不少身家可观的,从

---

① Strype, vol. iii. Append p.54.

② 哈里森(Harrison)列举了女王名下的众多宫殿,继而补充道:"但我又何必赘言,指出哪些府邸属于女王陛下?天下万物无不归女王所有,每逢夏季她可以随兴出国消遣,也可以巡视全国各处领地庄园,听取贫民百姓控诉不义官吏及其代理人制造的冤情,每一处贵族宅邸都是她的行宫,只要她高兴,想住多久就住多久,直到她再度起驾返回自己的宫殿,随心晏居。"(Book ii. chap. xv.)像这样一位贵客,正如西塞罗致阿提库斯信中形容恺撒来访时的那句话所说:不是你能与之平等交往,以心换心的。(Hospes tamen non is cui diceres, amabo te, eodem ad me cum revertêre.)(Lib. xiii. Ep.52.)如果说女王陛下的出巡缓解了民间苦情(对此法律似乎无力救济),对于贵族而言却构成了沉重负担。

③ Biogr. Brit. vol. iii. p.1791.

④ Strype, vol. iii. p.394.

⑤ Stowe, p.674.

⑥ Strype, vol. iii. p.129. Append.

一千镑到三千、五千、一万、两万镑不等。[①]需要指出的是,尽管当时王室岁入微薄,但是朝臣和廷臣有时能运用手上无边无际的特权,设法积聚大量财富,相比之下,现在的大臣们虽然薪水较丰,但执掌的权力更有限,因此绝无可能积累起那么多财富。

伯利曾在他的乡间宅邸接驾十二次,女王每次会在他那里住上三周、四周或五周。每次接驾他都要耗费两三千镑。[②]这位贵族拥有大批银盘,为数惊人。这些盘子的重量加起来不低于一万四千或一万五千磅。[③]姑且不论样式,其重量价值就在四万两千英镑以上。然而,伯利身后留下的遗产只有年收益四千镑的地产和一万一千镑现金;鉴于当时土地通常在购入十年后出售,因此那些银盘的价值几乎相当于他其他所有财产的总和。看来当时银盘的工艺样式可能相当粗陋,因此几乎不计入价值,其价值主要按重量计算。[④]

尽管时人的生活方式古风犹存,但贵族阶层已经逐渐养成了讲求优雅奢华的品味。特别是,他们修建了许多富丽堂皇的广厦豪宅,按卡姆登的说法,这些建筑为王国增添了光彩,[⑤]但同样显眼的是,王国光荣的好客传统在走向衰败。不过,从更理性的角度或可认为,这股新兴的奢侈之风促进了艺术和产业发展,而古老的好

---

① Life of Burleigh published by Collins.

② Ibid.p.40.

③ 参见本卷卷末注释[KK]。

④ 伯利在遗嘱中只写明分给每位继承人多少盎司的银盘,并指定一位金匠负责称量,对盘子的款式未加区别。

⑤ p.452.

客之道则是滋生堕落、混乱、煽动不轨以及鼓励游手好闲的源头。①

　　在各种奢侈品类当中，对华服美饰的追求在这一朝尤为盛行，以致女王认为有必要发布王室公告予以约束。②但她自己却并未以身作则。她比任何女人都自负于自己的美貌，无比期望在观者心目中留下深刻印象，因此在服饰上极尽奢丽之能事，也格外用心研究衣着的款式和华美程度。她几乎天天换装出现在众人面前，尝试所有的风格，想要令人赏心悦目。她也钟爱自己的美裳，一件都不忍舍弃；她去世时，王家锦衣库中所藏她平生穿过的所有款式的衣裳，为数多达三千件。③

　　古代好客之风的衰落和贵族门下豢养的家臣数量减少有利于王权昌大，大贵族既失去抗拒之力，执法力度便得以强化，法庭权威也随之增长。亨利七世的处境和性格当中，存在许多有利于增进王室权威的独特之处，其中大多数因素在后续几朝仍在持续，更与教派纷争、王权至尊地位(这是王室特权中最重要的一条)协同作用。然而，总体而言，时代风气的作用自始至终影响着这段时期的潮流走向，使得贵族阶层的财富和影响力持续衰减——回想古代，他们的强大势力曾令王室深深忌惮。奢侈习气耗散了古老贵族门第的巨额资财；由于新的消费方式为机工和商人提供了生计，使他们可以靠自己勤劳营生，不再依附于人，因此，贵族们虽说仍旧摆出一副盛气凌人的架势，仿佛昔日对待门客和从其指缝中领薪度日者那样，但实际上他们手中只剩下主顾对商家的那点可怜

---

① 参见本卷卷末注释 [LL]。

② Camden, p.452.

③ Carte, vol.iii.p.702.from Beaumont's Dispatches.

的影响力，再也不足以对国家政府构成威胁。土地所有者更需要的是金钱而非劳力，他们极力谋求土地的最大利润产出，要么着手圈地，要么把众多小农庄合并成少数大农庄，遣散多余人手——过去他们每次试图造反起事，或者跟邻近的贵族争斗，总是靠着手下这些人追随响应。由于上述种种原因，城市发展壮大起来，中间阶层开始拥有更多财富和实力；君权事实上相当于法律，受到绝对服从。尽管以上诸般因素的进一步发展后来催生了以下议院特权为基础的新型自由权利，但在贵族阶层没落和这一新阶层兴起的交接间隙，君权利用当前时机，攫取了近乎绝对的权威。

无论人们的普遍认知如何，但是根据培根勋爵、哈灵顿（Harrington）及后续多位史家的权威记载，亨利七世的法律对于值此前后英国宪法的伟大变革贡献甚微。通过协议诉讼和解诉讼打破限定继承的做法早在之前几朝便已通行，这位君主仅仅改革了一些伴生弊端，间接地对此给予法律认可。不过，他奠定了君主至高无上的权威，使得君主有能力染指贵族们各自为政的独立管辖权，从而使法律的执行更加普遍且规范。享有王权的巴拉丁领地与封建贵族领地经历了同样的命运，根据亨利八世的一项法令，[①]这些郡的司法管辖权一并归于王室，所有令状须以国王之名颁行。然而，催动政制无声嬗变、颠覆贵族权势的主要因素，还是时代风尚的变化。伊丽莎白在位时期，仍可见到一些古代农奴制的遗痕，[②]但以后便再不复见。

① 27 Hen.VIII.c.24.
② Rymer, tom xv.p.731.

学问　　　　本朝向学之风蓬勃复兴，从君主到王公贵族都高度崇尚学问，由于知识尚未泛滥贬值，所以就连大人物们也孜孜追求饱学之名。一连四朝，在位君主亨利八世、爱德华六世、玛丽和伊丽莎白皆以某种资格跻身于文坛。凯瑟琳·帕尔王后曾经翻译过一本书；简·格雷女士年纪轻轻，以她的性别和地位而言可以称得上文学奇才了；托马斯·史密斯爵士早年是剑桥大学教授，先被选拔为驻法大使，后又擢升国务大臣。那个时代的往来函件（包括伯利本人的函件）当中，每每夹杂着希腊和拉丁经典名著引文。就连宫廷命妇们也以学识自夸。伯利夫人、培根夫人及其两个妹妹都精通多种古今语言，常以博学顾盼自矜，反倒轻忽了自己的高贵身份和品质。

　　　伊丽莎白女王曾经撰写和翻译过好几本书，精通希腊语和拉丁语。[①] 据说有一次，剑桥大学用希腊语向女王致辞，她即席用希腊语发表了回复。可以肯定的是，她曾经用拉丁语激烈回敬态度有欠恭敬的波兰大使，妙语连珠，根本不用打腹稿。一番侃侃而谈之后，女王转对身边朝臣说：“天杀的（她惯于出口成脏），我的拉丁语久不运用都‘生锈’了，今天算是不得已拿出来磨了一磨。”[②] 即便登上王位之后，伊丽莎白也未完全放弃追逐作家名分，这似乎是她内心排在第二位的追求，仅次于爱美的虚荣心。她曾将波伊提乌（Boethius）的《哲学的慰藉》译成英文，自称是为了排遣对于亨利四世改宗一事的忧伤。由伊丽莎白的作品我们可以判断，她虽在学问上投入巨大精力，也有很多过人之处，但是她的文学品位

386

----

① 　参见本卷卷末注释［MM］。

② 　Speed.

却只是平平而已，较她的继任者逊色许多，虽然后者并无雄辩滔滔的口才。

女王的虚荣心主要体现在炫耀自身学识，并不在于慷慨奖掖才士，对于文学、至少是对这个时代的学者来说，这一点很是不幸。斯宾塞作为同代英国文坛之佼佼者，曾经长期被忽视，在恩主菲利普·西德尼爵士死后，几乎生活无着，在一贫如洗中离开人世。他的诗作优美绝伦，韵律和谐悦耳，琅琅上口，想象力美妙超凡。然而曾几何时，潜心拜读他的作品却变成了乏味的苦差，没有人为了阅读的快感本身而读完这些鸿篇巨制，须得把它当作一项任务，付出一定的努力和决心才能读到末尾。这种印象人尽皆知，通常被归因于时代风气的转变。不过，自荷马以降，时代风气的变化更大，而荷马却始终被每一位有品位和判断力的读者所钟爱。荷马所描摹的人类习俗无论何等粗鲁无文，却是真实自然，读来总会形成一幅令人赏心悦目的有趣图景；但是那位英国诗人手中一支笔却专事描写骑士派的爱情、离奇幻想和矫揉造作，一俟世风转变，这些东西便落伍而显得荒唐可笑。没完没了的寓言沉闷无聊，极少有令人眼前一亮或新颖独到之处，这也是《仙后》令人难以卒读的原因之一，至于诗中过多的描述段落和有气无力的诗体风格，就更不必提。总而言之，斯宾塞在英国经典名著的书架上占据着一席之地，却极少出现在读者案头。几乎没有人敢于悫实直言，这位诗人虽有千般优点，但他所提供的娱乐却很快就会令人倒胃口。近来有几位作者以模仿斯宾塞的风格自娱，但这种模仿实在拙劣之致，跟原作相去甚远；斯宾塞的风格是如此独特，几乎完全不可能移植到仿作中。

第四卷注释

(本注释所标页码为原书页码,见本书边码)

注释［A］,p.12

议会还授予女王吨税和磅税,这一让步在当时仅被视为走形式而已,因为早在议会投票批准之前,女王已经在收取这两项税金了。但是她的另一行权举措在不了解古代惯例的今人看来可能显得有些异乎寻常:她的姐姐玛丽女王在对法开战后,凭借手中王权对每吨进口葡萄酒征税四马克,对所有商品加收三分之一的磅税。伊丽莎白女王根据自己的方便,沿用这些征敛政策。议会就授予吨税和磅税进行投票时,本是限制上述任意征敛的大好机会,但他们碍于礼法,认为还是不提为宜。他们知道,那个时代的君主自称对外贸拥有全权辖管权,他们若染指该特权,即便不受责罚,也定会招来最严厉的斥责。参见Forbes, vol i.p 132, 133。由当时的议会法案和议事记录中可以确定,上述征敛并未获得议会批准。

注释［B］,p.22

Knox, p.127.我们事后可以举出若干条怀疑理由,说明太后或许根本没给出任何明确承诺。派系纷争时期,特别是宗教党争激烈之时，人们觉得为达目的可以不择手段，这正是易于滋生流言蜚语的温床。"圣会"在其宣言中历数太后摄政的种种弊端，却并未谴责她此番言而无信。所谓承诺，很可能只是故意散播到海外邀取民心的流言而已。罗马天主教徒有时坚称，对异端分子不必守信用；而他们的对手似乎也针锋相对地认定，对拜偶像者无须说实话。

注释［C］，p.25

388

Spotswood，p.146. Melvil，p.29. Knox，p.225，228. Lesley，lib. x."圣会"在其宣言中并未提及太后违反珀斯投降协定，由此可见，传言与事实不符(Knox，p.184)。城中驻扎的苏格兰部队很可能是从本国领饷的，因为"圣会"一方抱怨政府为豢养军队向国人征敛沉重赋税(Knox，p.164，165)。即使他们确由法国出钱供养，也算不得违约，因为这是苏格兰本国部队，而非法军。诺克斯并未提到(p.139)有哪位珀斯居民因既往罪行受到审判或惩罚，只说百姓遭到驻军欺压。"圣会"的宣言中也只说城中许多居民因恐惧而逃亡。明眼人一望便知，所谓太后违反珀斯投降协定的说法不实，从而令人不由得怀疑，之前关于太后承诺不审判几位新教牧者的传言也是假的。当时摄政太后和邓恩领主一直是单独谈判，后者虽然是位通情达理、品格正直的绅士，但也有可能愿意做出某种含糊的声明，称太后有过承诺。请试想，假使太后慑于"圣会"声势浩大，以假承诺自保，指望日后卷土重来审判这些人，那么她又焉能将这种以欺诈换来的判决付诸执行呢？这样的欺骗手段究竟有什么用？

注释［D］,p.26

Knox,p.153,154,155.这位作者声称该条款是双方口头议定的,但太后的书吏在抄写时遗漏了这一条,故未出现在签字文本中。这种说法不太可能,或者说非常荒谬,并且它也承认正式文本中并未包括该条款。"圣会"在后来发布的宣言中也不曾坚持此说(Knox,p.184)。摄政太后怎么可能在正式协议条款中把自己信奉的宗教称作偶像崇拜?

注释［E］,p.28

众位苏格兰贵族在他们发布的声明中说,"关于我们在多大程度上求助于英格兰或任何其他国家的君主,以及我们曾经且必须这样做的正当理由,我们将很快公布于世,只为荣耀上帝的圣名,扰乱一切为此事诋毁我们的仇敌。因为我们可以坦然无惧地承认:在这场与魔鬼争斗、与偶像崇拜及其支持者争斗的大业中,我们首先而且单单寻求向世人彰显神的荣耀、惩治罪恶、维护美德,为此,每逢自身力量不足时,我们都会向神所供应的地方去寻求,无论它在何处。"Knox,p.176.

注释［F］,p.65

始自1545年的特伦特大公会议在这一年宣告散会。此次会议发布的教令再度在全欧洲激起一波普遍骚动。天主教阵营极力迫使所有信徒接受上述教令,新教徒则站在抵制立场。宗教纷争已经病入膏肓,根本无法指望大公会议的一纸教令就能收服人心。在历史上,唯独本届大公会议举行于真正学识进步、渴求新知的时代,而且相关史志写得极富洞察和判断力,清楚地揭示出神职人员的僭夺和阴谋诡诈,足可作为此前历届大公会议的一个样本。没有人希望看到大公会议再次召开,除非有一天,学识没落、愚昧滋长,使人类重新沦为此类弥天大谎的牺牲品。

注释[G], p.72

不过,由伦道夫的信件中(参见Keith, p.290)可以看出,有人曾向这位大臣提出活捉伦诺克斯和达恩莱父子,将他们交到伊丽莎白女王手上。梅尔维尔证实了同样的说法,并说该计划得到了密谋者的承认(p.56)。这证明玛丽女王一党描述的所谓"双袭(Raid of Baith)"确有其事。更多内容参见Goodall, vol ii p.358。穆雷抱怨的另一桩密谋则远远不如这一计划确定,相关证据也十分可疑。

注释[H], p.77

布坎南承认里奇奥长相丑陋,但从这位作者的记述中可以推断,此人很年轻。布坎南写道,萨伏依公爵返回都灵时,里奇奥正值青春勃发之年(*in adolescentiae vigore*)。公爵回国距此时不过几年而已(lib XVII cap.44)。另外,博斯韦尔也很年轻,关于这一点存在许多无懈可击的证据,如,玛丽在1559年(仅八年前)给驻巴黎大使邓布兰主教(bishop of Dumblain)的指示中提到,此人"非常年轻"。因此,他与玛丽成婚时可能三十岁左右。参见Keith's History, p.388。据《苏格兰国王书信集》(*epistolae regum Scotorum*)附录所载,有原始文件证明,帕特里克·博斯韦尔伯爵（即娶了玛丽女王的詹姆斯·博斯韦尔之父）一直活到将近 1560 年。布坎南误将他写成了"詹姆斯"，这一讹误早已纠正过来。

注释［I］，p.88

玛丽本人曾在给几位驻法使臣的指令中承认，博斯韦尔说服了全体贵族，他们上书建议女王下嫁博斯韦尔是迎合上意之举。Keith, p.389. Anderson, vol.i.p.94. 穆雷后来向伊丽莎白女王委派的专员出示过一份玛丽亲笔签署的文件，后者在其中允准众位贵族上书敦请女王再婚。这份许可文件足能表明她的意图，被视同为一道旨令。Anderson, vol.iv.p.59. 苏格兰贵族们甚至声称，当时他们集会的房子被武装人员团团包围。Goodall, vol. ii.p.141.

注释［J］，p.112

玛丽抱怨伊丽莎白女王接见穆雷是偏袒一方，但这只是为破坏仲裁会议抛出的借口。她确实在旨令中提到过前面所说的理由（参见 Goodall, vol.ii.p.184），但同时又在私信中吩咐几位钦使，利用该旨令捍卫她的荣誉免遭攻击，Goodall, vol.ii.p.183。由此可见，这个指控才是她唯一害怕的。在她的所有敌人当中，穆雷与她的嫌隙最浅：当苏格兰臣民发动叛乱、囚禁玛丽时，穆雷还在国外；他只是接受了国人主动送上门的摄取权。因此，伊丽莎白女王接见穆雷并不是挑起争吵或打断仲裁会议的充分理由，显然无非是个借口而已。

注释［K］，p.114

笔者不想就这批信件的真实性陷入冗长的探讨，只作一般性评论。认为信件造假的主要理由是：它们曾由玛丽最肆无忌惮的敌人莫顿伯爵经手，此外，信中内容颇不体面，甚至不雅，完全不似玛丽的手笔。但是，针对上述推测，我们可以提出以下几方面考量：（1）尽管伪造签名并不难，但要伪造长达数页的信件并始终与被模仿者的笔迹毕肖，则难度极高，甚至几乎不可能。英国枢密院全体成员既多位贵族都仔细核查过这些信件，并跟玛丽的手迹做过对比，这些贵族当中还有几位是玛丽的党羽。罗斯主教、赫雷斯勋爵和玛丽的其他几位钦使可能也检查过这些信件。苏格兰摄政事先必有所料，信件将受到他们严格到苛刻程度的审核。假如过不了审核关，那么他出示这一证据，只是徒然自取其辱罢了。莱斯利主教（Bishop Lesly）则明确拒绝比较笔迹，称其不是合法证据，Goodall，vol.ii.p.389。（2）这些信件篇幅很长，远远长过玛丽的敌人达成构陷目的所需，他们没必要把假信造得这么长，这样只能增加造假难度，也容易在审查中露马脚。（3）伪造文件通常明确直白，但这些信的内容令玛丽的朋友们仍有余地为她辩解，称控方歪曲原意，刻意牵强附会出犯罪意味。参见Goodall，vol.ii.p.361。（4）银匣中还有一份很长的婚约，据说由亨特利伯爵执笔、由玛丽签署，时间是在博斯韦尔受审并脱罪之前。莫顿会在没有任何必要的情况下使造假难度和败露风险双双加倍吗？（5）这些信的内容是轻率不得体的，但玛丽当时的举动显然就是如此。信中言辞不雅，却有一种随便而自然的语气，如同昵友之间匆匆写下的便函一般。（6）信中提到许多特定情事，没有人造假时会想得到，特别

是，此类枝节一多，必定会增加败露的几率。(7)原件用法语写成，
我们未尝得见。我们手上只有苏格兰语和拉丁语译本，还有一份
看来是由拉丁语二次转译的法语译本。值得注意的是，苏格兰语
译本中充满法式表述，显然源于法文原稿。比如*faire des fautes*
（犯错）、*faire semblant de le croire*（假装相信）、*faire breche*（破
坏）、*c'est ma premiere journée*（这是我第一次旅行）、*n'avez vous
pas envie de rire*（你难道不想发笑吗）、*la place tiendra jusqu'â la
mort*（这地方会保持原样，直至死亡降临）、*il ne peut pas sortir du
logis de long-tems*（他很长一段时间都无法离开这幢房子）、*faire
m'avertir*（向我报信）、*mettre ordre a cela*（整理）、*decharger votre
coeur*（放下你内心的重担）、*faites bonne garde*（小心提防），诸
如此类。(8)信中提到某个晚上她和国王之间的对话。而穆雷向
英国仲裁委员会提交了一份证词，来自伦诺克斯伯爵手下一位名
叫克劳福德的绅士，该人发誓：当晚玛丽离开后，国王向他讲述了
两人交谈的内容，与信中所述相符。(9)穆雷一伙似乎没有理由冒
着身败名裂的巨大风险伪造信件，因为即便没有这批信件，玛丽
公开的所作所为也充分表明他们的立场合理且正当。(10)穆雷将
信件提交给具备相关资格的各方核查，包括苏格兰枢密院、苏格兰
国会、伊丽莎白女王及其驾前枢密院，这些人手中掌握有大量玛
丽的亲笔信原件。(11)穆雷给过玛丽亲口驳斥和揭露他造假的机
会，只要她选择抓住这机会。(12)这批信件与她在那次事件中的
其他活动极其相符，彼此构成强烈印证。(13)诺福克公爵也曾审
核过这批信件，尽管这位公爵非常偏向苏格兰女王，甚至有意娶
她为妻，最后还因卷入此案而丢了性命，但是就连他也认定这些

信是真的，并且深信玛丽有罪。这不仅体现在上面提到的他给伊丽莎白女王和她驾前大臣们的信中，而且他私下对最信任的友人巴尼斯特（Banister）也这样承认。参见State Trials, vol.i.p.81。公爵与苏格兰国务大臣里丁顿和罗斯主教都是玛丽的死党，他们三人会面时，向来把此事视为当然。Ibid.p.74, 75. 更多内容参见Advocate's library 所藏手稿 A 3, 28.p.314.from Cott lib.Calig. c.9。事实上，倘若公爵发现里丁顿或罗斯主教对此持不同看法，或者他们告诉过他这些信是假的，那么他绝不会如此坚定不移地确信玛丽有罪。值得一提的是，里丁顿参与了针对亨利国王的阴谋，他了解事件的全部内幕；再说，他是极富洞察力的人，在如此异乎寻常的事件中，没有什么能逃过他那敏锐的眼睛。(14)玛丽拒绝答复所引发的揣测早已尽人皆知，在此无需赘述。玛丽保持缄默的唯一借口是，她怀疑伊丽莎白裁断立场有失公允。事实上，为其敌人和竞争者洗刷、脱罪的确不符合伊丽莎白女王的利益；相应地，我们看到：里丁顿获诺福克公爵秘信，并通过罗斯主教告知玛丽，称英格兰女王根本无意做出裁决，只想掌握玛丽有罪的证据，以毁其名声。参见State Trials, vol.i.p.77。然而，鉴于以上理由，更妥善的做法是完全拒绝仲裁会议，而不是在遭遇出乎意料的关键指控时，以无谓的借口半途退出会议。尽管无法指望伊丽莎白最终做出有利于自己的裁决，但她若能以此为契机，针对苏格兰摄政一伙的指控做出令人满意的答复（如果她有的话），将是意义重大的举动。这个答复本来可以散播天下，以回应公众、外邦及子孙后代的质疑。可以肯定的是，即便指控和证据尽被伊丽莎白女王掌握，玛丽做出自辩也不会带来任何损失。故而，玛丽获悉伊丽莎白女王无意做出裁决并不妨碍她为自己辩护。(15)这些信件后来神秘消失，由此可以推断它们是真的。对此唯一合理的解释是：詹姆斯国王的朋友们希望销毁其母不体面的罪证。莫顿的陈述及克劳福德的证词(原藏于Cotton library, Calig.c 1)也告失踪，必定出于同样的缘故。参见Advocates' library所藏手稿，A.3.29.p.88。

　　我发现，有人对信件的真实性提出质疑，理由是：苏格兰枢密院经投票确认这批信件内容和签字皆为玛丽女王亲笔，而时隔数日，当文件副本呈至国会时，却只有信件内容，不见签字。参见Goodall, vol.ii.p.64, 67。然而一般认为以下情况并非无足轻重：其一，无论信件真假，它们确曾提交给枢密院；其二，无论信件真假，这种错误的发生有可能源于文书人员表述不确或愚蠢失误。可能的解释是：信件内容是玛丽亲笔所写，而另一份与博斯韦尔的婚约上只有她的签字，枢密院的确认函中将二者混为一谈，未做适当区分，称其均为玛丽女王亲笔书写和签字。后世学者古道尔先生(Mr. Goodall)竭力试图证明，这些信件与玛丽女王起居录存在时间冲突，信末签字之日，女王并不在信上所说的地方。作为证据，他列举了女王签署的其他契约和特许状，其中时间、地点与信件不符。不过，众所周知，王室特许状等文书上的签发日期未必是君主签字当日。此类文件通常经过多个部门审批，签发日期由第一个部门填写，其后可能要历经多日辗转才最终送达君王案头签字。

　　莫顿对于这批信件如何落入他手中的描述显得非常自然。当他把信件交给英国钦使之时，也满有理由预见到，它们会经过强劲对手的苛刻审查，这些人一心想要否定信件的真实性。既然玛丽一党拒绝应战，可见他大概有能力举出诸多情况和证据来证明信件的真实性。

那几首十四行诗字句颇为不雅,以致熟悉玛丽女王行文风格 393 的布朗托姆(Brantome)和龙萨(Ronsard)一见便称,这些诗不可能 出自她的笔下。Jebb, vol.ii.p 478. 然而,任何作者的创作水平都 有起有伏,尤其是像玛丽这样一位风格尚未成形的作者。更不必 说,如此凶险的犯罪活动不可能不扰乱诗人心灵的安宁,这样创作 出的作品焉能保持优雅和诗意?

总之,玛丽女王在杀害亲夫的阴谋中,本可自始至终只与博斯 韦尔一人勾结,不留下只言片纸的证据,这不难做到;不过,她的 一举一动很难不露丝毫破绽而被明眼人觉察。眼下的情形是:她 的举动毫无机巧,令真相昭然若揭,命运又把这批足以给她定罪的 文件交在了她的敌人手上。痴迷和鲁莽通常与重大罪行相伴相随, 在此案中也一样。应当指出的是,上面所有叙述无一处引自诺 克斯(Knox)、布坎南,甚至图阿努斯①的历史著作,实际上,没有 引用任何可存疑的文献。

注释[L], p.115

除非我们把玛丽女王提出的这一愤怒指控当作穆雷有罪的证 据,否则我们没有丝毫理由揣测他是谋害国王的帮凶。那位女王 从未声称能为该指控提供任何证据,她的钦使们当时也确认,他们 自己对此 ·无所知,尽管他们准备遵照女主之命坚持该指控的真

---

① 图阿努斯(Thuanus)即 Jacques Auguste de Thou(1553—1617),法国历史学 家。——译者

实性，只要玛丽女王送来证据，他们即刻当庭呈上。值得一提的是，当时无论玛丽还是她的钦使们都无从出示任何证据，因为英国仲裁委员会主持的仲裁会议此前已被打断。

不错，罗斯主教确曾用化名（这样便于信口开河）撰写过一本愤怒的小册子，其中断言，国王死后不过数日，赫雷斯勋爵公然在穆雷家的饭桌上当面指斥后者有罪。据莱斯利转述，赫雷斯勋爵言之凿凿地说，罪案发生当天傍晚穆雷与一个仆人在法夫郡骑马，他对那仆人说："今天晚上，到明天早晨之前，达恩莱就没命了。"（参见 Anderson, vol.i.p.75。）但这只是道听途说而已，是莱斯利转述的关于赫雷斯勋爵的一则传闻，其中事实令人颇难置信。穆雷怎么会在不经意的闲谈中，毫无必要地向一个仆人透露如此危险且关系重大的机密？我们还注意到，赫雷斯勋爵本人就是玛丽女王指控穆雷的钦使之一。他若听说过或者相信此事，为什么不在提出指控时当场呈上这一证据？相反，他却声称自己对穆雷的罪行一无所知。参见 Goodall, vol.ii.p.307。

亨特利伯爵和阿盖尔伯爵指控穆雷谋害国王，但所述理由十分荒谬，称其赞成玛丽与国王离婚，因此就是谋害国王的凶手。（参见 Anderson, vol.iv.part 2.p.192。）显然这两位伯爵手上没有更有力的证据来指控穆雷，否则他们早就拿出来了，也不至于坚持如此荒谬的推断。假如这批文件确系伪造，那么亨特利岂不趁此时机否认玛丽和博斯韦尔的那份婚约不是出自他的手笔？

穆雷没有犯罪动机。的确，达恩莱国王对穆雷心怀敌意，但他因个人行为失范，又遭女王厌弃，已经没有能力施恩或加害于任何人了。无论如何，根据事态发展做出判断总是荒谬的，尤其是在当下。国王被害确实将穆雷推上了摄政之位，但这在更大程度上是缘于玛丽自身行为不检和鲁莽轻率，穆雷不可能未卜先知地预见到这些，倘若玛丽全然无辜，这种事也根本不会发生。

注释［M］，p.115

我相信，凡是略具常识的读者，不会看不出本书作者在叙述中想要表达的意思：玛丽女王一直拒绝面对英国仲裁委员会做出答复，只愿当面对伊丽莎白女王自证清白，直到她伙同他人杀害亲夫的证据出乎意料地浮出水面，她的态度当即急转直下，变得与此前仲裁会议中的表现完全相反。本书作者确曾屡次提到玛丽要求面见伊丽莎白，也曾点评道，这个要求从一开始就屡屡遭拒，甚至在仲裁会议开始前就被否决，因此玛丽并不指望此时能够如愿以偿。作者认为，自己的意思已经很清楚，绝无可能被误解（确乎不可能），也不想反复赘述而令读者厌倦，因此仅用一两段的篇幅简单说明玛丽已拒绝做出一切答复。我也相信，凡是略具常识、认真拜读过安德森或古道尔著作的读者，就不会看不出，情况正如本书所述，玛丽女王毫不动摇地顽固拒绝对英国仲裁委员会做出答复，坚持要求仅对伊丽莎白女王一人分诉。但也有过一两次，她出于虚张声势，扬言自己可以当面回应、驳斥对手，而未附加目前人们所理解的条件。但有一人，即《控告苏格兰玛丽女王的证据探究及评判》（*an Enquiry historical and critical into the evidence against Mary queen of Scots*）一书的作者，试图驳倒前面的论述。他从本书中引用了一个段落，其中讲到玛丽干脆拒绝答复，随即又引用了古道尔书中的一段，描述玛丽扬言自己会做出答复；继而，他根据这一所谓的矛盾，貌似彬彬有礼实则近乎直斥本书作者撒谎。他的那本书从头到尾充斥着此类污蔑不实之词，读者仅从上面的例子即可做出判断，这个"探究者"身上究竟有几分坦率、公正、诚实和礼貌可言。实际上，我们的历史上有三件事可以视作识别党派偏见的试金石：（1）英国辉格党人断言教宗的阴谋确有其事；（2）爱尔兰天主教徒否认1641年大屠杀；（3）苏格兰詹姆斯二世党人坚称玛丽女王清白无辜。必须认清，这三种人都是无法与之辩论或是讲道理的，只能任其沉溺于自身偏见。

395

注释［N］，p.133

默登收藏的苏格兰国家公文（Murden's state papers）出版于本书写成之后，我们从中可以看到，伊丽莎白女王与苏格兰摄政已就移交玛丽一事达成协议。后来，女王又派基利格鲁前去会晤继任摄政马尔伯爵，提出将玛丽移交给他。基利格鲁受命向这位摄政隐瞒玛丽将因其所犯罪行受到审判，判决将被执行的消息。看起来马尔拒绝了英方的提议，因为此事再无下文。

注释［O］，p.135

詹姆斯·梅尔维尔爵士在回忆录中（p.108, 109）认为伊丽莎白施展手腕刻意挑唆苏格兰各派内斗，不过他的证据过于软弱无力，无法与众多来自其他渠道的强大证据抗衡。事实上，伊丽莎白如果那么做，将与她后来的所作所为背道而驰，也完全有违于她的利益及处境所需。显然，苏格兰幼主一党坐大符合她的利益，没有什么能诱使她出手遏制这派势力的发展，甚至克制自己不公开扶助他们；只有一个妨碍因素，那就是她仍想哄骗苏格兰女王，使之继续沉溺于和平复位的迷梦。更多内容参见Strype, vol. ii.Append.p.20。

注释［P］,p.192

有许多情形可以清楚表明，女王与安茹公爵议婚并非作假，也不是政治策略，由福布斯博士(Dr Forbes)收集、现归罗伊斯顿勋爵(lord Royston)珍藏的手稿当中有一段话尤能说明问题，其中写道：女王叮嘱沃辛汉姆，在谈判开始前仔细端详公爵的外貌——鉴于那位爵爷不久前罹患过一场天花，刚刚痊愈，女王希望大使先生评判一下他的相貌是否依然不失俊美，值得异性爱慕。倘若她没有诚意，只想做戏欺骗公众或法兰西宫廷，断不会有此举动。

注释［Q］,p.209

D'Ewes, p.328.事实上，清教作为一个教派已经发展壮大到相当地步，该教派的一部训导书竟获五百多位牧者秘密联署。长老制的管理制度得以在教会内部成功确立起来，尽管要面对教会高层和宗教事务高等法院的严厉制裁。由此可见，无论教会戒律多么严酷血腥，也无法压制宗教改革的兴起。参见Neal's Hist. of the Puritans, vol.i.p.483 Strype's Life of Whitgift, p.291。

注释［R］,p.211

这一年，诺森伯兰伯爵（即那位数年前被斩首处决的那位伯爵之弟）参与了佩吉特勋爵解救苏格兰女王的阴谋策划，事败后被投入伦敦塔，他明白此案证据确凿，自己无疑会被定罪，于是选择自我了结，以逃避进一步的迫害。他用手枪打穿了自己的胸膛。大约与此同时，那位不幸的诺福克公爵之子阿伦德尔伯爵因卷入某些活动招致女王反感，他反思自己家族的不幸命运，心灰意冷之余试图偷渡出国，但行动败露，伯爵被关进伦敦塔。1587年，阿伦德尔以叛国罪遭到审判，主要罪状是：他曾经在言谈间流露出亲西班牙倾向，并且声言要举行弥撒为无敌舰队祈求胜利。庭上经同侪裁决，判处其罪名成立。这一严厉判决虽未执行，但阿伦德尔再未恢复自由。他于1595年死于狱中。这位伯爵一直厉行宗教苦修，据信这是他死亡的直接原因。

注释［S］，p.293

不难想见，玛丽对伊丽莎白抱有极端敌意。大约值此前后，这种敌意在一个看似离奇的事件中爆发出来。那位被赶下台的女王被交予什鲁斯伯里伯爵负责监护，有很长一段时间，她与伯爵夫人形迹亲密，然而后者猜疑她与伯爵有染，两个女人便反目成仇。玛丽采取了一箭双雕的报复手段，发泄自己对伯爵夫人和伊丽莎白的怨恨。她致信伊丽莎白，告诉她许多八卦丑闻，并说这些统统出自什鲁斯伯里伯爵夫人之口：说伊丽莎白曾经对某人许婚，此人后来成为她御榻上的常客；她对法兰西特使西米尔和安茹公爵同样纵容，任其予取予求；哈顿也是女王的情人之一，女王的过度宠溺甚至令其颇感厌烦；又说女王尽管在其他方面贪得无厌，且忘恩负义、苛刻寡恩，但在满足自己情欲时却毫不吝惜花费；她虽放纵情欲，但身体构造却异于其他女性，所有求婚者到头来都会失望。女王自负美貌，对廷臣们哪怕最无底线的阿谀也照单全收，每逢这种场合，那些廷臣甚至忍不住暗自哂笑她的愚蠢。他们惯常奉承她说，她的美像太阳一样光芒耀目，令人无法直视。玛丽还补充道，什鲁斯伯里伯爵夫人曾经奉劝自己，她的最佳策略就是设法把儿子荐上伊丽莎白的御榻，不必担心这个提议被视为一种嘲讽。此外，伊丽莎白自诩魅力无限，简直可笑至极。玛丽在信中声称，在伯爵夫人的描述中，伊丽莎白生性可憎、举止放荡，虚荣到荒唐的地步。有一次，伊丽莎白虐打一位姓斯丘达莫尔(Scudamore)的年轻命妇，打折了这位女士的手指，为遮掩此事，大家一致对外声称她的手是烛台意外掉落砸伤的。还有一位女士不幸触怒天威，被她用刀划破了手。玛丽又补充道，伯爵夫人告诉她，伊丽莎白收买了罗尔斯通，嘱其刻意接近并设法勾引玛丽，以图败坏对手的名声。参见 Murden's State Papers, p.558。这封轻率、恶毒的信写于玛丽的阴谋败露前夕，无疑造成了负面效果，令她身受更严厉的打击。这些抹黑伊丽莎白的内容究竟有多少可信度，或许很值得怀疑，但是她对莱斯特、哈顿和埃塞克斯的极度宠爱是有目共睹的，对蒙特乔伊和其他人就更不必提；海恩斯(Haynes)的著作中也记载了她和海军上将西摩(Seymour)之间的暧昧往来，这就使人对她的贞操颇有些存疑。我们从其他无可置疑的权威史料中得知，她对自己的美貌极度自负。即使在衰暮之年，她仍然听任廷臣们奉承自己美貌超群。Birch, vol.ii.p.442, 443.她的脾气暴躁，可以从许多生动的事例中得到证明，殴打侍从女官的事情也是屡见不鲜的。参见 Sydney Papers, vol.ii.p.38。她当着枢密院众臣挥拳猛击埃塞克斯也是一个例子。大英博物馆中藏有亨廷顿伯爵的一封书信,伯爵在信中怨诉,女王跟他的夫人起了些争执,出手狠掐伯爵夫人。这位女王倘非生在帝王家,大抵不会是位和蔼可亲的人物。她的绝对权威一方面助长了她的暴烈性情,使之骤起骤落难以控制,但同时也使她身上诸多卓越的标志性美德得到发扬,从而弥补了自身弱点。

注释[T],p.232

Camden,p.525.上述证据来自玛丽的秘书柯尔,此人的诚实是颇得她认可的;柯尔(以及另一位秘书诺)长期为她保守如此重大的秘密,不肯背主而换取莫大利益,足以证明其人品高洁。玛丽终究认为自己没有什么理由抱怨柯尔为控方提供证据的行为,故而,她在临刑前一天写就的遗嘱中特地赠给他一大笔钱。Goodall,vol.i.p.413.她也不曾忘记诺,尽管她对此人其他方面的所作所为不十分满意。Id.ibid.

注释[U],p.233

该阴谋的细节见于苏格兰女王致其死党查理·佩吉特的一封信中。此信的日期为1586年5月20日,包含在福布斯博士的手稿收藏中,现为罗伊斯顿勋爵所有。这是一份由玛丽的秘书柯尔证明并得到伯利勋爵背书的副本。令其真实性无可置疑的证据是:我们在默登先生收藏的公文中(p.516)发现,玛丽确曾于当天致信查理·佩吉特;此外,这份手稿中提到佩吉特4月10日的来信,而我们在默登所藏苏格兰国家公文中(p.506)也发现,佩吉特确实在那个日期给玛丽写了一封信。

这种暴烈的精神特质在玛丽的性格中贯穿始终。她内心母爱的力量太弱，无法抗拒奔突的激情——尤其是她的骄傲、野心和偏执。她的儿子见寻求母子共治无果，又发现由于新教臣民的偏见，该计划完全不切实际，便彻底放弃这方面的尝试，转而与英国结盟，将母亲撇在一边。在玛丽看来这一行为极不负责任，她在激怒之余致信伊丽莎白，声称从此不在乎他或她自己在这世上的命运如何，她今生最大的满足莫过于亲眼看到他和他那帮追随者成为世人眼中暴政、忘恩负义和不虔诚的典型代表，并因邪恶而遭受天罚。她表示，她会在基督教世界另觅继承人，并将毫无顾虑地将自己的遗产交付在一双最有能力牢牢掌握它的手中。如此实施了报复之后，她才不在乎自己的肉身落得怎样的下场：届时，对她来说最愉快的终局就是速死。她保证说，他若一意孤行下去，她将与他断绝母子关系、诅咒他、剥夺他的继承权以及现在、未来所能承自她的一切，任他独自承受叛逆臣民所能加诸他的一切伤害，正如她曾经承受的那样，更听任外邦讨伐和征服他。任何威胁手段对她来说都是徒劳：她决心已定，无论死亡还是其他厄运都无法吓倒她，迫使她退缩一步或是收回半个字。她宁愿光荣地死去，保持神所赐的尊严，也绝不流露丝毫怯懦，或者做出任何与自身地位和血统不相称的行为，辱没了自己的身份。Murden, p.566, 567.

詹姆斯曾经告诉法国大臣库尔塞勒（Courcelles），他见过一封玛丽的亲笔信，信中威胁要剥夺他的继承权，还说他可以袭达恩莱勋爵的爵位，因为那是他承自生父的唯一遗产。*Courcelles' Letter, a M S. of Dr. Campbel's.* 在 Jebb, vol. ii. p.573 中还存有玛丽的另一封信，她在信中对詹姆斯发出了同样的威胁。

我们发现,是摩根向玛丽提出了劫持苏格兰国王,交给教宗或西班牙国王的计划。参见Murden, p.525。竟然有人胆敢向一位母亲提出这种建议,说明后者必定非常暴力。然而她似乎还同意了。这样的女人,岂非大有可能杀害严重得罪她的丈夫?

399

注释[V], p.234

默登先生收藏的苏格兰国家公文确凿无疑地证明,玛丽与巴宾顿长期保持密切通信(参见p.513,516,532,533)。她与巴拉德、摩根和查尔斯·佩吉特也同样保持通信联络,并与他们共同制定了武装暴动和勾结西班牙入侵英格兰的计划(参见p.528,531)。上述文献还显示,玛丽与巴宾顿的通信有一段时间中断,这与卡姆登的记载相符(参见State Papers, p.513),卡姆登写道,摩根曾建议玛丽女王恢复与巴宾顿的通信。这些情况证明,玛丽否认有罪的声明不足采信,也证明了她与巴宾顿的通信中包含无法公开的细节。

注释[W], p.234

假使玛丽未曾与闻暗杀伊丽莎白的阴谋,那么与巴宾顿通信一事可以有三种解释。第一种解释(这似乎也是她本人所主张的)声称她的两位秘书收到巴宾顿的来信后,擅自做了回复,从未向玛丽透露半个字,而他们这么做并无任何险恶用心。这种假设即或不是完全不可能,也是极端荒谬的:像玛丽这样一位感觉敏锐、精力充沛的女王,怎么可能在如此重大的事情上被仆从蒙蔽至此?他们与她共处于一个屋檐下、随时随地有机会把这个秘密告诉她。

要知道，一旦阴谋败露，他们必定招致英国宫廷最严厉的惩罚；而设若事成，他们欺君罔上之罪也难逃女主追究，最轻也要落得个被贬黜的下场。更不用说，玛丽的配合在一定程度上是实施脱逃计划的必要条件：他们本打算趁玛丽外出狩猎时袭击卫兵，那么玛丽就必须与阴谋策划者事先商定动手的时间和地点。第二种解释假定这两位秘书此前已被沃辛汉姆收买而背叛了玛丽，他们模仿女主的笔迹给巴宾顿回信，好陷害她参与了阴谋。但这二人追随苏格兰女王既久，一向受到百分之百的信任，无论女王或其同党从未对他们产生过任何怀疑。卡姆登告诉我们，柯尔后来以某种承诺为借口向沃辛顾姆索取一笔报偿，但后者正告他，自己不欠他什么报偿，他所提供的任何消息没有一条不能从其他渠道确切获知，自己从中一无所获。第三种解释假定玛丽女王和两位秘书柯尔、诺都从未见过巴宾顿的信，也没写过回信，是沃辛汉姆破解了他们的密码，伪造了女王的回信。但这种假设如果成立，就意味着卡姆登所说的一切都是假的：关于吉尔福德打入苏格兰女王亲信圈，以及保雷特爵士拒绝其收买自己府上仆人的种种均为子虚乌有。更不必说，这一假设倘若成立，那么诺和柯尔的证词就一定是屈打成招的结果，事后二人为了澄清自己，也必会道出真相——特别是詹姆斯六世登上王位之后，就更是如此。然而据卡姆登记载，詹姆斯六世登基后，诺仍然坚持原来的口供。

我们还必须考虑到，后两个假设意味着沃辛汉姆犯下了骇人的罪行，也牵连到伊丽莎白信誉尽毁（因为此事不可能瞒过她）。如果考虑到当时的具体情况和时代偏见，玛丽赞同巴宾顿的阴谋似乎显得更自然，可能性也更大：在她眼里，伊丽莎白是个异端僭主，是她个人的仇人、一个强大的劲敌。她深知刺杀异端分子的阴谋在那个时代司空见惯，通常都得到罗马教廷和狂热天主教信众的支持。这一行动的成功关系到她本人的自由和君权。如果品行出众如巴宾顿者都仅仅因为偏执而卷进这般罪大恶极的行动，那么毫不奇怪，玛丽在同样的动机（其动机还不止于此）驱使下，也会首肯朋友们提出的这个计划。我们首先可以有把握地说，她若听闻此类计划，但凡有成功的可能，便会表示同意。沃辛汉姆和英国大臣们一旦安排好截获她的回复、进而破获整个阴谋的手段，也会顺水推舟帮助玛丽与其同党的秘信传递，如此正合他们的目的。要解释这封信何以能够成功传递到巴宾顿手中，沃辛汉姆知晓此事是一个必要的假定。

至于伊丽莎白为何放过诺和柯尔二人，也不足为奇：作证揭发主犯的从犯历来都会获得宽大处理。

但是，令我们排斥以上三种假设的理由在于，它们都只能仅仅被视作可能性而已。玛丽的党羽们拿不出任何理由肯定其中的一个而否定另外两个，也没有丝毫证据支持其中的任何一个。无论在当时还是后来任何时候，海内外众多为玛丽辩护的狂热分子都没有发现任何理由使我们相信这三个假设中的任何一个。甚至直到今天，她的辩护者们似乎仍在上述几种假设的可能性当中无所适从。两位可信度极高的证人做出的有罪证言，得到其他很能说明问题的事实支持，至今仍然无法推翻。巴宾顿心心念念要跟苏格兰女王取得联系，他确信自己找到了这个联络通道，并收到了她的复信。结果他和他的其他同谋都为此丧了命。自那以来，没有任何证据证明他们这一确信是错的。现在我们有什么理由怀疑他们上当受骗？卡姆登尽管公开表态为玛丽辩护，但任其妙笔生花也只能明显让人认为她是有罪的。如此看来，就连与她同时代、同阵营的人也找不到其他说得通的解释！

即使在玛丽受审期间，这个问题也显露得颇为分明。不过，下面这段摘自她1586年7月27日致托马斯·摩根信中的话使她的罪行完全无可置疑。玛丽在信中写道："至于巴宾顿，他好心而诚恳地提出愿以生命及其一切所能为我效劳。因此，我希望自己的两封信能令他满意（既然受人好意却之未免不恭），更确切地说，我特地为他开辟了通路，这才收到他的信和你前面提到的那封信。"巴宾顿坦白，他自告奋勇要为她行刺伊丽莎白女王。由上面一段话可以看出，她接受了他的提议。因此，所谓沃辛汉姆伪造信件的说法，以及玛丽的两个秘书自作主张回信或恶意构陷本主的假设皆可休矣。

注释［Ⅹ］，p.238

本届议会批准授予女王一项补助金和两项十五分之一税的征税权，而后宣布休会，又于苏格兰女王伏诛后重启，会上发生了一些值得引起注意的事件，不宜略过不表。在此引用西蒙·迪尤斯爵士（Sir Simon D'Ewes，p.410, 411）的原文，内容几乎完全转抄自汤森（Townshend）的下议院日志：2月27日星期一，科普先生（Mr. Cope）率先发言，谈到教牧人员拥有学识的必要性，以及纠正教会产业管理不善的问题，并向下议院呈上一份议案和一本书。该议案中包含一份请愿书，要求立法宣布一切有关教会管理的现行法律均告无效，并立法规定教会必须且只能使用这里呈上的公祷书，书中包含祈祷和执行圣礼的形式，以及在教堂中采用的各种仪式仪规，他希望在议会中宣读该书。对此议长先生表示，鉴于女王陛下此前已经吩咐下议院不得插手宗教事务，且已承诺会采取适当手段处理这些事情，所以他毫不怀疑陛下定会使全体臣民满意。他希望众位议员对此可以放心，就不必宣读该书了。然而下议院表示希望宣读该书。于是议长请书记官为他们宣读。在准备宣读的过程中，道尔顿先生（Mr. Dalton）提起动议反对宣读，称该书不宜在下议院宣读，书中事实上指定了一套新的教会圣礼及仪规管理方式，致使现行公祷书以及整个教会礼仪失去权威性。他认为此举会招致女王陛下对下议院的愤怒，因为这属于女王陛下特别规定亲掌和指导的范畴。路肯诺先生接着发言，针锋相对地指出布道和牧养中学识的必要性，认为应在下议院宣读请愿书 ⁴⁰² 和那本书。继而，赫尔斯顿先生（Mr. Hurleston）和班布里奇先生（Mr. Bainbrigg）先后就此发言。由于时辰已晚，下议院当日散会，无论请愿书或那本书都未能宣读。事后，女王陛下召见议长先生，并要他带上请愿书和那本书，以及呈至上届议会的诸如此类的其他请愿书和公祷书，议长先生遵命将这些材料呈给女王陛下御览。2月28日星期二，女王陛下召见议长先生，因此下议院当天没有集议。3月1日星期三，温特沃思先生向议长先生呈交数篇文章，内容涉及关乎议会自由的若干问题，他将回答其中的一些问题，并希望向下议院宣读。议长先生希望他取消动议，待摸清女王陛下就前日呈上的请愿书和公祷书的旨意再做打算。但温特沃思先生不肯罢休，要求当众宣读他的文章。温特沃思先生在文章开头哀叹道，他和其他许多人一样，因缺乏议会自由方面的知识和经验而不敢发言。他提出的问题如下：议会是不是所有议员以平等身份自由集议的地方，不受任何人操控或法律威胁？议员能否以议案或发言的形式表达对国家事务的任何意见，涉及服事上主、君主和这个伟大王国的安全等一切方面？假如议会没有言论自由，能否做到荣耀上主、效命君王、造福于邦国？除议会之外，是否还有其他机构有权制定、增补或删减王国法律？不经议会同意，将议会中讨论的任何有关服事神、效命君王和邦国的秘密或重大事项报告给君主或任何其他人，是否违反议会规则？议长或其他任何人是否可以打断任何议员在议会中就上述事务的发言？议长是否有权随意起立，提起任何事项，无论下议院同意与否？议长是否有权就任何事项或正在讨论的问题否决下议院的集体意见？下议院是否在任何事项上对议长拥有管辖权或否决权？假如没有议会，君主和王国能否存在、坚立、持续运行，而不改变国家政制？西蒙·迪尤斯爵士写道，在这些问题的最后，我发现如下这条简短的记录，我们从中可以看到，议长帕克林律师(serjeant Puckering)收到上述问题之后作何反应，以及此事最终的结果。"帕克林先生收下这些问题，把它们展示给托马斯·赫尼奇爵士 ①，后者插手此事，温特沃思先生被关进伦敦塔，议会根本未就这些问题形成动议。埃塞克斯的巴克勒先生(Mr. Buckler)见势退缩，放弃支持温特沃思，此事再无下文。"西蒙·迪尤斯爵士接着写道，原日志中记述了关于温特沃思先生的这件事之后，便用简短的一句话结束了当天

① 即托马斯·赫尼奇爵士(Sir Thomas Heneage，1532—1595)，伊丽莎白女王的宠臣，位高权重，当时负责管理伦敦塔事务。——译者

内容:"本日女王陛下召见议长先生,下议院散会。"3月2日星期四,科普先生、勒克诺先生(Mr. Lewkenor)、赫尔斯顿先生(Mr. Hurlston)和班布里格先生(Mr. Bambrigg)被召至御前大臣及众位枢密大臣驾前,从那里被送至伦敦塔拘禁。3月4日星期六,约翰·海厄姆爵士(Sir John Higham)向下议院提起动议,称本院丧失了多位优秀且不可或缺的成员,为此同侪议员们愿向女王陛下提出卑微的请愿,请求陛下开恩放还上述几人。针对上述发言,副宫务大臣先生答曰,如果这几位绅士被拘的原因属于下议院特权范围之内的问题,那么请愿是可以的;但情况若非如此,请愿会越发触怒女王陛下。因此他奉劝大家不要轻举妄动,暂且静待进一步消息,这无须太久。此外,关于公祷书和请愿书一事,他还指出:女王陛下出于唯她本人知晓的多种正当理由,认为最好压下此类议题,不予进一步审议,但女王陛下不宜对臣民解释自己的所作所为,那是极其不合体统的。——但无论副宫务大臣先生如何声称,这些议员被拘极有可能是因出言涉及教会事务,这是女王陛下屡次明令禁止的,也激起过太多争议,上届议会召开时上下两院亦曾就此举行过多次联席会议。

　　以上是我们在西蒙·迪尤斯爵士的记载和汤森日志中所能找到的关于此事的所有材料。看来那几位议员后来一直被关押,直到女王陛下认为适当的时候才获释。温特沃思先生所提的一系列问题颇不寻常,因为其中透射出当前英国宪制的晞微晨光,尽管当即被伊丽莎白的专制统治所钳灭,但是温特沃思因其清教思想和热爱自由的精神(这两个特性价值并不等同,却是共生共长的),实为后世的汉布登(Hambden)、皮姆(Pym)和霍利斯(Hollise)等诸君奋争之路上的先驱者；后来者面对的危险较少，因而无需付出那么多勇气，便成功地将前人的原则发扬光大到如许地步。我只想问一句，上述所有情况难道不足以清楚地表明，在连续两个朝代中，并非君权僭夺了民权（尽管君主有此企图，很多人也如此声称），而是民权不断侵蚀了君权？

注释［Y］，p.266

女王在蒂尔伯里大营阅兵式上的演讲原文如下：

朕亲爱的子民们，曾经有一些关心朕安全的人劝告朕，置身于武装民众中间，务须谨防逆贼行刺。然而朕向众位保证，朕活在世上一日，绝不愿疑惧自己忠忱有爱的子民。让暴君们去畏惧吧！除上帝以外，朕永远将臣民的忠心和善意视作自身的主要力量源泉和安全保障，朕一贯的行为准则即是如此。因此，朕在此时来到你们当中，并非为了个人休闲或运动，乃是决意投入最激烈的战场，与你们所有人生死与共；为上帝、为国家、为朕的子民，不惜将荣誉并一腔热血抛洒尘埃。朕自知不过是区区弱女子之身，然而朕拥有一颗王者之心——一颗英格兰君主之心。任何胆敢犯我疆界者，无论帕尔马、西班牙还是欧洲其他国家的君主，朕视之有如粪土一般。一朝强敌来犯，朕宁愿亲自操戈上阵，绝不甘于蒙受耻辱；朕将亲自充当你们的主帅和法官，亲自奖赏你们在沙场上的每件功勋。从众位的踊跃态度中，朕已经看出，你们配得这样的奖赏和冠冕。朕以君王之尊向众位保证：你们沙场建功必得丰足报偿，朕绝不食言。值此期间，朕的副将代朕掌兵，如朕亲在。世上没有哪位君主统率过比你们更高贵、更可敬的臣民。毫无疑问，有你们如此出色地服从将帅指挥,在营协力同心、上阵奋勇杀敌,朕必将迅速击败与朕所信奉的上帝、朕的王国及朕的臣民作对之敌,赢得辉煌的胜利!

注释[Z],p.271

Strype, vol iii p.525.

9月4日,西班牙无敌舰队被风暴吹散之后不久,深得伊丽莎白女王宠信(却德不配位)的莱斯特伯爵去世。女王对他的宠爱持续始终。莱斯特平生几番出征不但未建功勋,反有怯懦之嫌,但女王却信之不疑,在面临西班牙入侵的危急关头授其主将之印;假使帕尔马公爵的大军成功登陆,女王这份偏宠恐怕会造成致命后果。她甚至下旨为他签发委任状,打算封他为英格兰暨爱尔兰王国副王,但伯利和哈顿向女王力陈授予任何臣民无限权威的危险性,阻止了该计划的执行。此举一反伊丽莎白向来多疑的禀性,难怪有人据此怀疑,她对伯爵的偏宠建立在某种超乎友谊的激情之上。不过,莱斯特伯爵一死,伊丽莎白对他的眷恋似乎就烟消云散了。她下旨公开拍卖他的动产,以偿还他欠她的一些债务;可以看出,她平素爱财如命的倾向压倒了对亡者的追念。这位伯爵生前十足伪善,假装恪守最严格的宗教戒律,为清教徒撑腰,还创办过多所医院。

注释[AA],p.271

Strype, vol.iii.p.542.Id.append, p.239.最后提到的这位议员发言中有几段话颇为独特,或许值得关注,尤其是它们出自一位普通议员而非廷臣之口,反对授予女王补助金。他在发言中指出:"首先,关于此举的必要性:无法否认,倘使这是女王陛下以命令方式强加的征敛,或是陛下出之以恳请的要求,那么愚以为,我们当中没有一个人(哪怕他再罔顾君臣大义、无视浩荡君恩)不会甘心乐意、心口如一地爽快顺服并应承此事,绝不会大不敬地追问征敛的缘由。因为我们的土地、财产和生命尽数听凭君主支配——这是我们所有人每每挂在嘴边的一句话。此外,这也完全符合罗马法关于凡物归王(*Quod omnia regis sunt*)的主张。但具体如何体现呢?然而这是从整体而言。君主对一切事物拥有主宰权,而具体物权归个人所有。(*Ita tamen ut omnium sint. Ad regem enim potestas omnium pertinet, ad singulos proprietas.*)因此,尽管千真万确女王陛下对我们和我们的财产拥有主宰权(*potestatem imperandi*),但另一方面也不能否认,每个臣民都有权拥有自己的财产,直到王命夺之(无疑,为君者没有正当理由不可能下达这样的命令)。迄今为止我们并未接到女王陛下这样的旨令,故此,在下的理解是:并不存在此等必要性。而造成此等必要性的原因,乃是邦国的危险状况。"这篇演说主要针对普遍意义上的恩税,而非一次补助金。因为理查三世关于废除恩税的法令几朝以来一直被视若无物。这位议员甚至在预做防卫性铺垫之后进一步断言,议会有权拒绝君主关于补助金的要求。他还说,将近四百年前,在亨利三世一朝便有过上述自由的先例。在末尾处(*Sub fine*)。

注释[BB],p.273

从培根的一篇演说中,我们可以判断出滥用特权现象的范围和严重程度。这篇演说发表于下一朝代首届议会的第一次会议上。我们从中还能看出，伊丽莎白并未采取措施匡正议会抱怨的这些弊端。培根在发言中说："第一，他们拿走了不该拿的东西；第二，征发所取的数量远远超过女王陛下需用的数量；第三，征发方式不合法，乃是多项法律条文明令禁止的。首先，我颇想替他们改个称呼：因为他们与其说是征购官员，倒不如说像税吏一样；他们不是征发物资供给陛下所需，而是用苛捐杂税滋扰陛下的臣民：强行征派、勒索各种款项，数额有大有小，有时一次性收取，有时为减轻民众负担，改以津贴的名目按年征收（这倒也无妨）。他们还砍伐百姓的树木，这是法律所禁止的；这些成材的大树优美端庄，为百姓的居所提供了荫蔽，它们本是家家户户长年自掏腰包种植养护的，既有用处又能怡悦人心，在人们心目中的价值岂止十倍于市价——一旦被砍伐拿走，对于家主是一种无法弥补的损失。他们对这些树木说砍就砍，令陛下臣民的房舍变得面目全非，除非家主私下跟他们达成和解，满足他们的勒索要求。如果哪位绅士态度强硬不好对付，他们就等待时机，趁家主出门，只剩一个仆人或管林员在家的时候动手砍树，叫家主来不及阻止。此外，他们还采取一种见所未见的极不公正的勒索手段，将陛下向他们征收的磅税转嫁到百姓头上。如此，一个穷苦人的干草、树木或家禽被他们强征（他可能极不情愿割舍，这些东西本是供他自家需用，不打算出售的），所定价钱也不公道，远低于真实价值，而当他最终来领取这份已经被百般克扣的价款时，还要再从应得数额中扣减每磅十二便士的磅税。更有甚者，他们的勒索后来越发登峰造极（举报者言之凿凿，此事听起来虽令人难以置信，但别忘了他们这种人什么事都干得出），向百姓收取双倍磅税：开具票据时收取一次，支付价款时再收一次。第二点，他们所取的数量远远超过陛下需用之数。关于这一点，仁慈的陛下，已经有多位声誉良好的绅士对我证实此事，因此我在此可以向陛下保证：上述过程不曾为陛下增添一星半点利润，只给您的臣民造成了三倍的损失，激起民怨沸腾。而他们为了确保自己的非法所得，会采取什么手段？尽管法律严格规定，征发任何物资须笔笔登记入账并核验无误，务使取诸民间和上交王家之物做到收支两清；但是他们为了掩盖自己做的手脚，根本不遵守法律规定。接下来，如果承蒙陛下允准，我要谈第三点，即征发方式不合法的弊端。这个问题包含诸多方面，需要一一枚举具体细节，而非笼统说明。在定价方面：根据法律，征发官员应与百姓协商定价，但在现实中他们却随意定价并强加于民；根据法律，应在乡间当着众乡邻一次性地对征发物进行评估，但现实中他们却在法院大门口进行第二次评估，乡民的牲畜经过数英里跋涉来到这里时疲乏掉膘，他们便趁机估以低价；根据法律，征购当在白天进行，但现实中他们却刻意安排在夜间，以利于他们上下其手；根据法律，征购不得在公路上进行（公路受女王陛下的至高特权保护，法律规定特殊条款除外），但现实中他们却在公路上进行征购；根据法律，他们还应当出示委任状，等等，等等。更多具体细节参见 Bacon's works, vol. iv. p. 305, 306。

　　对于上述种种弊端，伊丽莎白既不允许议会干预，她自己也未予匡正。不难想见，单只这一项小小的王室特权（混杂在其他更重要的王室特权中间显得极不起眼）便足以抹杀一切常规的自由权利。因为，身处如此嚣张跋扈的特权淫威之下，无论是选举人、议员甚或陪审团成员，有谁胆敢违抗宫廷的意旨？这些采办大员鱼肉百姓劣迹斑斑，有的简直令人不可思议，更多描述参见下议院日志（Journals of the house of commons, vol.i.p.190）。有个马车夫的故事，在这里或许值得一提。"在温莎，有一次宫廷为搬迁征用役夫，一个马车夫和他的车三次被征召运送各样物品，其中一部分是女王陛下的衣物。他往返运送了一次、两次，到第三次时，王家司服官告诉他，搬迁取消了。马车夫一拍大腿说：'现在我明白了，女王跟我老婆一样，也是个女人呐。'女王陛下刚巧站在窗边，听见这话就说：'这是哪个浑小子？拿三个金币给他，堵上他的嘴。'"Birch's Memoirs, vol.i.p.155。

407

注释［CC］, p.282

这一年，王国蒙受巨大损失：德才出众、誉满天下的国务大臣弗朗西斯·沃辛汉姆爵士去世了。他平生历任多职，生活节俭，身后却家无余资，家属只能为他举行私人葬礼。他只留下一女，最初嫁给菲利普·西德尼男爵（Sir Philip Sidney），再嫁伊丽莎白女王的宠臣埃塞克斯伯爵，最后又嫁给爱尔兰的克兰里卡德伯爵。同年，托马斯·伦道夫爵士去世，他曾屡次为女王出使苏格兰。另一位逝者是莱斯特的兄长沃里克伯爵。

注释［DD］, p.284

此战理查德·格林维尔爵士表现英勇超凡，值得载入史册。这位孤胆英雄独力迎战整个西班牙护航队，敌方共有四十三艘战船、军力多达一万。战斗从下午三点打响，一直厮杀到次日拂晓，其间敌船轮流上阵，不断补充生力军，先后发动十五次攻势，均被格林维尔打退。战斗刚开始，他本人就挂了彩，但他坚持在甲板上履行职责，直到晚上十一点时他再次负伤，被抬下甲板去包扎。在治疗过程中，一发子弹射来打中他的头，他身边的军医也中弹身亡。这时英军弹药出现短缺，他们所有的小型武器都已破损或无法使用。全船共计一百零三名官兵，四十人战死，其余所有人都负伤在身。他们的船桅被打断落入水中，索具都碎成寸段，一艘战舰只剩个空壳，瘫痪在海面一动也不能动。在这种情况下，理查德爵士向全船将士提议：要相信上帝的怜悯，而不指望西班牙人的怜悯，宁愿连船带人全体玉碎，也不向敌人屈膝。炮手长和许多水手赞同这一殊死决定，但其他水手表示反对，迫使格林维尔自缚请降。格兰维尔于数日后死去，他的临终遗言是："我，理查德·格林维尔，今天死在这里。我心喜乐平安，因为我作为一个真正的战士死得其所：为国家、为女王、为信仰、为荣誉而战。我的灵魂欣然离开这个肉体，长留英名在人间：我像每一位英勇的士兵一样，尽到了自己应尽的职责。"在这场激烈而强弱悬殊的海战中，西班牙人损失了四艘战船，伤亡约一千人。格兰维尔的船不久也沉没了，带着船上的二百个西班牙人一起葬身海底。Hackluyt's Voyages, vol. ii. part 2. p. 169. Camden, p. 565.

注释 [EE], p. 302

当选议长发言表示辞谢本是司空见惯，但这位议长的理由却十分独特，值得辑录于此。他表示："本人名下薄产不足以维持这一荣耀职务所需。我父亲故世后，只给我留下一笔微薄的年金，还有一个弟弟靠我抚养。成年后我当上执业律师，成家立业；我们夫妻膝下子女众多，养活这样一个大家庭是个沉重的经济负担，全靠我辛劳工作维持日常生计。本人的资质秉性都不适于担此大任。因为荣任此职者，理当魁梧英俊、仪表堂堂、口才出众、声音洪亮、举止威严、性情高傲，钱包又鼓又重。而本人恰恰相反，生得身材矮小、不善言辞且气短声低，看上去一副普普通通的律师模样，我的性子绵软羞怯，至于钱包么，又薄又轻，从来没有充盈过。——想当年饱学雄辩、举世无双的德摩斯梯尼（Demosthenes）在雅典城邦领袖福基翁（Phocion）面前发表演说尚且发抖，而才疏学浅如我，要勉为其难担当如此显要、权责既重又劳神费力的职位，当着现场这么多位福基翁开口发言，又该如何栗栗惶恐呢？而且，最令人战兢的莫过于觐见我们至尊而又亲爱的君主，面对那无可言喻的神圣威仪。女王陛下天威，就连世间最强悍的心灵也为之胆寒畏葸；女王陛下的赫赫声名，能使最勇敢的人魂飞魄散。要知道君王的身份和尊名，对于臣民有着何等巨大的威慑力，哪怕其中最强者也莫不喏喏降服。"D'Ewes, p.459.

注释［FF］, p.307

Cabbala, p.234 Birch's Memoirs, vol.ii.p.386.Speed, p.877.埃塞克斯的信通篇情绪激昂，言辞颇为出奇，想来读者诸君或有兴致一览。"我的好爵爷，尽管世上再无一人像您一样，能让我第一时间将自己的所有问题托付判断，但请您务必容许我禀告您：在某些情况下，我必须向尘世的所有法官提起申诉。这里所说的情况，如今确乎就是了：这尘世间的最高法官未经审判或听证,就对我施加了最严厉的惩罚。既然我必须做出选择:要么就阁下的论点做出答辩,要么放弃自己的正当防卫权,那么我且强迫这疼痛的脑袋为我服务一小时吧。首先我必须声明,这份被逼而来的不满没有诙谐的成分;它并非无缘无故,也未持续很久,阁下实应更多地对我表示同情,而不是出言责备。地上的人们期待自然的四季流转,但老天时常降下不合时令的罡风暴雨。君王之怒,其势胜过自然界的任何风暴,而它偏偏在一个人满心指望着勤谨事主获得丰足报偿之时兜头袭来,若论不合时令还有什么比这更甚?人一旦受了伤,总要有段伤口刺痛的时间,直到伤处痊愈或麻木失去痛觉。而我却无法奢望痊愈,因为陛下对我心硬如铁,我也不可能变得麻木,因为我本是血肉之躯。您奉劝我放眼长远,关注结果,而我做得比这更多,我放眼看到了自己一切好运的终结,并且了结了自己的所有欲望。我扪心自问,在此过程中,我可曾为敌人效劳?在宫廷时,我发现他们专权恣肆,于是宁可任他们自去得胜,而不愿与之沆瀣一气。我是否离弃了我的朋友们?我在朝时,不能以爱的果实馈赠诸友,而今我退隐山野,他们也不会因为对我的爱而蒙受猜忌。我是否出于孤芳自赏而任性地自暴自弃?或者由于不善经营关系,没能搭建起那种遇风就倒的'纸牌屋',这才断送了自己的好运?抑或由于追求荣誉的幻影、佩戴这份虚荣的徽记,从而毁掉了自身荣誉?我是否临敌畏缩不前,长了敌人的志气?我是否怠于事务,尽管无法保障自己时运不衰?不,不,我的好爵爷,这些问题我都一一细想过,给予它们应有的重视,结果越想越觉得自己无论哪一点上都没有过犯。至于最后的两条指控,说我在国家最需要我的时候抛弃它,未能履行对君主牢不可破的效忠义务，我的回答是：如果我的国家现在需要我提供公共服务，那么统治这一国的女王陛下便不会逐我于山野。有两条纽带将我与我的国家连结在一起，一条是公共的，要求我小心勤谨履行受托之责；另一条是私人的，它滋养我的命脉，我愿为之牺牲生命和这副残躯。现在，女王陛下已将我罢免、逐离，剥夺了我的能力，第一条纽带已被解除；至于第二条，除了死亡没有任何力量能够解除它，因此，除非我主动于半路迎向死亡，我并无办法提早获得解脱。我对女王陛下只负有一种不可推卸的义务，即效忠义务，对此我从来不曾、也永远不会疏于履行。至于驾前事奉，并非为臣的必要义务。身为伯爵、王室典礼官，我理当向女王陛下尽上应尽的职责。我甘作微末小吏供陛下驱使，并且为此心满意足，但绝不肯充当陛下驾前的反派小人或奴隶。而您又告诫我把一切交给时间，我正是这样做的，现在我看到风暴将至，已经将自己的船儿驶入港口避风了。塞内卡（Seneca）说过，我们必须给命运让路：我知道命运女神既瞎眼又强大，因此我尽我所能地远远避开她。你说解决问题的良药就是不抗争，而我既不抗争也不寻求解药。但您又说，我必须让步、顺服——我却既不能退而承认自己有罪，也无法认可加诸我的诬蔑是对的。我对一切真理的主宰负有莫大的道义责任，故万万不能颠倒黑白，把真的认作假的、反将假的认作真的。您问我曾否贻人口实，过后是否勇于承当由此而来的不堪后果？我要回答：不，我没有贻人口实，甚至未曾招致纤毫怨言；我也确实做到了 *totum telum corpora recipere*——任凭剑锋完全刺入我的身体。我忍耐承受这丑闻所带来的一切后果，同时分明感受到自己承受的一切痛苦，还不只如此，当最卑鄙的侮辱降临到我头上时，我依然持守着这种态度。"后来,培根当庭反驳埃塞克斯时,曾经斥责这封高贵的信狂妄大胆、对女王陛下大不敬。Birch's Memoirs, vol.ii.p.388.

注释[GG], p.330

伊丽莎白女王驾前的大多数廷臣都假意爱她、渴慕她,向她大献殷勤。沃尔特·雷利爵士失宠后,给友人罗伯特·塞西尔爵士写了下面这封信,无疑想转给女王看到。"我从来不曾心碎,直到今天听闻女王远离的消息。这么多年来,我带着满腔挚爱和渴慕,追随她走过多少旅程,而今却被孤零零丢弃在这黑牢中。当她近在咫尺,我每隔两三天能听到她的消息,那时我的悲伤还相对少些,而现在,我的心被抛入极度痛苦的深渊。我昔日惯睹她的风姿——策马驰骋有如亚历山大、行猎宛如狄安娜、举步仿若维纳斯,柔风吹拂她纯洁脸颊旁的金发,那时的她就像宁芙仙女一样。她有时安坐树阴下,恍若女神下凡,有时登上舞台犹如天使,有时演奏乐器浑似俄耳甫斯。看哪,这世界何等悲哀!一步踏错,我便失去了一切。噢,那仅仅闪耀在苦难中的荣光,你曾经的确据在哪里?所有伤口都会结疤,除了幻想之伤;一切爱恋都包含怜悯,除了女人的心。惟独逆境方能检验友情,只有在冒犯中才能见证恩慈。倘无怜悯,何来神性?因为复仇是残忍且属世的。过去的好时光、昔日的爱、叹息、悲伤、渴望,所有这一切难道抵不过一次软弱失足?难道这样多的蜜糖都掩盖不了一滴苦胆的滋味?于是我可以得出结论:别了,希望!别了,好运!我所信赖的她已经离去,对我没有一丝怜悯,全然泯灭了昔日的尊重。那么,现在就按你的安排任意待我吧,有些人巴不得我死,但我自己更加厌倦生命。如果说我这条命曾经全然为她而活、也是她所赋予,那便是我此生所幸。"Murden, 657. 值得注意的是,这位仙女、维纳斯、女神、天使,时年大约六十岁。然而时隔五六年后,她依然允许周围人用同样的言语恭维自己。英国驻法大使亨利・昂顿爵士(Sir Henry Unton)曾经向女王描述他与亨利四世的一番对话:那位国王向昂顿引见自己的情妇、美丽的加布里埃尔,随后问他觉得这位佳人品貌如何?昂顿告诉女王:"我恭恭敬敬地夸赞了她几句,然后对他说,陛下若不见怪,臣这里有幅美人小像,比眼前这位美得多呢,而且她的真容比画像更有风韵,实在美到极致。他求我说,那幅画像你带在身上吗?你若爱我,就拿出来让我看看吧。我故作为难状,后来在他的执意催索下勉强应允,神神秘秘地把画像握在手中,只让他看一眼。他满含热情和爱慕注视着画像,承认我的话不错,他说'我降服了',又抱怨自己从未有过这等眼福。于是,他无比虔诚地把我手上的画像亲吻了两三次,最后一把从我手中夺走画像,要我从此跟它告别吧,他发誓绝不放弃这张画像,拿世上任何宝物都不换,还说为了获得画中美人的青睐,即便舍弃全世界他也甘之若饴,此外还有许多热情洋溢的表白。Murden, p.718. 有关这方面的更多材料,参见那位天才作家所著《英格兰皇室和贵族作者目录》①,"Essex"条目。

---

①　Horace Walpole, A catalogue of the royal and noble authors of England with lists of their works (1758, Strawberry Hill Press) . ——译者

411　注释［HH］, p.346

在此附上这些发言中的若干段落, 可能有助于我们对于那个时代的政制和伊丽莎白一朝通行的政治原则形成适当的了解。劳伦斯·海德先生(Mr. Laurence Hyde)提出一项议案, 题为"关于某些专营许可状发放的普通法解释"。斯派塞先生(Mr Spicer)发言称: "该议案可能触及王室特权, 而据我从上届议会中了解, 王室特权如此至高无上, 为臣者岂敢染指。因此我绝不认为, 君主的国事和王室特权应受我或任何其他臣民的立法约束。"弗朗西斯·培根先生说: "关于君主所享的王室特权, 我个人一向给予承认, 并且希望它永远不要成为讨论的话题。女王陛下是我们的君主, 宽赦和严饬的权柄均握于她手。她既可凭借自身特权放宽法律法规的限制, 也同样可以凭此特权对法律许可的行为进行约束。首先, 她可以颁发 *"non obstante"* 特许状①授权准许某些与刑法规定相抵触的行为——至于垄断专营之类的情形, 议会一贯谦卑顺服圣意, 向来是以呈递请愿书的形式向女王陛下陈说苦情, 吁请匡济, 尤其是当匡济手段可能触及陛下的特权之时——我要说, 并且要再次强调, 女王陛下的特权不应当由吾辈妄加讨论、评判或干涉。故此, 我希望每个人在这件事上都应保持审慎。"贝奈特博士(Dr. Bennet)说: "那些打算就女王陛下的特权争论不休的人有必要谨言慎行。"劳伦斯·海德先生(Mr. Laurence Hyde)说: "这份议案是我提出的, 我想我理解它。无论我这颗心、我用来说话的舌头

---

①　*non obstante*［拉］尽管。用于国王颁布的法令及签发的特许状中, 表示特许某人做某事, 尽管这与制定法相抵触。——译者

还是我提笔写字的手都绝对无意侵害或贬损女王陛下的王室特权和王威——议长先生，正如哈里斯律师（Serjeant Harris）所言，我能看出，下议院欲将本议案作为请愿性质处理，如此就要求我们采取更为谦恭的态度。确实，议长先生，该议案本身是好的，但笔调有些不合时宜。"蒙塔古先生说："我们的行为善意而真诚，我喜欢这种通过议案解决问题的做法。此事在民间怨望极大，我只想提醒诸位，上届议会曾经对此诉诸请愿方式，但全无收效。"弗朗西斯·莫尔先生（Mr. Francis More）说："我知道女王的特权是非同寻常、微妙难办的事。然而弊端空前严重，此类垄断在本人服务的城镇和乡村造成了多少苦情，凭我一张嘴实难述之于万一。由于垄断，国民的普遍利益被私人攫取，其后果就是百姓困苦、受尽奴役。我们本来有一部规范鞣革从业者诚信经营的法律，然而随着一道特许状颁下，人们获准任意而行，法律变得形同废纸。当女王可以运用特权随意宣布议会立法作废时，议会立法又有什么意义？议长先生，我怀着十足谦恭的心这样说：在女王陛下的所有举措当中，最能贬损陛下自己的王威、最能激起民愤，且对国家威胁最大的，莫过于颁授这些专营许可状之举。"马丁先生（Mr. Martin）说："我要为悲伤而衰败的城镇发声，为在肆无忌惮的垄断重压下辗转呻吟、一片萧条的乡村发声，淀粉、锡、鱼、布、油、醋、盐，一切商品经营都被垄断，我不知道有什么是未被垄断的，有吗？在我生活的城镇和乡村，所有主要商品统统落入到这伙榨干公共福利的吸血鬼手中。议长先生，请您说说看，当一个人的身体流血不止，却不采取任何补救措施，任其不断衰弱下去，那人的身体如何保持健康？我生活的城镇和乡村恰恰就是这种状况啊：贸易凋敝了,进口商品和个人货品都不见了,不经垄断经营者的许可,无人敢于使用它们。如果任由这伙吸血鬼为所欲为,榨取这片土地出产的最好、最重要的产品,我们会落得怎样的下场?我们汗流满面,甚至在泥里土里爬着滚着辛勤劳作,在自己的土地上、用自己的体力收获了劳动果实,仅凭最高统治者的一纸令状便被夺走,而可怜的臣民们连一声都不敢吭吗?"乔治·摩尔先生(Mr George Moore)说:"我们既知道女王陛下的权力不受任何法律制约,为什么还要如此讲话呢?假使我们制定附带 non obstante 条款的相关法规,女王可以针锋相对,也颁布一份附带 non obstante 条款的特许状,反制我们的 non obstante 条款。因此,我认为以谦恭的方式进行请愿,而非借助立法处理这个问题,更符合下议院庄严智慧的公共形象。"唐兰德先生(Mr Downland)说:"我在所有事上都不主张无为或过激,因此,对于国民共同的苦情我既不怒发冲冠也非麻木不仁。如果我们采取请愿方式,不会获得比上届议会更亲切的答复。而自从上届议会以来,我们根本没见到任何改革。"罗伯特·沃思爵士(Sir Robert Wroth)发言:"我要说,而且要放胆地说,这些垄断经营者已经嚣张到了前所未有的地步。"海沃德·汤森先生(Mr. Hayward Townsend)提议:"下议院应当恳请女王陛下,不仅废除一切损及民生的专营特权,更开恩准许议会制定相关法案,在力度、效度和效力上与未获女王特权加持的普通法相当。尽管我们现在可以立法,法案内容正当合理,也可以确信女王陛下会毫不延迟地给予同意,但我们这些衷心热爱女王的臣民焉能在没有私下告知并征求她同意的情况下(此事几乎触及了她的特权)做出或准备做出此类行动呢!"

次日，反对垄断的议案再度被提起。斯派塞先生发言指出："议会试图通过立法来约束女王陛下的手脚，而女王陛下可以随意解除这种束缚，这种情况下议会的做法毫无意义可言。"戴维斯先生说："上帝已将自身的权力属性授予绝对君主。*Dixi quod Dii estis*.①"（请注意，他将该格言套用在英格兰君主身上。）国务大臣塞西尔先生说："我是女王的仆人。我誓不发声赞成一项损害或剥夺女王陛下特权的议案，宁可舌头被拔掉也绝不让那种话说出口。我相信，立法者存在于法律以先。（我想这句话的意思大概是说君权高于法律。）这里有位绅士试图说服我们，举出爱德华三 413 世在位第五年或第七年的执法先例，声称这种做法古已有之。在那个国王畏惧臣民的时代，很可能确有其事。如果诸位站在法律立场质疑王室特权，就请你们听听布拉克顿（Bracton）是怎样说的吧：*Praerogativam nostram nemo audeat disputare*.②就我个人而言，我不喜欢这种议程。而您，议长先生，您理应履行女王陛下在本届议会开幕之际对您的嘱托，不要接纳这种性质的议案。因为女王陛下的耳朵随时聆听百姓的一切苦情，她的双手随时伸出，提供每个人向她祈求的帮助。——当君主针对刑法判罚发布特免令，即是改由最高统治权做出裁定，其结论即为金口玉言、不可撤销。"蒙塔古先生说："我很不情愿说出我所知道的，恐怕引起诸位不满。我们现在讨论的是王室特权，是这一国的法律向来允许和维护的。既然如此，就让我们采取请愿方式向女王陛下陈情吧。"

---

① 大意为：我说你们是神。——译者
② 大意为：无人胆敢质疑我们的特权。——译者

议长将女王取消多项专营许可的消息告知议会时,弗朗西斯·莫尔先生表示:"我必须承认,议长先生,我虽然就此问题在上届议会和本届议会两次提起动议,但是我断无为王室特权设限之意(我希望议会也这样认为)。"他继而提出,议会应当向女王陛下致谢,此外,鉴于议会讨论中多有言语放肆之处,这些无疑会传到女王陛下耳中,可能引起陛下不快,因此,议长先生应代表议会向女王陛下道歉,并谦卑乞求陛下饶恕。请注意,以上内容为汤森先生摘录,此人是议会成员,但并非廷臣。所谓"言语放肆"似指对立一方。这样的畅所欲言被视作放肆,在我们今天看来必定显得很奇怪。然而女王恰恰是这样认为的,她虽然做出屈尊恤下的姿态哄骗议会,内心却对他们的举动极为不满,以致在本届议会闭幕致辞中忍不住发怒,告诫议员们说:她觉得他们私下的敬重在公开场合却毫无表露。D'Ewes, p.619.

在本届议会上,下议院在讨论其他议题的过程中,有一些支持王室特权的言论尺度比这更大。在讨论补助金问题时,律师海勒先生(Mr. Serjeant Heyle)发言道:"议长先生,令我大为惊奇的是,下议院居然在此会商授予女王补助金的问题以及支付时间问题。事实上我们所拥有的一切无不属于女王陛下,她可以合法地随意拿取。是的,我们所有的土地、动产都属于她,和任何种类的王室收益一样。"闻听此言,全体议员便开始起哄,喧笑嘈杂。海勒先生大声说:"不管你们怎样起哄,也无法让我知难而退。"议长先生见状起身说道:"各位请安静,注意会场秩序——"随后,那位律师继续发言,他还没说上两句,举座再次哗然,他只好坐下。他在后半段发言中说道,他可以举出历朝历代的先例来证明自己之前的论点,如亨利三世、约翰王和斯蒂芬王等等,这话惹得议员们再次起哄。D'Ewes,p.633.需要指出的是,海勒是位杰出的律师、一个品格端正的人。Winwood,vol.i.p.29.尽管下议院对他的言论普遍表示不满,却没有一个人想要把它记录下来,或者驳斥这种骇人听闻的论点。本届议会上还有人声称,议长在议会中有权接受或拒绝接受议员提出的议案,如同古罗马执政官有权拒绝或接受元老院的动议一样。D'Ewes,p.677.下议院宣布反对这一见解,但它能被公然提出的事实本身就证明了当时英国的自由衰退到何等程度。 414

1591年,法院做出庄严裁定:英格兰王国是绝对君主制国家,尊奉国王为首。他们据此判定,即便伊丽莎白登基初年没有相关立法,国王仍为教会的至尊元首,并且可以凭借自身特权设立一个类似于宗教事务高等法院的审判机构。因为他是全体臣民的元首。宗教事务高等法院显然是专横武断的,那么我们可以由此得出推论:国王对于俗众同样拥有绝对权力。参见Coke's Reports,p.5.Caudrey's case。

注释[Ⅱ],p.369

我们在前文中提到,据哈里森记载(Harrison,book ii.chap.11),亨利八世一朝处以绞刑的盗贼和流氓无赖(除其他罪犯以外)总数达七万两千人,如此算来,平均每年被绞死者大约两千名。但同一位作者说,在伊丽莎白女王统治时期,每年只有三四百人因盗窃和抢劫的罪名被绞死。时间流逝,情况已经大有好转。在我们这个时代,整个英格兰每年因这类罪行被绞死者还不到四十人。然而哈里森抱怨法纪松弛，称他生活的时代对这些暴徒惩治太轻。世俗偏见总是倾向于认为古代世风淳朴、人心良善，其实是相当荒谬而没有根据的。同一位作者在第十章中写道：所统计当时英格兰生活着一万名吉普赛人，这个惯偷惯盗的流浪族群是亨利八世时代引入的。作者继而补充道：当局已无法借助正常司法程序消灭吉普赛人，女王必须采用军事管制法来对付他们。时至今日，这个族群在英格兰已近乎消失无踪——几年前，他们在苏格兰还有少许残余，现在也都不见了。看来，无论伊丽莎白时代军事管制法的执行有多严酷，时人也不会产生任何疑问。

注释［JJ］，p.378

哈里森在其《不列颠描述》（*Description of Britain*，1577年印刷，chap.13）中写道："的确，当时英国皇家海军在整个欧洲傲视群雄，舰队威武雄壮、战斗力极强，这样装备精良的战船，只要两艘便能轻取别国海军的三四艘战船，即便无法俘获敌船，也必能将其击沉或迫其逃窜。——当其时也，女王陛下已经造成并装备了二十一艘巨舰，大部分时间驻泊于吉林厄姆。此外，女王陛下手上还握有其他好牌，待其日后大显神威之际，吾必秉笔载之于史册。皇家海军还拥有三艘赫赫有名的帆桨战船：斯皮德韦尔号（the Speedwell）、特里莱特号（the Tryeright）和布莱克加里号（the Black Galley），艟舻巍然，其势盛大，说不尽的王家辉煌气象。有了这支海上雄兵坐镇，方保得英格兰海疆太平宁靖、外敌莫敢来犯。"作者随后又提到商船，据一般估计共有一千七八百艘。他接着说："因此，为了使大家略微了解我们的海军每天所耗费的巨额财富，我还要补充说明一句，前面介绍的第一类和第二类船只（即商船），在装备完善、整装待发的情况下，于现今市面上价格至少不低于一千英镑或三千杜卡特金币。那么，我们该怎样看待皇家海军呢？我曾不止一次地从造船工匠们口中听说，皇家海军一艘舰船的造价相当于其他船只的两倍。——听了这条信息，一些爱财的人可能根本不相信，或者认为这是浪掷钱财，对女王陛下的钱袋有害无益。正如一位克勤克俭的好管家在接到举国筹集粮草备战的消息时所说的，希望女王陛下的钱能用在给她带来更快回报的地方。不过，倘若他明白强大的海防是国土安全的坚固保障，他就会收回指责，迅速放弃他的看法。"说到森林，这位作者指出："近年来，无数林木被毁。我敢断言，往后一百年要是继续保持这样的毁林势头——这是大有可能的——恐怕海煤就要成为抢手货了，哪怕在伦敦也会如此。"此后不过几年，哈里森的预言就应验了：大约1615年，便有多达二百艘运煤船驶抵伦敦。参见Anderson, vol. i. p. 494。

注释[KK], p. 383

《伯利生平》(Life of Burleigh, Collins出版社, p. 44.)的作者暗示，在伯利所属的那个阶层，这个数量的盘子并不算多。他的原话是："他的盘子只有一万四千或一万五千磅，绝不超过这个数。"显而易见，他指的是盘子的重量。因为，根据伯利的遗嘱，他死后分赠给亲朋好友的银盘重量接近四千磅，价值超过一万两千英镑。他吩咐将其余部分分成两等份：一半给他的长子暨继承人，另一半平分给他的次子和三个女儿。因此，如果我们估算他所有的银盘总价只有一万四千或一万五千英镑,那么他留给自家继承人的部分还不到十分之一。

注释［LL］,p.383

哈里森写道:"我们英格兰的城市和富庶城镇里,大部分建筑都是木制的,覆以厚厚的黏土用来防风。诚然,这种粗陋的建筑曾让玛丽女王时代的西班牙人大跌眼镜,但是当他们看到这些陋室中摆出的丰盛宴席时,顿觉不胜讶异,其中有位大人物不禁评论道,'这帮英国佬用树枝和泥土造房子,可是吃的却像国王一样。'由此看来,这位大人物似乎更喜爱我们简陋小屋里的美食,而不是其本国华丽宫舍中的寡淡饮食。我们的土房内壁通常用白色、红色或蓝色的镶板装饰。"Book ii.chap.12. 作者补充道,贵族阶层的新宅通常是砖石材质,此外玻璃窗那时候也开始在英格兰使用。

注释［MM］,p.385

以下是女王的导师罗杰·阿斯卡姆(Roger Ascham)的原话:"我要对你们所有人说,英格兰的年轻绅士们,这是你们的耻辱——一位年轻姑娘竟比你们所有人的学识更渊博、通晓更多种类的语言。请指出这个宫廷里最出类拔萃的六位先生,他们所有人的学习意愿和学习时间加在一起都远远不及女王陛下本人,不像她那样每天花费大量时间按部就班、持续不断地增进自身学识。是的,我相信,女王陛下除了精通拉丁语、意大利语、法语和西班牙语之外,现在还每天在温莎用心攻读希腊文,比教会里的某些受俸牧师整整一周里所读的拉丁文还要多——在上帝赐予我的所有福分当中,除了对基督真正教义的认识,我认为自己最大的福分就是,祂施恩呼召我这可怜的牧师,让我来促进这种卓越的学习天分。"(p.242)哈里森写道:"的确,我们如今极少听说一位廷臣只会讲本国语言,也极少说起有多少贵妇淑女除了娴习希腊语和拉丁语之外,也同样精通西班牙语、意大利语和法语,或者其中的一种。曾经有人对我说,贵族绅士们在这方面更具天赋——我固然不这么认为——但是凭着上帝所勉励的勤奋,女性几乎完全不落于人后。一位突然造访英国宫廷的陌生人,大有可能觉得自己闯进了某所大学下辖的公学,满耳都是书声琅琅,跟其他国家的王宫大不相同。"《不列颠描述》(*Description of Britain*, book ii., chap.15)由此看来,英国宫廷从女王的榜样中获益匪浅。同一位作者还记述了伊丽莎白一朝宫廷贵妇们朴素持重的生活方式:年高者整日阅读、纺纱和针黹,年轻淑女则醉心于音乐。(Id.Ibid)

第四卷索引

（本索引所示页码为原书页码，见本书边码）

译 者 的 话

我是十年前与休谟《英国史》翻译工作结缘的。当时被一股热情驱使，并未顾忌许多，真正着手翻译之后，逐渐品出个中三昧，才开始有所敬畏也有点惶惶然，唯恐贻笑大方，更怕糟蹋了原著，梦里被二百年前的先哲嘲骂。我给自己定下几条翻译原则：首先务必小心求真，每处细节都扎扎实实查考资料，不可含混；其次，在风格上尽可能贴近原作，追求庄雅、朴素、自然、节制、严谨，一忌小女子腔调，二忌口语化痕迹过重，三忌矫揉造作掉书袋（实际操作效果如何，相信读者诸君看罢自有定论）；第三，不懂就问，放下面子，多方寻求高人指点。如此翻译，进度必定缓慢，好在商务印书馆的领导和编辑老师并不催促，以极大的包容和耐心陪我慢慢"绣花"，令我深感重任在肩，不努力工作真的对不起他们。如今前四卷付梓在即，译者的兴奋、惶恐自不待言，同时这个进展又如同一针强心剂，鼓舞着我加力译好后续两卷内容。

大卫·休谟是18世纪苏格兰启蒙运动的代表人物之一，今人多看重他的哲学思想，但他生前却以史家身份闻名于世。休谟的《英国史》计210万字，记述从恺撒征服不列颠到1688年光荣革命近1800年的历史。自1752年动笔，到1762年全六卷完工，休谟在这部著作中投入了巨大的心血和最好的年华,此后又多番修改润色,不断完善,直到生命的尽头。这部中文译稿就是基于作者生前最终修订、于他身后出版的1778年版本译出,并参考了1983年Liberty*Classics*的整理本。译稿之所以定名为《英国史》而没有直译为《英格兰史》,乃是考虑到整部著作既涉及了英格兰历史,也涉及了威尔士、苏格兰、爱尔兰的历史,如果译成《英格兰史》,从学术角度有欠严谨,恐有以偏概全之嫌。而且在中国人的习惯中,"英国"一词既是历史上"英格兰王国"的简称,也用来指称1707年联合法案颁布后的"大不列颠王国"(1707—1801年)、大不列颠及爱尔兰联合王国(1801—1922年)以及现在的"大不列颠及北爱尔兰联合王国",与本书的时空定位相符。于是,在征求几位学界大家的意见之后,书名就这样定了下来。

休谟《英国史》最初的出版次序如下:第一卷于1754年出版,从詹姆斯一世写起,讲述斯图亚特王朝早期历史;第二卷从1660年王政复辟写到1688年革命,于1757年出版;第三、四两卷于1759年出版,回头叙述都铎王朝的历史;最后于1762年出版的第五、六两卷包括了从罗马入侵到亨利七世继位这段时期。之所以选择从斯图亚特王朝写起,再掉头回溯更早的历史时期,并非故弄玄虚,乃因这位哲人看待历史的独特视角所致。这部作品"不仅仅是一部战争年代记和帝王世系,而是有更丰富内容的东西"(见J.W.汤普森,《历史著作史》)。作为思想者的休谟在这部书中没有为我们总结什么"历史发展的一般规律",也不津津乐道于什么英雄伟业或政治权谋,而是更多地关注战争、阴谋、派系和革命过程中透射出的"人性的永恒和普遍原则",并且以不偏不倚的立场,饶有兴致地考察、记述自由的孕育和萌生过程,特别是英国政制从君主意志独大到法治政府的演变过程。他在致亚当·斯密的一封信中曾经这样写道:"在詹姆斯的统治下,下院首次开始抬头,接着就发生了议会特权与君权之争。政府摆脱了强大王权的控制,显示了它的才能,而当时出现的派系,对我们当前的事务有影响,形成我们历史中最奇特、最有趣和最有教益的部分。"① 所以我们大概可以理解,他为什么从詹姆斯一世时代写起,也足能想象同时代的各党各派如何被休谟的一支笔触痛,以致对他发起如潮攻讦。后来作者又按时序重新安排了各卷次序,据我冒昧揣想,也许是为了照顾史书读者的阅读习惯吧。

　　时隔二百年后,激辩的硝烟散尽,我们揽读此书,或许欣赏和沉思的成分更多,也必能体会到这部作品的价值历经时间的考验始终坚立。

　　这部译稿在翻译、修改过程中,先后得到多位专家学者和热心朋友的指点、帮助:感谢彭小瑜教授对涉及宗教内容的部分提出宝贵意见,感谢贾红雨教授帮助校阅书中大段的拉丁文内容,感谢孙宏友教授帮助校阅第一卷中关于大宪章的章节,假如没有他们的援手,这项工程大有可能由于我的才疏学浅而半途搁浅。感谢商务印书馆总编辑陈小文先生的信任和鼓励,感谢各位编辑老师的大力支持和辛勤工作,感谢时时关注翻译项目进展的朋友

---

　　① 欧内斯特·英斯纳,伊恩·辛普森·罗斯编:《亚当·斯密通信集》,林国夫等译,商务印书馆1992年版,第30页。

们，也感谢我的老父亲——我译出每一章稿子，他都是第一位读者，来自他的肯定对我非常重要！在此特向以上诸位致以深深的敬意和感恩！

　　　　　　　　　　　　　　　　　石小竹

　　　　　　　　　　　　　　　2022年8月4日

图书在版编目(CIP)数据

英国史:从尤利乌斯·恺撒入侵到1688年革命.第四卷/(英)休谟著;石小竹译.—北京:商务印书馆,2023
ISBN 978 - 7 - 100 - 22240 - 2

Ⅰ.①英… Ⅱ.①休… ②石… Ⅲ.①英国—历史 Ⅳ.①K561.0

中国国家版本馆 CIP 数据核字(2023)第 057617 号

英　国　史

从尤利乌斯·恺撒入侵到 1688 年革命
第四卷

〔英〕休谟　著

石小竹　译

商　务　印　书　馆　出　版
(北京王府井大街 36 号　邮政编码 100710)
商　务　印　书　馆　发　行
北京市白帆印务有限公司印刷
ISBN 978 - 7 - 100 - 22240 - 2

2023 年 8 月第 1 版　　　开本 880×1230　1/32
2023 年 8 月北京第 1 次印刷　　印张 16⅝
定价:110.00 元